Heberden's Ärztliche Schriften...

William Heberden, Johann Karl Friedrich Trautner

Nabu Public Domain Reprints:

You are holding a reproduction of an original work published before 1923 that is in the public domain in the United States of America, and possibly other countries. You may freely copy and distribute this work as no entity (individual or corporate) has a copyright on the body of the work. This book may contain prior copyright references, and library stamps (as most of these works were scanned from library copies). These have been scanned and retained as part of the historical artifact.

This book may have occasional imperfections such as missing or blurred pages, poor pictures, errant marks, etc. that were either part of the original artifact, or were introduced by the scanning process. We believe this work is culturally important, and despite the imperfections, have elected to bring it back into print as part of our continuing commitment to the preservation of printed works worldwide. We appreciate your understanding of the imperfections in the preservation process, and hope you enjoy this valuable book.

William Heberden's ärztliche Schriften,

übersetzt

von

Joh. Karl Friedr. Trautner M. D.,
practischem Arzte.

Nürnberg, 1840.
Verlag von Bauer und Raspe.
(Julius Merz.)

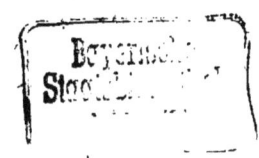

Dem Andenken

D. Joh. Karl Osterhausen's,

practischen Arztes zu Nürnberg,

der Uebersetzer.

Vorrede.

„Was wahr ist, bleibt ewig wahr — oder „es war's nie, und was schön ist, bleibt ewig „schön — oder es war's nie."

Als der Unterzeichnete dem greisen Senior der hiesigen Aerzte, unsrem nun dahingeschiednen Osterhausen, wenige Wochen vor dessen Tode seinen Plan mittheilte, eine Uebersetzung der Schriften Heberden's herauszugeben, da äusserte jener, indem er sich über dieses Vorhaben durchaus billigend aussprach, sich unter andern auch in den so eben angeführten Worten.

Im Begriffe stehend, gedachten Plan zu verwirklichen, wüsste ich in der That der von mir unternommnen Arbeit nicht leicht ein passenderes Motto voranzuschicken, als obige so treffende Bemerkung.

Objective Wahrheit war das Ziel, welches Heberden vor allen Dingen erstreben zu müssen glaubte; ihm war es nicht darum zu thun, irgend eine subjective Ansicht geltend zu machen und der Mit- und Nachwelt gleichsam aufzudringen; nur das, was er der Natur als langjähriger treuer Beobachter abgelernt hatte, sollte zum Besten der Menschheit Gemeingut derselben werden. Ist es ihm nun gelungen, jenes Ziel unverrückt im Auge zu behalten und wirklich zu erreichen: wie sollte diese Objectivität, diese unverfälschte Naturtreue des Inhaltes, verbunden mit edler Einfachheit der Form, — wie sollte diese wahrhaft classische Vollendung nicht seiner geistigen Hinterlassenschaft einen bleibenden Werth für alle Zeiten sichern? Wie sollte nicht noch in den spätesten Jahrhunderten als wahr anerkannt werden müssen, was bei seinem ersten Erscheinen das Gepräge der Wahrheit an sich trug? wie nicht schön bleiben noch in den fernsten Zeitaltern, was es einmal wirklich war?

Ob es demnach der Mühe werth gewesen, einen solchen Schriftsteller in das Gewand einer neuen Uebersetzung zu kleiden — wer könnte wohl erst also fragen? ausser höchstens Einer, für welchen nichts Werth und Bedeutung hat, als die neusten Zeitungsnachrichten und was etwa sonst noch auf dem Felde der Literatur in jüngstverwichner Nacht pilzähnlich aufgeschossen ist.

Doch könnte man vielleicht fragen, ob durch meine Verdeutschung der Schriften Heberden's irgend ein besondrer Nutzen erzielt werden dürfte, nachdem das Original seines Hauptwerkes, der Bemerkungen über den

Verlauf und die Behandlung der Krankheiten, nicht nur früher schon durch Sömmerring's, sondern auch neuerlich durch Friedländer's Ausgabe den deutschen Aerzten zugänglicher geworden ist und letzterer ausserdem noch vier kleinere, aber nicht minder werthvolle Abhandlungen Heberden's aus dem Englischen ins Lateinische übertragen hat.

Indessen ich hoffe allerdings, durch meine Arbeit einigen besondren Nutzen zu stiften; ich hoffe nämlich allerdings, dass durch sie Heberden's Werke den Weg auch in einen Kreis von Lesern finden sollen, von welchen sie in der Urschrift vielleicht jederzeit unbeachtet geblieben wären. —

Vor der früheren Niemann'schen Verdeutschung der Bemerkungen über den Verlauf und die Behandlung der Krankheiten hat gegenwärtige Arbeit jedenfalls den Vorzug, dass sie auch die erwähnten vier kleineren, von Friedländer aus dem Englischen ins Lateinische übersetzten Abhandlungen Heberden's umfasst; ferner glaube ich für dieselbe auch den Vorzug grösserer Treue unbedenklich ansprechen zu dürfen, indem man mehrfache Unrichtigkeiten und Ungenauigkeiten jener ältern Uebertragung hier berichtiget finden wird. Ob sonst noch, hinsichtlich der übrigen an eine Uebersetzung zu machenden Anforderungen, meine Arbeit sich neben die Niemann'sche stellen dürfe, werden berufne Beurtheiler aus einer unbefangnen Vergleichung beider unter sich und mit der Urschrift entnehmen.

Ich habe diese Verdeutschung dem Andenken eines Verstorbenen widmen zu müssen geglaubt, dessen letzte Unterredung mit mir, wie ich bereits angedeutet habe, gerade diese Arbeit zum Gegenstande hatte, und ich kann nicht umhin, hier auch über jenen so nahen Geistesverwandten Heberden's noch einige Worte zu sagen.

Einen nahen Geistesverwandten Heberden's habe ich unsern Osterhausen so eben genannt — und so wenig, als dieser sich der Zusammenstellung mit jenem zu schämen hat, ebenso wenig gewiss auch Heberden einer Zusammenstellung mit ihm. Heberden war einer der vorzüglichsten Practiker, die je gelebt haben, — dafür erkannte ihn die Stimme der Zeitgenossen; dafür erkennt ihn sicherlich jederzeit aus seinen hinterlassnen Werken die urtheilsfähige Nachwelt. Dass nun in dieser Beziehung — als Arzt — unser Osterhausen ihm nicht unwürdig zur Seite stehe, dies bedarf für Niemanden, der letzteren je gekannt hat, eines Beweises. Aber nicht minder würdig steht er ihm zur Seite als Gelehrter. Gebildet, wie Heberden, in der Schule der Alten, verband Osterhausen mit seinem umfassenden practisch-ärztlichen Wissen und Können einen hohen Grad allgemein wissenschaftlicher Bildung, namentlich auch einen reichen Schatz philologisch-historischer Kenntniss, — und fortwährend jeder erheblichern Erscheinung im Gebiete der Literatur seine Aufmerksamkeit schenkend, wusste er bis ans Ende seiner Tage jenen echt wissenschaftlichen Sinn treu zu bewahren, der bei manchem Andren, wenn er bei ihm überhaupt jemals vorhanden war, doch „im Drange des practischen Lebens" so frühzeitig untergeht. So hat sein ganzes Leben zugleich einen thatsächlichen, also den besten Beweis geliefert, dass Gelehrsamkeit und humanistische Bildung des Arztes die wahre practische Befähigung keineswegs ausschliesse, — wie vielleicht (im Gefühle der eignen „bedauerlichsten Unzulänglichkeit" einerseits, und doch voll künstlerstolzen Selbstgefühles andrerseits) mancher emsige Practicant sich und Andre gern überreden möchte. Ich sage: mancher emsige Practicant; denn aus dem Munde eines Heberden's oder Osterhausen's wird man freilich eine Aeusserung dieser Art nie vernehmen, — und wenn ich demnach hier auf einen Unterschied zwischen Practicanten und Practikern hindeuten zu müssen glaubte: so bin ich dabei nur von demselben Gesichtspunkte ausgegangen, aus welchem einst Lichtenberg — nach

Analogie von Musikern und Musicanten — auch zwischen Physikern und Physicanten zu unterscheiden vorschlug. —

Fassen wir endlich zunächst den Menschen ins Auge, so finden wir auch in dieser Rücksicht obige Bezeichnung Osterhausen's als eines nahen Geistesverwandten Heberden's hinreichend gerechtfertiget. Wie dieser, so hatte auch jener den wahren und vollen Sinn des Wortes Humanitas erfasst und zeigte, wie richtig er ihn erfasst hatte, durch sein Leben; wie dieser, so gefiel auch jener sich keineswegs etwa im blossen Besitze sogenannter humanistischer Verstandesbildung, sondern zeigte noch in den Tagen des Alters, dass auch die unter jenem vielgemissbrauchten Ausdrucke der Sprache Roma's jedenfalls mitzuverstehende Bildung des Gemüthes und Veredlung des Herzens sein Eigenthum früh schon geworden und für immer geblieben sei. An einem hochbejahrten Greise gewiss eine um so wohlthuendere Erscheinung, je frühzeitiger man sich leider daran gewöhnen muss, diesen Geist echter Humanität an so manchem alten und jungen, berühmten und nichtberühmten Standesgenossen zu vermissen! —

Diese wenigen Andeutungen mögen hier genügen, wo es meine Absicht nicht ist noch sein könnte, eine vollständige Schilderung Osterhausen's zu geben, wenn mir auch alle hiezu erforderliche Mittel zu Gebote stünden. Ich konnte bloss, wie bemerkt, nicht umhin, wenigstens einige Worte über den Mann zu sagen, dessen Andenken ich vorliegende Arbeit widmen zu müssen geglaubt habe. Was mich aber zu dieser Zueignung überhaupt veranlasst hat, — ich habe im Vorhergehenden schon wiederholt darauf hingewiesen, und es sei hier noch klarer und vollständig ausgesprochen. Es ist mir das Glück zu Theil geworden, dem edlen Verblichnen näher bekannt zu werden, Theilnahme an meinen wissenschaftlichen Bestrebungen bei ihm zu finden, Aufmunterung zum Fortfahren darin aus seinem Munde zu vernehmen und, so viel an ihm lag, auch einer thätigen Förderung derselben mich zu erfreuen. Ich gehöre aber keinesweges zu Denen, welchen gefühlte Anerkennung **wahrhaft** wohlwollenden Entgegenkommens fremd ist, und das ist der Grund, der mich bestimmt hat, Osterhausen's Andenken diese Schrift zu weihen, — nicht etwa der eitle Gedanke, dasselbe hiedurch gleichsam erst zu Ehren bringen und durch Errichtung eines dauernden Denkmales dem Verstorbenen einen Dienst erzeigen zu wollen, dessen er gewiss nicht bedarf. Nur ein schuldiges Todtenopfer wollte ich auf den Altar der Dankbarkeit niederlegen; nur meinen persönlichen Gesinnungen gegen einen auch mir besonders werth gewordnen

XII

Vollendeten fühlte ich öffentlich Worte zu leihen mich gedrungen.

Schmerzlos und leicht — ein sanftes Entschlummern — war, theurer Entschlafner! Deines irdischen Lebens Ende; leisen, stillen Trittes — ungehört von den Deinigen — nahte, aus ihrer Mitte Dich abzurufen, Dir der Friedensbote von jenseits. Ruhe denn auch still und in Frieden, was vergänglich an Dir war, im Schoosse der Erde: aber in Segen bleibe jederzeit Deines Namens Gedächtniss, und Dein unsterblicher Geist — o möchte er doch auch hienieden fortleben in Allen, welche ferner in demselben Kreise, wie Du, zu wirken von der Vorsehung berufen sind! —

Nürnberg, 21. November 1840.

J. K. Fr. Trautner.

Inhalt.

Bemerkungen über den Verlauf und die Behandlung der Krankheiten.

		Seite
Cap. I.	Von der Lebensordnung	3
» II.	Von der Heilart	6
» III.	Von den Unterleibsübeln	12
» IV.	Vom Abortus	13
» V.	Vom Stuhlgange	14
» VI.	Vom Aneurysma	16
» VII.	Von der Bräune und vom Scharlachfieber	16
	§. 2. Von der Bräune.	20
» VIII.	Von den Schwämmchen	27
» IX.	Von der Gicht	28
» X.	Von den Ascariden	50
» XI.	Vom Asthma	51
» XII.	Von den Krankheiten der Ohren	57
» XIII.	Vom Bather Wasser	58
» XIV.	Vom Bristoler Wasser	63
» XV.	Vom Kropfe	64
» XVI.	Vom Harnsteine	65
» XVII.	Vom Kopfschmerze	73
» XVIII.	Vom aussetzenden Kopfschmerze	78
» XIX.	Vom Carbunkel	80
» XX.	Vom Sct. Veitstanze	81
» XXI.	Vom Coxagra und von der Caries des Hüftgelenkes	84
» XXII.	Von dem Schmerze, der Anschwellung, der Entzündung und den Geschwüren der Beine	85
» XXIII.	Von den Hautübeln	87
	Vom Herpes	98
	Vom Kopfgrinde	99
	Von der Krätze	100

		Seite
Cap. XXIV.	Vom Catarrh	104
» XXV.	Vom beschwerlichen Schlingen	107
» XXVI.	Von der Harnruhr	108
» XXVII.	Von der Diarrhoee oder dem Durchfalle	111
» XXVIII.	Von den Knoten an den Fingern	113
» XXIX.	Vom Schmerze	114
» XXX.	Von den herumziehenden Schmerzen	116
» XXXI.	Von der Ruhr	117
» XXXII.	Von den Uebeln der Säufer	118
» XXXIII.	Von der Epilepsie	120
» XXXIV.	Von der Rose	128
» XXXV.	Von der Essera	130
» XXXVI.	Vom Erwachen mit Geschrei und Schrecken	132
» XXXVII.	Vom Fieber	132
» XXXVIII.	Vom Wechselfieber	138
» XXXIX.	Vom hectischen Fieber	141
» XL.	Von der Gesässfistel	149
» XLI.	Vom weissen Flusse	151
» XLII.	Vom gutartigen Tripper oder Harnröhrenflusse	154
» XLIII.	Von der Schwangerschaft	155
» XLIV.	Von den Haemorrhoiden	157
» XLV.	Vom Eingeweidebruche	160
» XLVI.	Vom Wasserkopfe	161
» XLVII.	Von der Wasserscheu	162
» XLVIII.	Von der Wassersucht	162
» XLIX.	Vom hypochondrischen und hysterischen Leiden	169
» L.	Von der Gelbsucht und andren Leberleiden	179
» LI.	Vom Ileus	190
» LII.	Von Blähungsbeschwerden und vom Aufstossen	199
» LIII.	Vom Wahnsinne	200
» LIV.	Vom Darmschmerze	202
» LV.	Von der Harnverhaltung und dem erschwerten Harnlassen	206
» LVI.	Vom Zungen- und Mundschmerze	208
» LVII.	Von der Lipothymie oder Ohnmacht	209
» LVIII.	Vom Lendenschmerze	210
» LIX.	Von den Würmern	211
» LX.	Von den Lymphdrüsen	213
» LXI.	Von den Brüsten	214
» LXII.	Von der Menstruation	218
» LXIII.	Von den Masern	228

		Seite
Cap. LXIV.	Vom Nasenbluten	235
» LXV.	Vom Ekel	236
» LXVI.	Von den Augenkrankheiten	237
	Von der Nyctalopie	243
» LXVII.	Von der Ozaena oder Verschwärung der Kieferhöhle	244
» LXVIII.	Vom Herzklopfen	244
» LXIX.	Von der Lähmung und dem Schlagflusse	246
	Geschichte einer starrsüchtigen Frau	264
» LXX.	Vom Brustschmerze	265
	(Von der Brustbräune. S. 266.)	
» LXXI.	Von der Läusesucht	271
» LXXII.	Von der Lungensucht	271
» LXXIII.	Von der Colik von Poitou	282
» LXXIV.	Vom Schleime	287
» LXXV.	Vom Skirrhus der Prostata	288
» LXXVI.	Vom Hautjucken	289
» LXXVII.	Vom Kindbette	290
» LXXVIII.	Von den Purpurflecken	291
» LXXIX.	Vom Rheumatismus	293
» LXXX.	Vom männlichen Samen	298
» LXXXI.	Vom Schlucksen	299
» LXXXII.	Vom Durste	300
» LXXXIII.	Vom Krampfe oder den Zuckungen	301
» LXXXIV.	Vom Blutspucken	304
» LXXXV.	Vom Steatome	306
» LXXXVI.	Von der Strangurie	307
» LXXXVII.	Von den Scrofeln	309
» LXXXVIII.	Vom Stuhlzwange	314
» LXXXIX.	Von den Fehlern der Hoden	315
» XC.	Vom Torpor	316
» XCI.	Vom Zittern	318
» XCII.	Vom Husten	319
» XCIII.	Vom Keuchhusten	321
» XCIV.	Von der zerrütteten Gesundheit	323
» XCV.	Von den Pocken	323
» XCVI.	Von den kleinen Pocken (den sogenannten Chicken-Pox)	331
» XCVII.	Von den Krankheiten des Magens, und zunächst vom Brennen und der Säurebildung	333
	§. 2. Vom Magenschmerze	335

		Seite
§. 3. Von den Krankheiten der Milz		337
§. 4. Von den Krankheiten des Pancreas		339
Cap. XCVIII. Vom Schwindel		340
» XCIX. Vom Erbrechen		343
» C. Von der Stimme		346
» CI. Vom Urine		347
» CII. Von den Krankheiten des Uterus		352

Vorrede zu den Medical Transactions von 1767 357
Vom chronischen Rheumatismus 367
Beobachtungen über den Puls 373
Vom Aderlassen bei Blutflüssen 383

Bemerkungen

über

den Verlauf und die Behandlung der Krankheiten.

Γερων και καμνειν ουκετι δυναμενος, τουτο το βιβλιον
έγραψα, συνταξας τας μετα πολλης τριβης ὃν ταις των
ἀνθρωπων νοσοις καταληφθεισας μοι πειρας.

Alex. Trall. L. XII.

CAPITEL I.
Von der Lebensordnung.

Welche Lebensordnung die Gesunden, welche die Kranken beobachten sollen, — darüber scheinen die Aerzte oft allzu sorgliche und ausführliche Bestimmungen zu geben. Die gewissenhafte, ängstliche Befolgung solcher Vorschriften hat der Gesundheit nicht selten geschadet und die Beschwerden der Krankheit vergrössert. Die Erfahrung hat schon längst das Menschengeschlecht belehrt, welche Kost und welche Lebensweise den meisten Menschen zusage, und keine Art Speise, die sich insgemein als gesund bewährt, ist zu vermeiden. Uebrigens bedürfen Diejenigen, welche von Krankheiten sich frei zu erhalten wünschen, und zumal Jene, welche schon von solchen ergriffen sind, kaum der Erinnerung, dass sie sich vor einer bunten Mannigfaltigkeit der Gerichte und vor ausgesuchteren Gewürzen zu hüten haben, als wodurch, indem sie die Esslust zu sehr erregen, der Magen beschwert und der Körper für allerlei Krankheiten empfänglich gemacht wird. Ob aber Gebratenes oder Gesottenes zu wählen, oder welches Gemüse ihm zuträglicher sei, als ein andres, — dies wird Jeder, insofern ihm nur das gewöhnliche Mass von Urtheilskraft nicht mangelt, sicherer und besser selbst ermitteln, als irgend ein Andrer.

Zum Getränke passen am besten dünnes Bier und reines Wasser. Branntwein und Wein mit Wasser gemischt sind mehr zu fliehen, als Hund und Schlange. Denn ich habe Mehrere gekannt, die durch den Gebrauch dieser letzteren sich allmählig an starke Getränke gewöhnten, diese von Tag zu Tage stärker nahmen, dann bald gar nicht mehr entbehren konnten, bis sie endlich aus Nüchternen und Gesunden Säufer und Kränkelnde geworden waren und durch geistige und körperliche Schwäche ihren Fehler schwer genug büssten.

Bei Fieberkranken ist wirklich etwas mehr Vorsicht anzuwenden, doch kaum so grosse, als oft vorgeschrieben wird. Denn Speisen aus dem Thierreiche, besonders derbere und reizendere, verschmähen sie von selbst und können sie nicht geniessen ohne grosse Belästigung des Magens und Verschlimmerung der Krankheit, so lange das Fieber zunimmt: wenn es aber abnimmt und verschwindet, verlangen die Kranken oft nach leichteren Fleischspeisen und geniessen sie ohne Nachtheil.

Die Engländer, so lange sie gesund sind, verzehren, sagt man, eine grössere Menge Speise aus dem Thierreiche, als die meisten andren Völker; doch im Erkrankungsfalle meiden sie dieselbe unter allen Völkern am meisten. Dass diese unsre Sitte schon zu seiner Zeit bestanden habe, erzählt Erasmus. Wenn übrigens das Fieber auch seinen höchsten Grad erreicht, so werden doch dünnere Brühen und Fleischgallerten und was in Gärten und auf Feldern gebaut wird unschädlich sein, ausgenommen Scharfes und Gewürzhaftes. Milch und Eier werden — ich weiss nicht, aus welcher Ursache, — von Manchen in jeder Fieberkrankheit verboten; doch, wie mir scheint, sind sie selbst in der schlimmsten unschädlich, woferne sie nur den Kranken selbst angenehm sind.

Der fieberhafte Durst wird am besten mit reinem Wasser gelöscht, und es ist, glaube ich, gleichgültig, ob es lau oder kalt getrunken wird. Von beiden muss auch so viel dargereicht werden, als der Kranke selbst wünscht. Keineswegs aber möchte ich ihm rathen, mehr Flüssigkeit zu sich zu nehmen, als er Lust hat oder der Magen bequem verträgt. Wenn ihm jedoch das Wasser zu fade vorkommt, wird man damit Johannisbeerconserve und verschiedene Zuckersäfte vermischen oder es mit gebratenen oder rohen zerschnittenen Aepfeln, oder mit Tamarinden, Salbei, Melisse, oder geröstetem Brode versetzen dürfen. Dasselbe leistet Wasser, worin mehlige Samen abgekocht oder womit ölige Samen zerrieben sind; desgleichen mit Wasser vermischte Milch. Alle diese Dinge und viele andre dieser Art verändern das Wasser kaum, ausser dass sie ihm einen angenehmen Geschmack verleihen.

In allen Krankheiten und während ihres ganzen Verlaufes muss man es dem Kranken, wofern er nur weder delirirt noch verrückt ist, selbst überlassen, ob er im Bette bleiben oder sich ausserhalb desselben aufhalten will. In dieser Beziehung sind bloss die Kräfte und der Wunsch des Kranken zu berücksichtigen: und wer sollte besser wissen, als er selbst, was seine Kräfte erlauben und was ihm die meiste Erleichterung gewährt?

Viele haben — ich weiss nicht, in welcher Besorgniss, — Bedenklichkeiten hinsichtlich des Wäschewechsels bei Kranken geäussert — gewiss mit gleichem Rechte, als Andre sich fürchteten, die unreine und schädliche Luft im Krankenzimmer mit reinerer und gesunder zu vertauschen. Wenigstens wird keine Gefahr eintreten, dass die Kälte dem Kranken schade; denn die Wärterinn, wenn sie nicht gänzlich unerfahren ist, wird die neue Wäsche dem Kranken wohl so anziehen, dass er der Kälte nicht länger ausgesetzt ist, als es, wie wir wissen, bei vielen andren nothwendigen Verrichtungen ohne Schaden geschieht. Einige erzählen auch Wunderdinge vom verderblichen Geruche der Seife, welcher der frischgewaschnen Wäsche anhängt; sie empfehlen daher den Kranken, alsdann, wenn es nöthig ist, die Wäsche zu wechseln, nur solche zu gebrauchen, die vorher von Andren getragen worden [*]). Auf diese Weise

---
[*]) Diemerbroeck über die Pest, B. H. C. 3.

kann allerdings der Seifengeruch beseitigt werden; doch würde Niemand, dem die Reinlichkeit am Herzen liegt, gerne daran gehn, sich um diesen Preis vor Nachtheil zu sichern. Wären die Ausdünstungen der Seife dem Körper so sehr nachtheilig, so müssten nothwendigerweise Alle, die sich mit der Verfertigung der Seife oder mit dem Waschen der Wäsche beschäftigen, mit Krankheit zu kämpfen haben. Inzwischen hat uns eine lange Erfahrung belehrt, dass die Kranken, wenn sie ihre schmutzige Wäsche mit reiner vertauschen, davon so wenig Schaden leiden, dass ihnen dies vielmehr die höchste Erleichterung verschafft, worauf nicht selten ein angenehmer, erquickender Schlaf folgt.

CAPITEL II.
Von der Heilart.

Bei Bekämpfung der Krankheiten ist zuerst zu erwägen, ob Ausleerungen an ihrer Stelle seien, d. h. bo die meisten Aerzte darüber einig seien, dass in ähnlichen Fällen brechenerregende Mittel nützen, oder solche, die auf Stuhl und Urin treiben, oder Schweiss oder Speichelfluss erregen, oder ferner Niesemittel, Blutentziehungen (durch Blutegel, Schröpfköpfe oder die Lanzette), oder endlich Blasenzug oder künstliche Geschwüre.

2. Sodann, ob es gegen die Krankheit, an welcher der Kranke leidet, sogenannte Specifica oder mit eigenthümlicher Heilkraft versehene Mittel gebe. Dergleichen Mittel sind in grosser Anzahl allenthalben ausgerufen worden, und die wenigsten haben den Verheissungen ihrer Gönner und den Wünschen der Aerzte entsprochen. Nirgends passt mehr jenes alte Wort: ναφε και μεμνησ' απιστειν. Doch kann die Ehre dieses Namens (eines Spe-

cificums) verdienterweise zuerkannt werden: dem Quecksilber gegen die Lustseuche, der Chinarinde gegen die Wechselfieber, dem Schwefel gegen die Krätze, dem Opium gegen gewisse Krämpfe und dem Bather Wasser gegen das Würgen der Säufer.

Ausser diesen wenigen zweifle ich, ob zehn andre Arzeneimittel zu finden sein mögen, welche von zuverlässigen Gewährsmännern in die Klasse der Specifica, d. h. der Mittel von sichrer Wirkung, gesetzt worden sind und deren Ruf eine fortgesetzte Erfahrung bestätigt hat. Es ist mir nicht unbekannt, mit welchem Eifer der Borax gegen die Aphthen, das Portlands-Pulver gegen die Gicht, die Meerzwiebel und der Stinkasant gegen das Asthma, die Kalilauge gegen den Harnstein, der Schierling gegen den Krebs, die Electricität gegen die Blindheit, der Spiessglanz gegen anhaltende Fieber, das essigsaure Blei gegen Blutflüsse und vielleicht noch einige andre Mittel gegen andre Krankheiten ausposaunt worden sind. Nehmen wir von der Zahl dieser Mittel jene hinweg, die entweder gar keine Kräfte besitzen, oder nur geringe, oder unsichre, oder selbst gefährliche, so wird, möchte ich glauben, kaum eines oder das andre übrigbleiben.

Doch ist es möglich, dass der Arzt bisweilen sich bewogen finde, eines oder das andre dieser Mittel von zweifelhafter oder unsichrer Wirkung, wofern es nur gefahrlos ist, wirklich zu versuchen.

3. Hierauf wird es öfters nöthig sein, Erbrechen oder Durchfall oder Schmerz und andre widrige Zufälle, wenn sie die Kranken zu sehr belästigen, durch geeignete Mittel zu mindern. Zu diesem Ende dient oft das Opium als das beste Hülfsmittel.

4. Ferner wird es in Krankheiten, die sich sehr in die Länge ziehen, bisweilen nicht unangemessen sein, zu solchen Mitteln seine Zuflucht zu nehmen, welche stärker in den Organismus einzugreifen vermögen, — ob vielleicht

hiedurch sein schlimmer Zustand zum Bessern umgeändert werden möchte. Solcher Art sind das Quecksilber, der Spiessglanz, der Schierling, die Electricität.

5. Endlich, wo das Bishererwähnte nicht am Orte ist, wird man nur darauf hinzuarbeiten haben, dass die Kräfte so viel als möglich erhalten werden und dass alle natürlichen Verrichtungen so wenig als möglich leiden, oder dass es mit der Esslust und der Verdauung, mit der Oeffnung und dem Schlafe, und was dergleichen ist, also stehe, wie es der Ordnung der Natur am Gemässesten ist.

Ich möchte keinesweges so verstanden sein, als ob dieses Letztere, worauf sich bisweilen alle Hülfeleistung beschränkt, nicht bei der Behandlung aller Krankheiten vor allem nothwendig wäre. Ueber diese Vorschrift, welche in Bezug auf das Wohl der Kranken so wichtig ist, wollen wir inzwischen noch etwas ausführlicher handeln.

Τὸ ἐνορμῶν, Ψυχή, der Archaeus, die Lebensgeister, die Natur, — diese und einige andere Ausdrücke haben die Aerzte gebraucht, um jenes Lebensprincip oder jene unerforschte ἐνέργεια zu bezeichnen, wodurch die belebten Wesen von den leblosen sich unterscheiden.

In der Physiologie und Pathologie des Menschen hat man dem Princip und der Quelle des thierischen Lebens bald zu wenig, bald zu viel zugeschrieben. Denn Einige sprechen von dieser geheimnissvollen Kraft wie von einer wohlbekannten und durchforschten Sache, mit Hülfe deren sie von allen Thätigkeiten des Körpers und Wirkungen der Heilmittel Rechenschaft zu geben versprechen, wobei sie sich vielmehr auf ihre blossen Verstandeskräfte stützen, als dass sie bei der Erfahrung und dem Leben zur Schule gegangen wären. Andre huldigen dem entgegengesetzten Irrthume und wollen, mit Umgehung der eigenthümlichen Lebenskräfte, jeden Knoten nach den Gesetzen der leblosen Natur auflösen.

Was nun auch jenes Etwas sein möge, worauf das thierische Leben beruht: so sind wir durch die Erfahrung mit verschiedenen Mitteln bekannt gemacht worden, welche seine Kräfte theils zu vermehren, theils zu vermindern im Stande sind. Alle sogenannte Narcotica schwächen, besonders die Digitalis. Entgegengesetzte Wirkungen äussern der Wein und die starken Getränke und was den Magen stärkt oder die Sinne stark reizt. Doch ist nicht zu übersehen, dass ein Uebermass von Wein die Kräfte unterdrückt, während sie durch gewisse, sparsam angewandte Narcotica nicht unbeträchtlich gestärkt werden.

Manche Narcotica schaden, wenn sie in eine Wunde gebracht werden: eine grössere Anzahl, und zwar fast alle, welche die Lebensthätigkeit erhöhen, wirken nur, wenn sie dem Magen einverleibt werden, — einem Theile des Körpers, welcher einen solchen überwiegenden Einfluss auf das Ganze äussert, dass gewisse angenehme oder schädliche Dinge, sobald sie in den Magen gelangt sind, uns durchaus erquicken und stärken, oder schwächen, oder auch töden.

Dem Arzte kommt es sicherlich zu, alle widrige Zufälle der Krankheit zu beseitigen oder doch zu mindern, soweit es ohne Nachtheil geschehen kann: aber doch muss er vor allem dahin trachten, dass das Leben selbst, welches bei jeder Krankheit einigen Schaden erleidet, aufrecht erhalten und gegen den Angriff der Krankheit sichergestellt werde.

Zu den Dingen, welche die darniederliegende Lebenskraft aufrichten und aufregen, zählt man alle Sinnenreize; diese dienen zwar für den Augenblick, aber nur auf kurze Zeit, als Mittel gegen Ohnmacht und plötzliche Schwäche. Nachhaltiger wirken der Wein und die Gewürze, und daher werden sie in vielen Krankheiten, in welchen die Kräfte darniederliegen, mit Nutzen angewandt; aber es ist darauf zu sehen, dass nicht ein freierer Gebrauch zu grosse

Hitze oder gar Berauschung veranlasse. Vor ungefähr hundert Jahren hat Morton sich keinen geringen Tadel zugezogen, indem er von den Gewürzen einen übermässigen Gebrauch machte, um, wie er selbst sagt, die Lebensgeister zu sich zu bringen, zu erwecken, aufzurichten, wiederherzustellen und zu reizen. Eine sichrere und zugleich wirksamere Hülfe gewähren dem Magen und dem Leben die bittern und gelinde zusammenziehenden Arzeneimittel. Gepülverte Chamillenblumen sind für die Meisten nicht unangenehm, oder doch erträglich. Rinden, Hölzer und Wurzeln werden besser zu wässrigen Aufgüssen oder Absüden verwendet, und die abgeseihten Flüssigkeiten dieser Art sind den Arzeneistoffen in Pulverform oft vorzuziehen. Es ist gut, dass es unter den Gewächsen viele dieser Gattung giebt. Keinem jedoch steht die Chinarinde nach. Wenn auf eine Unze dieser Rinde und eine Drachme Ingwerwurzel ein Pfund kochendes Wasser gegossen wird, so erhält man eine Flüssigkeit, von welcher anderthalb oder zwei Unzen fast in jeder Krankheit ohne Nachtheil und mit Nutzen gegeben werden können. Es sind aber gegen die Chinarinde von Einigen, ich weiss nicht, was für Anklagen erhoben worden, dass sie die Entzündung vermehre und die Schleimabsonderung unterdrücke; sie behaupten nämlich, die zusammenziehende Kraft dieser Rinde sei so gross, dass sie die in jeder Entzündung allzusehr gespannte Faser noch mehr anspanne und die Schleimaussonderung aus den Häuten der Rachenhöhle und der Lunge verhindere. Dieser so schön klingenden Lehre schenken wir vielleicht in den ärztlichen Schulen unsern Beifall: wenn wir uns aber an das Leben und die Erfahrung wenden, wird, wo ich nicht irre, all dieser Beifall verstummen. Denn schon seit lange ist die Rinde gegen den schlimmsten, nahe an den Brand gränzenden Grad der Entzündung durchaus ohne Nachtheil gegeben worden, so dass sogar Viele glauben, es könne diesem

Uebel auf keinerlei Weise besser begegnet werden; ferner habe ich auch bisweilen gesehen, dass sie nicht spärlich gegen die Pocken angewendet worden ist, ohne irgend eine Vermindrung der Schleimabsondrung; ja sogar ein fast aufgegebenes Asthma eines gewissen Kranken wurde mehrere Jahre hindurch bedeutend gemildert, indem er täglich früh und Abends zwei Scrupel dieses Mittels nahm. Wofern nur dafür gesorgt wird, dass es den Magen nicht beschwere und bedrücke, zweifle ich nicht, dass es fast in jeder Krankheit, wo nicht als ein heilsames, doch wenigstens als ein unschädliches Mittel sich bewähren werde.

Was das Vermögen betrifft, den Magen und die Kräfte zu stärken, so möchte ich glauben, dass diese Rinde dasselbe leiste, was die meisten bittren Kräuter. In der Beziehung ist sie jedoch den übrigen Mitteln dieser Art vorzuziehen, dass sie im Wechselfieber dem Körper offenbar besonders zusagt. Wenn jedoch irgend ein Arzt den Argwohn der Kranken, oder seinen eignen, in Betreff eines (ich weiss nicht, welchen) in dieser Rinde verborgen sein sollenden Giftes, nicht völlig zu beseitigen vermag: so wird es ihm nicht an vielen andren damit verwandten bittren Mitteln fehlen, welche, indem sie den Magen gleicher Weise erregen, den ganzen Körper stärken und ihm den Kampf mit der Krankheit glücklich bestehn helfen.

Was so eben vorgetragen wurde, scheint mir bei dem Geschäfte des Heilens die erste Rücksicht zu verdienen. Auf dies muss der Geist des Arztes bei der Behandlung aller Krankheiten hingerichtet sein; in vielen ist er ausserdem nichts zu thun im Stande.

Die grösste Gefahr findet in jedem Krankheitsfalle statt, wo die Kräfte des Magens so geschwächt und gebrochen sind, dass er alles von sich giebt und zurückstösst,— als ob die Natur sich bewusst wäre, dass das Leben zum Ende eile und durch kein Mittel zurückgerufen werden könne, und als ob sie daher jedes verschmähete. Diesem, um mich so auszudrücken, Absterben des Magens folgt gewöhnlich in kurzem der Untergang des ganzen Lebens.

CAPITEL III.
Von den Unterleibsübeln.

Wassersucht, Schwangerschaft, Skirrhen und Aufblähung der Gedärme sind zwar die hauptsächlichsten Ursachen der Anschwellung des Unterleibes; doch kommen bisweilen auch andre vor. Der harte und gespannte Leib der Kinder dauert länger an, als dass er dem Aufblähen, und weicht Purgirmitteln schneller, als dass er Skirrhositäten zugeschrieben werden könnte. Wenn die Menstruation bei bejahrten Frauen gänzlich aufgehört hat oder bei jüngeren längere Zeit unterdrückt ist, so folgt hierauf nicht selten eine durch mehrere Monate fortbestehende Anschwellung des Bauches. Es ist vorgekommen, dass nach einem heftigen Kopfschmerze der Unterleib eine Stunde lang geschwollen war; eben so mehrere Tage nach einem Abortus und nach einer rechtzeitigen Geburt.

Es ist zu glauben, dass es sich mit diesen Auftreibungen des Unterleibes ähnlich verhalte, wie mit jenen, die von vielen Giften erregt werden, — wie ich vermuthe, durch Störung der Nerventhätigkeit. Wie es sich übrigens hiemit verhalten möge, so hat bei Einigen eine Anschwellung dieser Art drei Jahre lang gedauert.

Bei einem Weibe fiel ein paarmal der angeschwollene Unterleib am zweiten oder dritten Tage nach dem Aufhören des Monatsflusses sogleich zusammen, nachdem aus dem Uterus ein Pfund Wasser ausgeflossen war. Bei einem andren Weibe, dessen Unterleib über zwei Jahre angeschwollen blieb, entstand oft eine plötzliche Anschwellung auch an andren Stellen des Körpers, nämlich den Schenkeln, dem Rücken, der Brust und dem Halse, — bis zur halben Grösse eines Kindskopfes; und wiewohl der Umfang des Bauches immer zu gross war, indessen Morgens bisweilen das natürliche Mass nur wenig überschritt: so schwoll er doch bald in einem Augenblick dergestalt an, dass die Kranke glaubte, ihre Haut würde demnächst zerreissen. Dieselbe empfand öfters eine gewisse Bewegung, welche sich vom Magen gegen die Glieder hin fortpflanzte, die sogleich in Zuckungen geriethen.

Der Unterleib wird oft von Schmerzen heimgesucht, ähnlich denjenigen, welche in verschiednen Gegenden der Brust Beschwerden zu erregen pflegen, — nämlich die sich nicht auf die Eingeweide beziehen, sondern dem Rheumatismus sich annähern. Mit diesen Schmerzen schleppen sich die Kranken lange hin. Heilmittel sind: Ammoniumliniment*) mit oder ohne Opiumtinctur, das Empl. cymini oder das Cantharidenpflaster und länger unterhaltne künstliche Geschwüre — zur äusseren Anwendung. Innerlich passt eine Arzenei aus Oel, dem so viel flüchtiges Laugensalz beigefügt ist, als Mund und Schlund leicht ertragen; endlich das Opium.

CAPITEL IV.

Vom Abortus.

Es ist vorgekommen, dass eine Frau fünf und dreissigmal abortirte. Der Abortus tritt gewöhnlich im dritten Monate ein; doch bei manchen Frauen wird beständig im fünften oder sechsten Monate die Frucht ausgetrieben, und bei diesen ist das Auströpfeln der Milch aus den

---

*) Ueber die Zusammensetzung der Arzeneimittel giebt die Londner Pharmacopoee Aufschluss.

Brüsten ein Vorzeichen des demnächst bevorstehenden Abortus. Bei einer Frau, die mit Zwillingen schwanger war, gieng der eine durch Abortus zu Grunde, während der andre bei ihr blieb, zur rechten Zeit geboren wurde und die Jahre der Erwachsenen erreichte.

Wenn Schwangere gestossen oder verletzt werden oder schwächlich sind, so führt dies öfters zum Abortus. Tritt dieser häufiger ein, so verursacht er fast immer weissen Fluss; ja er erschüttert die ganze Gesundheit und führt jene ganze Schaar von Uebeln herbei, welche man unter dem hysterischen Leiden begreift.

Eine Frau, welche häufige Abortus erlitten hatte fieng, als sie wieder schwanger wurde, an, die Chinarinde zu gebrauchen, von welcher sie täglich drei Drachmen längere Zeit hindurch nahm, und sie gebar zur rechten Zeit ein kräftigeres Kind, als alle, die sie früher zur Welt gebracht hatte.

CAPITEL V.
Vom Stuhlgange.

Es herrscht unter den Menschen hinsichtlich der Häufigkeit der Stuhlentleerungen eine ungemeine Verschiedenheit. Einer hatte alle Monate nur einmal Leibesöffnung, ein Andrer, wie er mir selbst erzählte, zwölfmal täglich, und zwar dreissig Jahre lang, sodann siebenmal täglich, sieben Jahre lang, und dieser Mann war inzwischen keineswegs abgezehrt, sondern im Gegentheil um ein Ziemliches wohlbeleibter geworden.

Sowohl Frauen als Männern ist es nach meiner Erfahrung begegnet, dass der Koth von vielen Monaten her im Mastdarm angehäuft blieb, wo er zu einer Masse verhärtete, grösser, als dass sie durch die eignen Kräfte des

Körpers ohne chirurgische Hülfe ausgetrieben werden konnte. Die Zeichen dieses Uebels sind Leibschmerzen und ein beständiger Drang zum Stuhlgange, sogar gleich nach erfolgter Oeffnung, wo dann aber nur flüssige Stoffe entleert werden, und zugleich findet Schwerharnen statt.

Die innere Haut des Mastdarms erschlafft manchmal so sehr, dass sie mit dem Kothe, oder auch beim Reiten, jedesmal hervorgetrieben wird und nicht eher zurückgeht, als bis sie mit der Hand zurückgebracht wird. Hier kann man eine zusammenziehende Bähung nach jeder Stuhlentleerung mit Nutzen anwenden.

Der Bandwurm und die Madenwürmer bewirken Abends ein sehr lästiges Jucken im After.

Manche werden ohne erkennbare Ursache von nicht unbeträchtlichen Schmerzen im After gepeinigt, welche durch erfolgende Oeffnung bisweilen gemildert, häufiger verstärkt werden; nicht selten wüthen sie mehr im Bette und bei Nacht, als bei Tage oder während des Gehens oder Reitens. Es ist mir vorgekommen, dass sie viele Jahre hindurch nicht aufhörten, die Kranken zu quälen.

Ein kleines Cantharidenpflaster, am untern Ende des Oberschenkels angebracht, mit drei Monate lang unterhaltner Eiterung, hat gegen dieses Uebel geholfen.

Aehnliche Schmerzen, wie die vorigen, entstehen durch Entzündung des Afters oder der benachbarten Theile und pflegen durch Sitzen, Stehen, Husten, Niesen, Harnen sehr vermehrt zu werden. Wenn eine solche Entzündung nicht zertheilt werden kann, sondern in Eiterung übergeht und ein Abscess daraus wird: so wird es sich nach endlich erfolgter Heilung des Geschwüres oft ereignen, dass die Gesundheit, wenn sie vorher schon nicht sehr fest war, binnen kurzer Zeit gänzlich zu Grunde gerichtet erscheint, entweder in Folge andrer Ursachen, oder durch beginnende Lungensucht; sei es nun, dass von Anfang an ein allgemeiner Krankheitszustand zu Grunde lag, sei es, dass die Constitution durch die langwierige Eiterung angegriffen wurde, bevor der Eiter sich freiwillig entleerte oder man ihm mit dem Messer einen Ausweg verschaffte. Zur Verhütung eines solchen ungünstigen Ausganges zeigte es sich von Nutzen, nahe am Knie an der inneren Seite des Oberschenkels ein künstliches Geschwür anzulegen, sobald jenes am After sich zur Heilung anschickte. *)

CAPITEL VI.
Vom Aneurysma.

Aneurysmatische Geschwülste des Halses haben viele Jahre lang bestanden, ohne weitere Beschwerden, ausser der Geschwulst und der Schwierigkeit des Athmens; endlich aber erfolgte plötzlich der Tod. Nicht wenige aneurysmatische oder doch durch offenbare Pulsation den Aneurysmen ähnliche Geschwülste fiengen endlich nach vielen Jahren von selbst an, kleiner zu werden, und verschwanden fast gänzlich.

CAPITEL VII.
Von der Bräune und dem Scharlachfieber.

Die gewöhnlichen Zeichen andrer Fieber kommen auch beim Anfange des Scharlachfiebers zum Vorscheine; sodann zeigt sich am ersten oder zweiten Tage eine ungewöhnliche Röthe der Haut, und meistens gelinde Schmerzen

---
*) Siehe was weiter unten über die Mastdarmfistel vorgetragen wird.

in der Rachenhöhle; zugleich entstehn bei Einigen Drüsengeschwülste, theils an andren Stellen, theils namentlich hinter den Ohren, und zertheilen sich bald, bald gehn sie in Eiterung über. Bei Andern hingegen schwollen die Arme und besonders die Finger; und diess ereignete sich ohne Unterschied sowohl bei Solchen, welche von dieser Krankheit ganz leicht mitgenommen wurden, als bei Solchen, die daran starben.

Am dritten oder vierten Tage lässt gewöhnlich der Schmerz in der Rachenhöhle nach; am sechsten aber fängt die Röthe der Haut an, sich zu verlieren, und wenn alles gehörig verläuft, so verschwindet die Krankheit schnell nach dem siebenten Tage.

Bisweilen verbreitet sich die Röthe über die ganze Haut; bisweilen sind nur Brust und Arme roth, und nicht selten sah ich die äussere Fläche der Handwurzel leicht geröthet, ohne dass sonst irgendwo eine Spur von Röthung entdeckt werden konnte. Die Haut ist bald roth, ohne dass sich irgend Flecken oder eine Rauhigkeit zeigen; bald erhebt sie sich in Mäler, ähnlich den von Brennnesseln entstehenden; bisweilen ist auch die Farbe an manchen Stellen gesättigter, an andren lichter; auch habe ich gesehen, dass kleine Pusteln hin und wieder zerstreut waren, welche fast genau das Ansehen von Masern hatten.

Wenn die Krankheit zu Ende ist, pflegt sich die ganze Oberhaut zu erneuern; die alte schuppt sich nämlich entweder kleienförmig ab, oder sie fällt, indem sie schon abgestorben ist und nur noch lose an der unterliegenden Haut anhängt, in grösseren Stücken ab. Die Röthe hat wenig Einfluss auf das Heil des Kranken. Ich habe sie sehr erhöht gesehen, ohne Nutzen, und sehr vermindert, ohne Schaden. Die Bettwärme ist nicht immer geeignet, diese Röthe hervorzulocken; denn ich erinnere mich, dass dieselbe bei einer gewissen Kranken schwächer war, so lange sie zu Bette lag, und lebhafter wurde, so oft sie aufstand. Zu dieser Färbung gesellt sich oft ein sehr lästiges Hautjucken.

Diese Krankheit ist den Masern nicht sehr unähnlich, muss jedoch von diesen sorgfältig unterschieden werden, da sie ein sehr abweichendes Heilverfahren erfordert. Bei diesem Fieber breitet sich die Röthe im Zusammenhange über die Haut aus, während sie bei den Masern in viele gesonderte Flecken zertheilt erscheint, zwischen welchen die natürliche Farbe sichtbar ist. Sodann erheben sich bei der Masernkrankheit jene rothen Flecken ein wenig über die übrige Haut, so dass, wenn man mit dem Finger leicht über dieselben hinfährt, man einige Unebenheit verspürt, wovon meistens beim Scharlachfieber nichts zu finden ist, ausgenommen etwa eine geringe Rauhigkeit an den Armen. Ferner vermisst man bei diesem Fieber die eigenthümlichen Zeichen der Masernkrankheit — Husten, Niesen, Thränen der Augen und Geschwulst der Augenlider. Endlich brechen die Masern gewöhnlich am dritten Tage im Gesichte aus und am fünften oder sechsten Tage an den Armen, was, wie eben gesagt wurde, beim Scharlachfieber ganz anders ist.

Mattigkeit und Unruhe sind zwar fast allen Fieberkranken gemein; doch haben diejenigen, von welchen hier die Rede ist, in dieser Beziehung mehr zu leiden. Bisweilen fliesst auch eine scharfe Feuchtigkeit in reichlicher Menge in den Schlund und die Nase hinab, die theils wie Speichel ausgespuckt werden muss, theils aus den Nasenlöchern abträufelt, woher dann die Kranken harthörig, heiser, oder beinahe stumm werden und zugleich Geschmack und Geruch gänzlich verlieren. Dieser scharfe Ausfluss macht bisweilen die innere Fläche der Nase und die ganze Oberlippe wund, so dass hier viele Tage nach dem Aufhören der Krankheit noch ein borkiger Ueberzug fortbesteht.

Das so eben beschriebene Fieber ist zwar oft tödlich;

doch öfter ist es gefahrlos, und bisweilen ist es so milde, dass es kaum länger dauert, als einige Stunden, und vielleicht unbeachtet vorübergienge, wenn uns nicht eine kurze Mattigkeit und einige Röthe der Haut und andre Erkrankungsfälle gleicher Art in demselben Hause über die Bedeutung des Unwohlseins auch bei diesen so leicht Ergriffenen keinen Zweifel übrigliessen.

Man wird nicht leicht eine andre Krankheit finden, worin die Kranken öfter deliriren, und mit geringerer Gefahr. Bei den übrigen Fieberkrankheiten tritt selten eine Verstandesverwirrung ein, bis es nicht schon schlimm mit dem Kranken steht, und daher wird diese Erscheinung nicht mit Unrecht gefürchtet: aber beim Scharlachfieber deliriren die Kranken sogar schon am ersten Tage, und bisweilen, wenn auch sonst gar kein Anzeichen von Gefahr vorhanden ist, hören sie doch nicht auf, allnächtlich irre zu reden, vom Anfange der Krankheit an bis zu deren Ende.

Unter Kindern beiderlei Geschlechtes verbreitet sich dieses Fieber durch Ansteckung am leichtesten. Männer über das zwanzigste Jahr hinaus sind ihm wenig ausgesetzt; wiewohl ich einen und den andern gesehen habe, der nach dem dreissigsten Jahre darein verfallen war. Von Frauen aber habe ich nicht nur erwachsene, sondern selbst bejahrte nicht selten zu behandeln gehabt, welche daran litten; je älter sie jedoch sind, desto sicherer werden sie vor diesem Uebel sein.

Ich habe noch nicht hinlänglich ausgemittelt, wie lange der Same dieser Krankheit im Körper sich verborgen hält, bevor er Fieber erregt und durch seine andren Zeichen sich kundgiebt: doch erinnere ich mich, dass ein gesundes Mädchen sich einem an dieser Krankheit leidenden Knaben näherte, und am fünften Tage darauf selbst erkrankte; und es kann sein, dass jedesmal diese Zeitfrist zwischen der Ansteckung und dem Anfange des Fiebers verstreicht·

Denn bei den Pocken wissen wir, dass ein bestimmtes Gesetz hinsichtlich dieses Zwischenraumes fast bei allen Kranken sich bewährt.

Bei denen, welche an dieser Krankheit sterben, entsteht gewöhnlich gegen den fünften oder sechsten Tag Betäubung, oder Athembeschwerden, und mit diesen zugleich bisweilen Blutspucken, wenn auch die Lungen vorher gesund waren. Einige zwar, jedoch sehr Wenige, sind so unglücklich, von gefährlichen Zufällen aller Art heimgesucht in Zeit von drei Tagen zu erliegen.

Die von dieser Krankheit wieder Genesenden bekommen, wenn das Fieber schon gebrochen und fast gänzlich beseitigt ist, bisweilen Drüsengeschwülste in der Ohrgegend, welche nicht wenig schmerzen und manchmal auch in Eiterung gehn. In manchen Fällen blieben auch die Hoden nicht frei von Anschwellung, und die Gliedmassen wurden längere Zeit hindurch von Schmerzen heimgesucht, ähnlich den rheumatischen, — sowie von Wasseranhäufungen im Zellgewebe.

§. 2. *Von der Bräune.*

In der so eben beschriebenen Fieberkrankheit zeigt sich immer einige Röthe der Haut, und meist einiger, jedoch dumpfer Schmerz in der Rachenhöhle. Wenn nun die Rachenhöhle, mit kleinen Geschwüren besetzt, etwas heftiger schmerzt, alsdann — mag die Haut gefärbt sein, wie sie will, — erhält die Krankheit nicht von dieser Farbe, sondern von dem Leiden der Rachenhöhle ihren Namen und wird gewöhnlich bösartige Bräune genannt. Viele glauben sogar, dass mit dem Namen auch das Wesen des Fiebers sich ändere. Hierüber mag der Leser urtheilen, nachdem er den Verlauf beider Krankheiten verglichen haben wird.

Oft war ich allerdings in Zweifel, ob bei Manchen

das Fieber den Borken und Geschwürchen der Rachenhöhle vorausgegangen, oder später, als diese, entstanden war. Denn sogar am ersten Tage des Fiebers sah ich bisweilen die Rachenhöhle mit dergleichen Geschwürchen besetzt, und doch war kaum zu glauben, dass dieselben in so kurzer Zeit sich so weit ausbilden gekonnt. Das Entstehen dieser Crusten wird aber leicht von den Kranken nicht beachtet, da der Schmerz anfangs sehr mässig und keineswegs mit jenem zu vergleichen ist, welchen eine Entzündung der Rachenhöhle hervorbringt. Auch das Schlingen geschieht fast ohne alle Beschwerde, oder wenigstens mit viel geringerer, als man vermuthen müsste, wenn man sie nach dem Zustande der Rachenhöhle abschätzen wollte.

An den Stellen, wo sich demnächst Geschwüre bilden wollen, erscheint die Schleimhaut bleicher, als gewöhnlich, und bald nachher wird sie weiss oder grau, und wenn sie losgetrennt oder von selbst rissig wird, so stellt sich ein schmutziges Geschwür, ohne irgend eine Eiterabsonderung, dar. Diese Borken pflegen die Mandeln, den weichen Gaumen, das Zäpfchen, den Schlund, die Luftröhre und alle innere Theile der Nase einzunehmen, und wenn die Geschwüre tief gehn und zahlreich sind, so wird in Folge der Anschwellung der genannten Theile der Kranke heiser oder verliert die Stimme fast gänzlich. Manchmal schwillt auch die Kehlgegend von aussen, sowie das ganze Gesicht.

Ich habe gesehen, dass am ersten Tage der Krankheit die ganze Haut geröthet war. Bisweilen waren nur die Arme und die Brust roth. Bei Andern wurde diese Farbe erst am vierten Tage der Krankheit sichtbar; bei Manchen endlich zeigte sich durchaus keine Röthe, die ganze Krankheit hindurch. War die Farbe lebhaft, so erleichterte dies den Kranken nicht, und wenn sie verschwand, so befand er sich nicht schlechter.

Betrachtet man die Borken in der Rachenhöhle, so kann man daraus allerdings auf den gefährlichen Zustand des Kranken schliessen, der um so schlimmer sein wird, je weiter jene sich ausbreiten, je tiefer sie gehn, je hartnäckiger sie festhängen, je öfter sie sich erneuern und je mehr sie zum Brandigen hinneigen. Der Zustand dieser Borken ist jedoch nur ein Zeichen der Gefahr, aber nicht ihre Ursache. Denn das Fieber ist von der Art und die Kräfte liegen so sehr darnieder, dass man deutlich genug einsehen mag, es liege ein weit schwereres Leiden zu Grunde, als das Ergriffensein des Zäpfchens oder der Mandeln, die wir in andren Krankheiten oft ohne Lebensgefahr theilweise zerstört werden sehen, ja welche, wie wir wissen, ohne Nachtheil mit dem Messer entfernt werden können. Diese Geschwüre sind also zwar, gerade wie bei der Pest die Bubonen und Carbunkeln, ein Zeichen der Krankheit; die Gefahr hängt jedoch allein vom Fieber ab.

Diese Krankheit ist bald so gelinde, dass sie keines Heilmittels bedarf, bald so bedeutend, dass sie allen trotzt. Einige Kranke verfallen am zweiten Tage in Betäubung und holen mit Mühe Athem, wobei sie den Kopf so weit als möglich nach rückwärts biegen; und auf diese Weise, unter Ausfluss eines hässlichen und übelriechenden Schleimes aus der Nase und bei fast brandigem Zustande der Rachenhöhle, sind Mehrere gestorben. Andre hingegen genasen ohne Schwierigkeit, nachdem sie an den leichtesten Zufällen dieser Krankheit zwei Tage lang gelitten hatten. Die Meisten aber befällt ein ziemlich starkes Fieber, das kaum noch am siebenten oder achten Tage sich zum Bessern wendet. Bei Manchen stellt sich zugleich ein merklicher Speichelfluss ein.

Die Mattigkeit dieser Kranken, ihre Schwäche und Unruhe ist beträchtlicher, als das Fieber erwarten liesse. Wenn die Krankheit einen schlimmen Ausgang nimmt, so vermehrt sich die Unruhe, und nicht selten tritt ein betäubter Zustand ein; dann träufelt auch ein übelaussehender Schleim aus der Nase herab, der Athem wird übelriechend und das Athemholen geschieht mit zurückgebogenem Halse; auch werden Speisen und Arzeneien verschmäht, jedoch nicht etwa desshalb, weil das Schlucken beschwerlich fiele, welches oft bis zum Tode, wie ich mit Verwundrung beobachtet habe, ziemlich leicht von Statten geht, wenn auch die Rachenhöhle mit den hässlichsten Geschwüren allenthalben überdeckt und der Athem fast gänzlich gehemmt ist. Vielleicht ist die Luftröhre mehr als der Schlund von solchen Geschwüren besetzt.

Zu den seltnern Erscheinungen kann man einen beträchtlichen Blutfluss aus der Nase zählen. Wenn die Krankheit zu Ende ist, werden Manche von rheumatischen Schmerzen und Geschwülsten ergriffen. Ich habe Einige gekannt, welche von dieser Krankheit zweimal befallen wurden, was jedoch sehr Wenigen widerfährt.

Diese Bräune kann man zu den Krankheiten des Kindesalters wohl mit Recht zählen. Von Erwachsenen haben wenigstens Männer selten mit ihr zu kämpfen. Ich hatte nur zwei Jünglinge daran zu behandeln, welche das zwanzigste Jahr erreicht hatten; desgleichen einen einzigen kräftigen Mann, der das dreissigste Jahr überschritten hatte. Ausser diesen kann ich mich aber nicht erinnern, Jemanden männlichen Geschlechtes, der über das jugendliche Alter hinausgewesen wäre, an dieser Krankheit leiden gesehen zu haben. Wohl aber habe ich die Erfahrung gemacht, dass Frauen niemals vor diesem Uebel gänzlich sicher seien, wenn auch bejahrte ihm weniger ausgesetzt sind, als jüngere. Das zarte Alter aber, welches diesem Fieber am meisten unterworfen ist, schwebt zugleich in der grössten Gefahr — anders, als bei Pocken und Masern.

Bei der Oeffnung der Leiche eines Knaben, der am sechsten Tage der Krankheit gestorben war, ergab sich, dass das Gaumensegel ganz brandig war, ferner die Mandeln aussen braun, höchst schmutzig anzusehen, innen livid; das Zäpfchen war mit dickem Schleime wie mit einer Haut überzogen, der Kehldeckel und die Speiseröhre gesund. Jener Schleim aber kleidete auch die Luftröhre bis zu deren Theilung aus; im oberen Theile derselben war er beinahe zu einer Haut geronnen, im unteren mehr dem eigentlichen Schleime ähnlich.

Aus dem, was wir über das Scharlachfieber und die Bräune gesagt haben, ergiebt sich wohl als bei Weitem das Wahrscheinlichste, dass eine und dieselbe Krankheit mit diesem oder jenem Namen bezeichnet worden sei, je nachdem diese oder jene Erscheinungen sich als überwiegend darstellten. Dies bestätigt uns auch der Umstand, dass beide Krankheiten immer zu gleicher Zeit herrschen. Und diese Meinung wird ohne Zweifel die Oberhand behalten, woferne man das zugesteht, was ich, wenn ich nicht irre, selbst beobachtet habe, dass nämlich, wenn, wie dies oft geschieht, mehrere Knaben und Mädchen in einem Hause zugleich erkrankten, ein Theil derselben das Scharlachfieber, der andre Theil hingegen die Bräune bekam. Uebrigens mögen diese Krankheiten sich noch so sehr unterscheiden, so muss doch, nach meinem Urtheile, die Behandlung beider dieselbe sein, ausgenommen jene Mittel, die, nach dem Dafürhalten Einiger, in der Rachenhöhle zu appliciren sind.

Etwas mehr liegt daran, zu wissen, ob dieses Leiden, wie die Pocken, niemals wiederkehre. Ich meinerseits zweifle nicht, dass Einige zweimal davon befallen wurden. Offenbar geschieht dies jedoch selten; da sonst bei einer so häufigen Krankheit eine zweite Ansteckung nicht weniger gewiss wäre, als bei der Krätze oder der Lustseuche.

Ich habe einige Erwachsene behandelt, die oft von Schmerz in der Rachenhöhle und von Geschwürchen, ganz ähnlich jenen, die bei der Bräune vorkommen, heimgesucht werden waren. Doch war kein oder nur ein ganz leichtes Fieber vorhanden und die Farbe der Haut naturgemäss. Und wiewohl dieses Leiden einige Unbequemlichkeit mit sich führte, so war es doch so wenig gefährlich, dass ich nicht weiss, ob es in irgend einer Verwandtschaft zur Bräune steht.

Was die Behandlung des Scharlachfiebers und der Bräune betrifft, so verlangt jener leichte Schmerz in der Rachenhöhle, ganz verschieden von dem von Entzündung herrührenden, sicherlich keine Blutentziehung, als welche auch das meistens zarte Alter dieser Kranken und die Schwäche ihres Körpers deutlich genug verbieten. Bisweilen jedoch war eine mässige Blutentziehung im Anfange der Krankheit von Nutzen, wenn Hitze und Kopfschmerz dem an üppigere Ernährung gewöhnten Kranken heftiger zusetzten. Bei den Meisten aber, möchte ich glauben, ist es sichrer, sie zu unterlassen, und bei den Wenigsten mag sie mit Nutzen wiederholt werden; wiewohl ich nicht läugnen will, dass ich in einigen Fällen zugezogen wurde, wo zweimal Blut entzogen worden war, ohne Nachtheil. Täglich einmalige Leibesöffnung hat, so viel ich weiss, Niemandem geschadet; aber niemals möchte ich rathen, öfteren Stuhlgang zu veranlassen. Vielmehr wenn solcher freiwillig stattfindet, wird man ihn möglichst schnell anzuhalten haben. Wenn jedoch die Krankheit gebrochen ist, so werden, besonders bei Kindern, gelinde Abführmittel mit Nutzen angewendet. Cantharidenpflaster gewähren nicht geringen Vortheil; sie sind daher nicht eher ausser Gebrauch zu lassen, als bis die Krankheit abnimmt.

Ein Absud von Chinarinde ist in dieser Krankheit nützlich; man kann bei grösserer Hinfälligkeit des Kranken einige Grane irgend eines angenehmen gewürzhaften Pulvers hinzufügen. Ein gleiches Mass von diesem Absude und von zusammengesetzem Gerstenabsude geben, zusammengemischt, auch ein Gurgelwasser ab, womit der Kranke sich oft gurgeln muss; auch bei Kindern muss man dasselbe in die Rachenhöhle einspritzen. Doch muss man dies nicht bis zum Ueberdrusse wiederholen — öfter, als die Kranken es gerne geschehen lassen; denn die davon zu erwartende Hülfe ist nicht viel bedeutender, als jene, die das häufige Hinabschlürfen dieser oder irgend einer angenehmeren Flüssigkeit gewähren kann, die während ihres Durchganges durch die Rachenhöhle diese abspült und abwäscht. Erwachsene geben zwar nach Abspülung der Unreinigkeiten das Gurgelwasser wieder von sich: bei Kindern aber gelangt alles, was auf diese Art eingeschlürft oder eingespritzt wird, gleichmässig in den Magen. Dasselbe geschieht nach jeder Einspritzung in die Nase, welche daher kaum wird unternommen werden dürfen, damit nicht etwa die abgespülten Unreinigkeiten, in den Magen hinabgeführt, mehr schaden, als wenn sie in der Nase geblieben wären.

Jede andre unmittelbare Einwirkung auf die Rachenhöhle, abgesehen von Gurgelwassern, ist, wie mir scheint, zu verwerfen, indem sie viel Ekel veranlassen, aber wenig oder gar keine Hülfe gewähren wird. Viele gelehrte und erfahrene Aerzte denken jedoch über diese Sache anders, und glauben, dass die der Rachenhöhle entsprechenden örtlichen Heilmittel viel zur Genesung des Kranken beitragen können. Sie unterlassen daher nicht, in jene Borken an den Mandeln und am Zäpfchen ziemlich tiefe Einschnitte zu machen, so weit man nur mit dem Messer kommen kann; darauf bestreichen sie den Gaumen mit einer Mischung aus einer Unze Rosenhonig und einer Drachme Grünspansauerhonig, und hiemit bepinseln sie täglich mehrmals auch die Rachenhöhle. Endlich tragen sie auch kein Bedenken, selbst mit einer gewissen Gewalt das schwammichte, schmutzige Fleisch von den in Verschwärung begriffenen Theilen zu entfernen, welches jedoch immer wieder nachwächst, bis das Fieber Halt macht. Inzwischen haben Diejenigen, welche diesen Weg einschlagen, zu bedauern, dass dieses Heilverfahren nicht wohl anwendbar ist für das Kindesalter, wo diese Krankheit sich vorzugsweise heftig zu zeigen pflegt, und überhaupt in keinem Lebensalter, wofern jene Borken die Nase oder die Luftröhre behaften, welche Theile der Hülfe am meisten bedürften.

CAPITEL VIII.
Von den Schwämmchen.

Die Schwämmchen entstehn vorzugsweise bei Kindern und älteren Leuten und solchen, die durch langwierige Fieber entkräftet sind. Die begleitenden Erscheinungen sind: Schmerz in der Rachenhöhle, Schlingbeschwerden, Heiserkeit, Husten, Schlucksen und ein Trieb zum Ausspucken des vorhandenen Schleimes, wie die Kranken glauben — getäuscht von den Schwämmchen. Gegen diese Krankheit kann man die Chinarinde ohne Nachtheil und vielleicht mit Nutzen anwenden.

Diese unter dem Namen der Schwämmchen bekannten kleinen Geschwüre sollen, wie man gewöhnlich glaubt, nicht nur den Mund und die Rachenhöhle einnehmen, sondern sich auch in den Magen hinab erstrecken und den ganzen Darmkanal besetzen. Dass dies nicht immer sich also verhalte, bewies die Oeffnung der Leichen zweier an schleichenden Fiebern Verstorbenen, deren Mund lange mit Schwämmchen bedeckt gewesen war, wiewohl keine Spur von solchen unterhalb der Rachenhöhle gefunden werden konnte.

Ausser jenen Schwämmchen, die in acuten Krankheiten bei grösserer Körperschwäche entstehen, giebt es noch andre — man könnte sie chronische nennen, — die bisweilen den Mund nicht nur viele Monate, sondern selbst Jahre lang behaften, ohne Fieber oder ein andres bedeutendes Leiden. Solche Schwämmchen folgten auf eine Lähmung der Gesichtsmuskeln und behaupteten sich drei Jahre lang. Die Bewohner von Westindien bringen bisweilen dieses Uebel mit nach England zurück, und ich habe von solchen gehört, dass es auf jenen Inseln mitunter sehr häufig vorkomme und nicht selten mit Durchfall oder einer Art Ruhr tödlich endige.

CAPITEL IX.
Von der Gicht.

Die Gicht beginnt mit Schmerz des ersten Gliedes der grossen Zehe, die in kurzem sehr gesättigt roth erscheint und bald darauf anschwillt. Die Heftigkeit des ersten Schmerzes hält selten länger an, als vierundzwanzig Stunden: aber bevor noch die Pein gänzlich zu Ende ist, befällt ein ähnlicher Schmerz entweder denselben oder einen andren Theil des Fusses, um ungefähr ebenso viele Stunden zu dauern. Solche Anfälle kehren entweder täglich wieder, oder nach zwei, drei oder vier Tagen, bald innerhalb eines oder zweier Monate, bald kaum eines halben Monats. Ja bisweilen kamen die Schmerzen selbst nach längeren Zeiträumen der Ruhe wieder, wenn die Geschwulst der Glieder fast gänzlich gesunken war und die Kräfte schon ziemlich wiederhergestellt waren, und nahmen ihre früheren Sitze wieder ein, indem sie abermals ein lästiges Hinken und Anschwellen verursachten, — des Kranken spottend, der inzwischen die Krankheit für beendigt ansehen zu dürfen gehofft hatte.

Es kommt auch bisweilen vor, dass der Anfangs leichte Schmerz einige Tage hindurch sich täglich verstärkt.

Der erste Anfall der Gicht dauert selten länger, als acht oder zehn Tage, und verbreitet sich während dieser ganzen Zeit kaum über die Stelle hinaus, die er Anfangs eingenommen hatte. So verhält es sich auch meistens mit dem zweiten und dritten Anfalle. Nachher aber wird der Schmerz die ganzen Füsse und Hände und Kniee durchirren, bevor er den Menschen wieder verlässt. Zuletzt wird kein Theil des Körpers vor dem Einflusse der Krankheit sicher sein.

Bei Nacht, nach dem ersten Schlafe, wüthet der Schmerz am meisten. Hat desshalb die Gicht wohl etwas gemein mit jenen Uebeln, die man für eigenthümliche Leiden der Nerven ansieht; da diese fast alle zu eben dieser Zeit sich steigern? Doch ist dies nicht beständig der Fall; denn bei Einigen ist der Schmerz am Tage grösser, als Nachts.

Anfangs geniesst der Gichtische nicht selten einer Ruhe von zwei oder mehr Jahren. Ist das Uebel schon veraltet, so wird es jährlich einmal oder öfter wiederkehren. Je älter das Gichtleiden ist, um so weniger Schmerz pflegt es mit sich zu führen; doch zieht es sich mehr in die Länge und schwächt auch die Glieder mehr und auf länger. Wenn es einmal einen Anfall gemacht hat, so fährt es meist fort, den Kranken sein übriges Leben hindurch heimzusuchen. Es ist mir noch Niemand vorgekommen, von dem ich unbedenklich behaupten könnte, dass er am Podagra noch vor den Jahren der Mannbarkeit gelitten habe.

Wiewohl das wahre Podagra gewöhnlich jedesmal bei seinem ersten Erscheinen die grosse Zehe befällt, so ereignet sich doch bisweilen, dass es in der Ferse oder auf dem Fussrücken oder am Knöchel beginnt; wenn aber der erste Sitz in irgend einem andren Theile ist, ausser dem Fusse, so werden sich die Dauer des Schmerzes, seine Wiederkehr und die weitren Folgen vom eigenthümlichen Verlaufe der Gicht so sehr verschieden zeigen, dass man ein Leiden dieser Art, wenn man es nicht Rheumatismus benennen darf, mit einem andren, neuen Namen bezeichnen sollte, um es dadurch sowohl von der Gicht, als vom Rheumatismus zu unterscheiden. Nämlich diese Schmerzen durchzogen nicht nur, wie der Rheumatismus, bei ihrem ersten Erscheinen den ganzen Körper und dauerten zwei oder drei Monate lang; sondern, was beim Rheumatismus kaum je beobachtet wird, sie kehrten zwei- oder dreimal gleich im ersten Jahre wieder, und dann einige Jahre hindurch ebenso oft. Und wiewohl sie viel gelinder sind, als die Gichtschmerzen, so ist doch die Geschwulst grösser, und — was bei dieser Krankheit vorzüglich bemerkenswerth ist — es wurden die Glieder dadurch in zwei Jahren mehr geschwächt, als bei Andern, die mit wahrem und heftigem Podagra zwanzig Jahre lang kämpften. Nicht unpassend könnte man sagen, dass dieses Leiden seiner Natur nach die Mitte halte zwischen Rheumatismus und Lähmung. Mir schienen Sechziger öfter daran zu leiden, als Jüngere; wiewohl es nicht an Beispielen von Kranken fehlte, deren Glieder vor dem dreissigsten Jahre durch dieses Uebel fast ganz unbrauchbar geworden waren.[*]

Das Podagra leitet seinen Ursprung oft von gichtischen Aeltern und von Unmässigkeit her, dann aber auch von andren, unbekannten Ursachen, vor denen selbst nüchterne und enthaltsame und von gesunden Vorfahren herstammende Menschen nicht sicher sind. Frauen sind dieser Krankheit viel weniger ausgesetzt, als Männer; doch ist es nicht selten, dass auch Frauen am Podagra leiden. Ich erinnere mich, dass Kinder gichtischer Aeltern diesem Familienübel sämmtlich entgiengen, bis auf eine von

---

[*] S. Cap. 79., vom Rheumatismus.

den Töchtern. Ich kannte ferner eine andre Frau, die von Gichtschmerzen, sowie von Geschwüren mit kreidehaltiger Absondrung aufs ärgste mitgenommen wurde, wiewohl sie selbst von jeder Unmässigkeit sich weit entfernt hielt und niemand von ihren Verwandten an der Gicht gelitten hatte.

Wen die Gicht sehr oft heimgesucht hat, den belästigen, ausser andern Uebeln, nicht selten kleine, harte Geschwülste, besonders an den Fingern und Zehen, welche, wie es scheint, voll Steine sind. Endlich entzünden sich die Geschwülste, gehn in Verschwärung über, und es kommt eine weisse Feuchtigkeit heraus, worin eine kreidenartige Ablagerung enthalten ist, und dies hält lange an. Diese Geschwüre und die häufigen Entzündungen machen am Ende die Glieder steif oder heben alle Beweglichkeit derselben auf.

Leichte Muskelkrämpfe sind oft zu den Leiden der Gichtkranken zu zählen. Aufblähung, Brennen und Säure im Magen, gestörte Verdauung, Ekel, Uebelsein, Erbrechen, Schmerzen im Magen und in den Gedärmen, Schwindel, Ohrenklingen, Betäubung, Unruhe, herumziehende Schmerzen, Abmagerung, Erschlaffung der Kräfte und des Geistes — diess sind die Uebel, von denen bald dieses bald jenes den bevorstehenden Anfall des Podagra verkündet, oder auf dessen Verschwinden folgt. Fast sämmtlich stellen sie sich bei der veralteten Gicht ein, und der arme Gichtkranke hat die traurige Aussicht, dass sie als Erbgut auf seine Nachkommen übergehn werden.

Wiewohl das Podagra anfangs seltener wiederkehrt, so wird es doch mit der Zeit einheimischer und seine Anfälle pflegen sowohl häufiger als länger zu werden, bis endlich den Kranken kaum einige Zeit bleibt, ihres Lebens froh zu werden oder dessen übrigen Verrichtungen und Geschäften nachzugehn. So lange der Kranke voller Schmerzen ist, bedarf er, gleich einem Kinde, fremder

Hülfe: aber Vieles hindert uns, ihm diese Hülfe so leicht und so schnell zu leisten. Unter den Uebeln, die das Podagra mit sich bringt, ist kaum noch aufzuzählen, dass es, nach Zerstörung aller Freuden des Lebens und nach allmähliger Untergrabung der Kräfte oder deren plötzlicher Vernichtung durch einen Anfall von Lähmung oder Schlagfluss, einen frühzeitigen Tod herbeiführt.

Doch nur Wenige schämen sich eines so schlimmen Zustandes oder finden ihn verdriesslich; vielmehr streben Viele nach dieser Krankheit, und wenn sie etwa erkranken, so glauben sie gerne, dass die Gicht dahinterstecke, und trösten sich mit dem Gedanken, einmal gichtkrank zu werden; ja sie unternehmen sogar noch Vieles zu diesem Ende — doch glücklicherweise verfehlen sie meistens ihre Zwecke.

Es ist nicht leicht zu sagen, woher es gekommen sein mag, dass manche Krankheiten in gewissen Gegenden und zu gewissen Zeiten für ehrenvoll und wünschenswerth gegolten haben, während andre unanständig und schimpflich sind, wiewohl weder in den Krankheiten selbst, noch in ihrer Entstehungsweise irgend eine triftige Begründung der Ehre oder der Schande zu finden ist. Die Epilepsie scheint die alten Römer mit dem grössten Schrecken erfüllt zu haben; die Eingeweidebrüche gelten noch jetzt für etwas Unanständiges. Manche Leiden sind zu ihrer Ehre dadurch gekommen, dass sie irgend einem grossen Manne zugestossen waren, oder weil sie vorzüglich jene Glücklichen befallen, die an Musse und allen Gütern Ueberfluss haben. Als Ludwig XIV., König von Frankreich, zufällig an einer Mastdarmfistel litt, überredeten sich nicht wenige seiner Untergebenen, mit demselben Uebel behaftet zu sein, und machten den damals lebenden Chirurgen genug zu schaffen, indem sie für ihre eingebildete Krankheit bei diesen Hülfe suchten. Hätte es nun in Frankreich eine Mineralquelle gegeben, die im Stande gewesen wäre, eine solche Fistel zu verursachen, so glaube ich, man würde kaum mit geringerer Begierde zu ihr geeilt sein, als unsre Landsleute nach Bath ziehen, um sich das Podagra zu holen. Denn dies ist die Krankheit, welche jetzt bei den Engländern in Ehren steht, die von Denen ersehnt wird, welchen sie unbekannt ist, deren sogar Diejenigen sich rühmen, welche schon von ihr befallen zu werden gewärtigen, worüber jedoch Alle sich ernstlich beklagen, die mit diesem schmerzlichen Uebel wirklich kämpfen. Daher kommt es seltsamerweise, dass man sich heutzutage mehr Mühe giebt, die Gicht zu erzeugen oder zu erwecken, als sie zu heilen und gänzlich zu beseitigen. Ja man hat dieser Krankheit so viel Ehre angethan, dass man meint, alle andren Uebel, welche Gichtkranken zustossen, ausser dem Schmerze, kämen daher, nicht weil letztere schon zu viel vom Podagra gelitten hätten, sondern weil noch zu wenig. Und in der That wird die Gicht nicht nur nicht als Ursache dieser Uebel angeklagt, sondern man wünscht sie sogar — gleich als ob in ihren wiederholten Anfällen die einzige Aussicht auf Heilung zu suchen wäre.

Aus Liebe zum Leben oder aus Furcht vor dem Tode wollen die meisten Menschen die Erscheinungen erschütterter und zu Grunde gerichteter Gesundheit weder fühlen noch eingestehn; man schreibt daher dieselben lieber jeder andren Ursache zu, als dem herannahenden und unvermeidlichen Tode. So kommt es denn, dass, wenn die Kräfte nachzulassen beginnen, die Menschen sich leicht überreden lassen, ihr Unwohlsein rühre von verborgenem Podagra her und es fehle nichts zur Wiederherstellung der Körper- und Geisteskraft, als ein regelmässiger Anfall des letzteren. Indessen um nicht zu erwähnen, auf wie seichte Gründe sich meistens der Glaube stützt, es sei verborgene Gicht vorhanden, so möchte ich fragen, ob es denn gewiss sei, was so zuversichtlich behauptet wird, dass nämlich die Gicht, wenn sie wirklich wüthet, alle andren Krank-

3

heiten vertreibe? und ob es überall erlaubt sei, das Podagra zu erzeugen oder zu erregen, ohne alle Gefahr, durch neue Uebel die vorhandnen zu vermehren? Es giebt Gegenden, in denen die Krätze eine sehr häufige Krankheit ist, — und dort wird sie auch für heilsam gehalten. Auch das Wechselfieber wurde einst von sehr vielen Aerzten für heilbringend angesehen, und manche überreden sich hievon sogar jetzt noch. Daher wünschen sie zu dessen Erscheinen sich und ihren Freunden Glück und sorgen, so viel an ihnen liegt, dass es sich nicht allzu schnell entferne. Diese Meinungen hat jedoch in England die Zeit so ziemlich vertilgt, und wenn gegen das Podagra ein nicht weniger wirksames Mittel entdeckt sein wird, als jene, welche man gegen die eben erwähnten Krankheiten anwendet, so werden wir endlich erkennen, dass auch die Gicht ohne Gefahr und mit Nutzen für immer beseitigt werden könne.

Wenn jedoch Jemand behauptet, die Gicht sei ein Versuch des Körpers, gewisse verdorbene Säfte auszuscheiden: so müssen wir uns an die Erfahrung wenden, die allein geeignet sein wird, diesen Streit zu entscheiden und zu schlichten. Und ich gestehe, dass es Manche giebt, welche sich über das erste Erscheinen des Podagra freuen, als ob dasselbe alles Glück mit sich brächte, — welche, indem sie schon nur von vollkommenster Gesundheit träumen, mit leichter Mühe glauben, dass dieser erste Anfall ausserordentlichen Nutzen gestiftet habe; wie es Sitte der Leute ist, so oft sie mit neuen Aerzten und neuen Heilmethoden bekannt werden. Doch von Diesen uns wegwendend, wollen wir Jene fragen, die lang und oft an der Gicht gelitten und diesen Zustand genau kennen gelernt haben. Unter so Vielen, die ich gesehen und deren Krankheitsgeschichte ich aufgezeichnet habe, befinden sich ihrer, um möglichst wenig zu sagen, zweimal mehr, bei denen das Podagra zu andren Leiden hinzutrat, ohne diese im Geringsten zu erleichtern, oder bei denen es neue Uebel zu den bisherigen hinzubrachte, als Solche, denen es scheinbar nützte; und wenigstens nach meiner Meinung rührten die Uebel, welche man dem Podagra zuschrieb, weit gewisser von demselben her, als die guten Folgen. Bisweilen sehen wir zwar, dass andre Krankheiten aufhören, wenn das Podagra hinzukommt; dies geschieht aber auch nach dem Eintreten von Fiebern, Lähmung, Asthma, Pocken und Wahnsinn, wovon ich nicht wenige Beispiele gesehen habe; gleichwohl wird alle diese Krankheiten Niemand für heilbringend erklären. Die Gicht hingegen befiel oft Solche, die an Schwindel, Asthma, Ekel und Melancholie litten, und erleichterte dieselben so wenig, dass sie im Gegentheil ihre Uebel vermehrte. Ferner traten alle diese Krankheitserscheinungen bei Manchen mit dem Podagra immer zugleich ein und bestanden während seines ganzen Verlaufes.

Solche, die von der Gicht selten befallen und dann bald verlassen werden, erleiden dadurch nur einen geringen oder fast gar keinen Schaden — gerade, wie es bisweilen der Fall ist, dass nach seltenen Anfällen von Epilepsie der Epileptische vielleicht endlich nicht sowohl an seiner Krankheit als an Altersschwäche stirbt. Bei Manchen jedoch zeigt sich die Gesundheit gleich nach dem ersten Anfalle des Podagra gestört und fährt dann fort, sich zu verschlechtern, bis sie endlich durchaus erschüttert und gänzlich zu Grunde gerichtet ist. Bei Diesen mögen wir zwar bezweifeln, ob das Podagra die Ursache dieser Uebel war, oder nicht; so viel wissen wir jedoch gewiss, dass es sie nicht geheilt hat.

Bei der veralteten Gicht ist, wie ich vorhin erwähnt habe, der Schmerz gewöhnlich gelinder, als bei der eben entstandenen, und hieraus möchte vielleicht die Meinung entsprungen sein, dass jener Zustand von der Verminderung und dem Aufhören des Podagra herrühre, der doch allein auf Rechnung des zunehmenden Alters, oder andrer Krankheiten, oder der wiederholten Anfälle des Podagra selber zu schreiben ist.

Ich erinnere mich, dass Jemand fünfzehn Jahre lang jedes Jahr an der Gicht litt und jedesmal zu derselben Zeit mit Athembeschwerden zu thun hatte, endlich aber, nachdem seine Körperconstitution sehr geschwächt und alle Kraft gebrochen war, fünf Jahre lang (denn so lange lag er auf dem Siechbette, bis er starb) weder das Asthma, noch die Gicht bekam. Wenn nun Niemand sich überredet haben würde, dieser zerrüttete Gesundheitszustand sei daher entstanden, weil das Asthma aufgehört habe, sich einzufinden: warum wäre es glaublicher, dass man denselben mit dem Aufhören des Podagra in Verbindung zu bringen habe? Die Heftigkeit des Gelenkschmerzes ist nicht nur der Gesundheit nicht förderlich, sondern scheint vielmehr zum Theil zu bewirken, dass bei Diesen schneller als bei Jenen die Beweglichkeit der Glieder verloren geht und andre diesem Leiden eigenthümliche Beschwerden folgen, — woher es kommt, dass Manche nach sieben Jahren mehr geschwächt erschienen, als Andre nach dreissig.

Das wahre Podagra setzt sich nach wenigen Anfällen meistens so fest, dass es dann alle Jahre oder noch öfter den Kranken heimsucht. Manchmal jedoch, nachdem es längere Zeit, nämlich zehn, zwölf, vierzehn, zwanzig, oder selbst achtundzwanzig Jahre hindurch alljährlich wiedergekehrt war, machte es endlich eine Pause, und diese Pausen dauerten drei, oder zehn, oder zwölf, oder sogar dreissig Jahre, ohne die geringste Störung der Gesundheit, die man dem Aufhören des Podagra mit Recht hätte Schuld geben können. Solche Beispiele beweisen, dass, wenn Jemand einmal oder öfter an der Gicht gelitten hat, dennoch wiederholte Anfälle dieser Krankheit nicht zu seinem Wohle nothwendig seien; da erfahrungsmässig der Kranke selbst in solchen Fällen ohne Nachtheil von ihnen freiblieb, wo die Gicht so fest eingewurzelt und veraltet war, dass, nach gewöhnlicher Ansicht, Gesundheit und Leben ohne ihre Hülfe nicht gehörig bestehn konnten.

Möchte es übrigens noch so nützlich sein, das verborgene Podagra aufzuregen oder das unentwickelte und unvollkommne, wie man sagt, zur Reife zu bringen: so müssen doch alle Aerzte eingestehn, dass die Zeichen dieser Art Podagra undeutlich genug sind und dass es kaum welche giebt, aus denen wir das Vorhandensein desselben erkennen oder mit Recht vermuthen mögen, woferne nicht Schmerz und Röthe und Fussgeschwulst eintreten oder der Kranke selbst oder seine Aeltern früher mit diesem Leiden zu thun hatten. Dennoch hat es, wenn nichts von allem diesem stattfand, gleichwohl nicht selten sich getroffen, dass man die Entstehung vieler chronischen und einiger acuten Krankheiten dem Podagra zurechnete. Ein Irrthum aber in dieser Sache, wo es so leicht ist, zu irren, zieht viele Uebel nach sich; und nicht das geringste von diesen ist, dass er Viele verleitet hat, viel zu viel Wein und starke Getränke zu sich zu nehmen; wie ich denn Kranke gesehen habe, die zwei oder drei Tage fast betrunken dalagen, weil, wie sie glaubten, es nothwendig war, das Podagra hervorzurufen, was sie auf diese Weise am sichersten zu erreichen hofften. Wiewohl ich nun zugegeben habe, dass ein unmässiges Leben diese traurige Krankheit leicht erzeugen könne; so wird doch Jeder, der zwei oder drei Tage lang mit einer zu grossen Menge von Speisen und Getränken sich anfüllt, sicherlich die Kräfte seines Körpers schwächen und unterdrücken, mag nun das Podagra ihm bevorstehn, oder nicht; und Wenige werden läugnen, dass eine solche Unmässigkeit verderblich sei, wofern eine andre Krankheit dahintersteckt, welche der Kranke fälschlich für die Gicht hält. Viel öfter, als mir lieb war, erlebte ich, dass man nicht nur Knochengeschwüre, Skirrhen und Carcinome des Gehirns, der Lungen und der Unterleibseingeweide und andre chronische Krankheiten, sondern auch acute, wie Entzündungen der Lungen, des Magens und andrer Eingeweide, als gichtische Leiden bezeichnete, — was zur Folge hatte, dass Gewürze und Wein und andre Dinge dieser Art angewendet wurden, bis weder Heilung noch Erleichterung mehr möglich war. Ein Heilverfahren, das, wie ich glaube, auch sogar gegen die wahre Gicht nicht so viel Hülfe gewährt hätte, als es, durch Vermehrung der Schmerzen und des Fiebers, Nachtheil herbeiführte, wo diese Krankheit fälschlich vorausgesetzt wurde.

Das Podagra ist zwar keineswegs eine ungewöhnliche Krankheit; doch trifft man es nicht allenthalben, wie Einige zu glauben scheinen. Meiner Erfahrung nach möchte ich es für selten halten, dass es gleich anfangs, die Glieder verlassend, das Hirn, die Lungen oder den Magen ergreife; wiewohl bei der veralteten Gicht dies bisweilen stattfand, aber seltener, als man meint. Ueberall aber, wo wir in Zweifel sind, ob das Leiden ein gichtisches sei, oder von Entzündung herrühre und ein kühlendes Heilverfahren fordere, wird es gerathen sein, zu zögern, bis wir über die Natur des Uebels im Klaren sind; und wenn die Gefahr drängt und durchaus keinen Aufschub gestattet, so wird es weit verderblicher sein, bei einer Entzündungskrankheit das Aderlass zu versäumen, als bei der Gicht eine Blutentziehung vorzunehmen. Denn obgleich letzteres von Sydenham verworfen wird und allerdings für die Meisten nutzlos sein würde, so ist es doch nicht immer und allenthalben gefährlich. Ich kannte einen Podagristen, der es sich zur Regel gemacht hatte, bei jedem Anfalle der Krankheit zur Ader zu lassen, und dieser Gewohnheit folgte er sechsunddreissig Jahre lang. Auch ein andrer nahm, wenn der Gichtschmerz wüthete, jedesmal seine Zuflucht zur Blutentziehung, wodurch der Schmerz auf der Stelle besänftigt und ein ruhiger, erquickender Schlaf herbeigeführt wurde. Und, so viel ich erfahren habe, hatte weder dieser noch jener diese so ungewöhnliche Heilmethode zu bereuen. Nur Wenige werden aber läugnen, dass, im Falle die Lungen heftig ergriffen sind, das Aderlass ohne die höchste Gefahr nicht umgangen werden könne, möge es auch noch so gewiss sein, dass das Uebel von Gicht herrühre. In chronischen Krankheiten — möge nun stärkerer oder geringerer Verdacht, es sei das Podagra im Spiele, vorhanden sein — wird man es zu unterlassen haben, das Bather Wasser oder irgend andre Mittel, welche angeblich die Gicht hervorrufen, zu verordnen, insoferne dieselben gefährlich wären, wenn die Krankheit von andren Ursachen herkäme; am besten aber wird dem Kranken gerathen sein, wenn wir nichts andres erstreben, als alles so in Ordnung zu erhalten, wie es die Regel der Natur erheischt, und, wenn irgend ein beschwerlicher Zufall eintritt, ihn zu erleichtern.

Ich bin nicht gesonnen, eine Auseinandersetzung der Fähigkeit des Bather Wassers und der erhitzenden Arzeneimittel, wie der Gewürze und des Weines, zur Erregung des Podagra zu geben — wenn letztere irgend wünschenswerth wäre. Nach kurzem Gebrauche wird man, wenn ich nicht irre, finden, dass sie hinter ihrem Rufe zurückbleiben. Jene leichten und unbeständigen Schmerzen, die man nach dem Einnehmen antarthritischer Mittel fühlt und die Anfänge des Podagra nennt, würden vielleicht bei vorgerücktem Alter jederzeit verspürt werden, wenn man genau darauf achtete.

Dass die längste Erfahrung und die höchste Anstrengung des Geistes zur Erforschung des Wesens der Krankheiten und der dagegen anzuwendenden Heilmittel an sich unnütz sei, wenn nicht noch ein gewisser glücklicher Zufall zur Hülfe kommt, sehen wir theils an andren Krankheiten, theils vorzüglich auch an der Gicht. Denn wiewohl diese Krankheit früher, als die ältesten Aerzte schrieben, existirt und kein Volk, kein Zeitalter verschont hat; wiewohl sie überdies, wie Sydenham meint, vorzugsweise

Männer von scharfem Verstande und ausgezeichneten Geisteskräften ergreift, welche, bei vorhandenem Willen, sowohl absichtlich als zufällig gemachte Bemerkungen jeder Art gar wohl festzuhalten im Stande wären: so giebt es doch bis jetzt keine weniger aufgeklärte Frage, als jene, welche die Ursachen, die Wirkungen und die Heilmittel dieser Krankheit betrifft. Inzwischen, da gegenwärtig Alles sich für überzeugt hält, dass man die Gicht ohne die höchste Gefahr nicht vertreiben dürfe: so ist es billig, diese Krankheit den Aerzten nicht länger gleichsam als einen Schimpf für ihre Kunst vorzurücken, so lange die Kranken selbst nicht ihre (ich weiss nicht, woher rührenden,) furchtsamen Vorurtheile ablegen, und vielmehr wirklich geheilt sein wollen. Wäre es nur so leicht, ein Mittel gegen das Podagra zu finden, als es gefahrlos sein würde, dasselbe anzuwenden!

Bei der Gicht leiden nicht nur die Glieder, sondern oft auch das Hirn, der Magen und die Eingeweide. Gegen das Ergriffenwerden des Hirnes scheinen Fontanellen zu sichern. Den Magen schützen bittre und gelind abführende Mittel. Den Nutzen dieser Mittel hat mir die Erfahrung bestätigt.

Man hat die Behauptuug aufgestellt, dass reiner Wein, in Menge getrunken, den Gichtkranken sehr zuträglich sei. Diese Meinung hat, möchte ich glauben, desshalb sich so sehr verbreitet, nicht sowohl weil man sich überzeugt hatte, dass es sich also verhalte, als weil Diejenigen, welche den Wein lieben, wünschten, es möchte wahr sein. Ich wünschte jedoch, dieselben möchten sich erinnern, dass reichlicher Genuss des Weins an und für sich den Magen verderbe und die Verdauung hindere; dann auch, dass namentlich Diejenigen die Gicht bekommen und behalten, die sich dem Weingenuss ergeben; während Aermere, deren fast einziges Getränk Wasser ist, mehr Esslust haben, leichter verdauen und assimiliren und von der Gicht kaum etwas wissen. Ich habe in der That nur sehr wenige gänzliche und vollständige Heilungen dieser Krankheit zu sehen Gelegenheit gehabt: jedoch Einer und der Andre, der sich der Fleischkost und des Weines gänzlich enthielt, erhob sich aus dem Zustande der höchsten Schwäche und des grössten Elendes wieder zu einer so festen Gesundheit, dass sein Leben nicht mehr Andern unnütz noch ihm selbst unerfreulich war. Jedoch sind diese Beispiele zu selten, als dass ich zuversichtlich glauben oder auch nur ziemliche Hoffnung hegen möchte, Andre dürften eben so glücklich sein.

Man stellt in Zweifel, ob der Kranke beim Eintreten des Podagra gleich als ein Besiegter sich für überwunden bekennen, es in Ruhe und in weicher Umhüllung empfangen, oder mit höchster Kraftanstrengung die ergriffnen Glieder zu bewegen und den Feind, wenn irgend möglich, hinauszutreiben versuchen solle. Je mehr man nachgiebt, desto länger behauptet sich das Podagra; freilich wünschen dies die Kranken oft und suchen sogar durch Arzeneien darauf hinzuwirken. Sie sind nämlich der Meinung, dass sich in gewissen Körpern ein gichtischer Stoff erzeuge und von Tag zu Tag anhäufe, und wenn dieser nicht zur bestimmten Zeit leichten und freien Ausweg finde, so werde die Gesundheit allerlei Störungen ausgesetzt sein. Andre dagegen, nicht sowohl auf Vernunftschlüsse achtend, als auf die Unerträglichkeit des Schmerzes, versuchten alles Mögliche, die beginnende Gicht zu unterdrücken und gleichsam im Keime zu vertilgen. Jener grosse Harvey, der Entdecker des Blutumlaufes, pflegte, wie ich von seinen Verwandten erfahren habe, wenn er das Herannahen des Podagra fühlte, sogleich den ergriffnen Fuss in kaltes Wasser zu stecken und auf diese Weise den Schmerz abzuwenden. Eben so habe ich Mehrere gekannt, die es ganz verschmähten, das beginnende Podagra in Wärme und Ruhe zu hegen, und vielmehr mit der höchsten Anstrengung des Willens und der Kräfte das ergriffne Glied zu bewegen und zu rühren nicht aufhörten, bis allmählig der Schmerz nachlassen und die Beweglichkeit zurückkehren möchte, was sie denn endlich erreichten. Und soviel ich weiss wurde diese gewaltsame Abtreibung der Krankheit nachher keinesweges durch schwerere Uebel bestraft. In wie weit es aber möglich ist, das Podagra zu vertreiben, wenn Jemand alle seine Kräfte anstrengt, beweisen die unbezweifelten Fälle, wo Gichtkranke, die an allen Gliedern gelähmt waren und sich kaum bewegen zu können schienen, in Folge plötzlichen Schreckens wegen Feuersgefahr oder feindlichen Ueberfalles sofort das Podagra vergassen und geschwind genug die Flucht ergriffen.

Ich möchte nicht Harvey's Verfahren billigen und Andern zur Nachahmung empfehlen, obgleich er das achtzigste Jahr erreichte und nicht sowohl an einer Krankheit, als an Altersschwäche starb. Doch habe ich nicht gehört, dass jene Kranken sich geschadet hätten, die durch Bewegung des Gliedes die Gicht hinderten, in demselben ihren Sitz aufzuschlagen. Wenn übrigens der Anfall des Podagra in der That eine Art Entleerung des Körpers wäre, wodurch ein schon in höchster Menge angesammelter Krankheitsstoff hinausgeschafft würde: wie kommt es, dass ein Purgirmittel, bald nach dem Aufhören des Anfalles genommen, so oft die Krankheit veranlasst hat, einen Rückfall zu machen und mit gleicher Heftigkeit, wie vorher, zu wüthen? Dass aber dies also sich verhalte, hat die Erfahrung nicht allein mich gelehrt, sondern auch andre Aerzte, deren Zeugniss für sehr bedeutsam gilt und gelten muss. Dasselbe ereignet sich bisweilen auch, wenn das von der Gicht schon freigewordne Glied durch einen Schlag oder eine Verdrehung oder auch nur durch einen Mückenstich verletzt wird. Diese Umstände lassen gewiss die Lehre von einer Anhäufung des Gichtstoffes, welcher die Anfälle dieser Krankheit zuzuschreiben seien, schwer begreiflich erscheinen.

Die Meisten, welche das Podagra hegen und sich in Acht nehmen, dass es nicht durch irgend etwas allzufrühe vertrieben werde, umhüllen, sogar bei der wärmsten Witterung, die Glieder oft mit einer ungeheuren Masse von wollenen Tüchern, so dass jene, nachdem sie vorher schon schwerbeweglich waren, nun ganz unbeweglich werden. Diese vielfache Umwicklung ist immer lästig und, wenigstens nach meiner Ansicht, überflüssig. Ich gebe zu, dass, wenn irgend ein Körpertheil schmerzt und geschwollen ist, er empfindlicher ist und die Kälte weniger verträgt: aber desswegen bedarf es keiner weitern Bedeckung, als welche hinreicht, den Eindruck der Kälte abzuhalten.

Weit und breit rühmt man die Kräfte des Bather Wassers zum Behufe der Minderung gichtischer Beschwerden. Was man jedoch gemeinhin darüber sagt, scheint ziemlich unsicher zu sein, und es scheint, als ob diesem Wasser bedeutendere Kräfte gegen das Podagra zugeschrieben würden, als Erfahrung und Theorie nachweisen. Die Heilquellen von Bath sind ohne Zweifel gegen viele Magenübel nützlich, und demnach können sie Gichtkranken dienlich sein, so oft dieselben, wie dies häufig der Fall ist, an Magenschmerz, Säure oder mangelhafter Verdauung leiden. Ob diese Quellen anderweitige Kräfte besitzen, das Podagra zu erwecken, zu mildern, zu heilen — dies ist eine sehr schwierige und wenig aufgeklärte Frage. Ich habe noch nie in Erfahrung gebracht, dass dieses Wasser bei äusserlicher Anwendung, sei es während die Krankheit wüthete oder während sie ruhte, geholfen habe. Vielmehr habe ich gesehen, dass die Schwäche der Glieder durch die Bäder von Bath vermehrt wurde, und dass sich das Seebad als ein viel wirksameres Heilmittel zeigte, wie mich viele Beispiele gelehrt haben.

Wenn man glaubt, dass die Krankheit aus den Gelenken in den Magen gewandert sei, so sind die Kranken, wo nicht die Aerzte selbst, gewohnt, alle Hoffnung zur

Hebung des Schmerzes, des Ekels und des Erbrechens auf den Wein und die starken Getränke zu setzen. Doch bei diesem bedenklichen Uebel führen das Opium und die Gewürze, nach meinem Urtheile, nicht nur weniger Nachtheil mit sich, sondern sind auch weit kräftigere Hülfsmittel. Das Opium wird überhaupt ohne Nachtheil allen Gichtkranken gereicht, so oft Schlaflosigkeit oder Schmerz überhand nimmt.

Das Portlandspulver*) ist eines der vielen sogenannten specifischen Heilmittel, deren Aufkommen, Flor und Sinken ich erlebt habe. Sein Ruf verbreitete sich zu schnell und stieg allzu hoch, als dass es seinen Rang hätte behaupten können. Jetzt hingegen, glaube ich, ist es in der Volksgunst nicht weniger unverdienterweise gesunken, als dieselbe es früher erhoben hatte. Bevor die Chinarinde entdeckt war, hatten die Menschen, durch lange Erfahrung belehrt, auf jene Arzeneimittel ihr Vertrauen zu setzen angefangen, die hinsichtlich ihrer Kräfte, die Wechselfieber zu heilen, jener Rinde am nächsten kommen, oder in manchen Fällen sie sogar übertreffen. Und auch bei andren Krankheiten ist eine gewisse unbestimmte Sage von der wahren Heilart vorausgegangen, die erst nach langer Zeit endlich von Allen angenommen und fest begründet wurde. Auch ist es keine geringe Empfehlung irgend eines Heilmittels, noch ein Umstand, der zu geringen Erwartungen davon berechtigte, wenn verschiedne Völker und fast alle Zeitalter einstimmig Gutes davon gehofft. Auf diese Weise aber ist das Portlandspulver zu seinem Rufe gekommen. Denn die einfachen Arzeneimittel, welche dies Pulver enthält, sind von verschiednen sowohl ältern als neueren Schriftstellern als Antarthritica bezeichnet

---

*) Das Portlandspulver enthält gleiche Gewichtstheile von Rad. aristolochiae rotundae, Rad. gentianae, Summit. et Fol. chamaedryos, chamaepityos, centaur. min.

worden.*) Da aber die Gicht dem Magen besonders nachtheilig ist, so dass der Kranke weder Esslust hat, noch verdaut, wie er sonst gewohnt ist, so ist es nicht unwahrscheinlich, dass diese Krankheit durch magenstärkende Dinge dergestalt in Schranken gehalten und zurückgetrieben werden könne, dass, wenn auch nicht volles Heil davon zu erwarten, doch wenigstens bedeutende Erleichterung mit Recht zu hoffen sein dürfte.

Das Portlandspulver ist grossentheils wegen seines bedeutenden Volumens in Verruf gekommen, das Wenige nehmen konnten, während doch seine Gönner es von Allen genommen wissen wollten; sodann weil man nicht der Krankheit, sondern dem Heilmittel alle jene Uebel zurechnete, welche der Gicht eigenthümlich sind, und besonders die Lähmungen und Schlaganfälle, die, wenigstens nach meiner Meinung, unzweifelhaft der Gicht wirklich angehören, da sie bei nicht Wenigen auf lange und heftige Anfälle von Podagra folgten. Die Kräfte dieses Pulvers sind gewiss von der Art, dass es der Mühe werth wäre, das Fehlerhafte daran zu berichtigen und zu verbessern. Denn während es in Ruf war, wurde bei so vielen Kranken, die es gebrauchten, das Podagra entweder gemildert, oder kehrte seltener zurück, dass man kaum zweifeln kann, ob diese Wirkungen jenem Mittel zuzuschreiben seien. Dass aber irgend ein Uebel daraus entstanden sei, ausser dem Ekel, welchen die allzu grosse Gabe mit sich brachte, konnte ich wenigstens nie als gewiss oder auch nur als wahrscheinlich annehmen. Jenes Pulver wurde aber endlich vernachlässigt und kam in Verruf, nicht sowohl weil es nichts wirkte, als weil zuviel. Denn die Menschen scheuen die Heilung der Gicht mehr, als deren Ertragung, und sie lassen sich gerne von diesem

---

*) Siehe: Medical Observations and Inquiries by a Society of London Physicians. Vol. I. art. 14.

Tyrannen quälen, damit nicht etwa ein schlimmerer an seine Stelle trete.

Wenn nun gewiss ist, dass das Portlandspulver desshalb eine gewisse Kraft besitze, die Anfälle des Podagra zu bezähmen oder ferne zu halten, weil es dem Magen und der Verdauung zusagt: so wird man mit Vortheil aus dieser Zusammensetzung ein und das andre einfache Mittel weglassen können, wovon anzunehmen ist, dass es zu diesem Zwecke wenig diene. Ferner ist auch keineswegs allen Kranken die nämliche Gabe zu reichen; im Gegentheile hat man sorgfältig darauf zu sehen, dass der Magen nicht beschwert werde. Es ist ja unsinnig, den Magen stärken zu wollen durch ein Mittel, das entweder durch sein allzugrosses Volumen oder durch seinen unangenehmen Geschmack Ekel und Abscheu zu erregen nicht aufhört, wie dies häufig die Folge eines unangemessenen Gebrauches des Portlandspulvers war.

Zu den einfachen Arzeneimitteln, welche dem schwachen Magen zu Hülfe kommen, gehören die Hb. chamaedryos, chamaepityos, absinthii, card. bened., trifol. paludosi, marrub. albi, centaur. min., die Flor. chamomill., der Cort. aurant. hispalensium und peruvianus, die Rad. colombae und gentianae. Alle diese Mittel werden in Pulvergestalt vielleicht kräftiger wirken, als im Absude. Wenige Kranke wird man aber finden, die so eklig wären, dass sie nicht von dieser grossen Auswahl von Mitteln einige erträglich und ihrem Magen so ziemlich zusagend fänden. Dies können wir jedoch nur versuchsweise ausmitteln. Damit aber nicht etwa ein Mittel für sich Ekel errege, wird ein aus dreien oder mehreren zusammengesetztes Pulver angemessener sein; auf diese Weise wird der Magen die gehörige Stärkung erlangen, und wenn auch eines von diesen Mitteln weniger zusagen sollte, so wird doch seine Gabe so klein ausfallen, dass dem Kranken kein Nachtheil daraus erwächst.

Es wird nothwendig sein, dass der Gichtische eine solche Arzenei viele Monate oder selbst einige Jahre lang zu nehmen fortfahre. Und auch aus dieser Ursache ist sorgfältig darauf zu achten, dass Gabengrösse und Geschmack derselben durchaus keine Unbequemlichkeit verursache. Indessen ist es nothwendig, dem Kranken zu sagen, dass er so viel nehmen solle, als er ohne Ekel vermag. Die kleinste, täglich zweimal zu nehmende Gabe wird fünfzehn Gran betragen; Wenige sind im Stande, mehr als zwei Scrupel zu verschlucken. Mit Nutzen fügt man zu diesem bittren Pulver drei oder vier Gran irgend eines angenehmen Gewürzes, wodurch das Mittel nicht nur weniger widerlich, sondern auch kräftiger werden wird. Ausserdem wird, wenn man das Gewürz von Zeit verändert, dadurch ein neuer Geschmack hervorgebracht, somit der Ekel verhütet und dem Kranken es möglich gemacht werden, länger bei dem Mittel zu beharren.

Bevor ich dieses Capitel schliesse, wird es nicht überflüssig sein, zu sagen, welches die vorzüglichen Merkmale sind, wodurch die Gicht von dem Rheumatismus sich unterscheidet.

Der erste Anfall der Gicht dauert selten länger als zwanzig Tage: dann hat die Krankheit ihren Sitz im ersten Gliede der grossen Zehe, oder schreitet wenigstens nicht über den Fuss hinaus. Nicht immer ist es der Fall, dass Fieber oder Mattigkeit oder irgend ein Unwohlsein vorhergeht; wiewohl dies bisweilen geschieht.

Die vom Podagra ergriffne Stelle ist gesättigt roth und schmerzt so heftig, dass sie nicht den geringsten Druck erträgt.

Die Gicht ergreift selten Jemanden, ohne ihn in wenigen Jahren wieder heimzusuchen; bald kehrt sie häufiger zurück und ihre Anfälle werden länger; dann überschreitet sie auch die früheren Gränzen und lässt keinen Theil des Körpers unverschont, und alle befallne Theile schwächt sie oder entstellt dieselben durch Geschwüre oder macht sie durch wiederholte Entzündung hart und unbeweglich.

Die Gichtschmerzen verlassen bisweilen die Glieder und ziehen sich nach dem Magen, den Lungen, dem Herzen oder dem Hirne.

Diese Schmerzen belästigen entweder nie oder doch höchst selten Jemanden vor erreichter Mannbarkeit.

Endlich hinterlassen meistens Diejenigen, welche bedeutend an der Gicht gelitten haben, diese traurige Erbschaft ihren Nachkommen.

Dies scheinen mir die Merkmale zu sein, welche die wahre Gicht bezeichnen, und von denen kein einziges dem acuten Rheumatismus eigenthümlich ist. Denn dieser befällt weder die Füsse mehr als andre Theile, noch bleibt er lange an derselben Stelle; sondern bei seinem ersten Anfalle durchwandert er oft den ganzen Körper und dauert manchmal einige Monate.

Die vom Rheumatismus ergriffne Stelle schmerzt wenig, wenn sie nicht bewegt wird. So lange sie in Ruhe ist, wird sie nicht sowohl von Schmerz gequält und gepeinigt, als von einem unangenehmen Gefühle der Schwäche belästigt.

Wenn ja die Farbe der Haut verändert erscheint, so ist diese nur leicht geröthet, nicht tief gefärbt.

Sehr häufig kommt es vor, dass Solche, die der Rheumatismus aufs härteste mitgenommen hat, nachher während eines langen Lebens nie mehr darein verfallen. Wenn er aber wiederkehrt, so ist seine Wiederkehr unbestimmt und an keine gewissen Zeiträume gebunden.

Die Schmerzen des acuten Rheumatismus verlassen sehr selten die Muskeln, um auf die Eingeweide überzugehen.

Endlich verschont diese Krankheit die Kinder keineswegs, und diese leiden zuweilen schwer daran; ich weiss nicht, ob etwa vorzugsweise solche, die durch erbliche Anlage später die Gicht bekommen.

Dies sind nun, nach meiner Meinung, die vorzüglichsten Merkmale, wodurch diese zwei Krankheiten sich unterscheiden; wiewohl es Kranke giebt, bei welchen die Zeichen der Gicht und des Rheumatismus sich so vermischen und vermengen, dass es nicht leicht ist, zu sagen, ob die Schmerzen zu diesem oder zu jener zu rechnen seien.

Diese Krankheiten, die mit einander in der That verwandt sind, wenn schon ihre Erscheinung nicht die nämliche ist, genau zu bestimmen, wird für uns von grosser oder geringer Wichtigkeit sein, je nachdem man beiden eine ähnliche oder eine verschiedne Heilart angemessen erachtet. Die meisten Schriftsteller waren einst darüber einig, dass die Mittel gegen die Gicht jenen gänzlich entgegengesetzt seien, welche gegen den Rheumatismus helfen. Denn sie behaupten, dass der ersteren nur die heissesten Mittel entsprechen, dass hingegen der letztere alle Arten kühlender Mittel erfordere. Sydenham verbietet das Aderlass bei der Gicht, während er bei dem Rheumatismus eine viermalige und selbst öftere reichliche Blutentziehung vorschrieb. Doch in seinen späteren Schriften *) scheint er Willens gewesen zu sein, von dieser häufigen Wiederholung der Blutentziehungen einigermassen abzugehn, nachdem er die Erfahrung gemacht hatte, dass sie bei einem Kranken nicht gut abgelaufen waren.

Die Erfahrung von hundert Jahren (so viel sind nämlich von Sydenham's Zeit bis auf die unsrige verflossen) hat endlich bewirkt, dass die Aerzte weniger zuversichtlich von stärkeren Purgirmitteln und wiederhölten Blutlässen Hülfe gegen den Rheumatismus erwarten. Und vielleicht wird eine Zeit kommen, wo man die kühlenden Mittel bei der Gicht nicht so verderblich und beim Rheu-

---

*) Im ersten Antwortschreiben gegen das Ende.

matismus nicht so nützlich finden wird, als sie gewöhnlich geschildert werden, und wo demnach die Behandlungsweisen beider Krankheiten sich mehr einander annähern werden. Das Portlandspulver scheint gleichmässig gegen beide Krankheiten zu nützen, und ich möchte nicht in Abrede stellen, dass dergleichen Arzeneimittel, verbunden mit einem angemessenen Gebrauche des Opiums, auf gleiche Weise gegen die Gicht wie gegen den Rheumatismus als sehr vorzügliche Heilmittel sich bewähren mögen.

CAPITEL X.
Von den Ascariden.

Aus gewissen Zeichen können wir einigermassen schliessen, nie aber mit Gewissheit bestimmen, dass Spulwürmer im Darmcanale vorhanden seien, so lange nicht im ausgeleerten Kothe welche zu sehen sind. Dabei haben wir uns aber zu hüten, uns durch die Erscheinung eines zähen Schleimes täuschen zu lassen, welchen Manche für die Würmer selbst halten, oder wenigstens für eine Art Ueberzug und Hülle derselben; wiewohl es nie erwiesen worden ist, dass sie mit einem solchen Ueberzuge umgeben seien. Es sind Spulwürmer von Manchen abgegangen, die sich nicht erinnerten, jemals die mindeste Unbequemlichkeit durch sie verspürt zu haben. Andre hingegen klagten lange Zeit über viele Beschwerden, die man als von Spulwürmern herrührend betrachtet, und dennoch giengen keine von ihnen ab.

Zum Vorhandensein von Ascariden gesellt sich fast immer ein Jucken im After, welches Abends besonders lästig ist. Und dies ist das sicherste Zeichen dieses Leidens. Das Jucken aber giebt Anlass zum Reiben, wodurch oft um den After herum Knoten entstehn, die von Haemorrhoidalsäcken oder Venenanschwellungen sehr verschieden sind. Ekel, Leibgrimmen, Ohnmachten, gestörte Verdauung, Schwindel, Schmerzen des Kopfes und Magens, ungewöhnliche oder gänzlich fehlende Esslust, Jucken in der Nase, unruhiger Schlaf, Zähneknirschen, Husten und hässlicher Geruch des Athems rühren bisweilen von Spulwürmern her. Da jedoch der Erfahrung gemäss keines von diesen Zeichen nothwendig und gewiss ist, so wird, auch wenn sie alle bei demselben Kranken angetroffen werden, es doch zweifelhaft bleiben, ob der Zufall oder die Natur der Krankheit dieses Zusammentreffen herbeigeführt habe. Die Ascariden werden nicht nur mit dem Kothe ausgeleert, sondern sie kriechen auch freiwillig aus, und sogar aus den Nasenlöchern, wie ich von Kranken gehört habe. Bisweilen haben sie sich dreissig Jahre behauptet, ohne grossen Nachtheil für die Gesundheit.

Oft wiederholte gelinde Abführmittel vermindern die Unannehmlichkeiten dieser Krankheit; jedoch dieselbe gänzlich zu vertreiben vermag, meines Wissens, kein Mittel. Tabakrauch oder eine wässerige Auflösung von salzsaurem Quecksilber, in Form von Clystiren angewandt, haben wenig oder nichts genützt.

CAPITEL XI.

Vom Asthma.

Der erste Anfall des Asthma kann in jedem Lebensalter eintreten. Dem Greisenalter ist es zwar vorzugsweise gefährlich; jedoch befällt es auch Menschen in den mittleren Lebensjahren, die Jugend und zuweilen die Kinder. Brustfellentzündungen, Lungenentzündungen und häufige Catarrhe endigen nicht selten mit dieser Krankheit. Missgestaltung des Brustkastens und ein alljährlich im

Winter wiederkehrender und mit jedem Jahre heftiger werdender Husten verursachen eine unheilbare Athemnoth. Bei Einigen tritt dies Uebel plötzlich ein, ohne irgend eine erkennbare Ursache. Bisweilen treten auch zwischen schweren und gefährlichen Anfällen lange Zeiträume ein, welche von aller Athembeschwerde frei sind. Bisweilen trat die Athembeschwerde allemal am siebenten Tage ein, bisweilen einmal des Monats, oder viermal des Jahres, oder alljährlich im Frühjahr und Herbst; am öftesten aber alle Winter; oder auch alle zwei Jahre; und eines Kranken erinnere ich mich, der in siebenjährigen Perioden sechsmal an dieser Krankheit gelitten hatte. Meistens kehrt sie jedoch unregelmässig und zu ganz unbestimmten Zeiten wieder. Ich habe einige Wenige gekannt, die, nachdem sie etliche Jahre damit gekämpft hatten, hierauf in dreissig Jahren keinen Rückfall erlitten. Diese langen Pausen sind jedoch sehr selten; denn gemeiniglich kehrt die Krankheit alljährlich wieder und erlangt mit jeden Anfalle neue Stärke. Ein Asthmatischer hatte mit seiner Krankheit in langen und ungewissen Zwischenräumen jedesmal nur einen Tag zu kämpfen, und zu einzelnen Stunden dieses Tages schien er fast ersticken zu wollen; ausser den Anfällen befand er sich jedoch ganz wohl. Bisweilen fällt das Athemholen an gewissen Orten beschwerlich; nicht aber an andren, wiewohl sie ganz nahe gelegen und durchaus von ähnlicher Beschaffenheit sind. Manche haben fünfzig Jahre lang ausgehalten: Andre hingegen tödete die Krankheit in wenigen Monaten. Manche waren so glücklich, dass entweder ihre Constitution oder die Hülfe der Kunst gänzlich über das Asthma siegte. In einem Falle wurde, nachdem die höchste Gefahr gedroht hatte, die Gesundheit so befestigt, dass der Mann nach zwei Jahren seinen gewohnten Beschäftigungen sich zu unterziehen leicht vermochte. Bei einem Andern machte die Krankheit nach vier Jahren Stillstand und hörte gänzlich auf.

Einer wäre als Knabe den häufigen und heftigen Anfällen beinahe unterlegen, und erreichte doch das Greisenalter, nachdem die Krankheit inzwischen um vieles milder geworden war und vier Jahre lang fast ganz ausgesetzt hatte. Es geschieht nicht immer, jedoch sehr häufig, dass auch Husten hinzutritt und die Beschwerden des Kranken nicht wenig vermehrt. Gicht und Asthma fanden gleichzeitig statt bei einem Manne, den sie fünfzehn Jahre lang alljährlich darniederwarfen; nachdem hierauf seine Gesundheit zu Grunde gerichtet war, kehrte während ganzer fünf Jahre (so lange lebte er nämlich noch) weder Asthma noch Gicht zurück. Gewöhnlich bekommen die Asthmatischen den Anfall der Krankheit Morgens, sobald sie erwachen. Stuhlverstopfung ist ihnen nachtheilig, Durchfall jedoch weit mehr zu fürchten, weil er den Gebrauch der wirksamen Mittel hindert, die fast alle erschlaffend auf den Unterleib wirken; zudem ist er ein Zeichen einer geschwächten und der Krankheit unterliegenden Körperconstitution, besonders dann, wenn zugleich der Puls beschleunigt ist.

Die Anfälle dauern bald nur einen kleinen Theil einer Stunde, bald viele Stunden lang. Es ist selbst vorgekommen, dass bedeutende Athembeschwerden mehrere Monate hindurch anhielten, sodann von selbst nachliessen und nach vier Jahren fast gänzlich aufhörten. Dies hätte wohl auch bei Andern der Fall sein können, und wir werden demnach ungewiss, wie viel hiebei den Körperkräften selbst, und wieviel den Arzeneien zuzurechnen sein möchte. Bisweilen kehrte das Asthma in regelmässigen Fristen wieder, wie ein Wechselfieber, und wich der Chinarinde.

Bewegung vermehrt gewöhnlich dieses Leiden, das bisweilen ganz aufhört, ausser zu der Zeit, wenn die Kranken sich bewegen oder aus tiefem Schlafe erwachen.

Im Liegen fällt das Athmen oft beschwerlich, und es kostet wohl eine Stunde oder länger Mühe, bevor die

Lungen ihre Function gehörig vollziehen können. Manche sind sogar gezwungen, sich aufzurichten und im Bette zu sitzen, indem diese Stellung das Uebel erleichtert, besonders wenn der Körper etwas vorgebogen wird; doch ist dies nicht beständig der Fall, sondern ich habe bisweilen Asthmatische gesehen, die bei rücklings geneigtem Körper sich erträglicher befanden.

Manchen fällt das Athemholen auf dem Lande schwerer, als in volkreichen Städten; weit Mehrere können den Aufenthalt in Städten nicht ertragen und athmen freier auf dem Lande. Kältere Luft verschafft gewöhnlich den Meisten Erleichterung; ich habe jedoch einen und den andren Asthmatischen gekannt, dem es wohl that, zu einem hellen Feuer zu treten, so oft ihm die Krankheit zusetzte. Jede Veränderung des Klima gewährt Manchen Hülfe. Ein und das andremal war das Asthma erträglicher in England, als in wärmeren Gegenden; meistens aber sehen wir das Gegentheil eintreten. Auch der Winter, der den Meisten ungünstig ist, war Einigen leidlicher, als der Sommer. Eine lange Seefahrt von mehreren Monaten änderte an dieser Krankheit nichts. Anfüllung des Magens mit Speisen zeigte sich in der Mehrzahl der Fälle nachtheilig, bisweilen jedoch erleichternd. Einige wurden von schnellem Tode weggerafft, nachdem ein unaufhörlicher Schleimfluss entstanden oder eine plötzliche Anschwellung der unteren Gliedmassen eingetreten war. Starke Catarrhe und bei Aelteren Blutspucken, Entzündung am Unterschenkel mit nachfolgender Verschwärung, dazukommende Lähmung, Schmerzen im Magen und in den Gliedern, Hautleiden und ein Anfall von Podagra schienen mitunter auf die Athembeschwerden vorschützenden Einfluss zu äussern. Wie denn aber bei dieser Krankheit nichts beständig ist, so führte das Podagra, das bei Manchen die Gewalt der Krankheit minderte, bei Andern vielmehr dieselbe herbei, oder verhinderte wenigstens nicht, dass unmittelbar auf das Podagra das Asthma folgte. Fontanellen waren manchmal von Nutzen; oft waren sie wirkungslos. Oft machte Erbrechen der Athemnoth ein Ende. Purgirmittel sind kaum zu versuchen, da sie sehr selten nützen. Nicht Wenigen half eine halbe Unze Senfsamen, alle Morgen genommen. Auch das Quecksilber und der Zinnober haben einigen Ruf erlangt; ob verdienterweise oder nicht, weiss ich nicht zu sagen; wohl aber haben Quecksilbereinreibungen dieses Leiden nicht selten hervorgerufen. Starke Getränke, Kaffee, Tabakrauch, Knoblauch, Squillawurzel und Asa foetida zügeln die Heftigkeit der Krankheit; auch eine kleine Blutentziehung wird bisweilen vorgenommen, wenn sie stärker wüthet und mit Erstickung droht; ausserdem schadet Blutentziehung überall, indem sie die Kräfte unnützerweise schwächt und die Wassersucht beschleunigt, womit das Asthma gewöhnlich endet. Bisweilen zeigt sich das Opium als das wirksamste Mittel gegen diese Krankheit, wenn alle andre den Kranken verlassen. Ich habe Asthmatische fast in den letzten Zügen gesehen, die, durch Erfahrung belehrt, sich selbst halfen, indem sie, mit günstigem Erfolge, zwei oder sogar drei Gran Opium nahmen, eine Gabe, die ich für meine Person zu reichen nicht gewagt hätte. Man hat das Asthma in das convulsive und das schleimige eingetheilt, und bei dem letzteren soll das Opium schaden, bei dem ersteren hingegen passen.

Bei der Schwindsucht, wenn die Lungen in Verschwärung gerathen und grösstentheils verzehrt sind, wird zwar das Athemholen häufig und durch Bewegung erschwert; aber die Schwindsüchtigen leiden keineswegs an solchen Erstickungszufällen, wie die Asthmatischen; wiewohl die Lungen der am Asthma Gestorbenen bisweilen nichts Fehlerhaftes zeigen. Erwägen wir ferner die langen Zwischenräume, in denen die Krankheit gänzlich schweigt, — sodann die Beschaffenheit der meisten Mittel gegen dieselbe, und dass sie durch Schlaf, Gram, Zorn, Furcht, Freude und Lachen hervorgerufen wird: so wird es sich als das Wahrscheinlichste darstellen, dass, wiewohl dies Uebel auch andre Ursachen haben kann, es doch oft aus einer Störung jener Functionen entstehe, welche man als dem Nervensysteme zukommend betrachtet.

Ein Weib war mit einem Asthma behaftet, das von Tag zu Tage acht Monate lang immer zunahm; sie sass da, mit etwas vorwärtsgeneigtem Körper; der Puls gieng ganz unregelmässig; die Unterschenkel waren angeschwollen, der linke jedoch mehr als der rechte, und aus einer kleinen Wunde floss viel Wasser heraus. Ueberdies füllte kurz vor dem Tode Speichel von üblem Geruche den Mund. Bei der Leichenöffnung fand man kein Wasser, weder im Unterleibe noch in der Brust; die Lungen waren unversehrt und durchaus nicht mit dem Brustfelle verwachsen: nur die Herzohren und Herzkammern waren mit einigen Pusteln besetzt und die Klappen zwischen dem Herzohre und der Herzkammer der linken Seite verdünnt und zu unförmlichen Knötchen verhärtet. Auch hatte Einer an sehr heftigem Asthma gelitten, und es fand sich, dass seine Lunge ganz unbeschädigt war, das Herz ebenfalls gesund, kein Fehler am Zwerchfell, weder Wasser noch Eiter noch sonst etwas Fremdartiges in der Brust, — nur einige Exostosen an den Brustwirbeln. Bei einer andren geöffneten Leiche blieben die Lungen aufgeblasen und erschienen von aussen mit Luft enthaltenden, etwas über die Fläche hervorragenden, von einer sehr dünnen Haut gebildeten Bläschen bedeckt, und als man eines von diesen öffnete, fielen die übrigen nicht zusammen; ausserdem war kein Fehler in der Brust zu entdecken.

CAPITEL XII.
Von den Krankheiten der Ohren.

Ein häufiges Uebel der Kinder, bisweilen auch der Erwachsenen, ist die Absondrung einer übelriechenden Feuchtigkeit hinter den Ohren, in Folge deren das äussere Ohr und dessen Umgegend anschwillt und die Oberhaut sich kleienförmig abschuppt. Ist die Feuchtigkeit schärfer, so entsteht eine tiefergreifende Verschwärung der Haut. Auch innen wird das Ohr bisweilen von einem ähnlichen Uebel befallen, wodurch der Kranke schwerhörig wird. Aeusserlich angewandte austrocknende Mittel schaden, indem sie die Feuchtigkeit nach den inneren Theilen treiben. Es bedarf keiner weitren Behandlung, als dass man die ergriffnen Stellen oft mit lauem Wasser abwäscht und ein mit irgend einer milden Salbe bestrichnes Läppchen darauf legt, damit nicht entweder die exulcerirten Theile untereinander selbst verkleben, oder die Bekleidung sich an sie anhänge.

Bisweilen hielt ein Klingen in den Ohren viele Jahre lang an, so dass es weder am Tage möglich war, über etwas nachzudenken, noch bei Nacht, ruhig zu schlafen; doch ohne dass Taubheit oder irgend ein andres Uebel stattfand. Bisweilen aber rührt das Ohrenklingen von einer bedeutendern Ursache her und führt Gemüthsunruhe, Taubheit, Blindheit, Ohnmacht, Schwindel, Vergesslichkeit, einen leichteren Grad von Verstandesverwirrung, Epilepsie, Lähmung oder Schlagfluss mit sich. Asa foetida, Opium, und hinter die Ohren gelegte Zugpflaster, Baldrianwurzel, Niesepulver mindern bisweilen dieses Leiden, besiegen es jedoch nicht immer.

Nach einem heftigeren Schlage auf den Kopf oder das Ohr hat sich's, nach meiner Erfahrung, zwei- oder dreimal ereignet, dass vieles, bald gelbliches, bald blutiges Serum aus dem Ohre floss, besonders wenn der Kopf auf die Seite geneigt wurde. Einer von diesen Kranken erzählte mir, dass nicht weniger als ein Pfund solches Serum, seiner Schätzung nach, täglich aus dem Ohre ausgeflossen sei.

Polypen entstehn nicht nur in der Nase, sondern bisweilen auch im Ohre.

Jene Taubheit, welche von verhärtetem Ohrenschmalze herkommt, wird durch Einspritzungen von Chamillenwasser in das Ohr zu heilen sein; entsteht die Taubheit von Lähmung der Hörnerven, so sind hinter die Ohren Cantharidenpflaster zu legen und alle Nächte vier Tropfen Camphermixtur einzuträufeln, wovon zwei Unzen eine halbe Unze schwefelsaure Bittererde aufgelöst enthalten. Auch ist Niesen zu erregen, durch ein Gran des Pulvers von trocknen Haselwurzblättern, täglich einmal in die Nase gezogen. Man muss jedoch gestehn, dass diese und alle übrige Hülfsmittel nur allzu oft wenig oder nichts nützen. Wenn daher die Taubheit nicht in den meisten Fällen eine an sich unheilbare Krankheit ist, so sind wenigstens die ihr angemessnen Heilmittel zu denen zu zählen, welche man in der Heilkunst gegenwärtig noch vermisst.

CAPITEL XIII.

Vom Bather Wasser.

Keiner unter den Aphorismen des Hippocrates ist richtiger, als jener, worin er klagt, dass in der Heilkunde so viele Zeit erforderlich sei, die Wahrheit festzustellen, und dass man so sehr Gefahr laufe, zu irren, selbst wenn wir nur der Erfahrung als Führerinn zu folgen schei-

_nen. Dies sieht man nirgends mehr, als an der Streitfrage über die Kräfte der Quellen zu Bath. Denn wiewohl die Heilkräfte derselben von den scharfsinnigsten Aerzten an so vielen Kranken versucht worden sind: so versichern doch die Einen, dass ihr Gebrauch den Gelähmten sichre Heilung, die Andren, dass er ihnen sichren Tod bringe. So entgegengesetzte Aussprüche machen die Kranken ängstlich und ungewiss und gereichen den Aerzten zu nicht geringer Unehre. Jedoch bei Einigen erweisen sich nach dem einstimmigen Urtheile aller Aerzte jene Quellen hülfreich. Ob sie Andren nützen oder nicht, ist allerdings zweifelhaft; inzwischen bezweifelt Niemand, dass sie ihnen nicht schaden. Wieder Andren verbieten Alle den Gebrauch derselben. Was sollen nun aber jene Kranken thun, denen nach dem Urtheile Dieser Bath nützen, nach dem Urtheile Jener verderblich sein würde? In der That, wo verständige Ärzte so verschiedenartigen Meinungen huldigen, da muss man, wie mir scheint, annehmen, dass diese Quellen nur geringe oder wohl gar keine Wirksamkeit äussern. Es ist nämlich wahrscheinlich, dass die Kranken dieser Art, während sie jenes Wasser tranken, entweder ihrer guten Constitution oder andren Heilmitteln ihre Wiederherstellung verdankten, oder dass sie ihrer Krankheit unterlagen, ohne dass dieses Wasser daran Schuld war. Ich schweige von den Analysen der Chemiker, da sie wenig geeignet sind, die Heilkräfte irgend welcher Arzeneimittel zu erforschen, — die kaum anderswoher kennen zu lernen sind, als an den Kranken, denen sie gegeben werden.

Diese Quellen werden sowohl äusserlich, als innerlich benützt. Dann wird auch entweder der ganze Körper darin gebadet, oder nur auf einen kleinen Theil desselben das Wasser hingetrieben, um dadurch Muskelcontractionen und andren Spannungen der Faser abzuhelfen. Gegen leichte Hautübel nützt das Bad einigermassen, verdient jedoch kaum den Namen eines Heilmittels. Ich habe mich noch nicht überzeugt, ob die Schwäche, welche den Rheumatismus, die Gicht oder die Lähmung begleitet, wirklich durch die Bäder von Bath schneller beseitigt werde, als ohne sie. Einige schienen mir durch die warmen Waschungen schwächer zu werden, während ihnen das kalte Wasser weit nützlicher war. Wie dem auch sein möge, so glaube ich, dass es gleich viel sei, ob Bather oder irgend andres gleich warmes Wasser dem Körper äusserlich applicirt werde.

Das Trinken des Bather Wassers hilft sicher gegen den morgendlichen Ekel, das Erbrechen, den Widerwillen gegen Speisen, die Magenschmerzen und andren Uebel der Säufer, wenn dieselben nicht so weit gediehen sind, dass entweder die Leber schon skirrhös geworden ist oder Wassersucht bevorsteht; denn alsdann nützt es so wenig, dass es vielmehr den Zustand des Kranken verschlimmert und den Tod beschleunigt. Auch gegen andre Uebel des Magens und der Eingeweide hat es sehr oft genützt; so dass es sich bei Allen der Mühe verlohnen möchte, Zuflucht zu ihm zu nehmen, die an mangelhafter Verdauung, langwierigem Durchfalle, Schlucksen, Blähungen, Erbrechen und irgend welchen Krämpfen oder Schmerzen oder Schwächezuständen dieser Eingeweide leiden, wofern nur dabei der Puls normal ist. Denn wo keine Zeichen des hectischen Fiebers vorhanden waren, da hatte ich niemals Ursache, zu vermuthen, dass Bath diesen Kranken geschadet habe; wiewohl es ihren Wünschen nicht immer entsprach. Doch ist nicht leicht einzusehen, aus welcher Ursache ein günstiger Erfolg bei Manchen vermisst wurde.

Viele erfahrne und scharfsinnige Aerzte empfehlen den inneren Gebrauch des Bather Wassers gegen herumziehende Schmerzen, Rheumatismen und einfache Gelbsucht, wobei die Leber unversehrt ist. Aber wenn ich meine eigne Erfahrung befrage, so ist Bath bei diesen

Krankheiten zwar unschädlich, aber auch unnütz. Mehr Ruhm hat es erlangt in der Colik von Poitou, und doch ist es schwer, zu sagen, in welchem Zeitraume dieser Krankheit man sich wohl nach Bath wenden solle. Denn anfangs, wenn Colikschmerzen die Gedärme durchwüthen, sind kräftigere Mittel nöthig, um den Schmerz zu bezähmen und die Gefahr zu entfernen. Und nach geendigtem Anfalle, wenn die Glieder nicht gelähmt sind, ist der Kranke schon gesund und bedarf überhaupt keine Arzenei, woferne nur in der Folge das Gelangen von Blei in den Magen verhindert werden kann.

Ich schliesse mich nämlich ganz der Meinung des grossen George Baker an, der durch unumstössliche Gründe festgestellt hat, dass das Blei die einzige Ursache jener Krankheit ist; wiewohl man nicht überall ermitteln kann, auf welchem Wege es aufgenommen worden sei. Nach den schwersten Anfällen der Colik habe ich gesehen, dass — wenn der Kranke endlich wieder aufstand und nur die Ursache klar war und vermieden werden konnte — der Körper zu vollkommner Gesundheit gelangte und viele Jahre hindurch keinen Leibschmerzen unterworfen war; so dass man billig annehmen musste, es sei kein Krankheitsstoff zurückgeblieben. Ja selbst in einem Falle, wo die Krankheit lang gedauert hatte und die Glieder gelähmt waren, verminderte sich allmählig deren Schwäche und die Schmerzen kehrten nicht zurück, sobald der Kranke aufhörte, Lissaboner Wein zu trinken, wovon er täglich ein Pfund getrunken hatte, was, wie ich vermuthete, die Colikschmerzen veranlasste. Wenn das Gelangen dieses Giftes in den Körper nicht entdeckt und verhütet werden kann, so wird weder Bath, noch werden irgend andre Mittel verhindern, dass die Leibschmerzen wiederkehren und der Kranke langsamen Todes dahinstirbt. Ist aber so viel in den Magen gekommen, dass es wiederholte Colikanfälle und endliche Lähmung der Gliedmassen bewirkt, und es glaubt alsdann Jemand, dass das Bather Wasser die Krankheit vertilgen und die verlornen Kräfte wiederherstellen könne: so möchte ich für meine Person diesen Hoffnungen nichts entgegenstellen und gewiss in solchem Falle Keinem das Bather Wasser verbieten; denn ohne Zweifel ist es unschädlich, und ich kenne kein andres Mittel, das den Stoff dieser Krankheit, wenn welcher zurückgeblieben ist, wirksamer zu beseitigen vermöchte. Ausserdem werden in allen langwierigen Krankheiten jene Heilquellen, woferne sie nur nicht schaden und es dem Kranken nicht zu beschwerlich fällt, nach Bath zu gehn, viele Vortheile mit sich bringen. Nämlich die Verändrung der Luft und die Unterbrechung der gewohnten, weniger zuträglichen Lebensweise und die Entfernung von Sorgen und Geschäften, wie sie zu Bath stattfindet, werden viel beitragen, die Constitution gegen Krankheiten zu befestigen.

Bei Skirrhen und Geschwüren der Lungen oder des Unterleibes sind die Quellen von Bath höchst verderblich. Sie steigern nämlich die Fieberhitze, welche sich fast immer zu diesen Uebeln gesellt, und vernichten gänzlich jede Hoffnung auf Besserung. Daher sind solche Kranke wiederholt zu ermahnen, Bath zu fliehen, wenn sie nicht, da sie immer in der höchsten Gefahr schweben, dahin kommen wollen, für verloren erachtet und fast aufgegeben werden zu müssen.

Bei den Leiden, welche man hypochondrische und hysterische nennt, befinden sich die Kranken, mögen sie diese Quellen äusserlich oder innerlich gebrauchen, gewöhnlich schlechter darnach. Ich kann mich nicht erinnern, dass sie sich erleichtert gefunden hätten, — Jene ausgenommen, die an Magenschmerzen, Blähungen oder Säure gelitten hatten, — einer Gruppe von Uebeln, die sich bisweilen zu jenen Krankheiten gesellt. Und gewiss passt auch ein von allen Geschäften freies Leben, wie es zu

Bath geführt wird, nicht zu einem krankhaften Zustande, der öfter aus zu vieler Ruhe, als aus zu vieler Anstrengung, zu entstehn pflegt. Es ist jedoch bisweilen der Fall, dass auch Geschäftsmänner von hypochondrischem Leiden geplagt werden. Die Unannehmlichkeiten, welche die Geschäfte mit sich bringen, verwirren und fesseln nämlich den Geist bisweilen so sehr, dass er sich nur in einer ruhigen Zurückgezogenheit, wie zu Bath, wieder losmachen kann, wo die Entfernung von Beschwerden und Sorgen die Kranken heilt, wiewohl das Wasser die Ehre davon hat. Derselbe Fall ist es mit jener Schwäche und jenem Kräftemangel in Folge von langwierigen Krankheiten, — wo Zeit und Ruhe die einzigen Heilmittel sind.

CAPITEL XIV.
Vom Bristoler Wasser.

Das Bristoler Wasser hat den Ruf vorzüglicher Reinheit erlangt, und man zählt es zu den berühmten Heilmitteln gegen die Schwindsucht und andre Krankheiten. Doch Niemand, der nicht in den Schulen der Chemiker ein Fremdling ist, wird, glaube ich, die Reinheit dieses Wassers vertheidigen, und ich weiss nicht, ob es mit viel grösserem Rechte den Ruhm in Anspruch nehmen kann, die Schwindsucht oder irgend eine andre Krankheit zu heilen.

CAPITEL XV.
Vom Kropfe.

Anschwellung der Schilddrüse ist in manchen Theilen Grossbritanniens häufig, und befällt bisweilen auch die Bewohner andrer Gegenden. Frauen, besonders jüngere, sind diesem Uebel vorzüglich unterworfen. Es scheint derselben Art zu sein, wie die dicken Hälse auf den Alpen, — ein Uebel, das, wiewohl es seit vielen Jahrhunderten bei den Bewohnern dieser Gegenden einheimisch ist, doch laut Erfahrung noch nie das Leben gefährdet, oder die Gesundheit sonderlich gestört, oder überhaupt irgend einen Nachtheil gebracht hat, ausser der Entstellung. Ich habe jedoch Einige gesehen, die von dieser Geschwulst vermutheten, sie hätte bei einer gewissen Haltung des Körpers das Athmen etwas erschwert. Die Ursache des Kropfes muss, meines Erachtens, im Wasser gesucht werden, dessen chemische Untersuchung demnach sehr zu wünschen ist. Nie habe ich erfahren, dass eine Geschwulst dieser Art in Eiterung gieng.

Fortgesetztes Trinken von Seewasser oder solchem, worin irgend ein Purgirsalz aufgelöst ist, Ortsveränderung oder, wo dies nicht wohl geschehen kann, das Trinken irgend eines andren reinen Wassers, wie das destillirte oder das Malverneier, werden am meisten im Stande sein, dieses Uebel zu beseitigen und seine Wiederkehr zu verhindern.

ACPITEL XVI.

Vom Harnsteine.*)

Frauen sind dem Harnsteine weniger unterworfen, als Männer; sie besitzen nämlich weniger Anlage zur Erzeugung von Steinen, und wenn sich welche bei ihnen bilden, so werden sie schneller ausgetrieben, bevor sie grösser geworden sind und lästig zu werden anfangen.

Es ist nicht immer leicht, zu entscheiden, ob ein Stein wirklich vorhanden sei, oder nicht, oder, wenn einer vorhanden ist, den Sitz desselben genau zu bestimmen. Skirrhöse Anschwellung der Prostata ist in ihren Erscheinungen dem Steine so ähnlich, dass, wie ich weiss, Männer vom höchsten Scharfsinne und von der grössten Kunsterfahrenheit nach sorgsamer Anstellung aller Art Untersuchungen dennoch unter sich uneinig waren hinsichtlich der Natur einer Krankheit, welche die Einen für Skirrhus der Prostata, die Andren für Blasenstein erklärten. Der Stein kann nämlich in der Blase so verborgen sein, dass er dem Catheter entgeht; hievon habe ich mehrere Beispiele gesehen und namentlich eines bei einem Manne, dessen Blase von den erfahrensten Chirurgen oft untersucht worden war, ohne dass man jemals einen Stein finden konnte; gleichwohl wurde ein solcher aus der Leiche genommen, der beinahe dritthalb Unzen wog. Uebrigens, wenn auch die Prostata krank ist, so kann ihre Anschwellung und Härte geringer sein, als dass man sie fühlen und ein sichres Urtheil darüber fällen könnte; und zumal soll die Prostata

---

*) Steine entstehn bisweilen auch in andren Theilen des Körpers. Ein Weib hatte zehn Tage lang heftige Schmerzen gelitten, als eine Geschwulst zwischen den Backenzähnen und der Zunge aufbrach und ein Stein von der Grösse zweier Erbsen heraustrat.

auch etwas anschwellen, wenn der Blasenhals öfters durch einen Stein gereizt wird. Zum Skirrhus dieser Drüse gesellt sich immer ein häufiger Drang zum Harnen, und zugleich wird eine ungewöhnliche Menge Schleim ausgesondert, der dann auch um so reichlicher erscheint, je schlechter es mit dem Kranken steht. Ueberdies finden auch Strangurie und Tenesmus statt. Der Urin wird beim Skirrhus der Prostata selten blutig; oder wenn jemals etwas Blut sich mit dem Harne mischt, so ist es nur wenig und wird durch Reiten nicht vermehrt. Ferner wird harter Koth unter Schmerzen ausgeschieden, und bisweilen sind die Hoden geschwollen — Zeichen, die diesem Skirrhus eigenthümlich sind. Uebrigens möchte wohl die sicherste Ueberzeugung vom Dasein dieser Krankheit aus der allgemeinen Zerrüttung des Körpers entnommen werden, die sehr auffallend ist; es findet nämlich Abmagerung statt, und Widerwille gegen Speisen, und Schwäche, und häufiger Schauer; der Puls ist beschleunigt und die Krankheit vermehrt sich täglich, fast ohne Nachlass. Die Schmerzen der Steinkranken hingegen schweigen längere Zeit, und diese abgerechnet bestünde vollkommne Gesundheit — ein Merkmal, wodurch sich der Stein von Verschwärung der Nieren oder der Blase vorzüglich unterscheidet. Blutiger Urin, ohne irgend ein Zeichen eines verborgenen inneren Geschwüres, namentlich wenn er durch Bewegung und Anstrengung vermehrt wird, bezeichnet fast immer einen Stein in den Harnwegen. In den Schriften der Aerzte werden viele andre Ursachen des Blutharnens angegeben; da ich für meine Person kaum je auf solche schliessen konnte, so möchte ich glauben, dass sie seltener vorkommen, als man meint.

Wenn auch entschieden ist, dass ein Stein vorhanden sei, so ist nicht sogleich zu bestimmen, an welcher Stelle er liege; doch ist hieran in Bezug auf die Behandlung nicht viel gelegen, denn dieselben Mittel werden überall passen, ausser dass es bisweilen des Catheters bedürfen wird, um

den Stein vom Blasenhalse zu entfernen. Im Anfalle des
Schmerzes aber ist das Opium das einzige Heilmittel, mag
der Stein liegen, wo er will.

Schwarzer oder blutiger Urin, entweder ohne irgend
einen Schmerz, oder gepaart mit stumpfem oder bisweilen
empfindlichem Schmerze, etwas über der Hüftgegend, deutet
auf Nierenstein. Auch begleitet die Nierenschmerzen oft,
jedoch nicht immer, Erbrechen. Taubheit des Ober- oder
Unterschenkels, Schmerz bei Beugung des Körpers, Ange-
zogensein des Hoden und Schmerz am Ende der Harnröhre sind noch weniger sichre Zeichen desselben Uebels.

Es ist unbekannt, warum der Nierenstein bei Einigen
so wüthende Schmerzen veranlasst, während bei Andern
die Nieren mit Steinmaterie sich anfüllen, ohne irgend
eine Schmerzempfindung. Gestalt und Lage des Steines
scheinen die hauptsächlichsten Ursachen dieses Unterschie-
des zu sein; doch bei manchen Menschen ist diesen Theilen
auch eine grössere Empfindlichkeit eigen; denn ich habe
Kranke gekannt, die das ganze Hinabsteigen des Steines
durch den Ureter von der Niere an bis zur Blase deutlich
empfanden, wovon andre nicht die mindeste Kenntniss
haben. Diese Steine verweilen oft während ihres Herab-
steigens zur Blase unterwegs und erweitern an diesen
Stellen den Ureter, wie wir aus Leichenöffnungen von
Steinkranken gelernt haben.

Wenn die Nieren selbst oder die benachbarten Theile
schmerzen, so erzeugt sich viel Schleim, der zugleich mit
dem Urin ausgeschieden wird und Manche mit der nichtigen Furcht vor einem Geschwüre schreckt. Der Anfall
des Steinschmerzes kann, wie sich nach dem Tode ergeben hat, eine leichte Entzündung hervorrufen, die, ohne
dass ein Geschwür vorhanden ist, bewirkt, dass eine eitrige Flüssigkeit in dem Nierenbecken ausschwitzt,
welche, in Gestalt von Rahm im Urine niedersinkend,
noch mehr den Anschein von Eiter hat. Dass aber in

der That ein Geschwür vorhanden sei, wird die Menge des Eiters und sein beständiger Abfluss zeigen, dann aber besonders der üble Geruch der Flüssigkeit. Nierengeschwüre haben, wie man glauben konnte, viele Jahre gedauert und ein Schwinden der ganzen Niere verursacht, wie dies oft mit den Lungen geschieht. Indessen ist doch ein Geschwür einer einzigen Niere, wofern es nur weder zum Brande noch zum Carcinome hinneigt, weit weniger gefährlich, als ein Lungengeschwür, und es ist mehr Hoffnung vorhanden, dass einem solchen Kranken wieder zu einem erträglichen Gesundheitszustande verholfen werden könne.

Im Urin einer gewissen Frau setzte sich zehn Monate lang eine beträchtliche Menge übelriechenden Schleimes von solcher Zähigkeit zu Boden, dass er dem Boden des Gefässes fast anklebte. Nachher sah man blutige Streifen im Urin, ohne allen Schmerz oder Strangurie, — nicht einmal, wenn sie fuhr. Ihre Gesundheit schien inzwischen ziemlich gut zu sein. Zwei Jahre darauf, als sie schwanger wurde, giengen zugleich mit dem Urin einige schwarze, übelriechende Körperchen ab, und sodann folgten in kurzem Blutharnen, Schlucksen, Abortus und der Tod. Bei der Leichenöffnung erschien die rechte Niere voll von Steinmaterie; das Becken war brandig und voll stinkenden Eiters, der ganze Ureter sehr erweitert und dick und beinahe von knorplichter Härte. Auch in der linken Niere fand sich ein Stein, jedoch keiner in der Blase. Hieraus lernen wir: erstens, dass zäher und übelriechender Schleim mit dem Urin ausgeschieden werden könne, ohne dass ein Geschwür besteht; denn Anfangs, als solcher Schleim im Urine dieser Kranken sich zeigte, litt die Niere zwar am Steine, aber höchstwahrscheinlich war wohl sonst alles gesund. Sodann ersieht man aus dieser Geschichte, dass der Nierenstein bisweilen weder Schmerz noch Strangurie veranlasse.

Die Zeichen des Blasensteines sind: häufiger Drang zum Urinlassen, auch oftmalige plötzliche Unterbrechung der Harnaussonderung mitten im Laufe, Schmerz und Brennen bald nach dem Uriniren, desgleichen Stuhlzwang und Schmerz an der Mündung der Harnröhre und Unvermögen den Harn zurückzuhalten, oder Unterdrückung der Harnaussonderung, während der Puls dabei regelmässig und die Gesundheit übrigens gut ist. Alle diese Uebel werden meistens vermehrt durch Reiten, und bisweilen, doch seltener, auch durch Gehen; manchmal veranlasst auch jede Bewegung Blutharnen. Einige, aber sehr Wenige, waren so glücklich, dass ihre, wenn schon bedeutenden, Steinbeschwerden sowohl durch Gehn als durch Reiten kaum irgend vermehrt wurden; wiewohl sich nach ihrem Tode ein Stein als die einzige Ursache der Schmerzen auswies. Derselbe Kranke vertrug mitunter das Fahren sehr gut, während ihm diese Bewegung zu andrer Zeit ganz unerträglich war. Die Qual, welche der Stein verursacht, scheint nicht sowohl von seiner Grösse abzuhängen, als von seiner Gestalt und von der Stelle, an welcher er liegt. Manche Lagerung des Steines ist ohne Zweifel von der Art, dass er, wiewohl er gross und rauh ist, dennoch nur geringe oder selbst gar keine Beschwerde, weder in den Nieren noch in der Blase, erregt. Wäre dies nicht so, so müssten die Steinkranken nothwendigerweise beständig von Schmerz gepeinigt werden, ohne irgend ruhige Zwischenzeiten, — was doch bei diesen Kranken unerhört ist.

Wer einmal gemacht und geeignet ist, in den Harnwegen Steinmaterie zu erzeugen, der hat gewöhnlich sein ganzes Leben lang mit Gries und Stein zu thun, und vererbt oft dieselbe Körperbeschaffenheit auch auf seine Nachkommen. Jedoch fehlt es nicht an Beispielen von Solchen, denen im Knabenalter ein Stein aus der Blase entfernt wurde und die nachher fünfzig Jahre lebten, frei von jedem Anzeichen der Krankheit. Ich habe auch Andre gekannt, die, obwohl sie oft an Steinschmerzen gelitten und viele Steine ausgeleert hatten, dennoch nach dem Tode Blase und Nieren unversehrt zeigten, ohne dass man eine Spur von Stein oder irgend einer Krankheit fand. Wenn jedoch Jemand lange Zeit gewohnt war, Gries und kleine Steine mit dem Urin auszuleeren, und dann plötzlich ein Jahr lang oder länger nichts mehr hievon bemerkt, so muss ihm dieser Nachlass verdächtig sein. Denn in diesem Falle geschieht es meistens, dass alle Steinmaterie sich an eine Art von Kern anhängt und allda sich anhäuft, bis endlich ein wahrer Stein daraus wird und durch die gewöhnlichen Zeichen sich kundgiebt. Alsdann werden jene Mittel nicht überflüssig sein, welche gegen die Grieserzeugung dienen, — welche wenigstens das Verweilen dieses Sandes in den Harnwegen verhindern. Ich erinnere mich, dass ein Stein von achtundzwanzig Gran Gewicht zugleich mit dem Urin eines gewissen Mannes ausgeschieden wurde; bei Frauen werden sogar viel grössere ausgetrieben. Ich habe einen solchen von eiförmiger Gestalt gesehen, dessen kleinerer Umfang vier Zoll mass, und dasselbe Weib gebar am folgenden Tage ein Kind, mit weniger Anstrengung und Schmerz, als ihr der Stein verursacht hatte. Alle Bewegung ist sorgsam zu meiden, so oft sie Blutharnen verursacht, weil der Gries sich um das Blutgerinnsel leicht ansetzt und die Grundlage zu einem Steine bildet.

Die Mittel gegen den Stein sind theils solche, die den Anfall des Schmerzes lindern, theils solche, die den Urin zur Auflösung der Steine geschickt machen. Unter den angemessenen Mitteln ist keines so wirksam, als das Opium. Ein Clystir aus zwanzig Tropfen oder so viel nöthig Opiumtinctur mit sechs Unzen lauen Wassers beseitigt die Schmerzen weit sicherer, als die Arzeneien aus Oel oder öligen Samen. Die Bärentraube hat sich einen gewissen Ruf erworben, alle Urinbeschwerden zu heilen; aber sie hat meiner Hoffnung wenig entsprochen. Doch ist sie kein ganz kraftloses Kraut, das gar keine Einwirkung auf den menschlichen Körper zeigte; denn bei Einem, der sie oft genommen hatte, färbte sie den Harn jedesmal grün. Aber ausser Diesem ist mir Niemand vorgekommen, von dem ich gehört hätte, dass bei ihm dasselbe stattgefunden habe. Kalkwasser theilte bei Vielen dem Urin die Kraft mit, die Steinmaterie aufzulösen. Wenigstens hat dies Mittel keinen Nachtheil. Denn ich habe Manche gesehen, deren einziges Getränk es mehrere Jahre hindurch war, und denen es durch die Gewohnheit sogar zu einem nicht unangenehmen wurde. Ein Steinkranker, der vor Schmerz fast gar nicht zu gehn wagte, konnte, nachdem er lange Zeit dieses Wasser genommen und sich jedes andren Getränkes enthalten hatte, mit leichter Mühe das Fahren auf holprichtem Strassenpflaster aushalten; ausserdem verkleinerte und zerstörte sein Urin in Zeit von wenigen Tagen ein Steinbruchstück, welches vorher im Urine Andrer mehrere Monate gelegen war, ohne die geringste Gewichtsverminderung. Aber, um die Wahrheit zu gestehn, so heilt weder Kalkwasser noch reine Kaliflüssigkeit diese Krankheit überall. Die Wirkung dieser Mittel ist bei allen Steinen langsam, bei manchen findet gar keine statt; es giebt sogar welche, die, wenn man sie unmittelbar in reine Kaliflüssigkeit legt, kaum etwas von ihrem Gewichte verlieren. Indessen, wenn jene Mittel oft die Entstehung von Steinen verhindern, oder wenn sie, wo solche entstanden sind, ihr Gefüge erweichen, wie es wahrscheinlich ist, und sie auflösen, auch die Zacken und Rauhigkeiten andrer — die vorzüglichsten Ursachen des Schmerzes — abglätten; so werden sie immer nicht gering zu schätzende Mittel bleiben. Ich erinnere mich eines Steinkranken, der zehn Jahre lang jeden Tag eine halbe Unze reiner Kaliflüssigkeit nahm, ohne irgend eine Ahnung eines

Uebels oder einer Beschwerde, — und es ist kaum zu bezweifeln, dass er dadurch das feste Gefüge der Steine auflöste; denn mit dem Urine giengen einige Unzen Bruchstücke von solchen ab, deren eine Fläche convex und die andre concav war. Unterdessen fieng dieser Mann, den die Krankheit lange an das Haus gefesselt hatte, schon an, das Fahren zu vertragen, und litt in den letzten Jahren seines Lebens wenige Schmerzen, während er früher häufige und heftige Anfälle zu erleiden gewohnt war. Wiewohl aber diese grosse Gabe des erwähnten Mittels, die er so viele Jahre lang genommen, in der That viel gethan hatte, die Krankheit zu mildern, so blieb doch noch viel zu thun übrig; denn nach dem Tode fand man in der Blase zwei Steine, wovon der grössere vierhundert und vier, der kleinere aber hundert und zweiunddreissig Gran wog; desgleichen war die eine Niere voll von Steinen. Es ist zweifelhaft, ob reine Kaliflüssigkeit und Kalkwasser etwas gegen Nierensteine ausrichten, oder nicht. Es fragt sich auch, ob der Gebrauch dieser Mittel ausgesetzt werden müsse, so oft sich Blutharnen oder ein neuer Schmerzanfall einstellt; denn es ist noch nicht entschieden, ob der Urin dadurch schärfer wird, so dass er diese Leiden vermehrt. Da jedoch die Anfälle gewöhnlich nicht über einige Tage andauern und alsdann andre Mittel nothwendig sind, so wird man jene sicherer weglassen, bis der Sturm sich gelegt hat. So lange sie Kalkwasser oder die reine Kaliflüssigkeit nehmen, hüten sich die Meisten ängstlich vor sauren Speisen und Getränken, um nämlich die Kraft der Arzeneimittel nicht zu schwächen. Ich weiss jedoch nicht, ob nicht die Vorschriften der Aerzte über diesen Punkt allzustrenge sind. Denn das Vermögen, die Speisen zu verdauen und zu verarbeiten, ist noch nicht so genau gekannt und durchforscht, dass wir bestimmen könnten, wie viel Zeit vergehe, bis die Säuren ihre Natur im Magen ablegen und nicht mehr im Stande sind, sich mit den Laugensalzen zu verbinden, — was vielleicht in sehr kurzer Zeit bewerkstelligt wird. Dagegen könnte mehr Gefahr drohen von Seiten jener fixen Luft, welche im Ueberflusse nicht nur in den Eingeweiden, sondern auch in allen Säften des Körpers vorhanden ist; denn wenn diese sich mit jenen Arzeneimitteln verbindet, so hebt sie sogleich ihre Kraft auf, die Kohlensäure der Harnsteine in Freiheit zu setzen. Wer wäre aber so genau bekannt mit den Gesetzen, denen der menschliche Körper unterworfen ist, dass er es wagen sollte, die Wirkungen der Arzeneimittel zu erklären?

CAPITEL XVII.
Vom Kopfschmerze.

Die Natur der Kopfschmerzen ist sehr dunkel. Ihre Ursachen sind verschieden, und oft einander entgegengesetzt. Da die Verrichtungen des Hirnes wenig bekannt sind, so verbreitet dies nothwendigerweise Dunkelheit über die Krankheiten dieses Theiles. Viele Arten Kopfschmerz scheinen etwas mit dem Hirne gemein zu haben; denn der Schmerz ist dem Kopfe eigenthümlich und weit verschieden von jenem, der in irgend einem andren Theile gefühlt wird; wiewohl, wenn man das Hirn wegnimmt, der Bau des Kopfes ganz so ist, wie der des übrigen Körpers. Sodann haben Leichenöffnungen dargethan, dass der Kopfschmerz oft von Fehlern des Hirnes selbst ausgehe. Der Sitz dieser Krankheit, ihre lange Dauer und ihre häufige Wiederkehr könnten in der That mit Recht Furcht einflössen, dass sie irgend welche sehr nachtheilige Folgen haben werde, — wovon jedoch das Gegentheil eintritt. Denn es haben fürchterliche Kopfschmerzen Manche fast ihr ganzes Leben lang gepeinigt, ohne den Tod zu beschleunigen oder die Geisteskräfte zu vermindern; sondern sobald der Schmerz aufhörte, verrichteten die Kranken alle Geschäfte, wie vorher. Der leichteste Anfall von Lähmung bringt weit mehr Schaden, als heftige und häufige, von der Kindheit an bis zum beginnenden Greisenalter bestehende Kopfschmerzen. In diesem langen Kampfe unterliegt die Gesundheit des Körpers so wenig, dass sie endlich die Krankheit selber zu besiegen scheint; wenigstens habe ich an unzähligen Kranken beobachtet, dass letztere bei zunehmendem Alter gelinder wird und endlich ganz aufhört. Dieser Umstand mag die Stelle eines Heilmittels vertreten, wenn alle Mittel vergeblich waren; denn es ist kein geringer Trost für den Kranken, zu wissen, dass seine Krankheit, die den Arzeneimitteln nicht weichen will, endlich der Zeit weichen werde. Dies ist auch der Ausgang jenes Kopfschmerzes, der mit Trübung des Gesichtes beginnt.

Die Migräne, oder der einseitige Kopfschmerz, hat bei den alten Aerzten diesen Namen erhalten, um sie von andren Kopfleiden zu unterscheiden; doch haben wir aus einer langen Erfahrung noch nicht entnommen, wodurch wohl, abgerechnet seinen Sitz, dieser Schmerz sich von andren Schmerzen desselben Theiles unterscheide. Mir ist zuverlässig die Migräne der linken Seite öfter vorgekommen, als jene der rechten; mag dies nun zufällig sich so getroffen haben, wie ich eher glaube, oder nach einem gewissen Naturgesetze. Bei vielen Kranken pflegte sie das ganze Leben hindurch von Zeit zu Zeit zurückzukehren; auch wurde sie durch eintretende Gicht nicht gehoben; oft folgte sie auch auf jenes Augenleiden, wobei die eine Hälfte des Gegenstandes nicht gesehen wird. Ein andrer Kopfschmerz wird bisweilen oberhalb des linken Auges gefühlt und nimmt einen noch viel kleineren Raum ein, nämlich von der Grösse eines Zolles. Dieser dauerte einen und den andern Tag, und kehrte zwei- oder dreimal in jedem Monate zurück. Frauen scheinen diesem Uebel mehr ausgesetzt zu sein, als Männer; namentlich jene, die an hysterischen Beschwerden leiden. Andre Schmerzen nehmen den Vorderkopf, andre den Hinterkopf ein; noch andre haben ihren Sitz an andren Stellen, und es wäre kaum der Mühe werth, sie alle genau aufzuzählen, insoferne wir dadurch nicht erfahren, was diese Krankheitszustände herbeiführt oder sie aufhebt. Ich schweige von den venerischen Kopfschmerzen, welche an den dieser Krankheit eigenthümlichen Zeichen erkannt und durch die ihr angemessenen Mittel geheilt werden.

Manche Kopfschmerzen kehren im Frühling oder im Herbste oder auch in beiden Jahrszeiten zurück. Wenige sind im Sommer, mehrere im Winter lästig, — einige beim Erwachen aus dem Schlafe. Die meisten aber erscheinen ganz unregelmässig und beobachten keine bestimmten Zeiten. Nicht weniger ungewiss ist es, wie lang der Schmerz andauern werde; denn manchmal dauert er wenige Stunden, manchmal einen ganzen Tag, manchmal einige Tage; bisweilen lässt er kaum nach während einiger Jahre. Bisweilen wurde durch eine beträchtliche Veränderung der Körperbeschaffenheit ein Leiden dieser Art aufgehoben, nachdem es von Jugend auf bestanden hatte. So wich es auch nach dem Eintritte eines Asthma, und verschonte schwangere Frauen, die es ausser dieser Zeit immer heimsuchte.

Zu diesem an sich schon genug beschwerlichen Schmerze gesellen sich bisweilen andre Uebel, nämlich Schwindel, der bisweilen vorausgeht, besonders bei eingewurzelten Kopfschmerzen, Gesichtstäuschungen, Funken-, Nebel- oder Farbensehen; Betäubung und ein Gefühl von Zusammenschnürung des Kopfes wie mit einem Gürtel; ingleichen verschiedne hysterische Beschwerden, als da sind Schauder, kalte Schweisse, Ohnmachten, Kälte der Füsse, Erstarrung, Schlafsucht, augenblicklicher Verlust des Gehörs, der Stimme, und des Gesichtes, Krämpfe in den Gliedmassen, und Verstandesverwirrung. Wenn ein schwererer Anfall geendigt ist, schmerzt bisweilen der Kopf noch gelinde einen Tag lang fort. Wenn der Kopf leidet, leidet oft auch der Unterleib an Aufblähung, Krampf, Angst, Schmerz, Brennen, Ekel, Erbrechen, häufigen Ausleerungen oder Würmern. Bei nicht wenigen Kranken befinden sich Kopf und Magen abwechselnd entweder schlimm oder gut. Es ist also erwiesen, dass ein gewisses Mitgefühl zwischen diesen Theilen stattfinde und dass, wenn der eine krank ist, im andern die Ursache der Krankheit liegen könne. Nach der Heilung alter Geschwüre und andrer Hautübel oder bei Unordnungen im Monatsflusse der Frauen ist es glaublich, dass zuerst der Magen ergriffen werde und dann von diesem aus das Uebel auf den Kopf übergehe.

Die meisten Kopfschmerzen sind ohne Gefahr; wo sich aber zu ihnen Betäubung gesellt, oder Anschwellung des ganzen Halses, oder Verstandesverwirrung, oder Krämpfe in den Gliedern, da ist der Zustand des Kranken keinesweges gefahrlos; denn auf solche Uebel folgten Epilepsien, Lähmungen und Schlagflüsse.

Unter den tödlichen Kopfschmerzen rührten, wie ich aus der Untersuchung des Hirnes nach dem Tode ersehen habe, einige von einer grossen Menge Flüssigkeit her, welche das Gehirn ausdehnte, andre von theilweiser Vereiterung des Hirnes oder von Geschwülsten, die sich in diesem gebildet hatten, — woher dann zuerst Schmerz entstand und in der Folge, bei heftigerem Drucke auf das Hirn, die Nerventhätigkeiten entweder gestört oder gänzlich aufgehoben wurden. Viel hieher Bezügliches findet man in den Schriften der Aerzte, — was ich mit Stillschweigen übergehn will, da ich mir vorgenommen habe, nur eine aus der Natur, nicht aus Büchern, geschöpfte Beschreibung der Krankheiten zu geben.

So wenig Beständiges ergiebt sich bei der Behandlung dieser Krankheiten, dass dieselbe Heilart, ohne irgend eine erkennbare Ursache, ganz verschiedne und entgegengesetzte Erfolge hat und Schmerzen, die, wie es schien, einander in allen Stücken ganz ähnlich sind, bald mildert, bald erhöht. Welches demnach der wahre Weg sei, dieses Leiden zu heilen, mögen scharfsinnigere oder glücklichere spätere Forscher ausmitteln: uns ist es in der That nicht immer leicht, zu sagen, welcher der vorzüglichste sein möchte.

Angst und Gemüthsbewegung, ein stärkerer Schall, Abmattung des Geistes oder Körpers, blendendes Licht, durch eine Menge Menschen erwärmte und verunreinigte Zimmerluft, gestörte Verdauung, Husten — vermehren die Kopfschmerzen fast immer. Hautübel, Speise, Schlaf, Ofenwärme, Sommer, Winter, warme Gegend, Podagra und Aufenthalt im Freien haben bei verschiednen Menschen verschiedne Wirkungen. Jedoch zeigten sich Hautübel, Schlaf, Erwärmung des Körpers, Sommer, warme Gegend und Aufenthalt im Freien meistens hülfreich. Hingegen kalte Waschungen, Blutentziehung durch Blutegel oder Aderlass, lang unterhaltne künstliche Geschwüre, Fontanellen und Niesemittel — wenn sie nicht, wie Manche vermutheten, schädlich waren, so haben sie doch gewiss oft genug nichts genützt; eben so verhält es sich mit den eigentlichen Nervenmitteln, mit Bädern und dem Opium. Wiewohl aber alles, was man gewöhnlich als Mittel gegen diese Krankheit rühmt, bisweilen wirkungslos war, so haben doch seltener meine Hoffnung getäuscht: ein Zugpflaster auf den Kopf, eine Blutentziehung von sechs Unzen, alle Monate einmal durch Schröpfen am Hinterkopfe vorgenommen, und die Darreichung von Pillen, die einen Gran Aloe und vier Gran Colombowurzel enthielten, vor dem Einschlafen. Auch Erbrechen war öfters von Nutzen, und die Anstrengung dabei vermehrt den Schmerz weniger, als man glauben sollte; daher kann man es mit Nutzen alle Monate einmal erregen. Freiwilliges oder durch Arzeneimittel veranlasstes Erbrechen zeigte sich auch als ein nicht zu verachtendes Schutzmittel gegen jenen Kopfschmerz, welcher zu Anfang der Fieber eintritt und den auch ein Cantharidenpflaster, zwischen die Schultern gelegt, mit grösster Sicherheit aufhebt. Warme Bähungen des Kopfes oder der Füsse vermindern dieses Leiden immer, und oft heben sie es ganz auf; bisweilen vertreibt ihn mit Sicherheit das Opium.

CAPITEL XVIII.
Vom aussetzenden Kopfschmerze.

Die Chinarinde ist ein ziemlich sicheres Mittel gegen die Wechselfieber, bei denen der ganze Körper ergriffen ist. Wenn aber Schmerzen eines gewissen Theiles einen bestimmten Typus einhalten, so waren nicht nur diese Rinde, sondern alle andre Mittel, die ich bis jetzt versucht habe, oft vergeblich. Dies ist um so unangenehmer, weil, wenn ein solches Leiden, wie dies oft geschieht, den Kopf oder das Gesicht befällt, die Kranken von einer Qual gefoltert wurden, wie man sie in wenigen andren Krankheiten finden möchte, — wenigstens nach den Klagen zu urtheilen, deren sich kaum der Geduldigste zu enthalten vermag.

Diese Krankheit nimmt bald den ganzen Kopf ein, wie andre Kopfschmerzen, bald den Hinter-, bald den Vorderkopf, am öftesten einen Theil des Gesichtes; und wiewohl es vorgekommen ist, dass bei demselben Kranken beide Seiten ergriffen wurden, so leidet doch die linke öfter als die rechte. Im Anfalle des Schmerzes leiden die Oberlippe oder das Zahnfleisch oder die Wange und der Schläfenmuskel oder alle diese Theile zugleich so sehr, dass die Kranken nicht im Stande sind, zu kauen oder zu schlucken oder zu reden; der Mund aber füllt sich mit Speichel, das Auge mit Thränen und ist lichtscheu; auch die Augenlider sind angeschwollen und geröthet, und bisweilen, im höchsten Schmerze, werden sie blau. Manchmal gehn Wärme und Röthe des Gesichtes und ungewöhnlicher Speichelfluss voraus, und zu diesen Erscheinungen gesellen sich bei Manchen Erbrechen und leichte Krämpfe und Zittern der ergriffnen Theile. Die Anfälle dauerten bald eine Stunde, bald mehrere Stunden oder sogar zwei Tage lang und hatten einen nicht minder bestimmten Typus, als die Quotidian- oder Tertianfieber. Ja es traf sich, dass diese Krankheit alle zehn Tage, oder alle Monate, oder zweimal alle Jahre wiederkehrte. Meistens jedoch erscheint sie etwas unregelmässiger. Einige waren so unglücklich, dass die Krankheit vielmehr anhaltend als aussetzend war und von dem geringsten Versuche zu reden oder zu essen oder durch Fahren oder durch den Anhauch eines kühlen Lüftchens geweckt wurde, so dass sie mehrere Jahre hindurch selten von dieser Marter frei waren. Beide Geschlechter sind dieser Krankheit unterworfen, am meisten aber die Frauen. Kein Alter ist davor sicher, von der Kindheit an bis zum achtzigsten Lebensjahre. Bisweilen trat eine gewisse Betäubung auf einige Stunden nach den Anfällen ein: öfter ist es der Fall, dass, wenn diese ihre Zeit durchgemacht haben, alle Uebel aufhören.

Was die Behandlung betrifft, so waren alle ausleerende Mittel entweder wirkungslos oder nachtheilig, keines aber mehr, als Blutentziehung. Breiumschläge sind beschwerlich und vergrössern mehr das Leiden der Kranken. Die Chinarinde verlässt uns oft, ebenso wie die Baldrianwurzel, der Stinkasant, die Myrrhe, der Moschus, der Campher, das Opium, der Schierlingssaft, die Niesepulver, die Cantharidenpflaster, tief eingebrannte Geschwüre, die Electricität, die Bähungen aus Schierling, das laue Fussbad, das Bestreichen des Gesichtes mit Aether oder Weingeist, das Seifenliniment, mit oder ohne Opiumtinctur, das Bernsteinöl, die Eröffnung der Schläfenpulsader und das Zahnausziehen, und eben so wenig nützte der Eintritt des Podagra. Jedoch gewährte bisweilen die Chinarinde Hülfe, und zwar nicht so selten, dass man diesem Mittel nicht mit Recht die erste Stelle einräumen müsste; es ist nothwendig, täglich eine Unze derselben sieben Tage lang zu nehmen. Zugpflaster, hinter die Ohren gelegt, milderten bisweilen die Heftigkeit des Schmerzes; auch so viel Schierlingssaft, als der Kranke, ohne Schwindel zu bekommen, zu nehmen vermag, blieb bisweilen nicht ohne guten Erfolg. Bei einigen Kranken, wo nichts Andres half, vertrieb ein Viertelgran Antimonium tartarisatum mit vierzig Tropfen Opiumtinctur, sechs Nächte hindurch genommen, die Krankheit gänzlich. Auch war es der Fall, dass kalte Waschungen eine nicht zu verachtende Hülfe gewährten. Wenn der Kranke die Chinarinde nicht verschlucken kann oder sich davor scheut, so muss täglich ein- oder zweimal ein Clystir aus sechs Unzen Chinadecoct mit zwei Drachmen Chinapulver angewandt werden, und wo es nöthig ist, kann man diesem vierzig Tropfen Opiumtinctur zusetzen.

CAPITEL XIX.

Vom Carbunkel.

Carbunkel nennt man eine grosse, rothe Geschwulst, welche meistens auf dem Rücken entsteht und deren schwammichter Grund von Eiterflüssigkeit durchzogen ist, welche durch alle Oeffnungen in reichlicher Menge hervorquillt. In kurzem gesellt sich Fieber hinzu, mit vieler

Unruhe, Schwäche, Widerwillen gegen Speisen, Schlaflosigkeit und Abmagerung. Aus diesen Umständen erhellet, dass er entweder Ursache oder Wirkung einer bedeutenden Störung der Gesundheit ist. Aeltere und kränkliche Personen sind dem Carbunkel am meisten unterworfen. Man sagt, es werde in dieser Krankheit mehr Urin gelassen, als mit der Menge des genossenen Getränkes im Verhältniss stehe, — was mir jedoch die Erfahrung nicht bestätigt hat. Von Einigen wurde nur die gewöhnliche Menge gelassen, und meistens hatte er einen Bodensatz; bei einem Kranken war die Harnaussonderung zwei Tage vor seinem Tode ganz unterdrückt. Dieses Uebel ist immer gefahrvoll und nicht selten tödlich. Man muss so viel Chinarinde geben, als ohne Ekel genommen werden kann. Gegen die Unruhe und Schlaflosigkeit ist das Opium ein sichres und das einzige Mittel.

CAPITEL XX.

Vom Sct. Veitstanze.

Der sogenannte Sct. Veitstanz befällt vorzüglich Knaben und Mädchen, vom zehnten Lebensjahre bis zum fünfzehnten. Doch ist dies nicht so ganz beständig, und ich habe ein sechsjähriges Kind an dieser Krankheit behandelt, während sie in einem andren Falle im zwanzigsten Jahre eintrat. Von den Kranken, welche ich gesehen habe, war nur der vierte Theil männlichen Geschlechtes. Es finden dabei unwillkürliche Bewegungen der Arme und der Beine statt, jedoch mehr der Arme, als der Beine. Alsdann können die Kranken diese Glieder nicht nach ihrem Willen bewegen, ausser ein wenig und mit fast lächerlicher Anstrengung. Die eine Seite des Körpers leidet meistens mehr, als die andre, wie dies bei der einseitigen Lähmung der Fall ist; jedoch befällt die Krankheit bei demselben Kranken bald diese bald jene Seite. Eine gewisse Schwäche und kurze Krampfanfälle und andre unbedeutende Erscheinungen dieses Leidens belästigten die Kranken nicht selten einige Monate lang, bevor es zum wahren Veitstanze kam; bei Andern entstand er plötzlich nach heftigen Krämpfen; oft werden die Kniee zuerst schmerzhaft und schwerbeweglich. Auch die Zunge nimmt an der Krankheit Theil, wesshalb alle davon Befallnen stammeln, und Manche sprechen so undeutlich, dass man kaum ihre Meinung errathen kann; bei Andren ist die Stimme ganz unterdrückt. Bei einem Knaben unterdrückten, indem die Beine in heftige Zuckungen geriethen, diese unfreiwilligen Bewegungen alle leichteren Bewegungsversuche; wenn er aber die Glieder stärker anstrengte, so wurde die Krankheit überwunden; er konnte also laufen, während er nicht vermochte, zu gehn, — wie dies auch bei Betrunknen vorzukommen pflegt.

Zu dieser Art Krämpfe gesellen sich Schwindel, Betäubung, Magenkrampf, unruhiger Schlaf und Abmagerung, wiewohl die Begierde nach Speisen nicht sonderlich abnimmt; zuletzt werden Geist und Verstand schwächer und mehr kindisch. Die Krankheit ist sehr selten gefährlich, zieht sich aber in die Länge. Die wenigsten Kranken werden in Zeit von einem Monate hergestellt, und die meisten sind zwei oder drei Monate krank; einer und der andre litt ein ganzes Jahr lang daran. Wiewohl sie selten wiederkehrt, so war es doch bisweilen der Fall, dass die von ihr Genesenen leichtere Krämpfe dieser Art im Frühling und Herbste jedes Jahres drei oder vier Jahre lang bekamen. Auch eine bedeutendere Gemüthsbewegung rief mehrmals ein Jahrzehnd lang manche dunkle Spuren derselben wieder hervor, — wenn diese Erscheinungen nicht vielmehr einem hysterischen oder paralytischen Leiden angehörten, mit welchen beiden der Sct. Veitstanz nicht nur hinsichtlich der äussern Erscheinung der Krankheit, sondern auch in Bezug auf die Heilmittel verwandt ist.

Blutentziehung und kräftigere Purgirmittel passen nicht wohl, wo keine Hitze oder Entzündung stattfindet und wo die Krankheit dem zarten Alter und dem schwächeren Geschlechte eigenthümlich ist und auch ohne Anwendung von Arzeneimitteln in den meisten Fällen freiwillig aufhören würde, wofern die Körperconstitution unversehrt ist. Diese von der Vernunft an die Hand gegebenen Sätze hat die Erfahrung bestätigt. Denn eine reichliche Blutentziehung oder die Erregung starker Stuhlausleerungen schienen mir niemals zu nützen, und es ist kaum zu bezweifeln, dass sie bisweilen schadeten. Gut wird es sein, fünf Gran Pulv. myrrhae compos. und zwei Gran Pulv. opiat. mit so viel Syrup, als zur Bildung einer Pillenmasse erforderlich ist, allnächtlich zu reichen, und zugleich ganz gelinde Abführmittel, wo die Leibesöffnung allzuträge ist; endlich ist alle Tage ein- oder zweimal ein Kelchglas eines aus irgend einem bittren Kraute bereiteten Aufgusses zu nehmen. Diese Mittel werden entsprechen, wofern überhaupt Heilmittel nöthig sind. Wenn aber der Kranke anfängt, sich zu erholen, so wird das kalte Bad von Nutzen sein, welches nach meiner Erfahrung sogar bei noch nicht gebrochner Krankheit mit Nutzen versucht worden ist.

CAPITEL XXI.

Vom Coxagra und der Caries des Hüftgelenkes.

An der Hüfte kommt bisweilen ein langwieriges Leiden vor, das von Ischias oder Rheumatismus verschieden und bei welchem der Schmerz zwar mässig, die Gefahr jedoch sehr gross ist. Es entsteht im Hüftgelenke; aber das Knie schmerzt, während der eigentlich ergriffne Theil fast schmerzenfrei ist, sogar bei beträchtlicher Geschwulst und deutlichen Zeichen der Eiterung. Der Schenkel magert ab, und das Bein ist unfähig, den Körper zu stützen. Diese Kranken gehn bisweilen, vom hectischen Fieber und der Abzehrung getödet, zu Grunde, bevor die Geschwulst sich von selbst öffnet oder mit dem Messer geöffnet wird; öfter bahnt sich der Eiter einen Weg nach aussen, wo dann ein Geschwür mit reichlicher Absonderung entsteht, welches den vorher schon hinfälligen Kranken vollends darniederwirft. Die Wenigsten genesen von dieser Krankheit, und diese bleiben immer hinkend.

Dieses Uebel nahm bei Einigen von Tag zu Tage drei Jahre hindurch zu, bis es sie tödete. Meistens kommt es vom sechsten bis zum sechzehnten Jahre vor, zu welcher Zeit auch die Gelenke und äussern Theile des Körpers am meisten von scrofulösen Leiden heimgesucht werden, welche nachher auf die Lungen und die Unterleibseingeweide sich zu werfen pflegen. Die Caries des Hüftgelenkes gehört aber auch zu den Scrofeln und kommt oft zugleich mit an'ern Erscheinungen derselben vor. Die Chinarinde, der Schierling, das Opium, lang unterhaltne Geschwüre und gelinde Abführungen sind die hauptsächlichsten Mittel, von denen man glaubt, dass sie dieses bedenkliche Uebel entweder heilen oder doch erleichtern.

CAPITEL XXII.

Von dem Schmerze, der Anschwellung, der Entzündung und den Geschwüren der Beine.

Rheumatische und arthritische Schmerzen und Schwäche sind den Beinen mit den übrigen Theilen des Körpers gemeinschaftlich. Einige Uebel sind ihnen eigenthümlich. Erstlich Geschwülste ohne Schmerz; ferner Absondrung einer scharfen Feuchtigkeit, welche die Haut dick, hart und steif macht, unter unerträglichem Jucken, und die durch alle Risse der Haut hervordringt, mag sie nun aufgesprungen oder mit den Nägeln aufgekratzt worden sein; endlich rosenartige Entzündungen, verbunden mit heftigem Schmerze, von welchen Einige ein- oder zweimal jährlich heimgesucht werden, nach vorherigem Eintritte von Frost und Hitze; diese Art Entzündung pflegt einige Tage lang lästig zu fallen und geht bisweilen in ein viele Jahre lang unheilbares schmutziges Geschwür über.

Diese Leiden der Beine entstehn nicht immer von innen heraus, sondern bisweilen durch äussere Verletzung. Frauen sind ihnen weit mehr unterworfen, als Männer, ausgenommen jene rosenartige Entzündung, die wenige Tage lang dauert. Jungfrauen bekommen, bei sonst vollkommner Gesundheit, bisweilen Geschwülste an den Füssen, besonders im Sommer, — was gesunden Jünglingen selten oder nie widerfährt. Zur Schwangerschaft gesellt sich fast immer Anschwellung der Beine. Röthe des ganzen Beines mit Verdickung und Verhärtung der Haut und unleidlichem Jucken und Erguss einer scharfen Feuchtigkeit belästigt nicht selten Weiber, die das vierzigste Jahr überschritten haben, und trotzt lange aller Kunst der Chirurgen.

Männer werden viel seltner sowohl von dieser Krankheit als von Geschwüren an den Beinen heimgesucht.

Wenn nun solche Geschwülste und Entzündungen und Geschwüre den Beinen fast eigenthümlich sind, ferner besonders da entstehn, wo vermöge des Geschlechtes und Alters oder irgend eines Zufalles der ganze Körper oder doch diese Theile schwächer, als sonst, sind: so muss sich alles hülfreich erweisen, was die Stärke und Festigkeit entweder vermehrt oder ersetzt, — wie dies eine Umwicklung der Beine mit fest angelegten Binden verspricht. Mit welcher Sicherheit diese unternommen werden könne, geht daraus hervor, dass bei Solchen, die im Bette bleiben, diese Geschwülste sich ohne nachtheilige Folgen zertheilen. Ja auch die Geschwüre werden auf diese Art weit behandelbarer und heilen ohne Schaden. Nämlich die Schwäche der Beine, die unter der Last der abwärts steigenden Säfte erlag, wird durch diese Lage des Körpers ebenso vermindert, als dies durch etwas straffe Binden geschehen würde. Doch ist nicht zu verschweigen, dass Geschwülste und Geschwüre an den Beinen oft von einer allzugrossen Menge scharfer Säfte herrühren, die durch zurücktreibende Mittel nicht ohne Gefahr zu verdrängen sind. Athembeschwerden, die vielleicht von Wasseranhäufung in der Brust entstanden waren und jede Stunde den Tod erwarten liessen, fiengen sogleich an, sich zu vermindern, als an den untern Gliedmassen eine bedeutende Menge Wassers sich unter der Haut ansammelte. Auch Fieberhitze und viele Uebel des Magens und andrer Theile verschwanden nach Entstehung von Geschwüren an den Beinen. Dagegen folgten, nach unüberlegter Heilung solcher Geschwüre, Schmerzen im Kopfe, Schwindel, Betäubung, Athembeschwerden, Widerwille gegen Speisen und Krämpfe des Magens und der Eingeweide. Es ist daher sorgfältig darauf zu achten, wie es mit der Gesundheit des Kranken heute steht, und wie sie früher beschaffen war; hieraus wird der Arzt am besten entnehmen, ob diese Geschwüre ohne Gefahr geheilt werden können, oder ob es gerathener sein möchte, das gegenwärtige Uebel geduldig zu ertragen, damit kein schlimmeres an dessen Stelle trete.

Purgirsalze, jeden andren Morgen genommen, so dass zwei - oder dreimalige Stuhlentleerung erfolgt, und zwei Scrupel Chinarinde, allnächtlich dargereicht, welchen, wo es passend scheint, ein Sechstelgran Hydrargyrum calcinatum beigefügt ist, sind die geeigneten Mittel, die fehlerhaften Säfte auszuscheiden oder zu verbessern, und diese Behandlung wird man einen Monat lang oder mehrere Monate fortsetzen müssen. Ein oberhalb des Knies angelegtes Geschwür ist bei diesen Leiden bald von Nutzen, bald unnütz.

CAPITEL XXIII.

Von den Hautübeln.

Natur und äussere Erscheinung der Hautübel sind mannigfaltig. Wenn nur die Farbe der Haut verändert ist, ohne irgend eine Hervorragung und ohne Schmerz, so verdient dies kaum eine Krankheit genannt zu werden. Solcher Art sind purpurrothe Flecken, ähnlich jenen, die in Fieberkrankheiten entstehn, — wie ich sie bei einigen Kindern allenthalben zerstreut angetroffen habe, hier klein, dort grösser, ohne Fieber oder irgend ein Uebelbefinden; nach wenigen Tagen vergehn sie meist von selbst.*) Eben so unbedeutend sind jene blauen oder lividen Flecken, welche an den Gliedmassen alter Leute bisweilen erscheinen.

---

*) Wegen dieser siehe, was im 78. Cap. bemerkt ist.

Kleine Pusteln entstehn oft auf der Haut, und verschwinden bald wieder. Bisweilen jedoch bestehn sie fort, greifen um sich und gehn in eine kleienartige oder schuppichte Abschälung über oder bilden eine rissige Borke, worunter Feuchtigkeit hervordringt. Dies geschieht oft im Gesichte und an den Beinen; bisweilen, aber viel seltener, wird auch der ganze Körper mit dieser ebenso hässlichen als lästigen Räude behaftet. Die Pusteln sind bald roth, bald von derselben Farbe, wie die übrige Haut; bald Feuchtigkeit enthaltend, bald trocken, — im ersten Falle serös oder eitrig; entweder mit Schmerz und Jucken verbunden, oder ohne beides; einige nähern sich auch den Furunkeln. Endlich werden die Nägel rauh, dick und schuppicht. Gedrängte, kleine, mit Serum gefüllte Pusteln hinterliessen nach ihrem Aufbruche blutige Punkte auf der Haut, nicht ohne Jucken und Schmerz.

Den eben erwähnten Hautübeln haben die alten Aerzte Namen gegeben; aber welcher Name einem jeden ertheilt wurde, ist heutzutage nicht leicht zu bestimmen, und es liegt auch nicht viel daran, es zu wissen. Desshalb werden die früher gebräuchlichen Eintheilungen dieser Krankheiten in verschiedne Arten und Rubriken gegenwärtig ziemlich vernachlässigt. Sehr viele von ihnen, die keinen eigenen Namen haben, werden gewöhnlich, aber mit Unrecht, scorbutische genannt. Vom wahren Scorbut und vom Aussatze habe ich nichts zu sagen, da jener in Städten höchst selten und dieser in England fast unbekannt ist, wesshalb ich diese Krankheiten nie zu behandeln hatte. Ausser diesen aber sind die Krätze, die Flechten und der Kopfgrind fast die einzigen Hautübel, welche die meisten Aerzte mit denselben Namen zu bezeichnen übereingekommen sind.

Einige Hautkrankheiten sind ererbt, und wo dies nicht der Fall ist, entstehn sie doch oft nicht sowohl aus einem unmittelbaren Erkranken der Haut selbst, als in Folge einer schlechten Körperconstitution; solcher Art sind diejenigen, welche die neugebornen Kinder behaften und mit wenigen Unterbrechungen bis zum Todestage verharren. Auf Masern und Pocken folgten bisweilen Entstellungen der Haut, welche vorher nicht stattgefunden hatten; sei es nun, dass sie sich aus einem krankhaften Zustande entwickelten, welchen jene Krankheiten zurückgelassen hatten, oder dass erst jetzt ihre lange schlafenden Keime geweckt wurden, oder endlich, dass sie durch Zufall und von Ungefähr gerade zu dieser Zeit entstanden. Denn es ist anzunehmen, dass sich Aehnliches häufiger ereignen würde, wenn es zum Wesen der Masern und Pocken mitgehörte, Hautübel zu erregen oder zu befördern.

Die Pusteln entstehn oder vergrössern sich hauptsächlich zur Frühlingszeit. Nächst dem Frühling ist der Herbst wegen dieser Uebel berüchtigt. Jedoch ist dies nichts Beständiges. Vom Sommer und Winter kann ich nichts Entschiednes angeben, da ich gefunden habe, dass in beiden Jahreszeiten die Krankheiten, von denen die Rede ist, bald zunahmen, bald nachliessen. Die Wärme des Bettes oder des Ofens machte einige Ausschläge verschwinden, welche sogleich zurückkehrten, wenn der Körper fror. Bei andern, und vielleicht bei einer grössern Anzahl, sind die Wirkungen der Wärme die entgegengesetzten.

Absondrung von Feuchtigkeit hinter den Ohren ist bei Kindern sehr häufig, und bisweilen, sei es wegen ihrer eigenthümlichen Schärfe oder wegen unvollständiger Entfernung des Schmutzes, verbreitet sie sich über den ganzen Kopf und das Gesicht. Eine kleienartige Abschilferung auf erhöhten Stellen von der Grösse eines Zolles und darüber entstellt oft hie und da den Körper und die Glieder, und nicht selten beginnt sie oberhalb des Ellenbogenhöckers. Ein fast unerträgliches Jucken, ohne irgend eine Veränderung der Haut, kommt bei der Gelbsucht häufig vor und vermehrt oft auch nicht wenig die Beschwerden des Alters.*) Bei manchen Frauen entstand auf der Nase eine kleine Pustel, über welcher sich eine Borke bildet und um sich greift, bis sie die ganze Nase, das Gesicht und den Hals bedeckt, viele Jahre lang allen Mitteln aller Aerzte und Afterärzte trotzend. Bei Männern ist diese Krankheitsform seltner, doch nicht völlig unerhört. Eine kleiichte und schuppichte Abschilferung an verschiednen Theilen des Körpers, besonders am Kopfe, belästigt Manche ihr ganzes Leben lang.

Unter den wahren Hautkrankheiten werden wir nicht leicht eine ansteckende finden, ausser der Krätze und dem Kopfgrinde. Eine Frau, deren Haut von grossen, kleiichten Flecken fünf Jahre lang entstellt wurde, säugte ein Kind, das von der Krankheit der Mutter ganz frei blieb. Es giebt ein Hautübel, das in allen Stücken der Krätze ähnlich und auch aus der wahren Krätze entstanden ist, jedoch Andre nicht ansteckt und den gewöhnlichen Krätzmitteln nicht weicht, endlich auch bei Manchen viele Jahre hindurch alljährlich wiederkehrt. Während das äussere Ohr angeschwollen und geröthet ist und viele Feuchtigkeit absondert, geschieht es oft, dass auch die Drüsen am Halse anschwellen; dies ist auch gewöhnlich der Fall, wenn ein Cantharidenpflaster bedeutende seröse Absonderung bewirkt. Diese Geschwülste vergehn aber leicht, ohne weitre Hülfeleistung.

Alle geben zu, dass eine üble Körperbeschaffenheit verschiedne Hautübel veranlasse, und, wie ich vermuthe, so ist es auch vorgekommen, dass ursprünglich reine Leiden der Haut sich endlich dem ganzen Körper mittheilten. Denn ich habe Beispiele von Verbrennung oder Quetschung der Haut gesehen, auf welche alle Zeichen jenes Zustandes folgten, welchen man gewöhnlich den scorbu-

---

*) Ueber das Hautjucken siehe unten Cap. 76.

tischen oder den scrofulösen nennt, — wiewohl die Gesundheit vorher die beste gewesen war. Bei Andren habe ich auch gesehen, dass Hautkrankheiten der Gesundheit so wenig förderlich waren, dass sie vielmehr Schwäche und Kopfschmerzen mit sich führten, die immer gleichzeitig erschienen und verschwanden. Diese Fälle sind jedoch seltner. Weit öfter tritt der Fall ein, dass es nach dem Entstehn des Ausschlages mit dem ganzen Körper sich bessert, gleich als ob die Schädlichkeit nach der Haut abgeleitet würde. Wenn daher der Ausschlag entweder freiwillig zurücktrat oder zurückgetrieben wurde, so entstanden sogleich Schmerzen im Kopfe, Schwindel, Schwermuth, Schlaflosigkeit, Husten, Widerwille gegen Speisen, Magenbrennen, Aufblähung, Ekel, Unterleibsbeschwerden, herumziehende Schmerzen, leichtes Fieber und Abmagerung. Bei Manchen ist es zweifelhaft, ob Asthma, Phthisis und Lähmung von nach innen getriebenen Hautleiden sich herschreiben, oder ob beide eine gemeinschaftliche Ursache hatten. Denn es kann der Fall eintreten, dass ein irgend woher entstandenes schweres Leiden die Kräfte des Körpers so schwächt, dass er nicht mehr im Stande ist, sich von jenem krankhaften Zustande zu befreien, den er der Haut zu übertragen gewohnt war.

Die Feuchtigkeit, welche hinter den Ohren der Kinder während der vier ersten Lebensjahre ausschwitzt, erfordert keine andre Behandlung, als dass jene Theile oft mit lauem Wasser abgespült werden; ist jedoch die Oberhaut abgerieben, so wird man ein mit irgend einer milden Salbe bestrichnes Linnenläppchen zwischen das Ohr und den Kopf zu legen haben. Alle zurücktreibende Mittel sind zu vermeiden, weil sie schon Athembeschwerden, Krämpfe und andre Uebel erregt haben, wovon keines eingetreten wäre, wenn man die Sache der Natur allein überlassen hätte, die ohne Hülfe der Kunst alle Beschwerde beseitigen wird, sobald es angemessen ist. Wenn aber nach dem Gebrauche austrocknender Mittel das Kind anfängt, zu kränkeln, so wird es von Nutzen sein, durch Cantharidensalbe die Feuchtigkeit an die gewohnten Stellen zurückzurufen.

Bei Erwachsenen sind die Uebel, welchen die Haut unterworfen ist, zwar nicht gefährlich, aber oft sehr schwer zu heilen. Denn es giebt viele, die sich so sehr festgesetzt haben und veraltet sind, dass sie allen äusserlich oder innerlich angewandten Mittel trotzen; oft werden sie auch fälschlich für geheilt angesehen, während sie nur auf eine gewisse Zeit aussetzen. Auch ist es nicht leicht, zu entscheiden, ob sie durch die Arzenei bezwungen werden, oder freiwillig, wie sie zu thun pflegen, zurückgetreten seien, um bald wieder zurückzukehren. Bei Manchen sind sie, nachdem sie zwanzig Jahre geruht hatten, endlich zurückgekehrt und haben mit ungezähmtem Ungestüme gewüthet — zum Beweise, dass die so lange im Innern verborgene Ursache nicht nur nicht vermindert, geschweige denn aufgehoben war.

Wo reichliche Aussonderung von Schweiss stattfindet und derselbe nicht verdünsten kann, wie in der Weiche und unter den Brüsten der Frauen und am Halse und an andren Theilen fetter Kinder, da wird er oft durch sein Verweilen scharf und frisst die benachbarte Oberhaut an. Dagegen schützen fleissiges Abspülen und ein Streupulver aus Amylum oder Thon, endlich eine milde Salbe, auf ein Stück Leinewand gestrichen und so aufgelegt, dass die Theile nicht durch Reibung leiden. Bei schwangeren Frauen sind viele vorher unheilbare Entstellungen der Haut freiwillig gewichen, jedoch alle nach der Geburt wieder ausgebrochen. Künstliche Geschwüre schienen bei Einigen zu helfen und die verderblichen Säfte, welche die Haut entstellten, anzulocken und auszuscheiden; bei Andern aber waren sie wirkungslos.

Was die äusserlich anzuwendenden Mittel betrifft, so

ist genau festzuhalten, dass schärfere meistens passen, wo Jucken stattfindet, dass aber, wo Schmerz ist, milde anzuwenden seien, die den Schmerz vielmehr aufheben, als vermehren; damit nicht etwa lästige oder selbst gefährliche Entzündungen erregt werden. Zu dem Ende ist sogar das reine Wasser nicht ganz zu verachten; denn bisweilen vertreten warme Wasserdämpfe und Bähungen oder eine laue und kalte Waschung die Stelle eines Heilmittels. Hiedurch werden nämlich die scharfen Säfte verdünnt, welche die Haut anfressen und rauh machen; ferner werden auch die Kleien und Schuppen erweicht und abgewaschen. Diese Kräfte des Wassers können erhöht werden durch Hinzufügung von Salz oder Schwefel und andern einfachen Mitteln. Darum haben das Seewasser und die Mineralquellen grössere Kraft, als das reine Wasser. Die Bleimittel, obschon sie nichts weniger, als scharf sind, nehmen gleichwohl unter den äusserlich anzuwendenden Mitteln die erste Stelle ein, und zwar nicht allein gegen das Brennen und den Schmerz, sondern auch wo nur Jucken stattfindet. Wasser, Salben und Pflaster aus Bleiglätte oder essigsaurem Blei sind im täglichen Gebrauche, und soviel ich bis jetzt weiss, sind ihre Kräfte die gleichen. Die Theersalbe nützt auch nicht allein bei jenen Hautkrankheiten, welche von Jucken begleitet werden, sondern auch wo Risse und Verschwärungen stattfinden; denn meistens erregt sie keinen Schmerz; Einigen jedoch schien sie zu sehr auszutrocknen, nicht ohne einiges Schmerzgefühl. Der Schwefel besitzt allerdings eigenthümliche Kräfte gegen eine Hautkrankheit und ist daher bei sehr vielen andren sowohl äusserlich als innerlich versucht worden, — mit welchem Erfolge, mögen Andre entscheiden: mir wenigstens hat er, ausser in der Krätze, wenig geleistet. Die Sem. staphidos agriae und die weisse Nieswurz sind sehr scharf, und es ist darauf zu sehen, dass ihre Gabe ganz genau bestimmt werde, wenn sie jemals innerlich gegeben werden, was daher selten geschehen ist. Indessen wird ein Gran weisse Nieswurzel ohne Nachtheil genommen. Ob aber die Staphisagria ohne Nachtheil und mit Nutzen genommen werden kann, habe ich noch nicht in Erfahrung gebracht. Die Präparate der weissen Nieswurzel sind, bei äusserer Anwendung, so wirksam, dass sie, ausser ihrer Aetzkraft, eigenthümliche Kräfte zur Heilung der Haut zu besitzen scheinen. Die Arzenei aus der Staphisagria wird bereitet, indem man eine halbe Unze der zerstossenen Samen mit einem Pfunde heissem Wasser übergiesst und nach dem Abkühlen ein halbes Pfund Spir. vini rectificatus hinzufügt; mit der abgeseihten Flüssigkeit sind die ergriffnen Stellen früh und Abends zu befeuchten. Die Arzenei aus der weissen Nieswurzel enthält eine halbe Unze der letztern auf zwanzig Unzen heisses Wasser, welchen man nach dem Erkalten und Durchseihen vier Unzen Nieswurzeltinctur zusetzt; auch diese ist früh und Abends anzuwenden. Bei zarterer Haut werden diese Mittel bisweilen zu viel Hitze und Schmerz erregen; dem begegnet man aber, indem man Wasser hinzufügt, bis die Hitze und der Schmerz erträglich werden. Da indessen die Haut bei verschiednen Menschen so verschieden und auch die Kraft der Staphisagria oder der Nieswurz nicht allenthalben dieselbe ist, so kann das Gewicht des aufzugiessenden Wassers kaum anders als versuchsweise bestimmt werden. Von denselben Pflanzenstoffen wird auch passend ein Theil mit drei Theilen einfacher Salbe vermischt, womit die ergriffnen Stellen allnächtlich zu bestreichen sind. Auch den Pfeffer und andre scharfe Arzeneimittel zählt man zu den Hautmitteln; ebenso Salben und Pflaster, welche Canthariden enthalten, — deren Kräfte ich jedoch nicht hinreichend kennen gelernt und erforscht habe. Alaun und Vitriol, in Wasser aufgelöst, vermindern das Hautjucken, das nicht von Pusteln begleitet ist, und ausserdem entfernen sie die halbabgestorbenen Schuppen der Haut und geben dieser ihren Glanz wieder. Das richtige Gewichtsverhältniss dieser Mittel zum Wasser werden das Brennen und der Schmerz bestimmen, welchen sie erregen; sind letztere beide nicht unmässig, so wird jenes nicht allzugross sein. Auf solche Art sind alle scharfen Arzeneien zu bereiten, welche man auf die Haut anbringt.

Die Quecksilberpräparate besitzen, ausser jenem scharfen Princip, das die Chemiker hinzubringen, eine gewisse eigenthümliche Kraft, Hautkrankheiten zu heilen. Das Quecksilber, das für sich so mild anzufühlen ist, dient, mit Fett zusammengerieben, bis es aufhört, als solches zu erscheinen, und alsdann in Salben- oder Pflasterform aufgelegt, gegen viele Arten von Ausschlägen. Die Arzeneimittel, welche auf chemischem Wege aus demselben bereitet werden, haben eine grössere Kraft, als seine natürliche. Das schicklichste und zugleich wirksamste von diesen ist das salzsaure Quecksilber, in Wasser oder Weingeist aufgelöst, welches auch ganz farb- und geruchlos ist. Aus den übrigen Mercurialmitteln, die in Wasser oder Weingeist nicht aufgelöst werden können, werden Salben und Pflaster bereitet; aber immer muss man sich hüten, nicht nur, dass sie nicht allzugrossen Schmerz und Entzündung erregen, sondern auch, dass sie nicht Speichelfluss veranlassen, was eine der eigenthümlichen Wirkungen des Quecksilbers ist, auf welchem Wege es auch angewandt werden mag. Vom salzsauren Quecksilber muss eine Drachme in einem Pfunde Wassers aufgelöst werden. Würde zu derselben Menge Wassers eine halbe Unze salzsaures Quecksilber gesetzt, so wird eine viel zu scharfe Arzenei daraus werden, durch welche ich beträchtlichen Schmerz und Geschwulst habe entstehn sehen, wiewohl sie nur auf eine kleine Stelle des Körpers angebracht worden war. Es ist besser, das salzsaure Quecksilber in reinem Wasser aufzulösen, als in Kalkwasser, da dieses eine üble Farbe hervorbringt und die Kraft des Mittels mindert, was gewiss weit bequemer zu erreichen ist, indem man das Gewicht des Quecksilbers um etwas verringert, wo eine verdünntere Arzenei gefordert wird. Was die Erregung des Speichelflusses betrifft, so kommt viel darauf an, ob das Quecksilber auf einen kleinen oder einen grösseren Theil des Körpers angebracht wird, und es ist hierauf nicht weniger zu achten, als auf die Stärke des Arzeneimittels selbst. Die Salbe aus salpetersaurem Quecksilber wurde viele Tage hindurch täglich in das ganze Gesicht eingerieben, ohne dass sie Schmerz erregte oder dass Speichelfluss nachfolgte. Wie gefahrlos die Salbe aus weissem Quecksilberkalke sei, ersieht man aus dem Nutzen, welchen das salpetersaure Quecksilber den Chirurgen leistet, ohne Gefahr der Erregung des Speichelflusses. Der Wismuth - und der Zinkkalk, als Streupulver angewandt oder mit Fett verrieben und auf die Haut gestrichen, dienen vielmehr zur Erhaltung einer schönen Haut bei Frauen, als dass sie Heilmittel irgend eines Uebels wären, das den Namen einer Krankheit verdient.

Die innerlich gereichten Mittel treiben entweder die verdorbenen Säfte aus oder verbessern dieselben. Stärkere Purganzen bekommen diesen Kranken, deren Kräfte eher zu erschöpfen sind, als die Ursache der Krankheit zu heben ist, nicht gut. Gelindre Abführmittel, lange Zeit genommen, wirken, nach meinem Urtheile, gegen Hautkrankheiten vortrefflich. Unter diesen sind die Purgirsalze durch die Erfahrung bewährt und werden andren Arzeneimitteln vorgezogen, da sie ebenso sicher als bequem sind; denn es ist um ihrentwillen nicht erforderlich, sich als krank zu benehmen, sondern alles Uebrige kann geschehen, wie bei Gesunden; die Salze beleidigen nämlich den Magen nicht und schwächen die Kräfte nicht; ja ich habe ein Weib von schwächlichem Körper gekannt, das durch den ein Jahr lang fortgesetzten täglichen Gebrauch des Seewassers stärker und kräftiger wurde. Da es bis jetzt nicht erfahrungsmässig festgestellt ist, ob man die natürlichen Salze, wie sie im Meerwasser oder in den Salzquellen enthalten sind, oder eine Auflösung der künstlich bereiteten in reinem Wasser vorzuziehen habe, — ferner, ob von diesen letztern eines dem menschlichen Körper zuträglicher sei, als die übrigen, und kräftiger auf Entfernung der Hautunreinigkeiten hinwirke: so sind demnach alle in gleiche Reihe zu stellen. Die Gabe dieser Salze muss so gross sein, dass sie zwei - oder dreimal Stuhlgang erregt. Indessen ist auf die Kräfte und die Körperbeschaffenheit des Kranken zu achten, da bei Verfall derselben Abführungen unpassend sein werden.

In den Schriften der Aerzte findet man unzählige Mittel zur Verbesserung der die Haut entstellenden Säfte. Unter ihnen nehmen die Chinarinde und die Mercurialpräparate die erste Stelle ein. Bei leichtern Uebeln wird man einige Monate hindurch täglich eine Drachme oder zwei Scrupel des Pulvers dieser Rinde nehmen müssen; in der That schien dieselbe, nachdem sie auf diese Weise längere Zeit genommen worden war, nicht nur auf die Haut, sondern auch auf den ganzen Körper heilsam einzuwirken, indem sie die Esslust und die Verdauung anregte und habituelle Profluvien beseitigte. Gegen veraltete und heftigere Leiden wurde täglich ein Sechstelgran Quecksilberkalk drei oder vier Monate lang ohne Nachtheil und mit Nutzen dargereicht. Ungefähr dasselbe leistet ein Achtelgran salzsaures Quecksilber, in Wasser oder Weingeist aufgelöst. Diese Heilart schien mir vorzüglicher zu sein, als die übrigen. Aber diesen und allen andren Mitteln, welche ich versuchte, widerstanden veraltete Hautleiden bisweilen.

Vom Herpes.

Der Herpes beginnt mit Schmerz, welcher zwei oder drei Tage andauerte, bevor die Haut sich verändert zeigte; dann aber erscheinen sehr kleine Pusteln oder Bläschen, mit Serum gefüllt, die anfangs etwas jucken; bisweilen umgeben sie wie ein Gürtel den ganzen Körper, woher auch die Krankheit der Gürtel benannt worden ist. Zu diesen Erscheinungen gesellt sich bisweilen auch Fieber. Die Pusteln sind mit einer Nadel zu öffnen und die leidenden Theile mit irgend einem weichen Pflaster zu bedecken, damit nicht die Kleider durch Reibung den Schmerz vermehren, der manchmal nicht sehr gelind ist. Selten geschieht es, dass diese Pusteln in üble Geschwüre übergehn, wiewohl sie bei alten Leuten oder bei Individuen von schlechter Constitution spät heilen. Aber der grösste Theil der Krankheit ist oft noch übrig, nachdem die Pusteln vollständig geheilt sind und die natürliche Farbe der Haut wiederhergestellt ist. So folgte bisweilen ein stechender und brennender Schmerz, welcher den Kranken einige Monate hindurch oder sogar zwei oder drei Jahre lang peinigte und durch keinerlei ölige oder opiumhaltige Einreibungen gemildert werden konnte. Anstatt dieses Schmerzes tritt bei Manchen Gefühllosigkeit der Haut ein. Ich erinnere mich eines Kranken, bei welchem der Herpes an jener Stelle sich festgesetzt hatte, wo das Schlüsselbein mit dem Schulterblatte zusammengränzt; hier war die Empfindlichkeit so sehr gesteigert, dass er nicht ohne den höchsten Schmerz den Arm bewegen oder die Berührung einer in das mildeste Liniment getauchten Feder aushalten konnte; er trug eine Art weites Kleid, da er das gewohnte Untergewand anzuziehen drei Jahre lang nicht vermochte. Einen gleichen Schmerz habe ich jedoch anderwärts nie zu beobachten Gelegenheit gehabt. Bei einer Frau über fünfzig Jahre nahm der Herpes die rechte Schlüsselbeingegend ein und erregte Fieber und quälende Schmerzen, die sich auf den ganzen Arm erstreckten; Herpes und Fieber zogen sich in die Länge; auch der Schmerz und die Schuppenbildung auf der Haut hielt viele Monate lang an, bis der Arm gelähmt wurde, die Finger beständig zitterten und aller willkürlichen Bewegung bisweilen unfähig waren; diese Zufälle hatten nach drei Jahren noch nicht aufgehört, und man konnte vielleicht erwarten, dass sie das ganze Leben hindurch fortbestehn würden.

Vom Kopfgrinde.

Bei dem Kopfgrinde (Porrigo s. Tinea) entstehn kleine Schuppen, unter Jucken und Ausfallen der Haare. Allmählig kriecht das Uebel weiter, und endlich bedeckt es den ganzen Kopf. Bisweilen dringt es tiefer in die Haut ein, die es geschwürig macht und durch einen feuchten, krätzartigen Ausschlag entstellt. Kinder sind dieser Krankheit mehr unterworfen, als Erwachsene, und Knaben mehr, als Mädchen; unter den Erwachsenen sah ich viele Frauen, aber wenige Männer mit diesem Leiden behaftet. Die Krankheit ist ansteckend und theilt sich sehr leicht Andern mit, die von denselben Kämmen oder Kissen oder Kopfbedeckungen Gebrauch machen oder, wie dies bei Kindern geschieht, den Köpfen der Kranken die ihrigen nähern. Wo aber dies alles vorsichtig vermieden wurde, da habe ich Kinder beisammensein und in einem Hause mit einander spielen sehen, ohne dass das mit dem Kopfgrinde behaftete andre ansteckte.

Einige Körper scheinen von der Beschaffenheit zu sein, dass gewisse scharfe Säfte sich leicht in Form von Kopfgrind nach dem Kopfe ziehen. Bisweilen hörte ein Husten auf, sobald dieses Uebel den Kopf befiel, und nach dem Verschwinden des letztern warf sich die Krankheit auch wieder auf die Brust und das Athemholen wurde beschleunigt und erschwert. Von Personen weiblichen Geschlechtes belästigte der Kopfgrind einige von frühster Kindheit an bis zum Todestage und konnte durch keinerlei Lebensordnung oder Heilart beseitigt werden. Oft ist er auch bei Kindern, die ihn von andern bekommen haben und übrigens gesund sind, schwer zu heilen. Vor zwei oder drei Monaten wird er selten beseitigt, und bei Einigen hörte er kaum nach ebenso viel Jahren auf.

Zuerst muss der Kopf abgeschoren, mit der Theersalbe belegt und dann mit einer Schweinsblase bedeckt werden. Durch dieses Mittel wird der Kopfgrind in Zeit von zwei oder drei Monaten oft vertrieben. Wenn dann die Schüppchen von neuem sich erzeugen, wird es nützlich sein, den Kopf früh und Abends mit einem Absude der weissen Nieswurzel zu waschen, bis keine mehr erscheinen. Wo das Uebel tiefer eingedrungen ist und Verschwärung der Haut herbeigeführt hat, wird man die Salbe aus weissem Quecksilberkalke, auf weiches Leder gestrichen, überlegen und so lange anwenden müssen, bis das Geschwür zum Heilen gebracht ist. Bei gesundem Körper, wenn der Kopfgrind erweislich durch frische Ansteckung entstanden ist, bedarf es kaum der Darreichung innerlicher Arzeneien.

Von der Krätze.

Bei der Krätze (Psora v. Scabies) entstehn kleine, mit Serum gefüllte Pusteln; doch sind sie bisweilen etwas grösser, mit rothem Grunde, und füllen sich mit Eiter, fast wie Pocken. Beide Arten begleitet ein höchst lästiges Jucken; ferner befällt sie vorzugsweise die Hände und die Gelenke; bisweilen behaftet sie fast den ganzen Körper, ausgenommen das Gesicht, welches niemals oder doch höchst selten durch irgend eine Spur von Krätze entstellt wird. Durch Berührung zieht man sich diese Krankheit sehr leicht zu. Es giebt auch eine Art derselben, welche, obgleich sie nicht im Körper selbst erzeugt, sondern von aussenher ihm mitgetheilt und auch durch die gewöhnlichen Mittel anfangs geheilt worden ist, dennoch nicht aufhört, ein- oder zweimal in jedem Jahre wiederzukehren, übrigens Andre dann nicht ansteckt, nicht einmal die in demselben Bette Schlafenden, — und von der ich nicht weiss, ob sie wohl durch irgend ein Mittel schneller vertrieben werden kann, als sie von selbst aufgehört haben würde.

Die Krätze soll durch Würmchen — man nennt sie (Krätz-) Milben — entstehn, welche die Haut unterminiren, woher das Jucken und die Bläschen. Diese Würmchen habe ich für meine Person nie gesehen; aber dass sie in der That vorhanden seien, habe ich von glaubwürdigen Männern gehört, welche dieselben gesehen zu haben bezeugten. Doch weiss ich nicht, wie es möglich war, dass jener sorgsame Naturforscher, John Canton, mit Eifer, aber vergebens, sie suchte, wie ich von ihm selbst gehört habe; — und ich erinnere mich, dasselbe von Henry Baker gehört zu haben, der in der Handhabung des Microscopes sich auszeichnete und ein Buch über dasselbe geschrieben hat, das in Aller Händen ist.

In einigen Gegenden glaubt man, die Krätze sei heilsam und dürfe demnach nicht zu schnell geheilt werden. Dies ist aber so lächerlich, dass es kaum der Erwähnung, geschweige denn der Widerlegung werth ist. Diese Meinung ist nach meiner Ansicht eben so richtig, als jene von vielen gewichtigen Männern in Schutz genommene von der Heilsamkeit des Podagra. Unter den Mitteln gegen diese Krankheit nimmt der Schwefel die erste Stelle ein, der eine sogenannte specifische oder eigenthümliche Kraft hat, sie zu heilen. Derselbe ist jederzeit unschädlich und kann nie zu schnell angewendet werden; daher ist er allen übrigen Mitteln vorzuziehen. Unangenehm ist es nur, dass der üble Geruch und die Widerlichkeit dieses Mittels bei zärtlichen und ekligen Kranken gewöhnlich Anstoss erregen. Die Schwefelsalbe, täglich auf die ergriffnen Stellen gestrichen, vertreibt diese Krankheit meistens in Zeit von zehn Tagen. Dieselbe Salbe, bloss in die Füsse eingerieben, oder auch der Schwefel, (als Pulver) in das Hemde gestreut, soll dasselbe leisten.

Das Quecksilber scheint besonders wirksam gegen dieses Uebel zu sein. Denn wenn man es mit Eiweiss oder irgend einem glutinösen Safte zusammenreibt, dann auf einen wollnen Gürtel streicht und damit den Körper umgiebt, vertreibt es oft die Krankheit. Doch wundert man sich, woher es kommen mag, dass bei venerischen Krankheiten, nachdem der Körper anderthalb Monate lang mit der Quecksilbersalbe eingerieben worden, die Krätze bisweilen unbezwungen zurückbleibt. Wenigstens ist es zweifelhaft, ob die aus diesem Metalle durch künstlichere Zubereitung gewonnenen Arzeneimittel durch eine gewisse besondre Kraft zu krätzwidrigen Mitteln werden, oder nur vermöge ihrer scharfen und ätzenden Beschaffenheit, in Folge deren sie diese, gerade wie andre unreine Geschwüre, — die schmutzigen und halb erstorbenen Theile verzehrend, — zur Heilung geschickt machen. Die vorzüglichste Arzenei dieser Art besteht aus einer Drachme oder zwei Drachmen salzsaurem Quecksilber auf ein Pfund Wasser; hiemit müssen die krätzigen Theile öfters benetzt werden. Auch die Salbe aus weissem Quecksilberkalke ist unschädlich und nicht unangenehm, und muss alle Nächte eingerieben werden. Einige, die von Schwermuth und Leibweh und herumziehenden Schmerzen sehr geplagt wurden, nachdem sie durch diese Mittel die Krätze vertrieben hatten, schoben alle Schuld auf das Quecksilber. Da aber sehr Wenige, die diese Heilart gebraucht hatten, in dergleichen

Uebel verfielen und da aus andern Ursachen weit mehr Quecksilber ungestraft in den Körper eingeführt worden ist: so kann man mit Recht annehmen, dass Erschlaffung und Schmerzen mit den Mercurialmitteln nichts zu schaffen haben.

Die weisse Nieswurzel behauptet nicht den untersten Platz in Bezug auf die Heilung der Krätze, indem sie geruchlos, ohne alle Gefahr und bei den Meisten wirksam ist. Die aus ihr bereiteten Arzeneien müssen den Grad von Schärfe besitzen, dass sie leichten Schmerz erregen, ohne Entzündung zu verursachen. Zu dem Ende mischt man einen Theil des Pulvers der Wurzel mit acht Theilen Salbe. Diese Salbe ist dann auf dieselbe Weise, wie die Schwefelsalbe, anzuwenden. Es ist auch von Nutzen, die leidenden Theile zweimal oder öfter des Tages, mit einem Absude dieser Wurzel zu befeuchten.

Manche ansteckende Krankheiten, wie die Pocken und die Masern, befallen den Menschen nur einmal im Leben; andre, wie die bösartige Bräune und der Keichhusten, erscheinen sehr selten, jedoch bisweilen, zweimal; andre entstehn je nach Beschaffenheit des Körpers und der Witterung, wie die Ruhr, das Lagerfieber und die Pest. Die Krätze aber und die Lustseuche hören nie so ganz auf, dass sie nicht so oft wiederkehren könnten, als neue Gelegenheiten zur Ansteckung vorkommen. Es ist also ein Glück, dass von jenen drei specifischen Heilmitteln, die uns durch die göttliche Güte verliehen worden, zwei diesen Krankheiten entsprechen. Wäre dies nicht der Fall, so würden in der That diese hässlichen Krankheiten, von Tag zu Tage weiter schreitend, endlich das ganze Menschengeschlecht ergriffen haben.

CAPITEL XXIV.
Vom Catarrh.

Es ist nothwendig, dass der Mund, die Rachenhöhle, die Nase und die Augen beständig feucht seien; desshalb quillt hier Feuchtigkeit aus gewissen Drüsen und Häuten; wenn nun diese das natürliche Mass überschreitet, so nennt man diese Schnupfen oder Catarrh. Dieses Profluvium kann herrühren entweder von Lähmung und Schwäche der Drüsen, oder von grossem Ueberflusse an Feuchtigkeit, welche auf diesem Wege am bequemsten entfernt wird, oder endlich von dünnem und scharfem Schleime, der die Augen schwächt, die Nase zum beständigen Niesen reizt, oder die Luftröhre zum Husten, begleitet von Heiserkeit, — während alle diese Theile gelinde schmerzen, nicht ohne eine gewisse Schwere des Kopfes. So lange der Catarrh nur die Augen und die Nase behaftet, ist er ohne Husten; wenn er aber die Drüsen in der Rachenhöhle befällt, wird nicht allein bei Tage der Husten beschwerlich fallen, sondern bei Nacht so viel Feuchtigkeit ausfliessen und sich ansammeln, dass der Kranke fast erstickend aus dem Schlafe erwacht und nicht ohne grossen Kampf die Athemwege zu befreien vermag, in manchen Fällen vielleicht, von der Masse der Feuchtigkeit überwältigt, plötzlich gestorben ist. Jedoch scheint bei Manchen, die von Zeit zu Zeit wie sterbend und gleichsam schon im Ersticken begriffen erwachen, dieser Anfall einer Art Krampf oder Nervenreizung zuzurechnen und jener dünne Schleim, den sie ausspucken, während sie den drohenden Tod abzuwehren sich mühen, vielmehr eine Wirkung, als die Ursache des Uebels zu sein.

Wenn der Catarrh nur wenige Tage anhält, schreibt man ihn einer Erkältung zu und vernachlässigt ihn gewöhnlich. Bisweilen jedoch wird er zu einer chronischen Krankheit und dauert mit wenigen Unterbrechungen bald einige Monate, bald vier Jahre; bald kehrt er zehn Jahre lang allnächtlich wieder; bald zweimal des Monats, viele Jahre hindurch. Fünf Kranke befanden sich im Falle, an dieser Krankheit einen Monat lang in jedem Sommer schwer zu leiden; einen andern warf sie während des ganzen Sommers in jedem Jahre darnieder; noch ein andrer war nur im Sommer frei von ihr. Zu den Beschwerden der Schwangerschaft gesellte sich bisweilen Catarrh, und dauerte von da an bei einer Frau vier Jahre lang. Auf Unordnungen in der Menstruation folgte, unter andren Störungen der Gesundheit, ein unmässiger Speichelfluss; an einem solchen litten auch hysterische Weiber zwei oder drei Monate lang, gerade als ob sie Quecksilbereinreibungen unterworfen worden wären. Auf die bösartige Bräune folgte bisweilen ein lästiger Drang zum Ausspukken, der den Kranken lange beschwerte. Auf die Drüsen, welche den Speichel absondern, hat das Quecksilber, wie allgemein bekannt ist, besondern aufreizenden Einfluss und vermehrt ihre Absondrung ungemein. Es ereiggete sich daher bei Einigen, die von diesem Mittel nur mässigen Gebrauch machten, dass sie einige Monate lang von höchst beschwerlichem Ausspucken geplagt wurden, — bisweilen auch länger als drei Jahre. Das Schwefelquecksilber hatte ähnliche Folgen, und einmal, nachdem es vierzig Tage lang genommen worden war, erregte es einen Speichelfluss, welcher erst nach drei Jahren unterdrückt werden konnte. Ich habe nicht wenige Frauen gekannt, welche nach dem Gebrauche von Mercurialmitteln auf solche Art ergriffen wurden; aber ich erinnere mich nicht, einen Mann auf diese Weise leiden gesehen zu haben.

Durch diesen so bedeutenden Schleimfluss werden die Kräfte des Körpers bisweilen geschwächt; bisweilen bestanden sie fort, wiewohl jener längere Zeit anhielt. Schwere und Schmerz des Kopfes werden so oft durch einen starken Catarrh gehoben, dass es zweifelhaft ist, ob man ihn eine Krankheit oder ein Heilmittel nennen solle und ob man ihn demnach wohl ohne weiters gewaltsam unterdrücken dürfe. Ein Krankheitszustand, wobei Schwere und gelinder Schmerz des Kopfes statt findet, mit Fieber und Abfluss eines dünnen Schleimes, kommt bisweilen sehr häufig vor; die Kranken sind dabei sehr matt, und einige wenige bekamen ein schleichendes Fieber, nächtliche Schweisse, Widerwillen gegen Speisen, Lungengeschwüre und Abzehrung, woran sie in zwei oder drei Jahren starben.

Ein Catarrh, welcher lange beschwerlich gewesen war, hörte im siebenzigsten Lebensjahre von selbst auf. Bisweilen machte er einer eintretenden Lähmung Platz. Oefter gieng er in Asthma über. Zurücktreibende Arzeneimittel richteten wenig aus. Aeusserlicher oder innerlicher Ohrenfluss minderte die Catarrhe — mochte er zufällig entstanden oder durch ein in diese Gegend gelegtes Cantharidenpflaster hervorgelockt sein. Die sogenannten Catarrhpillen, aus Opium und Aloë bestehend, entfernen allerdings oft diese so beschwerlichen Feuchtigkeiten und mildern die Entzündung. Wenn der Mund schmerzt, ist der Quittenschleim angenehm und hülfreich. Gegen die Erschlaffung der Drüsen ist ein Gurgelwasser aus Eichenrindenabsud mit ein wenig Alaun anzuwenden. Der Eintritt des Podagra brachte keinen Vortheil. Einer und der Andre, der aus andern Ursachen täglich eine Drachme Chinarinde viele Monate hindurch nahm, wurde inzwischen frei von Schnupfen und Catarrhen, denen er vorher sehr ausgesetzt gewesen war.

CAPITEL XXV.

Vom beschwerlichen Schlingen.

Das Vermögen zu schlingen wird durch verschiedne Ursachen bald geschwächt, bald geht es gänzlich verloren. Im Anfalle der hysterischen Krankheit geschieht es oft, dass durchaus nichts in die Rachenhöhle gelangen kann. Auch war Schwierigkeit des Essens oder Trinkens bei einigen Frauen jederzeit eine Folge der Schwangerschaft. Ein andres Uebel ist jenes, wobei während des Essens die Rachenenge sich plötzlich verschliesst und nichts durchzulassen im Stande ist, bis sie nach ungemeinen Anstrengungen, wodurch viel Schleim, aber nichts von der genossenen Speise hervorgetrieben wird, in kurzem wieder in ihren vorigen Zustand zurückkehrt. Diese Art Krampf sucht Manche oft heim, hat jedoch keinen bestimmten Typus, sondern kehrt bald nach zehn Tagen, bald drei oder viermal im Jahre viele Jahre hindurch wieder. Auch werden die Muskeln dieses Theiles manchmal gelähmt und zum Schlingen unfähig. Unter allen Schlundverengungen ist aber jene die gefährlichste, die von scrofulöser Drüsengeschwulst ausgeht, und diese kann an jeder Stelle des Oesophagus vorkommen. Diese Geschwulst, von Tag zu Tage zunehmend, verschliesst endlich den Weg zum Magen gänzlich, oder hindert bisweilen den Zutritt der Luft zu den Lungen.

Die so eben erwähnten Zustände verschliessen den Weg durch die Rachenhöhle allen Dingen gleichmässig. Es giebt aber andre, die nicht alle, sondern nur einige Dinge ausschliessen. Manche verschlucken mit leichter Mühe alle Arten von Speisen, ausgenommen Fleisch; Andre können Flüssiges, nicht aber Festes zu sich nehmen, und bei Andren ist, was noch wunderbarer, für die Speisen der Weg bequem und offen, während Getränke schwer hinabgehn.

Ich habe Gelegenheit gehabt, verschiedenemale die erwähnten Uebel zu beobachten; jedoch konnte ich kein entsprechendes Heilmittel auffinden. Nichts schien vorzüglicher zu sein, als jenen Heilweg einzuschlagen, der den Krankheiten, denen sich jedes einzelne am meisten nähert, am angemessensten sein würde. Allbekannt ist der Nutzen ernährender Clystire; mit Hülfe dieser können die Kräfte und das Leben eine Zeitlang aufrecht erhalten werden, bis einige dieser Uebel entweder nachgelassen haben, oder geheilt sind.

Ein dritthalbjähriges Mädchen verschluckte zwei Kupfermünzen, von denen die eine über einen Zoll im Durchmesser hatte; die andre war etwas kleiner. Das Mädchen befand sich sieben Tage lang übel und ass mit Schwierigkeit, da, wie man glauben kann, der Schlund in Folge der beim Durchzwängen der Münzen erlittnen Gewalt schmerzte; dann aber befand es sich wohl. Es wurde Ricinusöl dargereicht, und am neunundzwanzigsten Tage, nachdem sie verschluckt worden waren, wurden die Münzen mit dem Kothe ausgeleert, ohne im Geringsten angefressen oder rostig geworden zu sein.

CAPITEL XXVI.

Von der Harnruhr.

Die Harnruhr ist eine etwas seltnere Krankheit, wesshalb ihre Beschreibung in den Schriften der Aerzte unvollständig und etwas dunkel ist. Auch ich war nicht im Stande, was bei Andren vermisst wird, aus eigner Erfahrung zu schöpfen, wie ich wünschte. Ich habe kaum zwanzig Kranke zu sehen Gelegenheit gefunden, deren Krankheit Harnruhr genannt wurde, und mitunter wurde dieselbe mit Unrecht also betitelt. In tödlichen Fieberkrankheiten sah ich ein- und das andremal eine sehr häufige und reichliche Urinausleerung, mit unstillbarem Durste. Aber meistens ist dieser Harnfluss von der Art, dass man ihn durchaus zu den chronischen Krankheiten zu zählen hat. Sein erstes Anzeichen ist ungewöhnlicher Durst, verbunden mit Rauhigkeit und Schmuzbeleg der Zunge und üblem Geschmacke im Munde; dann verliert sich die Esslust, der Puls wird beschleunigt, die Kräfte und der Körper schwinden und es tritt brennende Hitze der Haut ein, ohne den geringsten Schweiss; zuletzt wird mehr Urin gelassen, als den genossnen Getränken entspricht, und derselbe hat einen Honiggeschmack.

Bei gesunden Menschen pflegt der Urin um den fünften Theil weniger zu betragen, als die genossnen Getränke; jedoch geschicht es nicht selten, dass er einen Tag lang in viel geringerer Menge gelassen wird; bisweilen wird in gleicher Zeit mehr entleert, als das Mass der Getränke beträgt, und zugleich wird er blass und dünn, — fast ganz farb-, geschmack- und geruchlos. Bei der Harnruhr hat, wie allbekannt, der Urin gewöhnlich einen Honiggeschmack; jedoch schien mir bei Einigen, die an der wahren Harnruhr litten, der Urin vielmehr fade und völlig geschmacklos zu sein, — wegen der Menge der Getränke, womit sie sich angefüllt hatten. Ich habe beobachtet, dass die Menge des Urins bei der Harnruhr zweimal so viel betrug, als jene der Getränke. Diese Krankheit dauerte, bald in höherem bald in geringerem Grade, drei Jahre lang und darüber, und kehrte wieder zurück, nachdem sie gänzlich aufgehört zu haben schien.

Der Harnfluss hat der Harnruhr den Namen gegeben, und man glaubt, in jenem bestehe ihr Wesen: ich weiss aber nicht, ob nicht der Durst die Hauptsache bei der

Krankheit ist. Doch möchte ich weder den Speicheldrüsen noch den Nieren die Schuld beimessen, sondern glauben, dass diese beiden Erscheinungen aus einer Störung des ganzen Körpers hervorgehen, veranlasst durch irgend ein schweres, und zwar bei verschiednen Menschen vielleicht verschiednes Leiden.*) Aeltere und schwächliche Menschen sind diesem Leiden vorzüglich unterworfen; gewiss hat aber bei diesen Alter oder Krankheit die Kräfte so aufgerieben und angegriffen, dass der Tod bald erfolgen müsste, ob nun die Kranken zu viel oder fast gar keinen Urin lassen. Denn eine Krankheit, welche ziemlich lange zweifelhaft gewesen war, kann endlich durch einen geringen Umstand dahin gebracht werden, dass sie unter der Form der Harnruhr, statt unter jener der Wassersucht oder eines andren Leidens, den Menschen aufreibt und hinwiederum, wenn auch die Harnruhr geheilt werden könnte, der Kranke doch nicht sogleich gesund sein würde.

Wenn nun die Harnruhr keine Krankheit der Nieren ist, sondern vielmehr ein Zeichen einer in irgend einem zum Leben nöthigen Theile sitzenden Krankheit: so wird man bei jenen Arzeneimitteln Hülfe zu suchen haben, welche die Hauptkrankheit heilen, nach deren Beseitigung auch jene aufhören wird. Daher möchte ich wenig Nutzen erwarten vom Alaun oder von der China oder der Schwefelsäure oder dem Bristoler Wasser oder dem Kalkwasser, oder vom wiederholt erregten Erbrechen, oder überhaupt von irgend andren Mitteln, welche das Vermögen besitzen, die Nieren zu stärken, denen es, wie man glaubt, an Kraft mangelt.

---

*) Ein Jüngling, der an der wahren Harnruhr schon ein Jahr lang gelitten hatte, wurde von einem hitzigen Fieber ergriffen und starb. Bei der sehr sorgfältigen Untersuchung der Leiche zeigte sich fast nichts Widernatürliches. Die Nieren waren von kaum geronnenem Blute etwas angefüllt und die Gallenblase ganz leer. Heberden d. j.

CAPITEL XXVII.
Von der Diarrhoee oder dem Durchfalle.

Der Durchfall entsteht von verschiednen Ursachen, wovon die meisten keine Gefahr mit sich bringen und schnell beseitigt werden. Bisweilen wird er von jener Kraft des Körpers herbeigeführt, welche allenthalben bereit ist, die Entfernung jeder Schädlichkeit zu versuchen. Nicht allein durch ihre Beschaffenheit oder ihre Menge nachtheilige und den Magen belästigende Speisen und Getränke werden durch den Stuhl entfernt, sondern auch bei vielen Uebeln andrer Theile oder des ganzen Körpers, wie im Anfange der Fieber oder der Seuchen, wird, indem sie sich auf die Därme werfen, der Körper der Gefahr entzogen.

In Erwägung dessen haben die Aerzte die nützliche Regel aufgestellt, man müsse sich hüten, frisch und freiwillig entstandnen Durchfall zu unterdrücken und es sei oft besser, wenn wir der Natur nachgeben und noch durch Arzeneimittel die Ausleerungen fördern. Daher hat die Rhabarberwurzel in dieser Krankheit einen verdienten Ruf erlangt. Anstatt der Rhabarber habe ich aber nicht selten zwei oder drei Drachmen eines Purgirsalzes gegeben, was mir nicht weniger zu nützen und bisweilen vortheilhafter zu sein schien, als die Rhabarber, insofern es die schädlichen Säfte schneller und wirksamer entfernt und weniger Ekel erregt. Erbrechen nützt, wenn Ekel den Kranken belästigt: wo dieser nicht stattfindet, wird jenes nutzlos sein.

Nachdem der Leib gehörig gereinigt ist, bleiben, wenn auch nichts von dem schädlichen Stoffe zurück ist, die Eingeweide doch oft schwach, und hieraus entsteht Aufblähung, mangelhafte Verdauung, Brennen und Säure im

Magen und die Besorgniss, dass die Krankheit wiederkehren werde. Kreide und Fischknochenpulver helfen zwar wider die Säure, gewähren aber dem der Stärkung bedürfenden Unterleibe wenig Hülfe, wenn die Krankheit etwas bedeutender ist und wirklich Heilmittel fordert. Weit wirksamer sind die Muscatnuss, die Zimmtrinde, die Granatapfelschale und andre Mittel dieser Art; aber auch diese reichen nicht immer aus, wenn sie nicht mit arabischem Gummi, Amylum oder Opium gemischt werden, um hiedurch die aufgeregten Eingeweide zu beschwichtigen. Eine Arzenei, bestehend aus einer halben Drachme Austerschalen, fünfzehn Gran Granatapfelschale, einem halben Scrupel Muscatnuss und drei Tropfen Opiumtinctur und mit einem beliebigen Getränke ein- oder zweimal des Tages genommen, leistet viel gegen chronische und veraltete Durchfälle; aber bei frisch entstandner und heftiger Krankheit wird man sie alle sechs Stunden geben müssen. Ferner wird die Opiumtinctur, irgend einem Getränke zugetröpfelt, so dass drei oder vier Tropfen nach jeder flüssigen Entleerung genommen werden, sehr nützlich sein. Auch werden mit Vortheil zwanzig bis vierzig Tropfen Opiumtinctur mit fünf Unzen eines Absudes von Quittensamen oder Amylum als Clystir gegeben. Auch eine Unze arabisches Gummi, in reinem Wasser oder in Wasser mit einem Zusatze von Milch aufgelöst, wird mit Nutzen täglich genommen. Endlich ist ein Löffel voll Hammeltalg, in vier Unzen warmer Milch gelöst und zweimal des Tages getrunken, sowohl zur Heilung als zur Ernährung des Kranken dienlich.

Die Heilart, welche ich vorgeschlagen habe, entspricht zwar oft, wo die Krankheit heilbar ist und wo überhaupt Arzeneimittel nöthig sind. Aber der Durchfall ist bisweilen veraltet und hat viele Jahre lang ohne alle Gefahr bestanden, ist auch auf die geringste Veranlassung von Zeit zu Zeit ein Menschenalter hindurch wiedergekehrt. Einer hatte drei Monate hindurch, bei sonst guter Gesundheit, täglich zwanzig Stuhlgänge. In solchem Falle ist es schwer und kaum wünschenswerth, dieses mehr Unbequemlichkeit als Krankheit zu benennende Uebel zu beseitigen, da es bisweilen auf die Bewahrung der Gesundheit bedeutenden Einfluss hat. So lange weder die Esslust, noch der Körper, noch die Kraft schwindet, werden ruhiges Abwarten und wenige und gelindere Heilmittel den Kranken am sichersten wiederherstellen. Wenn aber Widerwille gegen Speisen und Abmagerung hinzutritt, so muss der Durchfall ohne Verzug unterdrückt werden.

Unter den verschiednen Ursachen des Durchfalls endigen einige, jedoch die wenigsten, nur mit dem Tode, nachdem sie allen Arten von Heilmitteln getrotzt haben, welche von Aerzten oder Afterärzten vorgeschlagen worden waren, — wie dies in Krankheiten der Fall ist, wo in der That die Heilkunst keine Stelle findet. Bei manchen von diesen Kranken sind die Drüsen des Mesenteriums und der Gedärme skirrhös verhärtet. Bei andern untersuchten die erfahrensten Anatomen alle Unterleibseingeweide mit grösster Sorgfalt, und konnten keine Spur von Krankheit entdecken. Manche erwarten in solchen Fällen von einer Seereise und vom Bather Wasser Rettung; aber meine Hoffnung ist hiebei so oft getäuscht worden, dass ich hierin wenig Hülfe suchen und vielmehr glauben möchte, es seien andre Ursachen zur Wiederherstellung der Gesundheit thätig gewesen, wenn der Kranke auf jenen Wegen geheilt worden zu sein schien.

CAPITEL XXVIII.
Von den Knoten an den Fingern.

Niemals habe ich das Wesen jener Geschwülste gehörig erkannt, die bisweilen, bis zur Grösse einer Erbse, in der Nähe des dritten Fingergelenkes entstehn. Gewiss haben sie nichts gemein mit der Gicht, da man sie bei Vielen findet, denen diese Krankheit unbekannt ist. Sie verbleiben Zeitlebens, sind völlig schmerzlos und neigen sich nicht zur Verschwärung hin. Die Entstellung ist demnach bedeutender, als die Beschwerde; wiewohl die Bewegung der Finger einigermassen behindert wird.

CAPITEL XXIX.
Vom Schmerze.

Schmerz gesellt sich zwar zu den meisten Krankheiten; bisweilen ist er aber eine für sich bestehende Krankheit und erhält seinen Namen bald von einem bestimmten Typus, welchen er einhält, bald von dem Theile des Körpers, welchen er behaftet, wie Migräne (Hemicranie), Lendenweh, Hüftweh (Ischias) und Kopfschmerz. Auch alle übrige mit Gefühl begabte Theile sind dem Schmerze unterworfen; da er aber hier weder häufig noch heftig zu sein pflegt, so führt er keinen eignen Namen. Es geschieht zwar ziemlich selten; doch habe ich bisweilen beobachtet, dass der ganze Körper heftig und lange schmerzte, ohne Geschwulst oder Entzündung oder Veränderung der Hautfarbe. Der Schmerz verweilte auch an einer Stelle bald einige Monate, bald ein Jahr, bald zehn, fünfzehn, sechzehn, siebenzehn, endlich vierundzwanzig und sogar dreissig Jahre.

Chronische Schmerzen sind meistens leichter; doch haben einige, die mehrere Jahre hindurch andauerten, oft so sehr gewüthet, dass es kaum auszuhalten war. Beide Geschlechter sind ihnen ausgesetzt, jedoch Frauen mehr als Männer, besonders aber jüngere und schwächliche und schwangere. Dergleichen Uebel befallen vorzugsweise die Brust und die Hypochondrien, und wiewohl sie bisweilen von innerer Verderbniss irgend eines Körpertheiles ausgehn, so findet man sie doch bisweilen wo die Lungen, die Leber und andre Eingeweide ausser allem Verdachte von Schuld sind. Bei den meisten dieser Kranken konnte keine bestimmte Ursache des Schmerzes ermittelt werden; bei andern entstand er von Schrecken und Gram und wurde augenscheinlich durch jede Art von Gemüthsbewegung zurückgerufen und vermehrt.

Oft genug halfen kalte Waschungen, Bähungen, Einreibungen ohne Opiumtinctur oder mit solcher, erwärmende oder ätzende Pflaster, Schröpfköpfe, Erbrechen, Purganzen und schweisstreibende Mittel wenig oder nichts; auch Haarseile und ein freiwillig entstandner Abscess in der Nähe des leidenden Theiles waren eben so wirkungslos; desgleichen das Bather Wasser und eine Seereise. Es ist glaublich, dass der leidende Theil dabei nicht sehr verletzt werde, da das Uebel so lange anhält, ohne Entfärbung der Haut und ohne Geschwulst; jedoch wo ein Cantharidenpflaster aufgelegt worden war, da folgten ein- und das andremal üble Furunkeln und Gefahr des Brandes; desshalb glaube ich, dass der Körper keinesweges gesund war, wiewohl, den Schmerz ausgenommen, keine andren Zeichen von Krankheit bestanden. Von den äusserlich angewandten Mitteln waren öfters sowohl das Cantharidenpflaster als das Emplastrum cumini und die kalten Waschungen erfolglos. Zehn Tropfen oder mehr Opiumtinctur, innerlich gegeben, bewirkten einigemale Besserung; Manche verbinden hiemit auch einen Esslöffel Lac ammoniaci oder ein Viertelgran Brechweinstein. Der Schierlingssaft schien manchmal die Heftigkeit des

8*

Schmerzes zu mindern; bisweilen nützten auch Schröpfköpfe. Jede andre Blutentziehung, wie auch Erbrechen und Purgiren, ist nachtheilig.

Ausser jenen Schmerzen, die entweder den Kranken beständig bedrängen oder in unbestimmten Fristen wiederkehren, giebt es andre, deren Anfälle nicht minder bestimmten Typus einhalten, als die Tertian- oder Quartanfieber. Solche befallen nach meiner Erfahrung, die Gedärme, den Magen, die Brust, die Lenden, die Arme und die Hüften; diese sind jedoch seltner. Aber der Kopf und das Gesicht werden oft von einem Schmerze überfallen, der in bestimmten Zwischenräumen wiederkehrt und nicht das geringste jener Uebel ist, welchen das menschliche Leben ausgesetzt ist. Von diesem aber habe ich oben gehandelt.*)

CAPITEL XXX.
Von den herumziehenden Schmerzen.

Die herumziehenden Schmerzen sind dem Rheumatismus verwandt, von welchem sie jedoch dadurch zu unterscheiden sind, dass weder Anschwellung stattfindet, noch die Farbe der Haut sich verändert. Sie befallen hauptsächlich Solche, die durch langwierige Krankheiten, bedeutende Blutverluste, Verletzungen, harte Arbeiten oder das Alter geschwächt sind. Sie pflegen lange anzuhalten und werden mit den Jahren etwas beschwerlicher. Bei sehr wenigen Kranken geht die Beweglichkeit, von Tag zu Tage abnehmend, endlich ganz verloren. Bäder und wärmere Kleidung nützen bisweilen; von Arzeneien kann kaum die Rede sein.

---

*) Capitel 18.

CAPITEL XXXI.

Von der Ruhr.

Die Ruhr wüthet in den Feldlagern, ergreift aber selten die Bewohner gesunder Gegenden, wiewohl sie auch diese, bei entstandnen Epidemien, bisweilen heimsucht, namentlich jüngere Leute, alte Frauen und schwächliche Menschen, unter denen sie grosse Niederlagen anrichtet. Die Zeichen dieser Seuche sind öfterer Drang zum Stuhlgange, mit bedeutendem Schmerze, sodann häufige Entleerung einer geringen Menge geruchlosen, etwas blutigen Schleimes und bisweilen von Blut, ohne Erleichterung, und Schmerz unterhalb des Nabels, wozu sich Fieber, Widerwille gegen Speisen, Schlaflosigkeit und bei Einigen Erbrechen gesellt.

Da diese Krankheit durch die unreine Luft in den Feldlagern entsteht und sich Andern durch Ansteckung mittheilt (jedoch habe ich selten zwei Menschen in einem Hause an dieser Krankheit leiden sehen): so werden Reinlichkeit und reine Luft von der höchsten Bedeutung sein, sowohl in Bezug auf die Wiederherstellung des Kranken, als auf die Erhaltung der Gesundheit der Umstehenden. Die Heilart, welche ich erlernt hatte, täuschte in der That gar oft meine Hoffnung, die Schmerzen zu lindern und deren Uebergang in tödlichen Brand der Gedärme zu verhüten. Indem ich nun über das Wesen der Ruhr nachdachte, schien es mir, als bestehe dies in fehlerhaften Säften, die sich auf die Gedärme gezogen haben, welche dadurch bedeutend gestört und zu ungeregelten Bewegungen veranlasst worden, so dass die inneren Schädlichkeiten keinen Ausweg finden. Da aber kein Arzeneimittel schneller Stuhlentleerung bewirkt, als die Purgirsalze (unter denen die schwefelsaure Bittererde das vorzüglichste ist; da sie auch einige Kraft besitzen, die unordentlichen Bewegungen der Gedärme zu beschwichtigen; da sie endlich sehr selten Ekel und Erbrechen erregen: so hoffte ich, sie würden eine nicht unbedeutende Hülfe gewähren. Ich gab daher zuerst alle sechs Stunden eine Drachme schwefelsaure Bittererde, die in kurzem die Schmerzen erleichterte, bevor noch Stuhlentleerung erfolgte. Andern verordnete ich eine grössere Gabe, wodurch nicht allein augenblicklicher Nutzen erzielt wurde, sondern, indem reichliche Stuhlentleerungen eintraten, die Krankheitsursache selbst entfernt ward.

Nachdem die Gewalt der Krankheit gebrochen ist, pflegt der Kranke, wiewohl er ausser Gefahr ist, doch von einem lästigen Triebe zum Stuhlgange geplagt zu werden, — in Folge des leichten Schmerzes, der im Mastdarme zurückbleibt. Diesen heilt am sichersten ein Clystir aus einem halben Pfunde fetter Hammelbrühe, wozu zwanzig Tropfen Opiumtinctur getröpfelt sind, und nur bei dieser Gelegenheit, glaube ich, kann das Opium in dieser Krankheit ohne Nachtheil und mit Nutzen gegeben werden. Wenigstens zu Anfang, bevor noch der Leib ausgereinigt ist, würde es sehr schaden. Schlucksen trat ein und eine stinkende Flüssigkeit wurde entleert, wenn die Ruhr mit dem Tode endigte.

CAPITEL XXXII.
Von den Uebeln der Säufer.

Die Säufer pflegen endlich an Ekel, morgendlichem Erbrechen, Aufblähung, Abmagerung, Schwäche, Zittern, Magenschmerzen, Gelbsucht, Wassersucht, Abnahme des Gedächtnisses und des Wahrnehmungsvermögens, Schwindel, Durchfall und kurzem und unruhigem Schlafe zu leiden.

Zeitlich angewandte Heilmittel und ein fortgesetztes nüchternes und enthaltsames Leben vermögen sehr viel zur Wiederherstellung der Gesundheit der Trinker. Bei den meisten Krankheiten ist es wünschenswerther, dass sie von aussenher entstehn, als von innen. Da jedoch der Unmässigkeit vorzüglich Diejenigen sich ergeben, welche die meisten Kräfte besitzen: so wird ihnen auch die Wiederherstellung weit leichter, — wegen ihrer dauerhaften Körperbeschaffenheit, auf welche sündigend sie in dies Laster verfielen.

Das Bather Wasser zeigt sich bei der Heilung der üblen Folgen der Trunksucht vorzüglich wirksam, wofern es nur gebraucht wird, bevor noch die Leber und der Magen von einem tieferen Leiden ergriffen sind. Denn es widersteht nicht nur der beginnenden Krankheit, sondern besitzt auch eine grosse Kraft, diesen üblen Gesundheitszustand gänzlich zu beseitigen; es ist nämlich dem Magen sehr zuträglich, den es durch seine angenehme Wärme erquickt und herstellt, jenes Kältegefühl und jene Angst vollkommen beseitigend, welche den Trinker so gebieterisch zwingen, seine Zuflucht zu stärkeren Getränken zu nehmen, um wenigstens auf kurze Zeit jene zwar mässigen, aber doch unerträglichen Plagen zu beschwichtigen. Es nützen auch mässig erwärmende Mittel, welche die träge Stuhlentleerung, wo nöthig, befördern, und bittre Mittel, welche dem schwachen Magen Kraft und Esslust verschaffen.

CAPITEL XXXIII.
Von der Epilepsie.

Die Epilepsie mag mit gleichem Rechte, wie die Gicht, als eine Schande für die Aerzte bezeichnet werden; denn sie war vor Hippocrates Zeiten bekannt, und dennoch hat sie noch keine sichre Heilungsweise gefunden. Die grosse Zahl der Mittel gegen die Epilepsie, welche man in den Schriften der Aerzte findet und die in Aller Munde sind, muss den Verdacht der Unheilbarkeit der Krankheit erregen. Wie schwer sie beseitigt werde, sei es durch die klugen Rathschläge Derjenigen, die ihren Ruf zu verlieren fürchten, sei es durch die tollkühnen Wagstücke Andrer, die ein gewisses Ansehen zu erlangen streben, dies, glaube ich, geht daraus hervor, dass sie bis zum Tode gedauert hat bei Vielen, deren Glücksumstände günstig genug oder deren Verzweiflung und Leichtgläubigkeit gross genug waren, alles versuchen zu können oder zu wollen. Die Vernunft hat viel mehr, als die Heilkunst, gethan, dieses herculische Uebel zu mildern; indem endlich jene erträumten und erlogenen Fabeln veraltet sind, womit der Wahn der Menschen diese Krankheit vor allen ausgestattet hatte, und nicht länger Furcht und Aberglaube ihre Nachtheile zu denen hinzufügen, welche sie selbst mit sich bringt. Schon längst haben die Menschen aufgehört, die Epilepsie dem Zorn eines Daemons zuzuschreiben und sie für eine solche Wundererscheinung zu halten, dass desshalb die Comitien sich auflösten und jedes Geschäft, welches man unter den Händen hatte, sogleich unterlassen wurde; auch scheuen und fliehen jetzt nicht mehr, wie sonst, Verwandte und Freunde den Epileptischen und greifen damit den Kranken mehr an, als die heftigsten Anfälle der Krankheit selbst. *)

Im Anfalle der Epilepsie stürzt der Kranke ohne Empfindung zusammen und bald werden alle Muskeln in ungeregelte unwillkürliche Bewegungen versetzt, gleich als ob alle Kräfte des Körpers mit höchster Anstrengung irgend eine Lebensgefahr zu entfernen strebten. Diese heftigen Krämpfe bewirken bisweilen Entleerung von Urin, Koth oder Samen und zugleich tritt aus dem Munde Schaum hervor, der blutig ist, wenn die Zunge zerbissen wird, was oft vorkommt. Diese so traurige Gestalt der Dinge gewährt einen für jedermann schauderregenden Anblick, besonders aber für die Freunde und Verwandten; wiewohl der Kranke selbst nichts davon fühlt.

Die Krankheit befällt nicht Wenige ohne irgend ein vorausgehendes Zeichen. Andre sehen ihr Herannahen voraus und fürchten es. Aber diese Furcht wird aufgewogen durch die ihnen vergönnte Frist, sich vor den Gefahren zu schützen, welche Andre bedrohen, die unversehens

---

*) Bei den Alten war es Sitte, dass, wenn Jemand, von Epilepsie ergriffen, hinfiel, die Umstehenden ausspuckten, bald in ihren Busen, bald gegen den Kranken; sei es, um die üble Vorbedeutung von sich abzuwenden, sei es, damit durch dieses Zaubermittel der Kranke schneller wieder zu sich kommen möchte. Morbus, qui sputatur. Plaut. Captiv. act. III. sc. IV. 18. Eum morbum mihi esse, ut [qui me opus sit insputarier. v. 21. Multos iste morbus macerat, quibus insputari saluti fuit. v. 22. Μαινομενον τε ιδων η επιληπτον, Φριξας εις κολπον πτυσαι. Theophrast. περι δεισιδαιμονιας. Daher sind Manche auf den Gedanken gekommen, dass des h. Paulus „Pfahl im Fleische," 2. Cor. 12, 7. und „Schwachheit nach dem Fleische," Gal. 4, 13. und „Anfechtungen nach dem Fleische," V. 14. die Epilepsie gewesen seien, und demnach das Wort εξεπτυσα ε V. 24. (Luther: „verschmähen") nicht bildlich, sondern buchstäblich zu verstehn sei. S. Plin. XXVII. 7 und Theocr. Idyll. 7.

zusammenstürzen. Nicht selten geschieht es, dass die Anfälle der Krankheit anfangs vorher gefühlt werden, während sie in der Folge die Kranken unvermuthet darniederwerfen. Die entfernteren Zeichen der Epilepsie sind Unruhe, Gemüthsbewegung, Kopfschmerz, Schwindel und andre lästige Empfindungen, Schlafsucht und Magenschwäche, und diese Zufälle beschweren Manche zwei oder drei Tage lang, ehe sie hinfallen. Andre Erscheinungen gehn dem Anfalle nur wenige Stunden lang voraus; dergleichen sind eine leichte Geistesstörung, ein vom Magen nach dem Kopfe aufsteigender Dunst (welcher auch Einigen den Geschmack und Geruch des Moschus darbietet), Schmerzen der Gedärme, Taubheit der Arme und Hände, ein gewisses Gefühl, das sich von den Enden der Gliedmassen aus allmählig durch den ganzen Körper verbreitet, Dunkelheit vor den Augen, stammelnde und undeutliche oder gänzlich unterdrückte Sprache, Schlucksen, Stuhlentleerungen, Erbrechen, Rückenschmerz, Kälte der äussersten Theile, Schleimausfluss, Blauwerden des Gesichtes und Athembeschwerde; endlich eine leichte Ohnmacht, welche bald der wahren Epilepsie vorausgeht, bald gleichsam ihre Stelle vertritt, indem der Kranke nichts Andres verspürt, als eine gewisse Vergesslichkeit und eine so kurze Verstandesverwirrung, dass er fast wieder zu sich kommt, ehe noch die Sache von den Umstehenden beachtet wird. Diese Anfälle sind die kürzesten von allen. Sonst dauern sie nicht leicht kürzer als eine Viertelstunde, und bisweilen drei Stunden. Ich erinnere mich, dass Einer unter häufigen Zuckungen drei Tage lang fast leblos dalag; endlich kam er wieder zur Besinnung und wurde hergestellt. Schwindel und vor den Augen schwebende schwarze Flecke fehlen bei manchen Epileptischen fast niemals.

Die Zwischenräume zwischen den Anfällen sind ganz unbestimmt. Leichtere kehrten an demselben Tage mehrmals wieder; andre treten täglich einmal, oder monatlich viermal, oder alle Monate, oder nur zwei - oder dreimal im Jahre ein. Die Epilepsie ruhte dreizehn Jahre lang, und kehrte dann verstärkt und häufiger eintretend zurück. Es fanden auch längere Zwischenräume, als die angegebenen, statt, aber mit solchen drohenden Erscheinungen eines Rückfalles des Uebels, dass es offenbar war, die Ursache des letzteren sei nicht aufgehoben. Nach dem Aufhören der krampfhaften Bewegungen der Glieder, wenn der Kranke schon anfängt, sich zu erholen, verfällt er gewöhnlich in einen Schlaf, der eine Stunde lang oder mehrere Stunden dauert. Es ist kaum zu bezweifeln, dass dieser Schlaf den von so heftigen Bewegungen ermüdeten Menschen erquicke, und ich habe nur Einen gesehen, welcher dadurch zu leiden glaubte und desshalb die Umstehenden ersuchte, ihn aufzuwecken, so oft er zu dieser Zeit einschlafen zu wollen schiene. Gewiss ist es allerdings, dass die Epilepsie, gerade wie andre Krankheiten, welche man als dem Nervensysteme angehörend betrachtet, durch die Ruhe Kräfte erlange, und daher erfolgen ihre Anfälle anfangs meistens des Nachts, während die Glieder von tiefem Schlafe gefesselt sind.

Die Anfälle schaden manchen Epileptischen so wenig, dass, indem sie selbst sich der Sache nicht bewusst sind, man sie kaum überzeugen kann, dass sie etwas der Art erlitten haben. Andre aber verspürten, nachdem sie wieder zu sich gekommen waren, einige Stunden lang eine allgemeine Schwere und Betäubung, oder Kopfschmerz, Ekel, Erbrechen, Mattigkeit und Stumpfheit der Sinne, so dass die Urtheilskraft und das Gedächtniss kaum nach drei Tagen gänzlich wiederhergestellt waren. Diese Erscheinungen folgen also auf die einzelnen Anfälle. Aber wenn die Krankheit veraltet ist, so schwächt sie das Gedächtniss, stumpft die Schärfe des Geistes ab, schwächt den ganzen Körper oder ruft Lähmung oder Schlagfluss herbei. Manche erleiden schnell verschiedne von diesen üblen Folgezufällen; Andre sind, nachdem sie lange mit der Krankheit gekämpft haben, noch unversehrt. Daher hatten Einige das Glück, dass, wiewohl sie schon im Kindesalter angefangen hatten, an der Epilepsie zu leiden, und in der Folge mit häufigen Anfällen geplagt waren, sie dennoch zu den höchsten Staatsämtern und den höchsten Ehrenstellen wegen ihrer ausgezeichneten Geistesgaben erhoben wurden. Jedermann weiss, dass der in den Künsten des Krieges und des Friedens gleich ausgezeichnete Julius Caesar epileptisch war.

Beide Geschlechter und alle Lebensalter sind dieser Krankheit unterworfen: doch leiden Kinder häufiger daran und werden schneller geheilt. Da die Frauen schwächer sind, als die Männer, so könnte es scheinen, als ob sie auch zur Epilepsie mehr disponirt wären, wovon wir jedoch das Gegentheil beobachten. Denn obschon Knaben und Mädchen gleich oft ergriffen werden, so verfallen doch Frauen seltner darein, als Männer. Zuckungen der Glieder sind bei Kindern gleich vom Tage der Geburt an bis zum dritten oder vierten Jahre so gewöhnlich, dass man glauben kann, dieselben entstehen von verschiednen geringfügigen Ursachen, als da sind: Störungen der Verdauung, Würmer, plötzliche Schmerzen der Gedärme und andrer Theile. Es wird daher jederzeit zu hoffen sein, dass die Zuckungen der Kinder, wo nur immer deren entstehn, nicht von denselben schwer zu beseitigenden Ursachen herrühren, wie die Epilepsien der Erwachsenen. Viele haben vor dem vierten Jahre von Zeit zu Zeit auf solche Weise gelitten, bei denen nachher keine Spur des Uebels zu finden war. Die Epilepsie beginnt meistens im Kindes- oder Jünglingsalter; doch ist weder das reifere noch das Greisen-Alter ganz sicher davor. Denn in jedem Lebensjahre trat ihr erster Anfall ein. Ich habe Personen gekannt, die in irgend einem Jahre zwischen dem zwanzigsten und dem fünfzigsten die Epilepsie bekamen; Wenige befiel die Krankheit im sechzigsten Jahre, und

Einen habe ich gesehen, der im fünfundsiebenzigsten Jahre darein verfiel und sodann sechs oder sieben Jahre lang und vielleicht bis zum Tode alljährlich einen Anfall hatte.

In den Schulen der Aerzte hat sich die Meinung festgesetzt, dass diejenigen Epilepsien, welche im Kindesalter entstehn, oft zur Zeit des Mannbarwerdens aufhören; aber die Erfahrung hat mir dieses keinesweges bestätigt. Ich meinerseits erinnere mich nicht, dass bei dieser Gelegenheit ein Einziger genesen sei, — wohl aber, dass Mehrere gerade zu dieser Zeit in die Krankheit verfielen. Wo immer dieselbe über das fünfte oder sechste Jahr hinaus bestanden hatte, da zog sie sich gewöhnlich in die Länge und dauerte meistens bis in die reiferen Jahre. Wenn ich daher mir zutrauen dürfte, nachdem ich jetzt mehr als vierzig Jahre mit Kranken zu thun gehabt habe, über diese Sache ein Urtheil fällen zu können: so möchte ich glauben, dass vielmehr in einer Erfindung witziger Köpfe oder in den eitlen Hoffnungen der Freunde jene Meinung begründet sei, als in der Natur der Krankheit selbst. Sowie aber keine Zeit im Leben ist, wo dieses Uebel nicht einmal angefangen hätte: so ist auch kaum eine, wo es nicht aufgehört hat.*) Wohl aber kann man zweifeln, ob die Genesung durch Arzeneien oder durch die gute Constitution herbeigeführt wurde; denn es giebt kein Mittel, das nicht so oft unsre Hoffnung getäuscht hätte, dass es ungewiss ist, wie viel man ihm zu verdanken habe, wo es genützt zu haben schien.

Die Epilepsie gehört zu den Krankheiten, welche von

---

*) Nicolaus Leonicenus litt von der Wiege an bis zum dreissigsten Jahre dergestalt an der Epilepsie, dass er voll Lebensüberdruss beinahe Hand an sich gelegt hätte; aber nach dem dreissigsten Jahre ward er von diesem Uebel gänzlich frei und erreichte im vollen Besitze seiner Körperkräfte und Sinne, ohne irgend eine Ahnung von Krankheit, das vierundneunzigste Lebensjahr. Jos. Scal. 19. Brief.

manchen Aeltern auf ihre Nachkommen übertragen werden; da sie jedoch bisweilen entweder geheilt worden ist, oder freiwillig Solche verlassen hat, die sie längere Zeit behaftet hatte, so kann man mit Recht hoffen, ihre Kraft werde oft so geschwächt und erschöpft werden können, dass kein Uebel zurückbleibe, welches Andre erben könnten. Und dass dieser Fall allerdings vorkomme, ist gewiss; denn sehr Viele sind von diesem Uebel ihrer Aeltern gänzlich frei geblieben.

Wenn ein Anfall von Epilepsie bevorsteht, so muss man sorgfältig darauf achten, dass alle jene Kleidungsstücke, welche den Hals umgeben, so bald als möglich lose gemacht werden; denn dieser schwillt bisweilen so sehr an, dass Erstickungsgefahr droht. Sodann ist der Kranke auf sein Lager zu bringen und zu beobachten, damit er nicht herausstürze oder sich die Glieder verletze, während sie in ungeregelter Bewegung sind. Alles, was die Umstehenden ausserdem versuchen, wird entweder nutzlos oder nachtheilig sein. Solcher Art ist das gewaltsame Einflössen von Getränken, das Vorhalten von scharfen, flüchtigen Salzen vor die Nase, das Reiben der Schläfe, das mit grosser Anstrengung bewirkte Eröffnen der fest geschlossnen Faust. Noch viel schlimmer sorgen Diejenigen für die Kranken, welche ein Aderlass vornehmen, indem dies zwar die Kräfte des Körpers mindert, nicht aber die Gewalt der Krankheit. Heilmittel sind nur zwischen den Anfällen passend angebracht. Da aber bis jetzt keine sichren gefunden worden sind, denen wir viel Vertrauen schenken könnten: so wird es meistens am besten sein, nichts Andres zu erstreben, als dass die Kräfte so vollständig und ungeschwächt, als möglich, erhalten werden. Wenn dann entweder Arzenei oder Lebensweise es dahin bringt, dass die Constitution des Körpers fester wird: so ist zu hoffen, dass jene Selbsterhaltungskraft wirksamer werden und die Ursachen der Epilepsie schneller entfernen werde.

Die Baldrianwurzel hat unter den Mitteln gegen die Epilepsie lange den ersten Rang eingenommen und Einigen zu nützen geschienen; Andren wurden jedoch jeden Tag fünfzehn Drachmen gereicht, mit geringem oder gar keinem Nutzen. Der Eintritt des Podagra trug nichts zur Genesung bei; auch kann ich weder die Cantharidenpflaster, noch andre künstliche Eiterungen, noch kalte Waschungen, noch die Eisenwasser sonderlich rühmen. Das Quecksilber ist sowohl äusserlich als innerlich angewendet worden; wenn es einem Kranken ein wenig half, so war es wenigstens dem andern unnütz. Zwei Epileptische enthielten sich aller Speisen aus dem Thierreiche, und wurden geheilt; ein dritter befolgte dieselbe Lebensordnung, ohne Nutzen. Es wurde ein Clystir aus fünf Unzen Baldrianabsud mit einer Drachme Moschus drei Tage lang alle acht Stunden angewendet, und der Epileptische, welcher während dieses ganzen Zeitraumes fast leblos dagelegen war, ausser dass er von Zeit zu Zeit Zuckungen bekam, wurde hergestellt. Im Kindesalter entstehn oft Zuckungen der Glieder von Würmern und andren Leiden der Gedärme, wogegen demnach gelinde Abführmittel sich hülfreich zeigen und die Ursache des Uebels entfernen werden. Andern Epileptischen sind Abführungen nachtheilig. Bei einem Mädchen folgten die Anfälle jedesmal auf eine Stuhlausleerung. Auch Erbrechen und Blutentziehung schaden. Da die Epilepsie durch den Schlaf Stärke erlangt, so wird man sich ihm nicht ungestraft allzusehr hingeben dürfen. Sehr sorgfältig hat man alle Veranlassungen zum Erschrecken zu vermeiden, das nicht nur die Anfälle hervorrufen, sondern die Krankheit selbst verursachen kann. Unenthaltsamkeit und namentlich unmässiger Liebesgenuss nährt diese Krankheit und hat sie bisweilen erzeugt. Da ich übrigens, gestützt auf vielfältige

Erfahrung, die unzähligen Mittel, welche in den ärztlichen Schriften gerühmt werden, nicht sonderlich loben kann: so halte ich es für besser, davon zu schweigen und die Bewahrung ihres Ruhmes Andren zu überlassen.

CAPITEL XXXIV.
Von der Rose.

Plötzliche Röthung der Haut, mit einiger Anschwellung, Hitze und Schmerzhaftigkeit, und bisweilen mit Bläschen voll Serum, nennt man die Rose. Mit diesen Erscheinungen verbindet sich meistens ein Fieber, dessen gewöhnliche Zeichen sich einen Tag oder zwei oder auch drei Tage vorher einstellen. Die Rose befällt in der Regel das Gesicht, den Kopf, den Hals oder die Schultern; doch sind auch heftige Entzündungen andrer in Vereiterung begriffner Theile, besonders aber der Unterschenkel, gewissermassen der Rose ähnlich und werden auch mit diesem Namen belegt.

Dieses Leiden beginnt mit einem kleinen rothen Fleck an einem der erwähnten Theile und kriecht allmählig weiter, von einer Stelle zur andern übergehend. Bisweilen leidet dabei die Haut so sehr, dass in kurzem ein Geschwür entsteht, welches nur langsam zur Heilung sich anschickt. Aus den besagten Bläschen entsteht, wenn sie zahlreich sind, nach deren Bersten eine schmerzhafte Verschwärung, die eine milde Wachssalbe zum Schutze gegen die Kleidung erfordert. Uebrigens ist es besser, gar nichts auf die ergriffnen Stellen zu legen, wenn nicht deren Verschwärung es erfordert. Das Fieber, welches fast immer hinzutritt, ist bedeutender, als die Entzündung erwarten iesse, und nicht selten so heftig, dass Verstandesverwirrung eintritt; manchmal erfolgt auch der Tod, und die Nähe desselben wird das Erbleichen der vorher gerötheten Stellen verkündigen. Mancher Menschenkörper scheint von der Beschaffenheit zu sein, dass sie dieser Krankheit mehr unterworfen sind und häufige Rückfälle erleiden. Und wirklich, wer irgend einmal davon heimgesucht worden ist, der ist sodann, wie ich glaube, geneigter, wieder davon befallen zu werden. Manche wurden viele Jahre hindurch jährlich ein - oder zweimal vom Erysipelas ergriffen. Junge und kräftige Menschen sind keinesweges sicher davor; doch werden weit häufiger solche davon heimgesucht, welche in vorgerücktem Alter stehn und deren Gesundheit zu wanken begonnen hat. Die Rose ist, soviel ich weiss, nie von Nutzen für die Gesundheit (etwa durch Entfernung überflüssiger Säfte) gewesen; sondern sie ist ihr vielmehr nachtheilig.

Die Natur dieser Krankheit scheint meistens vielmehr bösartig, wie die Aerzte sagen, zu sein, als entzündlich; d. h. sie erfordert weder noch erträgt sie Abführungen oder Blutentziehung. Ich habe gesehen, dass der Zustand des Kranken sich schnell verschlimmerte und selbst gefährlich wurde, nicht nur in Folge eines Aderlasses, sondern auch durch ein gelindes Abführmittel, und zwar während die Krankheit schon im Abnehmen war. Doch möchte ich nicht läugnen, dass bisweilen ein Grad von Entzündung stattfinde, der eine Blutentziehung nothwendig macht, welche in diesem Falle günstigen Erfolg hat. Auch eine freiwillige Blutentleerung aus der Nase war heilsam. Bei diesem, wie bei jedem andren Fieber muss man aufmerksam sein und jeden vorkommenden üblen Zufall mit geeigneten Mitteln bekämpfen. Wenn aber nichts von dieser Art vorfällt, so wird es passend sein, zwei Unzen Chinadecoct mit dreissig Tropfen Tinct. opii camphorata oder zwei Tropfen Opiumtinctur alle acht oder sechs Stunden nehmen zu lassen.

CAPITEL XXXV.

Von der Essera.

Bisweilen entstehn auf der Haut Anschwellungen, ähnlich jenen, welche durch die Berührung von Brennnesseln veranlasst werden, woher sie auch im Englischen (und Deutschen) ihren Namen erhalten haben (Nesselsucht). Die neueren Aerzte haben sie Essere oder Essera genannt — ein Wort, womit die Araber ein gewisses Hautleiden bezeichneten, und vielleicht eben dieses, wovon hier die Rede ist. Diese Anschwellungen sind bisweilen zwei bis drei Zoll lang, wie Striemen von Peitschenhieben. Dazu kommt ein kaum zu ertragendes Jucken. Sie entstehn plötzlich, besonders wenn der Körper gerieben oder mit den Nägeln leicht gekratzt wird. Selten verbleiben sie mehrere Stunden, gewöhnlich nur einen kleinen Theil einer Stunde. Kein Theil des Körpers ist vor dieser Krankheit sicher; wenn aber einer stärker ergriffen ist, so schwillt er ganz auf, wie dies besonders im Gesichte, an den Armen und den Händen der Fall ist. Die Essera befällt gewöhnlich eine Stelle der Haut um die andre, eine Stunde oder mehrere Stunden lang, zwei oder dreimal des Tages, und bisweilen fast den ganzen Tag, einige Tage oder etliche Monate hindurch; ich habe Personen gekannt, die sie zwei Jahre lang, mit wenigen Unterbrechungen, belästigte, und andre plagte sie sieben oder sogar zehn Jahre.

Kinder und Erwachsene, Männer und Frauen sind dieser Krankheit gleichmässig unterworfen; desgleichen vollkommen Gesunde nicht weniger als Schwächliche oder Kränkliche. Manche befanden sich wohl, während dieses Leiden bestand, und nach seinem Verschwinden begannen sie, an Kopf- und Magenschmerz zu leiden. Andre hingegen waren mit ähnlichen Uebeln nur behaftet, während die Essera vorhanden war. Der grösste Theil der Menschen klagt jedoch über nichts, als über das höchst lästige Jucken, das bisweilen auch den Schlaf raubt, Abmagerung herbeiführt und das Leben fast unerträglich macht.

Bei Einigen rief ein Cantharidenpflaster dieses Leiden hervor, bei Andren der innere Gebrauch der Baldrianwurzel. Die Jahreszeiten sind von keinem Einflusse, weder auf die Verminderung noch auf die Vermehrung der Essera; Wärme und Kälte gelten hier gleichviel. Die Bettwärme steigerte bald die Krankheit und das Jucken, bald beschränkte sie beides. Das kalte Seebad oder ein warmes hatte oft genug gar keine Wirkung, und ich glaube, dass jene Wenigen sich getäuscht haben, welche hievon Nutzen oder Schaden gesehen zu haben vermeinten. Quecksilber- und Schwefelarzeneien waren wirkungslos, und das Pulver oder der Absud der weissen Nieswurzel bewirkten nur soviel, dass sie auf kurze Zeit das Jucken in Schmerz verwandelten. Einigermassen wurde die Beschwerlichkeit dieses Leidens vermindert, wenn die Haut mit Oel oder Essig oder Weingeist benetzt wurde.

Die Anschwellungen, die in dieser Krankheit entstehn, enthalten innen keine Feuchtigkeit. Und durch diesen Umstand unterscheiden sich Essera und Krätze; denn bei der Krätze sind die Pusteln voll Serum oder Eiter. Oft aber tritt bei der Essera der Fall ein, dass, indem der obere Theil der Erhabenheiten weggekratzt wird, in Folge hievon eine Borke entsteht, die nur mit Mühe von der wahren Krätze zu unterscheiden ist, ausser durch das angegebene Zeichen. Die Essera ist nicht ansteckend, wie mich dies sehr viele Beispiele gelehrt haben. Nur einmal war ich in Zweifel, ob vielleicht der Mann sie von seiner Frau bekommen haben möchte.

Ich glaube kaum, dass die Säfte oder die Körperconstitution durch diese Krankheit eine nachtheilige Veränderung erleiden. Es ist demnach keine andre Heilart nothwendig, als eine solche, die das Jucken aufhebt. Aber ein sichres Mittel hiezu wird, so viel ich weiss, bis jetzt noch vermisst.

CAPITEL XXXVI.
Vom Erwachen mit Geschrei und Schrecken.

Gichtkranke, Gelähmte oder an hysterischen Beschwerden Leidende erwachen bisweilen in höchster Aufregung und schreien auf, wie erschreckt. Das Nämliche kommt bei Kindern sehr oft vor, wenn sie mit Spulwürmern, Leibschmerzen oder Krämpfen behaftet sind. Die also erwachenden Kinder sind bisweilen eine ganze Stunde lang nicht recht bei Besinnung, bevor sie wieder zu sich kommen.

CAPITEL XXXVII.
Vom Fieber.

Fieber, oder Mattigkeit mit beschleunigtem Pulse, gesellt sich bisweilen zu andren Krankheiten, nach deren Heilung es selbst aufhört. Wo keine andre Krankheit stattfindet, ausser dem Fieber, ist gleichwohl das Wesen des letzteren verschieden, und es passt nicht überall dieselbe Heilart. Zur richtigen Bestimmung dieser muss man das Alter des Kranken, seine Körperconstitution und Lebensweise, die Jahreszeit und die eben herrschenden Krankheiten ins Auge fassen.

Die hitzigen Fieber, wie sie bei Entzündung der Lungen oder des Brustfells oder der Rachenhöhle, der Därme oder andrer Theile vorkommen, werden selten ohne reichliche und wiederholte Blutentziehung geheilt. Die Lagerfieber und die ihnen ähnlichen erfordern oder vertragen sehr selten ein Aderlass; aber zu Anfange derselben ist es sehr wichtig, durch Erbrechen den Magen zu reinigen, worauf nicht undeutlich der Ekel hinweist, welcher zu jener Zeit den Kranken belästigt. Hiezu dient ein Scrupel Ipecacuanhapulver mit einem Grane Brechweinstein, worauf nicht nur eine Entleerung des Magens durch Erbrechen, sondern meistens auch des unteren Darmkanales durch den Stuhl erfolgt, — nicht ohne bedeutende Erleichterung des Fieberkranken. Durch diese Arzenei pflegt der Ekel gänzlich beseitigt zu werden, und es ist kaum jemals nöthig, dieselbe zu wiederholen. Oft tritt auch Anfangs höchst lästiger Kopfschmerz ein, gegen welchen ein zwischen die Schultern gelegtes Cantharidenpflaster das wirksamste Mittel ist. Bei Schmerzen der Rachenhöhle, bei der Brustfell- und Lungenentzündung werden ebenfalls die Cantharidenpflaster viel zur Minderung der Entzündung beitragen, und von nicht geringerem Nutzen sind sie bei bösartigen Fiebern, wo die Kranken mehr als gewöhnlich matt sind; sie beleben und erwecken nämlich die darniederliegenden Kräfte. Die dadurch bisweilen entstehende Strangurie wird ein Clystir aus sechs Unzen Oel oder Wasser mit zwanzig Tropfen Opiumtinctur mildern. Wenn Durchfall vorkommt, so ist er durch die oben im 25. Capitel angegebenen Mittel anzuhalten. Findet hingegen Stuhlverstopfung statt, so muss man ein Clystir aus einem Pfunde Wasser, worin eine halbe Unze eines Purgirsalzes aufgelöst ist, anwenden. Unruhe und Schlaflosigkeit werden oft durch Bähungen mit lauem Wasser, am Kopfe oder an den Füssen angebracht, gehoben; auch nützen zwei oder drei Tropfen Opiumtinctur, alle sechs Stunden genommen. Die Hitze und den Durst wird reines Wasser und jedes dünne Getränk in Schränken halten. Die Mattigkeit und das Darniederliegen der Lebenskräfte fordern die Anwendung des Weines oder einen Esslöffel voll Camphermixtur, von Zeit zu Zeit genommen. Schlucksen und leichte Krämpfe und Zuckungen der Gliedmassen werden bisweilen durch Moschus erleichtert; wiewohl aber der Moschus zur Bezähmung der Krämpfe Einiges leistete, und wiewohl der Campher bei Einigen Schlaf bewirkt zu haben schien, so war doch weit öfter sowohl dieser als jener ganz erfolglos. Ich erinnere mich, dass einem Fieberkranken alle sechs Stunden ein Scrupel Campher gereicht wurde, und zugleich auch in den Zwischenzeiten viermal des Tages ebenso viel Moschus; diese Arzeneimittel belästigten zwar den Magen nicht, leisteten aber auch nichts, weder zu Beseitigung der Krämpfe, noch zur Herbeiführung von Schlaf. Welcher Art das Fieber sein möge, so muss man es dem eignen Gutbefinden dos Kranken überlassen (wofern er bei Besinnung ist), ob er aufstehn oder im Bette bleiben will.

Ein den anhaltenden Fiebern eigenthümlich entsprechendes oder sogenanntes specifisches Heilmittel wird, wenn ich nicht irre, bis jetzt noch vermisst, wiewohl ein solches emsig gesucht worden ist, namentlich unter den Antimonialpräparaten. Aber bei so grosser Verschiedenheit der Fieber ist es nicht wahrscheinlich, dass ein einzelnes Arzeneimittel gefunden werden möge, das allen gleichmässig entspreche. In den ersten Tagen dieser Krankheit sind mildere Spiessglanzmittel, die Erbrechen und Leibesöffnung bewirken, gewiss höchst hülfreich; doch habe ich mich nicht überzeugt, dass sie mehr nützen, als irgend andre Mittel, die gleich wirksam den Darmcanal und den Magen erregen. Viele erfahrne und scharfsinnige Aerzte halten sich überzeugt, es sei das Antimonium nicht nur durch Entleerung des Magens und im Anfange der Krankheit, sondern zu jeder Zeit von Nutzen, wenn auch weder Erbrechen, noch Stuhlausleerungen, noch Schweisse darauf folgen. Sie sind nämlich der Meinung, das Antimonium sei mit einer gewissen geheimen Kraft versehen, wodurch es gegen die Fieber besondre Wirksamkeit erlange. Dem Urtheile Dieser habe ich nun so weit nachgegeben, dass ich von einer Auflösung von vier Gran Brechweinstein in vier Unzen destillirtem Wasser alle sechs Stunden zwei Drachmen in anderthalb Unzen Wasser reichte. Wenige werden eine grössere Gabe ohne Ekel ertragen. Wenn aber, wie es bisweilen geschieht, sogar zwei Drachmen Erbrechen erregen, so kann man sie bequem in zwei Gaben theilen, zwischen welchen man eine halbe Stunde verstreichen lässt. Diese Arzenei habe ich nun zwar bei vielen Kranken versucht; jedoch weiss ich von der fieberwidrigen Kraft des Antimoniums wenig Gewisses zu sagen.

Die Chinarinde zu reichen, ausser bei abwesendem Fieber, haben die Aerzte lange sich gefürchtet; aber die Neueren haben sie auch bei stattfindendem heftigem Fieber, beim Brande und zur Erregung einer gutartigen Eiterung sehr oft gegeben. Wir haben hieraus gelernt, dass die Furcht vor einer mit dem Gebrauche der Rinde, selbst während des Fiebers, verbundnen Gefahr nicht minder nichtig gewesen sei, als viele andre Befürchtungen, die unsere Vorfahren hinsichtlich dieses so nützlichen Mittels ausgestreut haben. Daher war die vor hundert Jahren in England eingeführte Menge desselben zehnmal kleiner, als die jetzige. Je mehr wir aber diese Rinde kennen gelernt haben, desto weniger Gefahr und desto mehr Hülfe erwarten wir von ihr. Daher ist sie seit einigen Jahren auch in anhaltenden Fiebern oft versucht worden, und ich weiss zwar nicht gewiss, wie viel sie gegen diese genützt hat; dass aber ein Nachtheil daraus entstanden sei, argwöhnte ich nie — nicht einmal, wenn alle vier Stunden eine Drachme genommen worden war.

Bei jedem Fieber ist es sehr wichtig, dass die Luft des Krankenzimmers höchst rein sei. Denn durch das Einathmen einer gesunden Luft werden die Lebenskräfte am meisten erfrischt, und ich fürchte, dass manche Kranke nicht sowohl an ihrer Krankheit gestorben sind, als in Folge der unreinen Dünste, deren Entfernung die verkehrte Sorgfalt der Freunde nicht zuliess.

Die Engländer fürchten — ich weiss nicht, aus welchen Ursachen, — aufs höchste eine Erkältung der Kranken, — als ob der Schnupfen, wenn er zu einer andren Krankheit hinzutreten würde, sichren Tod herbeiführte. Es ist allerdings zu wünschen, dass die Kranken nicht mit einem neuen Uebel belastet werden, und demnach ist wohl einige Sorgfalt anzuwenden, dass sie keinen Schnupfen bekommen, — nur sei sie nicht allzu ängstlich. Wer aber bereits erkrankt ist, der ist desshalb der Erkältung nicht mehr ausgesetzt, als ein Gesunder; auch macht ein etwa hinzutretender Catarrh andre Krankheiten nicht so bestimmt gefährlich, dass es nicht oft von Nutzen sein sollte, lieber den Kranken ihm auszusetzen, als der reinen und gesunden Luft allen Zugang zu versperren. Ich kannte einen Kranken, der beim Ausbruche der Pocken im Delirium seine Glieder und seinen Körper so sehr umherwarf, dass er auf keine Weise abgehalten werden konnte, sich oft zu entblössen und auch zu erkälten, welches letztere Catarrh und Heiserkeit darthaten; dennoch verzögerte, soviel ich einsah, dieses hinzugekomme Uebel weder das Reifen der Blattern, noch vermehrte es das Fieber, noch stand es überhaupt der Heilung im Wege. Es ist aber nicht nur von Nutzen, die Luft des Krankenzimmers oft zu erneuern, sondern auch die faulichten Dünste zu verbessern, indem man Essig in ein heissgemachtes eisernes Gefäss tröpfelt, bis das ganze Zimmer von den sauren Dünsten erfüllt ist.

Bleicher und wässriger Urin ist in Fieberkrankheiten ein übles Zeichen, ausser es hätte der Kranke ein Uebermass dünner Getränke zu sich genommen. Wünschenswerther ist es, dass er dick werden möchte; denn alsdann beginnt gewöhnlich die Krankheit abzunehmen und der Kranke ist auf gutem Wege. Was ausserdem aus einer häufigen und ängstlichen Besichtigung des Urins entnommen werden könne, weiss ich nicht. Fast ebendies ist von der Darmausleerung zu sagen; nämlich je natürlicher dieselbe beschaffen ist, um so grösser wird die Hoffnung sein, dass der Leidende die Krankheit überstehn werde. Welches übrigens ihre Beschaffenheit sein möge, so wird, nach meinem Urtheile, der Arzt kaum daraus entnehmen, welche Heilart er zu vermeiden oder zu befolgen habe.

In langwierigen und gefährlichen Fieberkrankheiten pflegen Kinder endlich die Sprache zu verlieren, und die Stimme ist einige Tage hindurch unterdrückt, nachdem sie ausser aller Gefahr sind; doch kehrt sie immer wieder und es ist dies keineswegs als ein trauriges Anzeichen zu betrachten. Ohne Gefahr ist es auch, wenn Fieberkranke, sowohl Erwachsene als Kinder, eine Zeit lang schwer hören.

Die Fieber der Erwachsenen sind meistens leicht, wenn die Anzahl der Pulsschläge in einer Minute nicht über hundert steigt — ausser, wo Torpor stattfindet. Sobald aber jene hundertundzwanzig beträgt, wird die Krankheit nicht ohne Gefahr sein.

Vom schiefen Halse der Kinder in Folge eines Fiebers wird unten Einiges beigebracht werden, wo vom Krampfe die Rede sein wird.

CAPITEL XXXVIII.
Vom Wechselfieber.

Der Anfall des Wechselfiebers dauert selten länger als zwanzig Stunden, und meistens ist er kürzer. Schauer und Frost, womit er beginnt, währen bald eine halbe Stunde, bald zwei Stunden; dann folgen Hitze und Unruhe, welche mit Schweiss sich endigen. Der Schweiss aber wird beträchtlicher oder geringer sein und schneller oder langsamer aufhören, je nachdem der Kranke mehr oder weniger laues Getränk zu sich genommen hat und je nach Verhältniss der Wärme, worin er erhalten wird. Die Anfälle kommen entweder täglich, oder sie halten den Tertiantypus, wenn sie nämlich über den andren Tag wiederkehren, oder es verfliessen zwei Tage dazwischen, was man ein Quartanfieber nennt. Bisweilen kommen noch längere Zwischenzeiten vor, aber so selten, dass Fieber solcher Art weder einen Namen noch eine Stelle in den Büchern der Aerzte erhalten haben oder verdient hätten.

Ausser den gewöhnlichen Zeichen der Fieber treten bisweilen noch andre hinzu; dergleichen sind: rheumatische Schmerzen, Verstandesverwirrung, Pusteln auf der Haut, Leibschmerzen, Ohnmachten, Schmerz und Anschwellung der Hoden, endlich eine fast lähmungsartige Schwäche. Alle diese Erscheinungen habe ich wirklich beobachtet; sie erschienen und verschwanden zugleich mit dem Fieber und hörten endlich nach dessen Heilung sogleich auf.

Es ist eine grosse Frage oder war es vielmehr damals, als ein sichres Heilmittel gegen die Wechselfieber noch nicht aufgefunden war, ob sie ohne Gefahr geheilt werden könnten, oder nicht. Denn man hielt diese Fieber für Versuche der Natur, verborgene Krankheitskeime hinauszuschaffen, welche letztere demnach, wenn jene zu früh unterdrückt würden, ich weiss nicht, was für traurige Auftritte im Körper veranlassen möchten. Es hat diese Ansicht bei Aerzten von grossem Rufe gegolten, und als ich daher anfieng, die Heilkunst auszuüben, liess mich das Ansehen solcher Männer nicht an ihr zweifeln. Aber die Erfahrung erschütterte diese Meinung von Tag zu Tage mehr, und schon lange bin ich überzeugt, es könne das Wechselfieber ohne Gefahr unterdrückt werden, sobald dies nur möglich ist. Viele Uebel habe ich hingegen entstehn sehen, wo die Kranken zu lange gezaudert hatten, die Anfälle zu verhindern. Alle wissen, dass die Chinarinde jenes ausgezeichnete, dem Menschengeschlechte durch Gottes Güte geschenkte Heilmittel gegen diese Krankheit sei, und wo nur immer der erste Anfall so beschaffen ist, dass ein Zweifel hinsichtlich der Natur des Uebels nicht stattfindet, da wird es passen, dies Arzeneimittel sogleich in der Art zu reichen, dass der Kranke vor dem zweiten sichergestellt wird. Wenn Zeit genug übrig bleibt, sechs Drachmen dieser Rinde zu nehmen, so wird das Fieber entweder um vieles geschwächt werden, oder ganz aufhören. Sodann wird eine Drachme, zehn Tage lang täglich viermal genommen, alle Furcht vor einem Rückfalle meistens aufheben. Nie aber hat es geschadet und oft war es von Nutzen, dieselbe Gabe zehn andre Tage lang täglich zweimal zu nehmen. Wer nach dieser Vorschrift die Rinde gebraucht, wird sich sehr selten in seiner Hoffnung getäuscht sehen. Wenn übrigens das Pulver dem Gaumen oder dem Magen nicht zusagt, so werden zwei Unzen eines Absudes der Rinde ungefähr dasselbe leisten, was eine Drachme des Pulvers, und dessen Stelle vertreten. Der Erfolg wird noch gewisser sein, wenn es die Umstände des Kranken verstatten, jeder einzelnen Gabe dieser Flüssigkeit einen Scrupel oder eine halbe Drachme Chinaextract beizufügen. Kinder, die vom Wechselfieber befallen werden, dürften kaum im Stande sein, so viel von diesem Mittel zu verschlucken, als hinreichend ist, um das Fieber aufzuheben. Für diese wird sich am besten eignen: Chinaextract und Zucker, von jedem ein Scrupel, mit einem Esslöffel Wasser und anderthalb Esslöffeln Milch. Wo aber, sei es bei Kindern oder bei Erwachsenen, der Magen dieses Heilmittel auf keine Weise verträgt, wie es auch durch neue Verbindungen gemildert sein möge, da muss man zweimal des Tages ein Clystir aus drei bis fünf Unzen Chinadecoct anwenden, dem man auch etwas Pulver oder Extract und überdies einige Tropfen Opiumtinctur, damit der Kranke es bei sich behalte, wird zusetzen dürfen. Einige hofften, diese Kranken durch ein einstündiges oder längeres Baden der Füsse in Chinadecoct zu heilen; doch habe ich gesehen, dass dies ohne Erfolg versucht wurde. Bisweilen zeigt sich die Rinde, wiewohl gehörig gebraucht, dennoch wenig wirksam; in diesem Falle wird man anzunehmen haben, dass der mit Unreinigkeiten überladne Magen die Wirksamkeit des Mittels hindere. Es ist daher ein Brechmittel nothwendig, und auf dieses lässt das Fieber nur in seltenen Fällen nicht nach. Kehrt es also doch fortwährend wieder, so muss man zu den Chamillenblumen seine Zuflucht nehmen; vom Pulver dieser letzteren muss man einen Scrupel, anstatt einer Drachme Chinarinde, reichen, und nach derselben Vorschrift wiederholen. Ich habe ein- und das andremal die Erfahrung gemacht, dass diese Blumen, auf solche Weise genommen, von Nutzen waren. In einigen Leiden, die einen bestimmten Typus einhielten, gewährten zwei Scrupel Calmus, in schicklichen Zwischenräumen wiederholt, einige Hülfe. Auch zwanzig Tropfen Opiumtinctur wurden bei herannahendem Anfalle mit Nutzen genommen.

Das Quartanfieber ist weit schwerer zu heilen, als das Quotidian- oder Tertianfieber, und widersteht oft lange der Chinarinde und allen andren Arzeneimitteln. Bisweilen beseitigten zwei Drachmen der Rinde, kurz vor dem Anfalle gegeben, das Quartanfieber; doch nicht selten waren sie nutzlos.

Viele träumen, ich weiss nicht, von was für Gefahren, wenn die Rinde früher genommen werde, als der Fieberanfall gänzlich beendigt ist, und eine Folge dieser nichtigen Furcht ist, dass sie, zu ihrem grossen Nachtheile, allzulange zaudern, dieses Heilmittel zu gebrauchen. Jedoch wenn ich nicht irre, so würde die Rinde, sogar mitten im Anfalle verschluckt, nur insoferne schaden, als der zu dieser Zeit schwächere Magen sie wieder von sichgeben könnte, woher dann der von Ekel und Erbrechen abgemattete Kranke dasselbe Arzeneimittel in der Folge verabscheuen möchte. Hingegen bei abnehmendem Fieber kann, nach meinem Urtheile, die Chinarinde nicht zu schnell gegeben werden, woferne sie nur den Magen nicht belästiget.

CAPITEL XXXIX.
Vom hectischen Fieber.

Des hectischen Fiebers wird oft in den Schriften der Aerzte und nicht selten auch im täglichen Gespräche gedacht; jedoch werden wir nicht leicht eine so bestimmte Beschreibung desselben nach seinen Zeichen finden, dass es klar wäre, wie dieses Fieber sich von andern unterscheide, und dass jeder Zweifel hinsichtlich seiner Natur aufgehoben wäre. Mir scheint es kein andres zu sein, als das sogenannte symptomatische, oder das unregelmässige Wechselfieber, oder das Eiterungsfieber. Seiner Erscheinung nach nähert es sich oft ganz dem wahren Wechselfieber, ist jedoch von diesem sehr verschieden, fordert eine ganz andre Behandlung und führt weit dringendere Gefahr mit sich.

Bei dem Wechselfieber sind die Anfälle länger; sodann erscheinen jene drei Zeiträume des Frostes, der Hitze und des Schweisses schärfer abgegränzt, und beim Nachlasse setzt das Fieber gänzlich aus. Aber das hectische Fieber lässt nie so ganz nach, dass nicht der Puls beschleunigt wäre, wenigstens um zehn Schläge in der Minute die natürliche Anzahl überschreitend. Sodann bleibt das hectische Fieber selten drei Anfälle hindurch sich ähnlich, sondern auf Schauer und Frost folgt bald Hitze, bald Schweiss ohne Hitze; die Hitze tritt bisweilen ein, ohne allen vorgängigen Frost, und nicht selten schauert der Kranke, ohne dass Hitze oder Schweiss folgt. Der Anfall des hectischen Fiebers ist also kürzer, nicht allein, weil es seine drei Zeiträume gemeiniglich schneller durchläuft, sondern auch, weil einer oder vielleicht zwei von diesen bisweilen fehlen.

Der hectische Kranke fühlt sich bei ausbrechendem Schweisse wenig oder gar nicht erleichtert; oft aber ist er nicht weniger unruhig und beängstigt, als während er fror oder heiss war. Nach dem Aufhören des Schweisses dauert bisweilen das Fieber fort, und bei bestehendem Fieber kehren Kälte und Schauer bisweilen wieder, — was dann ein sehr sichres Zeichen dieses Fiebers ist. Denn wiewohl die meisten andren Fieber allerdings mit Frost beginnen, so pflegt er doch in Zeit von zwanzig Minuten oder einer halben Stunde, bei fortdauerndem Fieber, nicht wiederzukehren, ausser bei dem, von welchem hier die Rede ist.

Diese Krankheit beobachtet zuweilen ihre Zeiträume zwei oder drei Anfälle hindurch nicht minder genau, als es bei dem gewöhnlichen Quotidian- oder Tertianfieber der Fall zu sein pflegt; alsdann aber wird sie unbeständig und der Typus geräth in Unordnung. Ich erinnere mich kaum, dass die Zeiträume zwischen vier Anfällen dieselben gewesen wären. Das hectische Fieber wird bald zwölf

Tage lang gelinde und fast unbemerklich sein; bald werden, wo eine schwerere Krankheit zu Grunde liegt, mehrere Anfälle an demselben Tage eintreten, so dass sogar der Frost des nächsten mit dem Schweisse des vorhergehenden zusammengränzt. Auch ist es nichts Ungewöhnliches, viele leichte Schauer innerhalb weniger Stunden zu beobachten. Bisweilen endigen die Anfälle mit Neigung zum Schlafe.

Niemandem ist es unbekannt, dass der Urin bei dem wahren Wechselfieber während der Anfälle wässerig und in den Zwischenzeiten dick ist: dagegen bei dem hectischen Fieber ist die Beschaffenheit des Urins ganz unbeständig; denn bald wird er in gleicher Weise entweder dünne oder dick sein, mag nun das Fieber eben zugegen sein oder nicht; bald wird er wässerig in der Zwischenzeit, und dick während des Fiebers selbst sein; bald, wie in andern Fiebern, dünn im Anfalle, dick in der Zwischenzeit.

Zu der Zahl der Uebel beim hectischen Fieber gesellen sich oft Schmerzen, den rheumatischen nicht unähnlich, welche entweder den ganzen Körper durchziehen, oder in einem Theile festsitzen, und, was zu verwundern, ein hartnäckiger Schmerz von solcher Art hat seinen Sitz oft weit entfernt von dem der Krankheit selbst, mit welchem er, wie es scheint, nichts gemein hat. Bei manchen Kranken sind diese Schmerzen so heftig, dass sie nicht eben den geringsten Theil der Krankheit ausmachen und nur durch Opium erträglich zu machen sind. Soviel ich bis jetzt bemerkt habe, sind sie vorzüglich lästig, wo die Krankheit aus einem äusserlichen, der Luft zugänglichen Geschwüre entsteht, wie beim Gesichts- oder Brustkrebse. Auch das ist bei diesem Fieber bemerkenswerth, dass bisweilen in einem Augenblicke Geschwülste an den Gliedmassen oder am übrigen Körper sich erheben und einige Stunden lang fortbestehn, ohne dass irgend Schmerz oder Härte oder Veränderung der Farbe stattfände.

Ein Fieber dieser Art befällt zuweilen plötzlich und mit Heftigkeit Solche, deren Gesundheitszustand vorher ziemlich gut war, setzt ihnen ebenso zu, wie ein heftiges von einer Entzündung herrührendes Fieber, und bringt in kurzem das Leben des Kranken in dringende Gefahr. Hierauf lässt es in wenigen Tagen nach, und es scheint Hoffnung da zu sein, dass die Gesundheit wiederkehren werde. Wiewohl aber der Aufruhr sich gelegt hat und nur geringe Fieberbewegungen zurückgeblieben sind, so sind doch die Reste der Krankheit, da im Innern ein schweres Leiden fortdauert, durch keine Kunst zu beseitigen, bis sie allmählig die Gesundheit zerstören und zu Grunde richten. Indessen ist es seltner der Fall, dass die Krankheit auf diese Weise anfängt; weit öfter verbirgt sie anfangs ihre Stärke und schleicht so langsam heran, dass die Ergriffnen zwar fühlen, dass sie sich nicht völlig wohl befinden, jedoch mehrere Monate lang kaum argwöhnen, dass eine schwere Krankheit dahinterstecke, und fast über nichts klagen, als über eine gewisse Mattigkeit und einige Verminderung der Esslust und der Kräfte. Wenn nun auch diese Erscheinungen nicht viel auf sich zu haben scheinen, so mag doch, wo zugleich der Puls um die Hälfte schneller als gewöhnlich ist, der Arzt hinsichtlich des Ausganges der Krankheit in Sorgen sein. Denn es giebt wenige Krankheiten, in denen der Puls uns mehr lehrt. Aber auch bei dieser wird, wer allzu sicher auf ihn baut, sich gewiss manchmal nicht wenig getäuscht finden. Bei Einem unter Zwanzigen, so viel ich erachte, findet, wiewohl alle Zeichen eines unheilbaren Uebels vorhanden sind und Kräfte und Gesundheit von Tag zu Tage abnehmen, dennoch bis zur Todesstunde weder beschleunigter noch in irgend einer Weise unregelmässiger Puls statt, sondern ganz derselbe, wie bei der besten Gesundheit.

Eiterung, in welchem Körpertheile sie auch entstehn möge, wird immer das in Rede stehende Fieber erregen;

doch ist dasselbe besonders den Entzündungen skirrhöser Drüsen eigen, und zwar sogleich vom Anfange der Entzündung an: das Fieber wird aber von Tag zu Tage wachsen, je nach Verhältniss der Entzündung oder der Eiterung oder des Brandes. Die Natur der Drüsen ist von der Art, dass die Kranken mit dergleichen Leiden nicht nur viele Monate, sondern bisweilen einige Jahre lang sich hinschleppen.

Wo die Entzündung in Folge von Skirrhus vor Augen liegt oder die Lunge oder andre Eingeweide einnimmt, deren Verrichtungen bekannt sind, da ist allerdings die Ursache der Krankheit klar. Wenn aber der leidende Theil unsren Sinnen entzogen oder dessen Verrichtung dunkel und unbekannt ist, so wird das alsdann eintretende Fieber von Unvorsichtigen für die Haupt- oder einzige Krankheit gehalten.

Wöchnerinnen sterben in Folge von gewaltsamer Verletzung des Uterus und der benachbarten Theile meistens an diesem Fieber.

Weiber, die das fünfzigste Jahr erreicht oder überschritten haben, sind dieser Krankheit mehr unterworfen. Denn nach dem Aufhören der Menstruation entsteht leichter ein Skirrhus in den drüsigen Gebilden der Brüste, der Eierstöcke oder des Uterus und geht oft in Krebs über. Zu derselben Zeit scheinen auch die Drüsen aller Unterleibseingeweide den Leiden dieser Art mehr unterworfen zu sein, und legen den Grund zu Störungen der Gesundheit.

Aehnliche Leiden befallen den Unterleib der Säufer und sind gleich verderblich.

Bisweilen wird die leichteste, mit einem spitzigen Messer oder irgend einer Waffe beigebrachte Wunde die grösste Zerrüttung, die schwersten Uebel, oder auch sogar den Tod herbeiführen. Dann schwillt und schmerzt nämlich nicht allein der verletzte Theil, sondern verschiedne Stellen des Körpers; sogar solche, die weit entfernt von der Wunde sind, leiden heftig oder neigen bisweilen zur Eiterung. Hiezu gesellt sich immer ein unregelmässig intermittirendes Fieber, welches nicht eher verschwindet, als bis der ganze Aufruhr beschwichtigt ist. Dies geschieht zwar gemeiniglich in kurzer Zeit; doch zuweilen dauert ein solches Kranksein zwei oder drei Monate fort oder endet sogar mit dem Tode.

Dieses Fieber ist niemals weniger gefährlich, als wenn es von einer Eiterung herrührt, wobei alles irgend Schadhafte in einen gleichförmigen Eiter sich auflöst und dieser leichten Ausweg findet.

Entzündungen der Drüsen, sei es in den Brüsten oder in innern Eingeweiden, verschwinden manchmal auf die angewandten Arzeneimittel oder durch Naturhülfe, und das von ihnen abhängige Fieber hört auf: aber weit öfter entsteht aus der Entzündung Krebs und unheilbarer Brand.

Es ist kaum möglich, dass ein Fieber, welches so viele verschiedne Ursachen hat und nicht überall dieselben Uebel mit sich führt, immer einer Heilart weichen sollte. Insofern das hectische Fieber von einer andren Krankheit abhängt, wird alles, was diese erleichtert, auch gegen jenes vorzüglich wirksam sein. Wo es von einer leichten Verwundung ausgegangen ist, wird eine Arzenei, welche Stinkasant und Opium enthält, bedeutende Hülfe gewähren. In den meisten andren Fällen wird die vorzüglichste, wenn nicht die einzige Sorge des Arztes dahin gehn, alle vorkommende üble Zufälle zu heben. Allzugrosse Hitze muss man durch kühlende Mittel mässigen, auf mehr weiche als feste Oeffnung sehen, Schlaf verschaffen, die verderblichen Schweisse in Schranken halten, endlich sich Mühe geben, dass durch gesunde Luft, Bewegung und angemessne Speisen für das Wohlsein möglichst gut gesorgt sei; alsdann wird alle übrige Hoffnung auf jener Selbsterhaltungskraft beruhen, die Allen von Natur aus angeboren ist und die Kranken selbst in aufgegebenen

Fällen nicht ganz verzweifeln lässt. Denn selbst wo alle Zeichen vorhanden waren, dass irgend ein Eingeweide mit einer unheilbaren Krankheit behaftet sei, — wo alle Arten von Mitteln vergebens versucht wurden und die Körperkräfte so darniederlagen, dass kaum einige Hoffnung übrigblieb, genasen doch Einige von diesen Uebeln. Es entstand nämlich eine Geschwulst, nicht weit, wie man vermuthete, von dem Sitze der Krankheit, wiewohl sie mit diesem selbst nicht in Verbindung zu stehn schien, und indem dieselbe in Eiterung übergieng, beruhigte sich sofort der Puls, und die Esslust und der Körperumfang und die Stärke wurden vollständig hergestellt. Was bei Diesen die Natur bewirkte, versuchte ich nachzuahmen, indem ich in der Nähe des Krankheitssitzes ein Geschwür anlegte: aber es entsprach dies wenig meiner davon gehegten Hoffnung.

Es hat sich in neuster Zeit unter den Aerzten die Meinung verbreitet, wo Brand eintrete oder die Eiterung nicht gut von Statten gehe, da sei die Chinarinde ein wirksames Heilmittel, — und Alle müssen zugestehn, dass kein andres Mittel bekannt sei, welches diesen Kranken nachdrücklicher zu Hülfe käme. Daher wird diese Rinde, entweder auf den Rath oder doch ohne Widerspruch von Seiten des Arztes, fast immer in unregelmässigen Fiebern angewendet, wo Brand oder Eiterung stattfindet. Und wenn auch kein Geschwür vorhanden ist, so verlangen doch, da dieses Fieber dem Wechselfieber so ähnlich sieht, die Kranken und ihre Freunde unaufhörlich nach diesem Arzeneimittel, und auch der Arzt findet sich aus eignem Antriebe oft bewogen, dasselbe zu versuchen. Aber es hat keinesweges den Wünschen der Kranken und der Aerzte entsprochen. Denn es richtet gar nichts gegen dieses Fieber aus, woferne keine Verschwärung stattfand. Ja auch beim Brande selbst hat es unsre Hoffnung so oft getäuscht, dass es zweifelhaft ist, ob bei Denen, die genasen, die Herstellung nicht vielmehr andern Ursachen zuzuschreiben war.

Wiewohl ich die Kraft der Chinarinde gegen dergleichen Krankheiten nicht anzupreisen wagen möchte, so zweifle ich indessen nicht, dass sie unschädlich sei. Denn wenn sie nicht etwa Durchfall erregt, oder etwas Ekel bei schwächerem Magen, wo eine zu grosse Gabe derselben gereicht und vornehmlich wo sie zu harten Pillen zusammengeballt worden, so erinnre ich mich nicht, dass ausserdem hier oder anderwärts irgend ein Uebel von ihr ausgegangen wäre. Dasselbe habe ich von dem scharfsinnigen Arzte Edward Hulse gehört, der vierzig Jahre hindurch mehr von dieser Rinde gegeben hatte, als irgend ein andrer Arzt ausserhalb England oder vielleicht in England selbst. Die Erfahrung hat diese Meinung von Tag zu Tage mehr bestätigt. Kein geringer Beweis hiefür ist, dass in den letzten Jahren zehnmal mehr Rinde verbraucht worden ist, als vor hundert Jahren. Je mehr also ihre Kräfte erforscht wurden, desto mehr wurde aus den Köpfen der Menschen jener Argwohn vertilgt, womit dieses grosse Heilmittel unverdienterweise belastet worden war. Doch fehlt es bis auf diesen Tag nicht an Aerzten, vorzüglich jedoch an ausländischen, welche theils zu Anfang des Wechselfiebers, theils während seines ganzen Verlaufes die Rinde zu geben sich scheuen. Sie überreden sich nämlich, — wie mir scheint, ohne triftigen Grund, — dass das Wechselfieber ein Versuch der Natur sei, überflüssige Säfte und Krankheitskeime auszutreiben, und dass, wenn dieses hülfreiche Fieber voreilig geheilt würde, die schwersten Leiden nach den Eingeweiden getrieben und bald Wassersucht und Tod darauf folgen würden. Ich möchte glauben, dass diese nichtigen Befürchtungen sich von solchen Kranken herschreiben, deren Fieber der Arzt fälschlich für ein Wechselfieber gehalten hatte, während es in der That ein hectisches war, und dass die Leiden der Drüsen nicht durch die Chinarinde entstanden, sondern eben die Ursache des Fiebers gewesen seien.

In langwierigen Krankheiten, die andren Heilmitteln nicht weichen, pflegen die Kranken theils aus eignem Antriebe, theils auf Anrathen ihrer Freunde zum Bather Wasser ihre Zuflucht zu nehmen. Aber, um nichts zu sagen von den Unbequemlichkeiten der Reise und des Aufenthaltes in einer fremden Umgebung, womit der Kranke zu kämpfen hat: so ist das Bather Wasser beim hectischen Fieber ganz unpassend, indem es dasselbe jederzeit steigert, die Uebel des Kranken zugleich vermehrt und den Tod beschleuniget.

CAPITEL XL.
Von der Gesässfistel.

Skirrhen, Geschwüre und Fisteln des Afters und Mastdarmes verursachen Schmerzen, Stuhlzwang, Drang zum Harnlassen und zugleich beschwerliches Harnlassen, eine gewisse Durchfälligkeit, schleimige oder blutige Stüle, zusammengedrückte Form der Kothmassen, Schauer, Anschwellung der Hoden oder bisweilen Brand, herumziehende Schmerzen, auch in den entfernteren Theilen der Gliedmassen.

Geschwüre des Mastdarmes werden oft fälschlich für Haemorrhoiden gehalten und desshalb vernachlässiget. Aber bei jenen ist, wenn sie sich entzünden, der Schmerz weit grösser, als bei den Haemorrhoiden, und wird durch Niesen oder Husten mehr gesteigert. Doch auch nach entstandner Eiterung, wenn nämlich das Geschwür ein wenig Feuchtigkeit absondert, ist es nicht leicht von den Haemorrhoiden zu unterscheiden, bei welchen, auch wo keine Verschwärung stattfindet, gewöhnlich eine eiterartige

Flüssigkeit abfliesst. Damit so viel als möglich jede Irrung beseitigt werde, wird man, wo immer der Schmerz heftiger ist und etwas Eiterartiges abfliesst, seine Zuflucht zum Chirurgen nehmen müssen, welchem, wenn eine Entzündung oder ein Geschwür entdeckt wird, die ganze Behandlung zu überlassen ist, und je zeitiger dessen Hülfe in Anspruch genommen wird, um so mehr wird sie dem Kranken nützen. Denn zur rechten Zeit angewendete passende Mittel verhindern das Entstehn tiefer Buchten, welche nachher entweder niemals geheilt werden könnten, oder doch nicht ohne Anwendung des Messers und ohne nicht unbeträchtlichen Schmerz. Ein solches Fistelgeschwür bestand bei Manchen als unheilbar fort, und ergoss dreissig Jahre hindurch Eiter wie ein Fontanell.

Entzündung und Verschwärung des Mastdarmes entstehn bald aus einer üblen Körperconstitution und aus zu scharfen Säften, die sich auf diesen Theil ablagern; bald entsteht aus leichten äusseren Verletzungen ein Geschwür, welches in Folge von Vernachlässigung endlich alle Säfte des Körpers verderbt. Diese beiden Ursachen können bewirken, was wir oft beobachten, nämlich dass bei einer Mastdarmfistel die ganze Gesundheit erschüttert und zu Grunde gerichtet ist. Wenn daher das Geschwür geheilt wird, so wendet sich gewöhnlich das Uebel nach andren Theilen, und zwar besonders nach den Lungen, woher dann Blutspucken, Athembeschwerden und Abzehrung entstehn. Desswegen schreiben Viele nicht ohne Grund vor, an irgend einem Theile ein Geschwür anzulegen, sobald die Fistel sich schliesst, um durch dasselbe den verdorbenen Säften einen Ausweg zu verschaffen, mögen sie nun durch die Verschwärung des Darmes entstanden oder selbst ihre Ursache gewesen sein. Indessen wird jene Lebensweise sich hülfreich zeigen, welche auch den Schwindsüchtigen zusagt.

CAPITEL XLI.
Vom weissen Flusse.

Der weisse Fluss belästiget das weibliche Geschlecht in jedem Lebensjahre, vom ersten an bis zum höchsten Alter. Doch ist dieses Gebrechen viel seltner vor den Jahren der Mannbarkeit.

Diese Feuchtigkeit, wiewohl meistens, wie der gewöhnliche Name besagt, weiss und dem Wasser ähnlich, ist doch bisweilen zähe und von gelblicher Farbe, ingleichen grünlich und von üblem Geruche und so scharf, dass, wenn die Theile, auf welche sie herabfliesst, nicht oft abgewaschen werden, eine leichte Entzündung mit Jucken und Schmerz entsteht, auch die Oberhaut zerstört wird und der Urin nicht gelassen werden kann, ohne das Gefühl einer empfindlichen Hitze. Aus dem Gesagten geht hervor, dass es nicht geringer Sorgfalt und Umsicht bedürfe, um dieses Leiden von einem venerischen Uebel zu unterscheiden, wenn nämlich die Frau dem ersteren unterworfen war. Wenn Eine, die vorher vom weissen Flusse frei gewesen war oder ihn nur in ganz leichtem Grade gehabt hatte, sogleich, nachdem sie mit einem Manne Umgang gepflogen, anfängt, an Schmerz beim Harnlassen und an reichlichem Ausflusse einer weissen Feuchtigkeit zu leiden: so wird freilich, besonders wenn diese von gelber oder grüner Farbe ist, ein triftiger Grund, das Uebel für venerisch zu halten, vorhanden sein. Störend ist hiebei jedoch, dass neuvermählte Frauen, wenn ihre Gesundheit und Körperconstitution schwächlich ist, nicht selten von einer Art weissen Flusses befallen werden, woher schon falsche Anschuldigungen entstanden sind. Man muss sich daher im höchsten Grade vor einem übereilten Urtheile hinsichtlich der Natur dieses Uebels hüten. Wo die Farbe der Feuchtigkeit entweder weiss oder schwach gelb und nur geringer oder gar kein Schmerz beim Harnlassen vorhanden ist, da wird es nicht am Orte sein, die venerische Krankheit dahinter zu vermuthen, wenn auch vorher kein Gebrechen dieser Art bestanden hat.

Dieses Uebel entsteht oft genug in Folge häufiger Geburten oder Fehlgeburten. Manche wurden zum erstenmale davon heimgesucht, als sie schwanger wurden. Dagegen trat bei Einer der Fall ein, dass sie während der Schwangerschaft weniger daran litt. Bisweilen kehrte es alle Monate zurück und vertrat die Stelle der Menstruation; ingleichen bestand es ohne alle Unterbrechung fort, so lang diese unterdrückt war. Es befiel auch bejahrte Frauen, bei welchen die Menstruation gänzlich aufgehört hatte. Andre sind zu gleicher Zeit mit weissem Flusse und mit übermässigem Monatsflusse behaftet — beides vielleicht in Folge von Schwäche. Harte Arbeit, das Bemühen, grössere Lasten zu tragen, als die Körperkräfte verstatteten, unmässiger Liebesgenuss, Gemüthsbewegungen und schwächliche oder scrofulöse Körperconstitution haben oft diese Krankheit verursacht. Doch, welches auch immer ihre Veranlassung sein möge, so tritt immer zugleich ein heftiger Lendenschmerz ein, der nicht eben den kleinsten Theil der Krankheit ausmacht. Es ist kaum möglich, dass nicht ein Profluvium dieser Art die Kräfte und die Gesundheit einigermassen vermindern sollte; indessen weiss ich nicht nicht, ob es wohl ausserdem irgend einen Nachtheil herbeiführt. Nicht wenige Frauen hatten ihr ganzes Leben lang damit zu kämpfen, und doch hinderte sie dies nicht, gesunde Kinder zu gebären.

Es kann Schwäche des ganzen Körpers die Schuld tragen, oder nur Erschlaffung der Drüsen, welche diese Feuchtigkeit ausscheiden. Demnach wird als Heilmittel dienen, entweder was den ganzen Körper stärkt, oder was zusammenziehend auf die erschlafften Drüsen wirkt. Von Nutzen war ein Pulver, täglich zweimal genommen, enthaltend Olibanum und Sevilla - Pomeranzenschale, von jedem zehn Gran, und fünf Gran Eichenrinde, mit nachzutrinkendem Chinadecoct. Auch passt es, einen Eichenrindenabsud früh und Abends in die Scheide einzuspritzen. Endlich ist der gleichzeitige Gebrauch kalter Waschungen von Nutzen. Uebrigens muss man gestehn, dass dieses Leiden, wiewohl ohne dringende Gefahr, doch oft sehr schwer zu heilen ist, wenn es entweder veraltet ist oder mit einer schwächlichen Körperbeschaffenheit zusammentrifft. Indessen wird der Arzt seine Pflicht erfüllen, wenn er eine Krankheit, die nicht zu heilen ist, wenigstens mindert. Bei scrofulöser Körperconstitution scheint das Profluvium oft nicht sowohl von Schwäche herzurühren, als von schädlichen Säften, die auf diesem Wege sich einen Ausgang suchen, woher noch eine neue Schwierigkeit entsteht; denn Mittel, die den Körper stärken, werden, für sich angewendet, mehr Nachtheil als Nutzen bringen. Wo nämlich durch den Gebrauch dieser Dinge das Profluvium entweder gänzlich unterdrückt oder beträchtlich vermindert worden war, da wurden die Kranken sofort von Magenschmerzen und allgemeiner Mattigkeit ergriffen, wovon sie in der That mehr litten, als von ihrem vorigen Uebel. Für diese passen also die zusammenziehenden Mittel nicht: im Gegentheile wird man ihnen jeden vierten Morgen ein purgirendes Mineralwasser oder irgend ein Purgirsalz, in reinem Wasser oder in einem Chinadecocte aufgelöst, reichen müssen, und hiemit können dann ohne Nachtheil und mit Nutzen solche Mittel verbunden werden, welche die Kraft des ganzen Körpers unterstützen. Das Bristoler Wasser wird gegen diese Krankheit sehr gerühmt; aber die Erfahrung hat seinen Ruf mir nicht bestätigt. Ich habe Kranke gekannt, denen Bleizucker gereicht wurde, ohne Nutzen; wenn er aber noch so viel genützt hätte, so sind doch die von diesem Metalle herrührenden Uebel viel mehr zu fürchten, als die Krankheit selbst.

Die peinlichen Schmerzen im Uterus, in den Hüften und den Schenkeln, mit blutigem und eitrigem Ausflusse, welche von Verschwärung oder Krebs des Uterus herrühren, unterscheiden letztere Zustände hinreichend vom weissen Flusse.

CAPITEL XLII.
Vom gutartigen Tripper oder Harnröhrenflusse.

Der gutartige Tripper der Männer ist dem weissen Flusse der Frauen sowohl seiner Natur als auch seiner Behandlung nach ähnlich. Was also von diesem gesagt worden ist, wird alles fast mit gleichem Rechte von jenem gelten. Ein Gebrechen dieser Art ist bei Männern viel seltner, als bei Frauen, und man findet es bei jenen in der That fast nur in Folge von Ausschweifung oder venerischer Krankheit. In zwei oder drei Fällen jedoch folgte, wie ich mich erinnre, auf einen etwas heftigen Schlag ein reichlicher und gefärbter Ausfluss, welcher in allen Stücken einem venerischen Harnröhrenflusse glich, ausser dass er in wenigen Tagen von selbst aufhörte.

Gegen diese Krankheit sind nur selten oder niemals Einspritzungen von Arzeneiflüssigkeiten in die Harnröhre anzuwenden, indem Viele nicht mit Unrecht vermuthet haben, dass ein zu häufiger Gebrauch vornehmlich von schärferen Mitteln dieser Art die erste Veranlassung zu jenen Verbildungen gegeben habe, vermöge deren dem Urin der Weg dergestalt versperrt wird, dass er ohne die höchste Beschwerde und kaum zu ertragenden Schmerz nicht gelassen werden kann. Diese Verbildungen sind oft unheilbar, oder sogar tödlich, wo die Urinaussondrung gänzlich gehemmt ist oder Brand eintritt. Wer sich in der Folge vor jenen Ursachen hütet, von denen der Tripper zuerst ausgegangen ist, den wird selten seine Hoffnung täuschen, ihn geheilt oder doch so vermindert zu sehen, dass die Gesundheit dadurch keinen Nachtheil erleidet. Aber Viele, die von etwas ängstlicher Gemüthsart sind, martern sich ohne Ursache aufs höchste, indem sie meinen, dass diese Krankheit vor allen andern, ich weiss nicht, was für grosse Uebel entweder schon herbeigeführt habe oder bald herbeiführen werde. Und niemals hat es an schlechten Menschen gefehlt, die sich nicht scheuen, dergleichen nichtige Befürchtungen einzuflössen und zu vermehren, um durch Verkauf unnützer Bücher und verderblicher Arzeneien sich einen Gewinn zu verschaffen.

CAPITEL XLIII.
Von der Schwangerschaft.

Schwangere sind vielen Uebeln ausgesetzt, wovon die meisten erst nach der Entbindung aufhören.

Die Weiber empfangen vielleicht kurz vor der Menstruation leichter, als zu irgend einer andren Zeit.

Zwei Ehemänner haben mir erzählt, dass ihre Frauen gegen den Liebesgenuss gleichgültig gewesen wären, und durchaus keine Begierde und Lust dazu gehabt hätten; dass sie aber doch oft schwanger geworden wären und regelmässig geboren hätten.

Ein ganz gesundes Weib bemerkte im fünften Monate der Schwangerschaft, dass eine Feuchtigkeit aus den Brustwarzen hervortröpfelte, was erst zwei Tage vor der Entbindung aufhörte; dann floss sechs Tage lang nichts aus den Brüsten aus; aber am vierten Tage nach der Entbindung füllten sie der Regel gemäss sich mit Milch an.

Durch die Schwangerschaft entstehn gewöhnlich Ekel und Magenbrennen; den ersteren hob, nachdem viele Mittel vergebens versucht worden waren, das täglich zweimalige Einreiben von Seifenliniment mit Opiumtinctur in den Leib; das Magenbrennen aber heilte verdünnte Schwefelsäure.

Eine Frau, die nicht vermuthete, empfangen zu haben, fuhr nicht nur in den ersten Monaten der Schwangerschaft fort, kalte Bäder zu nehmen, sondern auch Seewasser zu trinken, so dass sie täglich zwei- oder dreimal eine Stuhlentleerung hatte, und blieb diesmal zum erstenmale vom Ekel frei, der sie sonst gewöhnlich sehr belästigt hatte, so oft sie schwanger gewesen war. Auch der Saft von Pomeranzen und Citronen und andren sauren Früchten nützte gegen diesen Ekel.

Es ist mir vorgekommen, dass um den sechsten Monat vierzig Tage lang Blut aus dem Uterus abfloss, ohne dass die Frau fehlgebar. Ich habe eine andre gekannt, bei welcher während der ganzen Schwangerschaft bis zur Entbindung die Menstruation regelmässig einzutreten nicht aufhörte; und diese hatte viermal geboren.

Frauen, die mit der Lungensucht behaftet sind, empfangen leicht, und so lange sie schwanger sind, bleibt die Schwindsucht ziemlich auf derselben Stufe; sobald sie aber geboren haben, nimmt die Krankheit zu und rafft in reissendem Fortschritte die Kranken dahin.

Bisweilen tritt Beschwerde beim Harnlassen oder Harnverhaltung in Folge der auf die Harnröhre drückenden Last des Uterus ein; gegen diese ist der Catheter ein wirksames und das einzige Heilmittel. Nachdem einmal der Urin drei Tage lang unterdrückt gewesen war, flossen durch den Catheter fünf Pfunde ab.

Cantharidenpflaster, bei schwangeren Frauen angewendet, welche in höherem Grade zur Strangurie geneigt waren, führten, indem sie diese veranlassten, Gefahr des Abortus herbei.

CAPITEL XLIV.

Von den Haemorrhoiden.

Die Venen des Mastdarmes schwellen bisweilen an, oder bersten auch, und ergiessen Blut, ohne Schmerz, gerade wie die Venen der Nasenhöhle. In andren Fällen sind sie entweder aussen oder innen stark angeschwollen ohne zu bersten, schmerzen aber heftig, und der Schmerz dauert fort, auch nachdem die Venen geöffnet worden sind und die Geschwulst zusammengefallen ist. Manche glauben, dieser Bluterguss sei heilsam, und es würden demnach, wenn er durch kräftigere Mittel angehalten würde, Kopfschmerzen, Schwindel, Unterleibsbeschwerden und allgemeine Zerrüttung darauf folgen; gleich als ob jenes Blut, das sich einen Ausweg durch die Venen des Mastdarmes suchte, nunmehr, innen zurückgehalten, zur Ursache irgend eines grossen Uebels würde, nachdem der Krankheitstoff sich auf die Eingeweide gezogen. Wenn aber in einem gesunden Körper es keines Blutabflusses aus diesen Venen bedarf, so weiss ich nicht, ob man ihn bei einem Kranken nicht richtiger für ein Zeichen, als für ein Heilmittel der Krankheit erklären wird.

Bei Einigen entsteht der Haemorrhoidalfluss aus nicht minder geringfügigen Ursachen, als ein Blutfluss aus den Venen der Nasenhöhle, und kann ohne Gefahr vernachlässigt werden. Es giebt viele Krankheiten der Eingeweide, welche, indem sie Stockungen des Blutes bewirken, auch Ursachen sein können, warum die Venen im untersten Theile des Darmcanales anschwellen und bersten. Daher gesellen sich oft Haemorrhoiden zu Krankheiten der Leber, und gewähren zwar auf kurze Zeit Erleichterung, können jedoch keinesweges die Heilung jener bewirken. Die Fehler der Eingeweide sind aber oft unheilbar, und wenn dann vielleicht die von ihnen ausgegangenen Haemorrhoiden unterdrückt sind, so wird der unvermeidliche Ausgang jener Uebel diesem fehlenden Blutflusse fälschlich zugeschrieben.

Manche glauben, dass die Haemorrhoiden gegen Kopfund Magenschmerzen, Asthma, Schwindel und Hautübel im Gesichte genützt hätten: ob sie richtig geurtheilt haben, oder nicht, ist nicht leicht zu sagen. Wenigstens ist diese Sache dem Irrthume sehr unterworfen. Wenn es inzwischen sich jemals getroffen hat, dass die Haemorrhoiden nützlich waren: so ist dies doch so selten der Fall gewesen, dass desshalb eine Krankheit, deren Beschwerde gewiss und deren Nützlichkeit ungewiss, für Niemanden wünschenswerth ist. Ob sie übrigens heilsam sind, oder nicht, daran liegt wenig; da der Bluterguss selten so bedeutend ist, dass er mit naher oder ferner Gefahr drohte. Indessen habe ich beobachtet, dass aus den Venen des Afters einen ganzen Monat lang täglich so viel Blut ausfloss, dass fast nothwendigerweise die Körperkraft etwas abnehmen musste. Dies ist aber selten. Wo es vorkommt, wird ein halbes Pfund Chinadecoct, täglich verbraucht, Hülfe gewähren; dieses nützt aber, wie mir scheint, nicht sowohl durch eine gewisse zusammenziehende Kraft, als vielmehr, indem es den von einem unmässigen Blutverluste zu erwartenden Uebeln begegnet.

Die Haemorrhoiden befallen in gleicher Weise beide Geschlechter. Manche begannen im fünften Lebensjahre daran zu leiden: häufiger ist das Kindesalter von dieser Krankheit frei. Schwangere Weiber und bejahrte Frauen, deren Menstruation eben aufgehört hat, sind den Haemorrhoiden mehr unterworfen. Andre Frauen scheinen weniger davon heimgesucht zu werden, als Männer.

Bei manchen Körperconstitutionen sind die Haemorrhoiden etwas Gewöhnliches und dauern mit kurzen Unterbrechungen das ganze Leben hindurch. Nachtheilig ist sowohl harte Oeffnung, als Durchfall. Nicht allein bei jeder Entleerung des Leibes fliesst Blut aus; sondern es dauerte auch lange ein freiwilliger Ausfluss von wässriger Feuchtigkeit beständig fort. Das Haemorrhoidalblut wird gleichsam zum Darmunrathe zugegossen, mischt sich aber nicht mit ihm. Der Schmerz wird um Vieles vermehrt, so oft Stuhlgang erfolgt, und lässt erst nach einigen Stunden nach. Harnbrennen, Ekel und Lendenschmerz gehörten zu den minder gewöhnlichen Zeichen der Haemorrhoiden. Die Meisten fliehen bei dieser Krankheit die Aloë, als welche vor allen andren Purgirmitteln die Venen des Afters reize, — und sie haben nicht ganz Unrecht. Indessen ist diese Wirkung überall geringer, als man gewöhnlich meint, und nicht selten fehlt sie gänzlich. Demnach werden Jene sich oft in ihrer Erwartung getäuscht sehen, die, indem sie überzeugt sind, die Haemorrhoiden seien heilsam, dieselben durch Aloë herbeizuführen suchen.

Wo irgend die Haemorrhoiden entweder Schmerz erregen oder Blut abfliesst, muss, wie die Sache selbst anzeigt, die Oeffnung etwas flüssiger erhalten werden. Zu diesem Ende hält man die Schwefelblumen vor allen für nützlich. Zehn bis fünfzehn Gran von diesen bewirken sehr gelinde Oeffnung, und ausserdem, wenn die Sage richtig ist, mildern sie den Schmerz und mässigen den Blutfluss. Ob übrigens der Schwefel in dieser Krankheit mehr vermöge, als andre gelinde Abführmittel, ist so ungewiss, dass an seiner Statt wohl auch entweder eine Drachme Sennalatwerge oder ein Esslöffel Ricinusöl oder eine halbe Unze Sennatinctur mit einer Unze Mandelöl gegeben werden kann, und die tägliche Erfahrung bestätiget die Nützlichkeit aller dieser Mittel.

Der Schmerz ist bei den Haemorrhoiden bisweilen so gross, dass er augenblickliche Hülfe fordert; diese gewährt ein Breiumschlag aus Brod mit Milch und einem geringen Zusatze von Oel; dasselbe leisten zwei Unzen

Schweinfett mit ebensoviel Scrupeln Opium, letzteres mit Wasser flüssig gemacht; von dieser Salbe ist ein wenig an den schmerzenden Theil zu bringen. Ich weiss noch nicht recht, ob das Opium, auf solche Art angewendet, nur auf diese Venen heilsam einwirke, oder vielmehr das ganze Nervensystem beruhige, was, wie wir wissen, dieses Arzeneimittel zu bewirken vermag, sobald es in den Magen oder die Gedärme gelangt. Der Schmerz, welchen die angeschwollnen Venen erregen, wird sich mildern oder aufhören, sobald sie durch das Messer oder durch Blutegel entleert werden. Einige, die mit Haemorrhoiden geplagt waren, erzählten mir öfter als einmal, dass ihnen ein Pfund eines Aufgusses von Buxbaumblättern, früh und Abends getrunken, die grösste Hülfe gewährt habe; doch habe ich dies Andren nicht verordnet, da es weder schneller noch vollständiger den Wünschen der Kranken entsprochen haben würde, als die oben angegebenen Mittel.

CAPITEL XLV.
Vom Eingeweidebruche.

Innerlich gereichte Arzeneimittel sind bei dieser Krankheit reine Possen. Das einzige Heilmittel ist eine dem Körper so angepasste Binde, dass sie den Darm herabzusteigen verhindert.

CAPITEL XLVI.
Vom Wasserkopfe.

Die Köpfe einiger Kinder erreichen eine übermässige Grösse, die Nähte gehn auseinander und die Häute des Hirnes werden, von Wasser ausgedehnt, nach aussen getrieben, woher eine weiche, über die Ränder der Nähte hervorragende Geschwulst entsteht. Schwächliche Kinder sind diesem Leiden ausgesetzt, welches einen ganzen Monat hindurch täglich zunahm; sie werden dabei von Tag zu Tage empfindungs- und regungsloser, während die Zahl der Pulsschläge nicht über 72 in der Minute steigt; an den sechs oder sieben letzten Tagen der Krankheit sind die Kranken kaum oder gar nicht im Stande, zu trinken; sie geben keinen Laut von sich und liegen fast leblos da, ausser dass bisweilen leichte Zuckungen der Gliedmassen erfolgen.

Bei der Leichenöffnung eines Kindes, das an dieser Krankheit gestorben war, fand sich ein halbes Pfund Wasser in den Hirnhöhlen vor. Ich habe keine andren Mittel versucht, als Abführungen und künstliche Geschwüre, welche übrigens wenig genützt haben.

Der Wasserkopf befällt vorzüglich Knaben und Mädchen vom ersten bis zum achten Lebensjahre. Kopfschmerzen, häufiges Greifen mit den Händen nach dem Kopfe, plötzliches Aufschreien, Krämpfe, Betäubung, Geistesstörung, langsamer Pulsschlag, endlich Blindheit erregen mit Recht den Verdacht dieser Krankheit, wenn auch der Umfang des Kopfes nicht vermehrt ist. Doch ist es nicht beständig der Fall, dass diese Zeichen von Hirnwassersucht herrühren; denn ich habe sie alle bei einem Knaben beobachtet, dessen Hirn nicht mehr als die gewöhnliche Menge Flüssigkeit enthielt, wie ein sehr erfahrner Anatom, der die Leichenöffnung gemacht hatte, versicherte.

Ein Erwachsener wurde von unerträglichem Kopfschmerze befallen; bald war die höchste Begierde nach Speisen vorhanden, bald gar keine; er delirirte, bekam Zuckungen der Glieder, verfiel in Betäubung und starb in kurzem. Die Hirnhöhlen waren so ausgedehnt, dass, nach vorgenommenem Einschnitte, das Wasser bis zu einer beträchtlichen Höhe hervorsprang.

CAPITEL XLVII.

Von der Wasserscheu.

Ich war Augenzeuge von einer nicht geringen Scheu vor Wasser oder irgend einer Flüssigkeit, die bedeutender war, als sie der blosse Schmerz beim Niederschlucken verursacht haben würde, und zwar bei einem Kranken, dessen Rachenhöhle entzündet war und sodann in Eiterung übergieng. Die Wasserscheu in Folge des Bisses eines wüthenden Thieres habe ich nie gesehen.

CAPITEL XLVIII.

Von der Wassersucht.

Anschwellungen der Knöchel oder Unterschenkel, welche Morgens entweder ganz vergehn oder um vieles vermindert erscheinen, sind etwas Gewöhnliches unter den Frauen bei wärmerer Witterung und in der Schwangerschaft, und sowohl bei Männern als bei Frauen, wenn sie von schweren oder langen Krankheiten wieder aufstehn; eben so bei Greisen und Gichtkranken und Solchen, deren

Unterschenkel durch einen Stoss oder eine Verdrehung oder Verschwärung verletzt sind, oder fast wegen einer jeden Ursache schmerzten. Solche Geschwülste verschwinden entweder von selbst oder dauern ohne Gefahr fort, und daher bedürfen sie keiner ärztlichen Behandlung. Wenn dagegen zu langwierigen Krankheiten der Lungen oder des Unterleibes Geschwülste an den Unterschenkeln hinzukommen, so zeigen sie an, dass irgend ein schweres Leiden in der Brust oder im Unterleibe dahinterstecke, und dass die Anschwellung in wirkliche Wassersucht übergehn werde, die gemeiniglich mit dem Tode endigt.

Die Wassersucht ist nicht sowohl eine selbständige Krankheit, als ein Zeichen irgend einer und gemeiniglich einer lebensgefährlichen Krankheit, und desshalb wird sie sehr oft zum Vorboten des Todes. Man hat oft Wasser in der Brust gefunden; aber so lange der Mensch lebt, kann man dieses, so viel ich weiss, an keinem bestimmten Zeichen erkennen. Der Bau der Brust verhindert, dass äusserlich eine Geschwulst erscheine, und die von Brustwassersucht herrührende Athembeschwerde ist in allen Stücken jener, die auch aus andern Ursachen entsteht, so ähnlich, dass sie kein deutliches Zeichen dieses Uebels gewährt.

Die Bauchwassersucht oder der Ascites wird erkannt an der Geschwulst und am Gefühle der Fluctuation des Wassers, wenn der Bauch mit der einen Hand angeschlagen, mit der andren gedrückt wird; denn nichts von der Art bietet die Schwangerschaft, oder die Aufblähung oder die krankhafte Anschwellung eines Eingeweides dar. Doch ist ein Irrthum in dieser Sache nicht unmöglich; denn ich habe gesehen, dass erfahrne Aerzte und Chirurgen, im Vertrauen auf dieses Zeichen, ein falsches Urtheil über die Natur der Geschwulst fällten. Keim Ascites ist das Wasser oft in einer Haut enthalten, welche sich aus einer Drüse eines erkrankten Eingeweides gebildet haben möchte.

Bei Frauen werden die Ovarien oft der Sitz der Wassersucht, und die Krankheit verweilte in ihnen mehr als zehn Jahre lang, mit kaum grösserer Beschwerde, als aus dem so sehr vermehrten Umfange und der so bedeutenden Last nothwendig hervorgieng. Diese Art Wassersucht ist vielleicht desshalb weniger gefährlich, weil der Eierstock nicht so nothwendig zum Leben ist, wie die übrigen Eingeweide; ich glaubte aber, dass in diesem das Wasser enthalten sei, wenn die Geschwulst in der Gegend des Eierstockes zuerst bemerkt wurde. Der Eierstock und, wenn ich nicht irre, auch andre Unterleibseingeweide werden oft von Flüssigkeit ausgedehnt, ohne irgend eine Anschwellung der Unterschenkel. Ein fast unstillbarer Durst quält die meisten dieser Kranken, aber nicht alle. Bei jeder Wassersucht, wo das Wasser in einer Haut eingeschlossen ist, fällt es nicht leicht, anzugeben, auf welche Weise die Flüssigkeit zu den Unter- und Oberschenkeln herabgelangt. Man sagt zwar, dies geschehe entweder durch Vermittlung der Zellhaut oder vermöge der Kraft, welche der Körper besitzt, eine Flüssigkeit an einem Orte aufzusaugen und an einen andren zu führen. Bei Manchen weiss ich nicht, ob das Wasser, das sich im Bauche befindet, etwas gemein habe mit jenem, welches die unteren Gliedmassen anschwellt. Gewiss kann die Anschwellung der letztern aus jener allgemeinen Körperschwäche entstehn, welche die Krankheit herbeigeführt hat, und eine Hautwassersucht darstellen, ohne von der im Bauche angesammelten Flüssigkeit herzustammen.

Es ist eine schwierige Sache, die Flüssigkeiten bei der Wassersucht entweder durch den Stuhl, oder mit dem Urine oder Schweisse zu entfernen. Wenn aber auch die Arzeneimittel die gewünschte Hülfe geschafft haben und alles Wasser ausgeleert ist: so wird doch noch viel zu thun übrig bleiben und der Kranke in derselben Gefahr schweben, so lange nicht die Krankheit, wovon die Wassersucht herrührte, entweder durch die Natur oder durch die Kunst beseitigt ist. Alle aber, die durch Abführmittel diesen Kranken zu helfen bemüht sind, muss man darauf aufmerksam machen, dass die Kräfte der letzteren durch ihre Krankheit um vieles vermindert sind und dass man daher nicht bei stärkeren Arzeneimitteln beharren müsse, wenn nicht offenbar die Kranken dadurch erleichtert oder wenigstens nicht benachtheiliget werden. Wofern ein Wassersüchtiger es vermag, ein so kräftiges Mittel zu ertragen, pflegte ich ein oder zwei Gran Elaterium zu reichen, das mit einem Esslöffel verdünnten Weingeistes bequem zu nehmen ist. Dieses Mittel wird man, wenn es keine ungewöhnliche Aufregung verursacht und aus dem Unterleibe sich eine beträchtliche Menge Wassers entleert, jeden vierten Morgen fortgeben müssen, bis alle überflüssige Feuchtigkeit entfernt ist; an den Tagen aber, an welchen nicht abgeführt wird, wird irgend ein bitteres und gewürzhaftes Mittel zu nehmen sein. Es sind mir vier oder fünf Bauchwassersüchtige bekannt, welche durch diese Heilart hergestellt wurden; einer von ihnen lebte nach seiner Genesung vierzehn Jahre lang. Ungefähr dasselbe leistet ein halber Scrupel Gutti. Wiewohl die Bedeutsamkeit dieser Krankheit ein grosses Heilmittel fordert: so sind doch häufig die Kräfte des Kranken zu schwach, dasselbe zu ertragen; in diesem Falle muss man zu gelindern Abführmitteln und zu urintreibenden Mitteln seine Zuflucht nehmen. Zu dem Ende dient die Squillawurzel, wovon so viel Grane zu nehmen sind, als der Magen ohne Ekel verträgt. Angenehmere Gewürze oder sogenannte wesentliche Oele werden ihre Kraft, Erbrechen zu erregen, binden und eine grössere Gabe sehr wohl erträglich machen. Eine solche Arzenei ist alle Nächte zu nehmen, jeden Morgen aber eine Drachme essigsaures Kali in einer Unze Sennatinctur, oder eine halbe Unze Seignettesalz oder weinsteinsaures Kali; alle diese sogenannten Neutralsalze treiben, so weit meine bisherige Erfahrung reicht, auch auf den Urin.

Es ist möglich, dass die Schwäche des Kranken oder seine schon ziemlich dünne Oeffnung die Purgirmittel verbietet und demnach die ganze Behandlung auf urintreibende Dinge sich beschränken muss. Dieses Vermögen haben nun die alten Aerzte nicht wenigen Arzeneimitteln zugeschrieben und sie unter diesem Namen ihren Nachkommen empfohlen. Aber man muss gestehn, dass die Wirkungen aller dieser Dinge so unbedeutend und ungewiss sind, dass, wer ihnen viel zutraut, sich oft in seiner Erwartung getäuscht sehen dürfte. Zu der Zahl derselben gehören die schärferen Balsame, wovon täglich zweimal ein Scrupel genommen wurde; ingleichen ebensoviel Kali praeparatum, in Wasser oder Wein aufgelöst. Dieses Mittel ist viel annehmlicher, als eine Auflösung von Kräuterasche in Wein; die Kraft dieser letzteren beruht nämlich nicht in der geschmacklosen Erde, sondern in den Laugensalzen, wovon diese Asche einen Ueberfluss enthält, verbunden mit einem Antheile von Neutralsalzen, welche viele verbrannte Pflanzen liefern. Gleiche Kraft besitzen, wie man glaubt, der Salpeteraethergeist und die Cantharidentinctur; von dieser werden zwanzig Tropfen, von jenem eine Drachme täglich dreimal angewendet. Auch ein Esslöffel des ausgepressten Saftes von Artischockenblättern mit drei Esslöffeln Rheinwein wird von Einigen angerühmt.

Wo diese und viele andre sogenannte Diuretica vergeblich, wie dies meistens geschieht, versucht worden waren, haben Einige sich bemüht, das Wasser durch Einschnitte in die Unterschenkel oder durch auf dieselben gelegte Cantharidenpflaster auszuführen; bisweilen entstehn auch freiwillig Bläschen an den Unterschenkeln der Wassersüchtigen. Durch diese Hülfsmittel habe ich gesehen, dass eine nicht geringe Menge Wassers entleert, aber die Krankheit niemals geheilt wurde; indessen bewirkten sie einen kurzen Stillstand und erleichterten den Kranken in etwas. Unangenehm ist es, dass sich aus diesen unbedeutenden Verletzungen bisweilen schwer zu heilende oder gefährliche Geschwüre bilden, wenn sie auch zwei- oder dreimal des Tages mit Wollentüchern, die in warmes Wasser getaucht und ausgedrückt worden, gebäht werden. Die Bähungen dienen auch, das Wasser in grösserer Menge herauszubefördern. Nicht selten muss man auch durch einen Einstich das Wasser entleeren, wenn der Bauch einen solchen Umfang erreicht und von der Flüssigkeit so ausgedehnt wird, dass er beinahe berstet und das Athemholen fast unmöglich wird. Wenn aber auch alles Wasser aus dieser Oeffnung abfliesst, so erinnere ich mich doch unter so Vielen, die auf diese Art Erleichterung fanden, kaum Eines oder des Andren, bei dem die Krankheit nicht wiederkehrte oder der nicht unter tagtäglicher Abnahme der Kräfte dahinstarb; weil nämlich, wie vorhin gesagt wurde, die Wassersucht nur ein Zeichen einer andern und gemeiniglich verderblichen Krankheit ist.

Einge waren so glücklich, dass, indem es mit der Grundkrankheit besser zu gehn anfieng, die Quelle der Wassersucht verstopft wurde und die Kranken aus ihrem bedenklichen Zustande sich erhoben. Unter die Zufälle, die selten und wider Aller Vermuthen bei dieser Krankheit eintreten, muss man auch einen unglaublich starken Urinabgang rechnen, der, von freien Stücken plötzlich entstehend, bisweilen in Zeit von wenigen Stunden die ganze Geschwulst verschwinden macht. Es ist nämlich dem animalischen Körper eine gewisse unbekannte Kraft versehen, vermöge deren alle im Unterleibe eingeschlossne Flüssigkeit aufgesogen und nach den Nieren geleitet wurde. Ein solcher der Natur allein zuzuschreibender Ausgang kann wohl auch die Mittel, welche der Kranke zu dieser Zeit etwa gebrauchte, unverdienterweise in Ruf gebracht haben.

Ich habe einige Wassersüchtige gekannt, welche die Lust befiel, sich aller Arten von Getränk zu enthalten, was sie vierzig Tage lang oder noch länger aushielten. Dies hatte jedoch keinen so guten Erfolg, dass ich Andren rathen könnte, denselben Heilweg einzuschlagen. Ich habe auch gehört, dass Einige sich aller Getränke sechs Monate hindurch enthalten haben. Oliven- oder Ricinusöl wurde — ohne Erfolg — früh und Abends bei vielen Wassersüchtigen in den Unterleib eingerieben, weil einer oder der andre, der dieses Mittel versucht hatte, dadurch angeblicherweise von seiner Krankheit befreit worden war. Ich habe die Erfahrung gemacht, dass die Wassersucht bei zwei Menschen freiwillig verschwand, von denen der eine nachher den Schlagfluss bekam, der andre im Zustande der Geistesverwirrung starb.

Ein gewisser Bauchwassersüchtiger entleerte, indem ein plötzlicher Harnfluss entstand, alles überflüssige Wasser: aber die Unterschenkel hörten nicht auf, angeschwollen zu sein, und der Kranke fürchtete, die Krankheit möchte wiederkehren: in diesem Zustande der Dinge befiel ihn ein Schlagfluss, aber die Besinnung kehrte sogleich zurück; dann trat Schwindel ein und häufige Furcht vor einem Schlaganfalle; indessen lebte der Kranke viele Monate lang, frei von aller Anschwellung der Unterschenkel oder des Bauches.

Die Wassersucht, welche man Anasarca oder Hautwassersucht nennt, entsteht oft, nachdem entweder gar kein oder nur irgend ein leichteres Uebelbefinden vorausgegangen ist, und desshalb wird sie gemeiniglich geheilt und es folgt vollkommne Genesung. Wiewohl aber diese Art meistens ohne Gefahr ist, so zieht sie sich doch gewöhnlich in die Länge, und hat bisweilen nicht nur einige Monate, sondern sogar einige Jahre hindurch allen Mitteln widerstanden. Jüngere und kräftigere Leute verfallen bisweilen in diese Krankheit; häufig ist sie auch bei

Schwangern, aber nach erfolgtem Abortus verschwindet sie bald. Zugleich hiemit fand bei einigen ein ungewöhnlicher Thränenfluss statt. Kein Alter ist vor diesem Uebel sicher; Frauen werden aber häufiger davon befallen, als Männer. Passend ist, was gelinden Stuhlgang erregt, mit dazwischen geschobenen bittern und gewürzhaften Mitteln. Bisweilen wurde die Krankheit durch Einschnitte in die Unterschenkel gehoben. Auch das Opium, allnächtlich genommen, erwies sich hülfreich, vielleicht durch Erregung von Schweissen.

CAPITEL XLIX.
Vom hypochondrischen und hysterischen Leiden.

Es giebt sehr Wenige oder vielmehr Niemanden, dem eine quälende Schwermuth unbekannt wäre und der nicht manchmal, ohne irgend erkennbare Ursache, jene Niedergeschlagenheit des Geistes kennen gelernt hätte, welche mit den Wolken der Traurigkeit alle Arbeiten und Beschäftigungen umzieht und fast alle Hoffnungen in Verzweiflung umwandelt, verbunden mit einem kaum zu ertragenden Angstgefühle. Dieser Zustand des menschlichen Geistes scheint mir bei den Männern das hypochondrische, bei den Weibern das hysterische Leiden auszumachen. Wo dies leicht ist, schnell aufhört und Andern entgeht, erinnert sich seiner auch Derjenige nicht lange, der daran gelitten hat. Wenn es aber schwerer wird, oft wiederholt und lange andauert, so weiss ich nicht, ob es nicht mit Recht zu den grössten Uebeln des Lebens zu rechnen ist; denn es verschliesst und trübt kein andres alle Quellen der Freude in höherem Grade. Diese Krankheit ist gleichsam ein Traum eines Wachenden, wobei der Mensch, wiewohl er gesund ist, sich von den Erscheinungen aller Krankheiten bedrängt glaubt, und, wenngleich unschuldig, doch von Schrecken erfüllt ist, als ob er sich aller Verbrechen bewusst wäre.

Die grosse Unkunde, worin wir uns befinden theils in Bezug auf den Zusammenhang zwischen Leib und Seele, theils auf die Art und Weise, wie beide auf einander einwirken, theils endlich auf die dem animalischen Körper von Natur zukommenden Kräfte, welche weit verschieden sind von jenen, die man in den unbelebten Körpern antrifft, — verursacht grosse Schwierigkeiten bei der Untersuchung aller Krankheiten, bei dieser aber die grössten. Denn die hypochondrischen und hysterischen Uebel scheinen ganz auf diesen unbekannten Dingen zu beruhen, indem der Körper, soweit er unseren Sinnen zugänglich ist, bei Einigen, die dieses Leiden lange und aufs Aergste mitgenommen hat, ganz gesund ist. Nichtsdestoweniger ist kaum ein Theil des Körpers, der nicht bisweilen von Seelenleiden angegriffen worden zu sein schiene; keiner aber ist öfter oder schwerer betheiligt, als die Gedärme, welche bei diesen Kranken selten frei sind von Schmerzen, einem lästigen Gefühle von Schwere, Unverdaulichkeit, Säure, Brennen, Ekel und Aufblähung, die fast bis zum Ersticken geht, Schwindel verursacht und alle Sinne verwirrt; während die Esslust natürlich bleibt oder selbst etwas grösser wird, als gewöhnlich. Der Urin ist gewöhnlich wässerig und wird in sehr reichlicher Menge gelassen; doch ist dies nicht beständig der Fall. Nicht leicht wird man irgend eine Krankheit des Herzens selbst finden, welche heftigeres Herzklopfen erregte, als die, von der es hier sich handelt, wiewohl dabei das Herz gesund und unverletzt ist. Auch bei Solchen, deren Lungen ganz gesund sind, wird der Athem nicht weniger schwer und beengt, als beim wahren Asthma. Dann pflegen sie mit dem falschen Scheine getäuscht zu werden, als ob Kugeln im Schlunde steckten, und mit nichtiger Furcht vor dem Ersticken. Auch Thränen fliessen — ohne Schmerz. Nase und Ohren sind voll eingebildeter Gerüche und Klänge.

Das Gesicht ist ohne wahrnehmbare Ursache getrübt. Es findet Schwindel, Verwirrung der Sinne, Betäubung und wechselnde Gemüthsstimmung statt, mit Verlust der Wahrnehmungsgabe und des Gedächtnisses; woraus hervorgeht, dass es an irgend einer Kraft fehle, welche die Bewegungen des Körpers lenkt und regelt, und dass der Geist unter fremder Herrschaft stehe. Auch bei Nacht tritt fast keine Unterbrechung des Elendes ein; denn der Kranke schläft wenig, wird von unruhigen Träumen bewegt und wacht oft auf. Hiezu gesellen sich Unruhe, herumziehende Schmerzen, fliegende Hitze, kalte Schweisse, Schrecken, Zittern, leichte Zuckungen der Gliedmassen und Betäubung, wodurch der Kranke bisweilen so übermannt wird, dass er entweder ohnmächtig zusammenstürzt, oder nur schwer und mit grosser Anstrengung sich endlich zu erholen im Stande ist. *)

---

*) Welche Sinnenverwirrung durch das hypochondrische Leiden herbeigeführt werde, kann man aus folgender Geschichte ersehen. Ein Mann verfiel um das dreissigste Lebensjahr, ohne irgend eine wahrnehmbare Ursache, in eine tiefe Schwermuth, womit er längere Zeit kämpfte. Endlich, ich weiss nicht, von welchem verkehrten Gedanken bewogen, nahm er ein Scheermesser und schnitt sich den Penis und das Scrotum ab Nachdem die Wunde geheilt war, äusserte er selbst von freien Stücken, es komme ihm höchst wunderbar vor, wie es habe geschehen können, dass er eine so grässliche That gewagt, während er sonst immer so furchtsamen Gemüthes gewesen war, dass er sich vor einem Aderlasse nicht wenig entsetzte und nicht ohne grosse Beunruhigung eine noch so kleine Verletzung ertragen konnte: und doch war er frei von aller Furcht, als er die erwähnte schmerz- und gefahrvolle Amputation unternahm, auf welche

Alle diese Uebel plagen in gleicher Weise die hypochondrischen Männer und die hysterischen Weiber. Bei letzteren sind aber einige leichter, einige ernster, als bei den Männern; andre sind ihnen auch fast eigenthümlich. Die Niedergeschlagenheit und Muthlosigkeit pflegen bei Frauen geringer zu sein, als bei Männern; aber bei jenen findet viel öfter ein Zustand gänzlicher Betäubung hinsichtlich aller Seelenvermögen statt; man möchte sie für Bildsäulen halten, die durch Freude oder Schmerz kaum zu bewegen sind. Die Ohnmachten sind bei dem weiblichen Geschlechte gewöhnlicher; ingleichen die sogenannten hysterischen Krämpfe, vor welchen die grössere Körperkraft die Männer sicherstellen kann. Die Krampfanfälle werden oft durch irgend einen geringen Sinnes- oder Gemüthseindruck erregt, und pflegen mit einem Beengungsgefühl im Magen oder in den Eingeweiden anzufangen; sie dauern bald nur einen Augenblick, bald eine halbe Stunde, bisweilen folgt ununterbrochen einer auf den andern, einen ganzen Tag hindurch; dabei haben sie das Eigenthümliche, dass die Kranken, wiewohl sie nicht reden können und beinahe leblos zu sein scheinen, doch oft alles hören und verstehn, was von den Umstehenden gesagt wird. Nachdem sie einigermassen zur Besinnung gekommen sind und die Sprache wiedergekehrt ist, werden sie bisweilen einige Stunden hindurch fortfahren, irre zu reden; ein leichtes Delirium dieser Art befällt einige Frauen, auch wenn kein hysterischer Anfall vorausgegangen ist. Auch darin unterscheiden sich bei dieser Krankheit Frauen und Männer, dass jene zu unwillkürlichem Weinen und Lachen geneigter sind. Auf das Lachen folgt

---

übrigens auch, wie er mir selbst eingestand, nicht die geringste Schmerzempfindung gefolgt war.

Eine ähnliche Geschichte liest man in den Medical Communications, Vol. II. p. 54.

meistens Schwermuth; Thränen erleichtern die Krankheit. Bei Frauen ist auch öfter die Stimme entweder unterdrückt, oder sie erheben ein unmässiges Geschrei; dann folgt Schlucksen, Gähnen, Dehnen und andre Nervenaffecte; endlich belästigt der Globus hystericus, der die Rachenhöhle zu verstopfen scheint, die Frauen sehr oft, aber die Männer entweder nie oder sehr selten.

Eine sehr alte Meinung ist: das Wesen des Menschen bestehe aus dem Leibe, den natürlichen Kräften und dem Geiste.*) Bei den hysterischen Frauen sind vorzüglich die natürlichen Kräfte verstört und verwirrt; bei den Männern leidet mehr der Geist selbst. Daher herrschen bei jenen hauptsächlich das unwillkürliche Schreien, die Ohnmachten und Krämpfe aller Art, bei den Männern aber stumme Verzweiflung. Dies kann auch die Ursache sein, warum bei dieser Krankheit Männer häufiger als Frauen bis zu jenem Grade von Wahnsinn getrieben werden, dass sie sich den Tod geben.

Einige, die behaupteten, dass Sorgen und Freuden unter alle Menschen gleich ausgetheilt seien, haben gemeint, die Schwermuth sei das Loos der Reichen und der Müssiggänger und mindere ihre Glückseligkeit dergestalt, dass das Leben dieser Beglückten nicht wünschenswerther sei, als das Leben Jener, die durch Arbeit ihren Unterhalt suchen. Es ist jedoch keineswegs an dem, dass Arme und Arbeiter und Niedrige desshalb vor dieser Krankheit sicherer und ihr weniger unterworfen wären. Bisweilen wird sie von den Aeltern vererbt und die uns angebornen Keime derselben verfehlen nicht, zu ihrer Zeit hervorzubrechen, von welcher Art auch unsere Lebensverhältnisse sein mögen. Die Schwermuth ist auch dem mühevollen

---

*) Σωμα, Ψυχη, Νους. Antonin. L. III. §. 16. Simplic. Comm. in Epict. p. 7. Hammond, Whitby und Benson Comm. zu 1. Thessal. 5, 23.

Landmanne keineswegs unbekannt, und hindert ihn, irgend einen Theil des Vergnügens zu geniessen, das der Lohn der vollbrachten Arbeit sein sollte. Weder die feste Körperconstitution, noch Enthaltsamkeit, noch Geschäfte, noch, wie einige glauben, die Gicht stellen die Menschen vor diesem Uebel sicher. Doch sind ihm ohne Zweifel Jene mehr ausgesetzt, welche sich den Geschäften gänzlich entziehen. Denn Müssiggang wird die Hypochondrie nicht nur nähren, sondern sogar schaffen, und dasselbe werden allzuviele Geschäfte thun. Unmässiger Genuss der Liebe und des Weines ist bei dieser Krankheit verderblich; auch ist allzugrosse Enthaltsamkeit im Essen nicht nützlich. Häufige Fieber, langwieriger Durchfall, Schrecken und Traurigkeit geben nicht selten den Anstoss zu diesem Leiden, auch bei Jenen, die von Natur aus nicht dazu geneigt gewesen wären.

Die Hypochondrie pflegt, ebenso wie die Gicht, der Wahnsinn und die Lungensucht, vor der Pubertät nicht einzutreten. Aber von dieser Zeit an bis zum Greisenalter giebt es kein Jahr, in welchem ihr erster Anfall nicht vorkäme. Sehr selten ist es, dass diese Kranken sich Abends schlechter befinden, als Morgens. Denn die meisten scheinen, wie Diejenigen, welche mit andren Nervenleiden zu schaffen haben, durch einen noch so kurzen Schlaf zu leiden, und je länger sie schlafen, desto muthloser werden sie. Einige sind, sobald sie aufwachen, kaum bei sich und leiden an einer Verwirrung aller Empfindungen des Geistes und Körpers; oder wenn sie weniger leiden, so haben sie doch nur traurige und herbe Gedanken, da hauptsächlich zu dieser Zeit diese Krankheit ihre traurigen Auftritte herbeiführt. Fast in demselben oder in nicht viel besserem Zustande befinden sich die Kranken bis zum Mittagessen; dann erst fangen sie an, freier zu athmen und sich etwas zu erholen; Abends aber wird ihr Muth so sehr wiederhergestellt, dass sie bisweilen übermüthig werden, und indem sie wünschen, dieser Stimmung zu geniessen, und die Angst scheuen, die durch die Ruhe wiederkehrt, suchen sie erst spät und ungerne das Lager.

Ich habe drei Menschen gekannt, die bei der Untersuchung des Thees durch den Geruchsinn von Zittern und andern hypochondrischen Uebeln befallen wurden, was alles sie dem Thee zuschrieben, — ob mit Recht oder nicht, mögen Andre entscheiden, die mehr Gelegenheit gehabt haben, zu erforschen, was an dieser Sache Wahres ist.

Die Jahreszeiten scheinen weder auf die Vergrösserung noch auf die Verminderung dieses Leidens einen Einfluss zu haben; auch geht es gewöhnlich, wiewohl es mit der Epilepsie, dem Wahnsinne und der Lähmung verwandt ist, doch keineswegs in diese Krankheiten über.

Mit dieser Krankheit verhält es sich also, dass Diejenigen, die daran leiden, beständig an der Wiedererlangung ihrer Gesundheit verzweifeln; aber dieser Verzweiflung treten Erfahrung und Vernunft nachdrücklich entgegen. Denn soweit unsre Sinne reichen, so bleiben die einzelnen Theile des Körpers unter so grossen Leiden doch gesund und unverletzt. Der Geist und die natürlichen Kräfte sind zwar bedrückt und liegen darnieder; aber sie haben keine Beeinträchtigung erlitten, die sie hinderte, in ihren vorigen Zustand zurückgeführt zu wernen. Sodann zeigen die Hypochondristen oft die Farbe und das Aussehen von Gesunden und verlieren weder an Körperumfang noch an Kraft etwas; zudem finden Zwischenzeiten statt, während deren sie alles Wohlgefühl der vollkommnen Gesundheit geniessen. Die Geisteskraft aber wird bei ihnen so wenig geschwächt, dass nach Aristoteles alle geistvollen Menschen melancholisch sind. Auch von selbst hört bisweilen dieses Leiden auf, und es hat Hypochondristen gegeben, die zwanzig Jahre frei davon waren. Uebrigens hat der Kranke wenigstens gute Aussicht und muss die Hoffnung nicht aufgeben, da die Krankheit gefahrlos und keineswegs unheilbar ist, und nach ihrer Heilung die Gesundheit auch ebenso vollkommen sein wird, als ob der Mensch nie krank gewesen wäre.

Bei der Behandlung aller langwierigen Krankheiten ist die grösste Aufmerksamkeit auf die Lebensweise zu richten, damit der Körper dadurch nicht Schaden und Nachtheil erleide, sondern so viel als möglich Hülfe erlange, — worauf dann auch jene allen belebten Wesen inwohnende Selbsterhaltungskraft mit aller Macht die Krankheit zu beseitigen streben wird. Bei einigen Krankheiten vermag gewiss die Heilkunst nichts weiter zu bewirken. Bei der Schwermuth muss man sich also auch bemühen, dass nicht nur die Umstände, welche die Krankheit erzeugt und unterhalten haben, vermieden werden, sondern auch was immer der Gesundheit zuwider ist.

Purgirende und ausleerende Mittel sind bei dieser Krankheit unpassend. Da jedoch meistens Stuhlverstopfung stattfindet, so können ohne Nachtheil drei Gran von den Pil. Rufi oder von irgend einem Mittel so viel gegeben werden, dass nicht mehr als eine Oeffnung erfolgt; auf diese Weise werden dann viele Leiden der Gedärme verhindert oder gehoben werden. Auch Erbrechen wird nicht unvortheilhaft sein, so oft der Magen beschwert ist und Ekel stattfindet. Alle kräftigere Arzeneimittel dieser Art sind zu vermeiden. Blutentziehung verfehlt selten, alle Uebel der Hypochondristen zu vermehren. Weit gefehlt, dass das Podagra den gesunkenen Muth aufzurichten vermöchte, vermehrt es öfter die Schwermuth. Uebrigens vermag die Heilkunst so wenig, das Podagra zu schaffen oder zu erregen, dass nach meinem Urtheile Jeder sich vergebliche Mühe macht, der die Hypochondrie durch die Gicht zu vertreiben sucht. Das Bather Wasser schien mir ganz unnütz, ausser wo der Magen bedeutender litt. Daher ist die Reise dorthin und eine Seereise oder das Reisen überhaupt nur dann zu empfehlen, wenn der Kranke durch Ortsveränderung die Last der Sorgen oder des Kummers oder der Geschäfte abzuschütteln im Stande ist. Nützlicher sind die Seebäder, wie auch die Stahlwasser, welche die Gesundheit befestigen und den Körper kräftiger machen. Die Gummiresinen, die Baldrianwurzel und das Eisen zählt man unter die Mittel gegen Nervenleiden; was ich ihnen aber etwa zuschreiben könnte, ist mir alles mehr aus den Angaben andrer Aerzte, als aus eigner Erfahrung bekannt. Da jedoch die Nerven des Magens und der Eingeweide eine gewisse Herrschaft über die übrigen Nerven des Körpers ausüben und diesen gleichsam gebieten; da ferner in diesen Theilen vorzugsweise der Sitz der hypochondrischen und hysterischen Uebel ist: so liegt wohl am Tage, dass Mittel nützlich seien, welche die Säurebildung, die Aufblähung, die Schmerzen und die übrigen Leiden der Gedärme heben und, indem sie diesen Kraft und Stärke geben, auch bewirken, dass alle ihre Verrichtungen gut und naturgemäss von Statten gehn. Aber auf keine Weise kommt man der Schwäche der Gedärme besser zu Hülfe, als durch bittre und gewürzhafte Mittel, denen, wo nöthig, gelinde Abführmittel zugesetzt werden können. Hieraus werden Pillen, Tropfen, Tincturen oder Aufgüsse bereitet, und der Wechsel dieser Zusammensetzungen sowie ihr nicht so grosses Volumen werden verhindern, dass Jnmand die Mittel dieser Art nicht vertrage, auch wenn es nöthig wäre, längere Zeit dabei zu beharren.

Viele suchen die aus Erschlaffung des Geistes entspringende Krankheit durch Wein und starke Getränke zu vertreiben, und dieses zu thun werden sie auch nicht selten von Freunden, die ihnen zwar wohlwollen, aber übel zu rathen wissen, angetrieben. Es ist kaum zu sagen, welch grosse Gefahr drohe, wenn die Kranken hierin entweder ihrem eignen Antriebe folgen, oder den unbesonnenen Rathschlägen ihrer Freunde nachgeben. Die kurze Erleichterung, die auf solche Art erlangt wird, ist allzu theuer erkauft durch die bald darauf folgende zunehmende Schwermuth; dann zerstört und erschüttert auch das, um gleiche Aufheiterung des Gemüthes zu erlangen, nothwendigerweise tagtäglich vermehrte Mass von Wein die ganze Gesundheit auf klägliche Weise. Wenn wirklich die Angst grösser ist, als dass sie ertragen werden könnte, und es demnach eines wirksamen Mittels bedarf, so wird es besser sein, beim Opium Hülfe zu suchen, als beim Weine. Wenige Tropfen Opiumtinctur, mit Spiessglanzwein oder mit Asafoetidatinctur oder auch für sich genommen, werden dem niedergedrückten Gemüthe viel sicherere Erleichterung gewähren, als der Wein; und auch wenn man die Gabe vermehrt, werden sie nicht ebenso sehr der Gesundheit schaden oder den Menschen für seine Geschäfte irgend untauglicher machen; zudem ist es weit leichter, den Kranken endlich von Opiatmitteln zu entwöhnen, wie ich aus langer Erfahrung gelernt habe. Jedermann weiss, dass bei Weintrinkern das Gegentheil stattfindet.

Einige finden die Schmerzen der Hypochondristen und der Hysterischen, als solche, die diese selbst sich ohne Grund einbilden, vielmehr lächerlich, als mitleidswerth. Aber hierin irren sie sehr. Denn man kann nicht zweifeln, dass dieser Krankheit, ebenso wie jeder andren, wirklich vorhandne Ursachen zu Grunde liegen. Doch muss man gestehn, dass die Macht der Krankheit um so kleiner sein werde, je mehr der Kranke ihr entgegenstrebt und je stärkeren Widerstand er ihr leistet, und dies hat er mehr, als man glauben sollte, in seiner Gewalt. Jeder, der sich hievon überzeugen lässt und daher seiner Krankheit nicht nachgiebt, sondern ihr muthiger entgegengeht, wird in der That der Genesung ganz nahe sein. Es ist aber die Sache werth, dass man dabei alle Kräfte des Körpers und des Geistes anstrenge; denn es streitet sich nicht um eine Kleinigkeit, sondern um das ganze Leben, ob es forthin glücklich oder elend sein soll.

CAPITEL L.
Von der Gelbsucht und andren Leberleiden.

Zu den häufigsten Krankheiten der Leber gehört jene, die durch Verschliessung der Gallengänge entsteht; sie ist keinesweges gefährlich. Es ist noch nicht ausgemacht, aus welchen Ursachen die Galle bisweilen gerinnt und Steine bildet. Diese Steine verhalten sich sehr oft im Innern der Gallenblase, und von daher kommen vielleicht die meisten von jenen, die man nachher in den Gallengängen findet. Doch kann es geschehen, dass die Galle in den Gängen selbst zuerst anfängt, zu gerinnen, — oder auch in der Leber; wiewohl die Leber der Gelbsüchtigen gemeiniglich an keinem Fehler leidet. So oft die aus der Gallenblase ausgetriebenen oder in den Canälen selbst entstandenen Steine die Gänge verschliessen, fliesst die Galle in die Leber zurück und von da ins Blut und färbt das Serum, die Haut, die Augen und den Harn gelb. *) Die gewöhnlichen Zeichen der Krankheit (die man Icterus, Aurigo, Morbus arquatus oder regius nennt) sind Widerwille gegen Speisen, Gefühl von Schwere im Magen, Ekel, Erbrechen, Mattigkeit, Trägheit, Schlaflosigkeit und auffallende Abmagerung; diese hat nun zwar die Gelb-

---

*) Bei einem Gelbsüchtigen nahm der ganz dunkel braungelbe Urin, als er einige Stunden aufgehoben worden war, eine grüne Farbe an; wie dies bisweilen beim Erbrechen gelber Galle geschieht, deren Farbe sich nach einiger Zeit in Grün umzuwandeln pflegt.

sucht mit andren Krankheiten gemein, aber jener eigenthümlich ist die gelbe Farbe der Augen, der Haut und des Urins, während durch den Stuhl weissliche Stoffe entleert werden. Bei Manchen wird der Schmerz im Magen einige Tage vor dem Ausbruche der Gelbsucht fast unerträglich; während inzwischen der Puls durchaus nicht beschleunigt ist. Diese Natürlichkeit des Pulses unterscheidet diesen Schmerz von Entzündungen der Eingeweide. Desshalb kann in solchem Falle der Arzt unbedenklich den Kranken gutes Muthes sein heissen, da der Schmerz entweder durch Hülfe der Arzenei oder der Natur abgekürzt werden und nicht die mindeste Gefahr bringen wird. Der Schmerz, welcher bei einigen Gelbsüchtigen so gross ist, wird von andren kaum empfunden oder fehlt auch wohl gänzlich. Selten dauert er länger, als zwei oder drei Tage; bei einem Kranken wüthete er jedoch einen vollen Monat, bis er mittels Opium beschwichtigt wurde; und wiewohl er gemeiniglich dem Erscheinen der gelben Hautfarbe vorausgeht und sogleich aufhört, wenn diese sich zeigt: so ist dies doch nicht beständig der Fall; denn bei Einigen kehrt er öfter wieder oder hört kaum ganz auf, so lange die Krankheit währt.

Mit Recht kann man vermuthen, dass ein Stein in den Gallengängen festsitze, wo alle andre Zeichen der Gelbsucht sich vorfinden, wenn auch die Farbe nicht gelb ist. Diese Vermuthung habe ich nicht selten bestätigt gefunden, entweder indem nachher der Stein ausgetrieben wurde und alle Uebel sich minderten, oder weil einer dieser Anfälle endlich in Gelbsucht übergieng.

Sowie man einen Gallenstein vermuthen kann, ohne dass irgend ein Zeichen desselben an der Haut oder den Augen wahrzunehmen ist: so soll umgekehrt die Farbe bisweilen gelb sein, ohne dass ein Stein vorhanden ist; weil nämlich das Duodenum so sehr verstopft sei, dass es der Galle den Durchgang verweigere, oder weil es durch hysterische Krämpfe verschlossen sei. Mit welchem Rechte dies behauptet werde, mögen Andre entscheiden. Wenigstens stimmen sehr viele Aerzte als Augenzeugen darin überein, dass ein gewisses Fieber in Westindien eine gelbsüchtige Färbung der Kranken bewirke, was Andre auch vom Vipernbisse behaupten.

Lucretius, soviel ich weiss, ist der Erste, welcher behauptet hat, dass Alles, was die Gelbsüchtigen ansehen, gelb erscheine*); und dies ist auch in Aller Munde. Jedoch haben alle Gelbsüchtige, die ich selbst gesehen habe, dies einstimmig geläugnet, ausser zwei Frauen, deren Zeugniss viele Umstände entkräfteten.

Die Zeitdauer der Gelbsucht ist sehr ungewiss. Bei Einigen hörte sie nach wenigen Tagen auf; bei Andrent bestand sie ein Jahr lang. Inzwischen hatte die so lange Verhindrung der Gallenausscheidung die Gesundheit keinesweges so untergraben, dass nicht, sobald die Gelbsuch verschwunden war, vollkommnes Wohlsein wiedergekehrt wäre. Ich habe Leute gekannt, welche diese Krankheit zwanzig Jahre lang oft befallen hatte, und die doch zwischen den Anfällen ganz gesund gewesen waren.

Die Steine sind bald von solcher Grösse, dass sie die ganze Gallenblase ausfüllen; bald sind sie kleiner, bis zum feinen Pulver herab. Wenn der Stein grösser ist, als dass er durch den Gallengang gehn könnte, so möchte ich kaum glauben, dass nicht irgend eine Beschwerde daraus entstehn sollte; aber was für ein Uebel dies sei, habe ich noch nicht hinreichend ausgemittelt. Ich habe viele geöffnete Leichen gesehen, deren Gallenblasen voll von Steinen und mitunter ziemlich grossen waren, wiewohl weder jemals Gelbsucht eingetreten war, noch irgend ein andres Uebel, das man dieser Ursache mit Recht zuschreiben konnte. Bei Einigen vermuthete ich jedoch, dass wüthende Schmerzen

---

*) B. IV. V. 333.

im rechten Hypochondrium von Steinen ausgegangen seien, die nach dem Tode in der Gallenblase gefunden wurden. Die Gallenwege werden bei Gelbsüchtigen, nicht anders als die Ureteren bei Steinkranken, bald durchaus erweitert, bald nur an gewissen Stellen, wo einmal ein etwas grösserer Stein verweilt hat. Bei einem Weibe, das mit der Gelbsucht viele Jahre lang oft zu kämpfen gehabt hatte, wurde endlich ein Stein ausgetrieben, dessen kleinerer Umfang zwei Zoll betrug. Die Leber selbst wurde bei Vielen, die oft an der Gelbsucht gelitten hatten, ganz gesund angetroffen.

Von den Gallensteinen, die ich selbst untersucht habe, waren einige leichter, andre schwerer, als Wasser, und fiengen schnell Feuer.

Ich weiss nicht, ob das Hautjucken die Gelbsüchtigen nicht ärger quält, als der Schmerz; da es ebenso am Schlafe hindert, sodann länger fortbesteht und zwar ohne alle Unterbrechung. Während jedoch Manche von dieser Qual die ganze Krankheit hindurch geplagt werden, sind dagegen Andre gänzlich frei davon. Bisweilen ist die Gelbsucht von Schlucksen begleitet, ohne einen Fehler der Leber selbst, und ohne Gefahr. Es ist nicht beständig der Fall, dass bei dieser Krankheit entweder Stuhlverstopfung oder Durchfall stattfindet; wohl aber ist immer leicht Oeffnung zu bewirken, durch welches Merkmal sie sich vom Ileus unterscheidet. Gelbsüchtige haben bisweilen Schauer, eine ganze Stunde hindurch; doch ist dieser Schauer weder ein Zeichen von Entzündung, noch von irgend einem Uebel; er entsteht aber vielleicht dann, wenn ein Stein durch den engen Canal sich durchwindet. Einigen Gelbsüchtigen scheinen alle Speisen bitter zu sein, und bisweilen, doch seltner, auch die Getränke. Ich habe eine Frau gesehen, die anderthalb Monate an der Gelbsucht litt und während dieses ganzen Zeitraumes ein Kind von, wie es schien, bestem Wohlsein säugte; auch sagte sie mir selbst, es sei die Milch von natürlicher Farbe gewesen. Von andern Aerzten habe ich aber gehört, die Milch der Gelbsüchtigen sei gelb. Die Thränen eines Gelbsüchtigen waren, wie er mir selbst berichtete, gelb. Unstillbarer Durst und mehr als natürliche Esslust belästigten nur Einen und den Andern von denen, die ich behandelte. Säure und Brennen im Magen waren Mehreren beschwerlich.

Kleine und grössere Kinder sind der Gelbsucht ebenso unterworfen, als Erwachsene. Jene leiden aber immer nur leicht und werden bald wiederhergestellt. Auch werden Männer und Frauen in gleicher Weise heimgesucht. Wer einmal gelbsüchtig war, verfällt häufig aufs neue in diese Krankheit; nicht allein weil die Körperconstitution die Erzeugung neuer Steine begünstiget, sondern auch weil die Gelbsucht häufig damit endet, dass der Stein nicht ausgetrieben wird, sondern in die Gallenblase zurückgeht, woraus er dann abermals in den Gallengang hervordringt und einen neuen Anfall herbeiführt.

Die Gelbsucht, welche von Verschliessung der Gallengänge bei gesunder Leber entstanden ist, hat zwar keine Gefahr und entfernt sogar Viele nicht von ihren Geschäften Aber alle Fehler der Leber selbst bedrohen die Kranken mit der höchsten Gefahr. Dieses Eingeweide scheint zu plötzlichen und heftigen Entzündungen geneigt zu sein, die entweder in wenigen Tagen töden, oder, nach entstandner Eiterung, einen späteren, aber nicht minder gewissen Untergang herbeiführen. Doch ist dies seltner. Viel öfter entsteht ein Skirrhus in irgend einem Theile derselben, ganz so, wie dies in den Brüsten der Frauen geschieht, welcher bald ruht, bald sich entzündet und dann von hectischem Fieber, Ekel, Abmagerung, Husten und Schlucksen begleitet ist. Die Zwischenzeiten zwischen den Entzündungsanfällen sind bei verschiednen Kranken verschieden. Die einen sterben in wenigen Monaten; die andren leben noch einige Jahre; die meisten werden kurz vor dem Tode wassersüchtig. Die Leber ist vielleicht mit keinem schärferen Gefühle begabt, als die Lungen; wenn daher sie allein krank ist und nicht die benachbarten Theile durch Weiterverbreitung der Krankheit leiden, wird nur ein stumpfer oder gar kein Schmerz empfunden werden. Die auf solche Weise Leidenden liegen fast nur auf der rechten Seite.

Zu den Krankheiten der Leber gesellt sich oft ein Schmerz in der rechten Schulter. Ob derselbe auch in Folge von einfacher Gelbsucht vorkomme, weiss ich nicht.

Wenn die Leber skirrhös ist, erfolgt oft ein Blutfluss aus Nase, Zahnfleisch und Nabel; auch Blutbrechen kommt vor und blutige Stühle.

Nicht Wenige sterben an Leberfehlern, wiewohl ihr Urin und ihre Haut die ganze Krankheit hindurch niemals gelb gewesen waren. Denn diese Farbe wird nur da hinzutreten, wo die Skirrhen so gelägert sind, dass sie die dem Darme zustrebende Galle aufhalten und sie zwingen, in das Blut zurückzutreten.

Die Härte der skirrhösen Leber kann man oft von aussen mit der Hand fühlen. Und ich weiss nicht, ob es noch ein andres sichres Zeichen dieser Krankheit giebt, ausser jenen, die oben angegeben wurden. Beschleunigter Puls, Schlucksen, Uebelsein und Ekel sind den Fehlern der Leber und andrer Eingeweide gemeinsam. Uebrigens liegt wenig daran, genau bestimmen zu können, welches Unterleibseingeweide wohl der Sitz der Entzündung und des Skirrhus sei; denn wo sie auch sein mögen, wird man kaum irgend andre Mittel anbringen können, als diejenigen, welche man bei der Behandlung des hectischen Fiebers anwenden muss. Es ist nicht unwahrscheinlich, dass, wo der Skirrhus nur einen kleinen Theil der Leber ergriffen hat, durch kühlendes Regimen und sorgfältige Behandlung bewirkt werden könne, dass das Uebel entweder nur langsam oder auch gar nicht weiter schreite.

Entzündung der Leber geht bisweilen in Eiterung über. Wenn der entzündete Theil mit den Gedärmen verklebt ist und nach dem Aufbrechen des Abscesses der Eiter in diese sich ergiesst, so leert der Kranke sogleich durch Erbrechen und durch den Stuhl eine schwarze, sehr hässlich riechende Flüssigkeit aus und stirbt in Zeit von wenigen Stunden. Bisweilen war der Sitz der Entzündung in der Nähe der Bauchwand; es entstand endlich eine Verwachsung mit dieser, und nach entstandnem Abscesse erhob sich äusserlich eine Geschwulst, nach deren Aufbruch fortwährend eine nicht geringe Menge Flüssigkeit längere Zeit hindurch ausfloss. Eine fünfzigjährige Frau war zehn Tage lang schwer krank, mit Magenschmerz, Schlucksen, Durchfall und Ohnmachten, und wurde mit Mühe hergestellt; nach einem Monate entstand eine Geschwulst in der Nähe des Nabels, die nach ihrer Oeffnung vier Jahre lang eine Menge gelber Flüssigkeit ergoss; alsdann steigerte sich der Schmerz, es trat Ekel und Schauer ein und nach einigen Tagen kam ein drei Zoll langer und ebensoviel im Umfange haltender Gallenstein heraus, der 245 Gran wog; eine dünne, gelbe Flüssigkeit ergoss sich vierzehn Tage lang in grösster Menge; kurz darauf heilte das Geschwür und die Frau befand sich ganz erträglich. Offenbar war bei dieser Kranken die Gallenblase entzündet und gieng dann in Verschwärung über. Von Denen, die nach meiner Vermuthung an Leberentzündung litten, starben Einige in Zeit von zehn Tagen, Andre kämpften mit ihrer Krankheit zwei Monate lang. Leichte Geistesstörungen und eine bald gelbe, bald natürlich gefärbte, bisweilen mit Pusteln besetzte Haut fanden sich bei diesen Kranken ausser den gemeinsamen Zeichen der Fieber. In Folge bedeutender Quetschungen der Lebergegend verhärtete bisweilen, nach meiner Erfahrung, dies Eingeweide. Oefters entstand derselbe Fehler aus der nämlichen Körperbeschaffenheit, wovon die Skirrhen auch in den übrigen Theilen ausgehn; vornehmlich jedoch rührt es von unregelmässigem Genusse des Weins und der starken Getränke her, die der Leber vorzugsweise vor allen andern Eingeweiden schaden. Daher kommt es, dass Männer, da sie dem Weine mehr ergeben sind, häufiger an Leberübeln leiden, als Frauen. Das Bather Wasser ist nirgends nützlicher, als bei der Heilung der Krankheiten, die von Trunksucht ausgehn; aber wenn die Leber skirrhös geworden ist und das hectische Fieber anzeigt, dass diese Skirrhen zur Entzündung geneigt seien, so ist jenes Wasser mehr als Gift zu fliehen.

Bei der Behandlung der einfachen Gelbsucht muss man sich vor allem bemühen, den Schmerz zu lindern, wenn nämlich der Kranke, wie es oft geschieht, von solchem gepeiniget wird. Das einzige Mittel aber gegen denselben ist das Opium. Von diesem wird man so bald als möglich ein Gran nehmen müssen, und dies kann ohne Nachtheil zwei- oder dreimal in Zeit von zwei Stunden wiederholt werden, wenn der Schmerz es erfordern sollte. Gelbsüchtige, die den Anfällen von Schmerz mehr unterworfen sind, müssen immer zwei solche Pillen zur Hand haben, um dem beginnenden Schmerze ohne Verzug zu begegnen. Sodann ist zunächst das Erbrechen zu berücksichtigen, das in dieser Krankheit oft lange und heftig den Kranken quält. Dieses scheint ein gewisser Versuch der Natur zu sein, den Stein von seiner Stelle zu bewegen, so dass er entweder in den Zwölffingerdarm übergehe oder in die Gallenblase sich zurückbegebe. Es möchte vielleicht Mancher fürchten, dass, im Falle der Stein unbeweglich fest sitze, das Erbrechen den Schmerz vermehren oder sogar den häutigen Canal zerreissen könnte, — und desshalb die brechenerregenden Arzeneimittel scheuen. Aber wir haben durch Erfahrung gelernt, dass solche Furcht ungegründet sei, da es sich ergiebt, dass das Erbrechen den Schmerz vielmehr mildere als vergrössere.

Wenn wir demnach vor Gefahr sicher sind, so wird es geradezu nothwendig sein, letzteres ein- oder sogar zweimal zu erregen, auch wenn der Kranke sich nicht freiwillig erbricht, — um nämlich dadurch den Stein aus dem Canale auszutreiben. Nachdem er genug gebrochen hat, muss man durch Anwendung von Opium Ruhe herbeiführen.

Nicht weniger hülfreich werden auch Abführmittel sein, welche die natürliche Bewegung der Gedärme beschleunigen und eine reichlichere Gallenaussondrung hervorrufen. Quecksilbermittel sind von Einigen für besser, als die übrigen Purgirmittel, gehalten worden; da aber das Quecksilber, soviel wir wissen, keine eigenthümliche Kraft hat, die Gallenwege freizumachen und den Stein fortzuschaffen, so werden, wenigstens nach meiner Meinung, besonders solche Mittel passen, die leicht ertragen werden und ohne Nachtheil längere Zeit hindurch wiederholt werden können. Solcher Art sind das Seewasser, die Soolen und die verschiednen Salze, in reinem Wasser oder in einem Aufgusse eines bittren Krautes aufgelöst. Diese wird man täglich oder über den andren Tag viele Monate lang nehmen können, ohne alle Schwächung des Magens oder der Kräfte oder der Nerven. Auch ein Pulver, bestehend aus Rhabarberwurzel und irgend einem bittren Kraute, ist diesen Kranken angemessen. Die Gelbsucht der Kinder weicht den Abführmitteln leicht. Wenn der Gelbsüchtige Durchfall hat, so ist darauf zu sehen, dass derselbe nicht allzu stark werde, und desshalb der Magen durch bittre Mittel zu stärken. Oft quält das Jucken die Gelbsüchtigen so sehr, dass es nicht weniger, als der Schmerz selbst, durch Opium gemildert sein will, ohne dessen Hülfe weder Ruhe bei Tage noch Schlaf bei Nacht zu hoffen ist.

Es giebt noch andre Heilmittel, mit Hülfe deren, wie Einige zuversichtlich glauben, die Gallensteine aufgelöst werden können. Von dieser Art sind das Kalkwasser, die Laugensalze, die reine Kaliflüssigkeit und die verschiednen Seifen. Indessen habe ich vergeblich versucht, die Steine in diesen Flüssigkeiten oder in Mineralsäuren aufzulösen. Aether, wenn ich mich recht erinnre, löste sie endlich auf. Aber gesetzt, dass diese oder irgend andre Flüssigkeiten, wenn sie auf den Stein gegossen werden, ihn zerkleinern können: so werden sie doch, in den Magen gebracht, zu dem in der Blase verborgenen oder in den Ausführungsgängen sitzenden Steine auf keine Weise gelangen können. Demnach wird nur jenes Mittel unsren Wünschen entsprechen, das die Beschaffenheit der Galle so umändert, dass sie nicht mehr gerinnt, oder, wenn sie geronnen ist, das Gerinnsel flüssig macht und in Galle auflöst. Solche Mittel sind wirklich angerühmt worden, aber es fehlt viel, dass die Erfahrung ihre Kräfte bestätigt hätte. Ein Mann hatte sieben Jahre hindurch täglich eine Unze Seife verschluckt, und seine Gallenblase war nichtsdestoweniger mit Steinen angefüllt, die nicht im Geringsten angefressen waren. Ein geschickter und in seiner Kunst sehr geübter Arzt pflegte den Gelbsüchtigen täglich dreimal einen Scrupel Hirschhornsalz zu geben, wovon er vortreffliche Wirkungen oft beobachtet zu haben versicherte. Es ist nun zwar vernunftgemäss, anzunehmen, dass die Laugensalze und die Seife gegen die Gelbsucht nützen, da ihre Natur der Galle so nahe kommt, dass sie gewissermassen bei der Verdauung der Speisen und der Reinigung der Gedärme deren Stelle vertreten. Doch müssen wir uns hüten, auf diese Gründe allzuviel zu bauen; denn ich weiss, dass reichliche Gaben von Citronensaft gegen die Gelbsucht so nützlich waren, dass sie den Ruf eines Heilmittels erlangten.

Ich übergehe viele Mittel gegen die Gelbsucht, die jetzt verdienterweise hintangesetzt und in Missachtung gerathen sind, da sie ganz nichtigen Gründen und oft lächerlichen Irrthümern ihren Ruf verdankten. Das Bather Wasser wird von Einigen gerühmt, als ob es sehr viel zur Heilung der Gelbsüchtigen beitrüge. Diese Kranken, wie gesagt, genesen meistens, wo sie auch leben mögen; aber, soviel ich einsehen konnte, wurde ihnen die Wiederherstellung darum nicht leichter, weil sie jenes Wasser tranken. Da es jedoch nicht nachtheilig ist, so wird es nicht nothwendig sein, dasselbe zu verbieten, wenn ein Gelbsüchtiger darnach verlangt.

Unter den verschiednen Uebeln des menschlichen Körpers ist kaum eines häufiger, als der Magenschmerz, und dieser, wenn mich nicht alles trügt, entsteht nicht selten von gerinnender oder schon geronnener Galle, die gleichwohl die Canäle noch nicht so verschlossen hat, dass sie zurück ins Blut getrieben würde und Gelbsucht bewirkte. Es ist schon lange, dass viele Umstände mich bewogen haben, dies zu vermuthen, und von Jahr zu Jahr wurde ich in dieser Vermuthung bestärkt. Denn bei Vielen, wo einige Monate oder selbst Jahre hindurch der Magenschmerz etwas Gewöhnliches gewesen war, sah ich ihn endlich in Gelbsucht übergehn. Es blieb mir also kein Zweifel an dieser Sache übrig. Wo daher solcher Schmerz oft wiederkehrt, ohne irgend andre wahrnehmbare Ursache, und der Kranke zugleich über ein lästiges Gefühl von Schwere klagt, da wird gemeiniglich die Galle zu dick sein und man wird durch Brechmittel und durch das Trinken von Seewasser oder durch andre Arzeneimittel, die gelinde Oeffnung bewirken, Hülfe zu verschaffen suchen müssen.

CAPITEL LI.

Vom Ileus.

Der Ileus, oder die Entzündung der Gedärme, befällt vorzüglich Erwachsene und namentlich Diejenigen, die an einer Hernie oder einem andern Uebel dieser Theile leiden, — woher es gekommen ist, dass Manche während eines langen Lebens Colikschmerzen besonders unterworfen waren. Das Kindesalter ist vor dieser Krankheit nicht völlig sicher, und ich weiss, dass siebenjährige Kinder daran gestorben sind. Es kann auch sein, dass dies eines von jenen Uebeln der Eingeweide ist, an welchen so viele Kinder vor dem vierten Lebensjahre sterben.

Es beginnt mit Schmerz, welcher seinen Sitz in irgend einem Theile der Gedärme hat und entweder plötzlich und mit grösster Heftigkeit herandringt oder Anfangs gering ist und allmählig den höchsten Grad erreicht. Bei Einem und dem Andren schien er erst einige Tage hindurch abzunehmen, und kehrte dann zurück, um keinerlei Mitteln zu weichen.

Den Kranken selbst, auch jenen, die an einer Hernie litten, schienen der Nabel und der Rücken der Sitz des Schmerzes zu sein. Wiewohl aber eine Hernie oft die Ursache war, so war sie doch, wie ich vermuthe, nicht immer der Sitz der Entzündung, und bei Manchen weiss ich nicht, ob der Schmerz etwas mit der Hernie zu schaffen hat, oder nicht vielleicht einer von jenen Ursachen zuzuschreiben ist, aus welchen er auch bei Solchen entsteht, die niemals einen Bruch gehabt haben. Das Aufstossen, welches sich oft zum Ileus gesellt, und der Husten vermehren den Schmerz bedeutend.

Der Ileus fing ein- und das andremal vielmehr mit Angst und Unruhe an, als mit Schmerz, — auch da, wo nach dem Tode ein Darmstück sich von Brand ergriffen zeigte. Bei denen, die auf dem Wege der Genesung sind, verwandelt sich der Schmerz in jenen, der durch Berührung eines leicht verletzten Theiles hervorgerufen wird; zugleich fühlt der Kranke allgemeine Erleichterung. Bei denen, die sterben, steigt die Unruhe aufs höchste und alles verändert sich zum Schlimmeren. Die Krankheit, mag sie nun mit Genesung oder mit dem Tode endigen, wird bald länger bald kürzer dauern, wie bei allen Entzündungen, und zwar vielleicht je nachdem ein grösserer oder geringerer Theil des Darmcanals ergriffen ist. Sie tödtete demnach Einige am zweiten Tage, Andre erst am vierzehnten. Es ist Thatsache, dass eine heftigere Verletzung oder ein scharfes Gift eine Entzündung der Art hervorrufen kann, die noch am ersten Tage oder schon nach wenigen Stunden tödlich endet.

Der Puls ist von sehr grosser Bedeutung für die Erkenntniss der Natur der Zufälle, die dem Ileus mit der Gelbsucht und mit krampfhaften Leiden gemeinschaftlich sind; denn bei dieser sind das Erbrechen und die Schmerzen nicht weniger heftig, wiewohl es nicht die mindeste Gefahr damit hat. In letzterem Falle ist der Puls fast immer natürlich, während er beim Ileus sehr beschleunigt ist. Doch ist es bisweilen, ich weiss nicht, aus welcher Ursache, bei dieser Entzündung gerade wie bei andern Entzündungen und acuten Krankheiten der Fall, dass der Puls ganz natürlich geht und kein Zeichen des bevorstehenden Todes abgibt; und zwar erinnre ich mich, dass mir dies beim Ileus dreimal vorgekommen ist.

Schlucksen und unstillbarer Durst treten oft bald nach dem Beginne der Krankheit ein und quälen die Kranken während ihres ganzen Verlaufes.

Der Magen giebt alles, was in denselben gelangt, so schnell wieder von sich, dass es sehr schwer hält, Arzeneimittel oder Speisen zu finden, die nicht augenblicklich weggebrochen werden. Bei zunehmender Krankheit wird eine braune Flüssigkeit ausgebrochen, die, wie viele Kranke und deren Wärterinnen sagten, ihnen, nach dem Zeugnisse ihrer Sinne, wie Koth vorkam; ich kann demnach hieran kaum zweifeln, wiewohl es mir nie so schien. Auch die alten Aerzte stimmen damit ein, dass in dieser Krankheit Koth durch den Mund entleert werde. Diese Art Erbrechen trat wohl auch den ersten oder zweiten Tag ein, doch ist dies selten; öfter wird es erst am dritten oder vierten Tage beobachtet und bisweilen nicht vor dem achten. Einige haben sechs oder sieben Tage hindurch täglich vier Pfund erbrochen, wiewohl sie in dieser ganzen Zeit fast nichts zu sich genommen hatten. Diese Flüssigkeit kommt aus derselben Quelle, wie jene, die in so reichlicher Menge beim Durchfalle ausgeleert wird. Es ist daher gewiss, dass der Ileus bisweilen nicht aus einer Verstopfung oder Verschlingung der Gedärme entsteht, sondern aus verkehrter Bewegung derselben; diese Meinung bestätiget, was ich oft von den Kranken gehört habe, nämlich, dass, was in den Mastdarm eingespritzt worden, durch den Mund ausgebrochen werde. Dies ist auch geschehen, wo die Krankheit von einem Leistenbruche ausgegangen war, während man glaubte, dass darin der vorgetretne Darm eng zusammengeschnürt und der Weg nach beiden Seiten hin verschlossen sei. Im Augenblicke des Sterbens selbst erfolgte eine plötzliche Ergiessung derselben Flüssigkeit nach oben und unten. Diese Art von Erbrechen und gleichzeitige höchste Auftreibung und Gespanntheit des Bauches sind die Zeichen tödlicher Gefahr, aus der, soviel ich mich erinnre, Niemand entronnen ist. Doch fehlt es in den Schriften sowohl älterer als neuerer Aerzte nicht an Erzählungen von Kranken, die sogar diesen Uebeln glücklich entgangen sind.

Wenn der Schmerz aufhört, ohne Erleichtrung des Kranken, so folgen Angst und Unruhe, die schlimmer sind, als der Schmerz selber; wiewohl aber hiezu Schlaflosigkeit sich gesellt und alle Lebenskräfte abnehmen, so kommt es doch selten vor, dass diese Kranken deliriren.

Das eigenthümliche und hauptsächlichste Zeichen der entzündlichen Kolik, schon zu Anfange der Krankheit, ist gänzliche Stuhlverstopfung, die immer schwer zu heben ist und nicht selten allen Mitteln trotzt. Sobald reichliche Oeffnung erfolgt, mildern sich sogleich alle üble Zufälle und der Kranke geneset schnell. Aber man darf nicht glauben, dass die Krankheit besiegt sei, wenn eine oder die andre geringe Entleerung erfolgt; denn am ersten oder zweiten Tage entleert oft der Darmkanal den Inhalt des Mastdarmes, und die Krankheit selber, deren Sitz hievon weit entfernt ist, nimmt nichtsdestoweniger zu. Und nicht mehr nützt es, wenn in den letzten Tagen der Krankheit eine geringe Menge der Flüssigkeit, welche die Gedärme anfüllt, sich nach unten einen Weg bahnt und durch den Stuhl ausgeleert wird. Ich habe beobachtet, dass dies nur wenige Stunden vorkam, bevor die äussersten Theile des Körpers anfiengen zu erkalten, worauf dann bald der Tod folgte.

Bei der Oeffnung der Leichen Einiger am Ileus Gestorbenen zeigten sich einige Theile der Gedärme so enge zusammengezogen, dass, als man sie aufschnitt, ihr Lumen ganz aufgehoben erschien. Bei Andren fand man Theile der Gedärme entzündet oder abgestorben, nirgends aber verengt oder auf irgend eine Weise verschlossen. Ein Mann, der lange an einem Leistenbruche gelitten hatte, wurde vom Ileus ergriffen und starb; aber bei der Leichenöffnung lag der Darm so lose im Leistencanal, dass man leicht zwei Finger in dieselbe Oeffnung bringen konnte; auch war der vom Leistenringe umgebene Theil des Darmes viel weniger beschädigt, als der in den Hodensack herabgestiegene, der schwarz und abgestorben war. Inwiefern diese Theile nach dem Tode eine Veränderung erlitten haben, ist ungewiss. Bei einem Andren war der halbe Umfang der äussern Haut des Colons in einer Länge von fünf Zollen von schwarzer Farbe, wiewohl man kein Hinderniss entdecken konnte. Bei einem Weibe, das am vierzehnten Tage starb, war ein kleiner Theil der Darmhaut, von aussen unbemerkbar, in die Weiche herabgetreten und vom Brande ergriffen; aber es fand sich weder Koth, noch irgend ein andres Hinderniss vor.

Aus dem Gesagten erhellet, dass der Ileus eine Krankheit sei, in welcher alle erhitzende Mittel unpassend sind; wiewohl zu solchen die Kranken theils freiwillig theils auf Zureden ihrer Freunde nur allzu oft ihre Zuflucht nehmen. Die Heilung erfolgt durch Mittel, welche die Entzündung vermindern und Oeffnung bewirken. Man muss also so oft Blut entziehen, als es der Schmerz und die Entzündung erfordern und die Kräfte erlauben. Zunächst muss man dann ein Bad versuchen und dasselbe, nach Gutbefinden des Kranken, wiederholen. Die Schmerzen, so heftig sie sein mögen, hören fast immer auf, so lang der Kranke im Bade verweilt. Bähungen und Blasen, mit warmem Wasser zur Hälfte gefüllt und auf den Unterleib gelegt, sind Mittel von ähnlicher, aber schwächerer Wirkung, als das Bad. Ein auf den Unterleib gelegtes Cantharidenpflaster nützte nicht nur zur Bezähmung der Entzündung, wie bei der Pleuritis, sondern auch durch Unterdrückung der Krämpfe, welche die natürliche Bewegung der Gedärme entweder hindern oder verkehren.

Alle diese Hülfsmittel machen den Darmcanal bereitwilliger, Arzenei aufzunehmen, wovon das Leben des Kranken einzig und allein abhängt. Unangenehm ist es, dass der Geschmack aller Abführmittel den Meisten unangenehm ist und Ekel erregt, wozu auch die Krankheit ihrer Natur nach immer geneigt ist. Hieraus entspringt eine nicht geringe Schwierigkeit, Arzeneimittel zu finden, die dem Geschmackssinne erträglich sind und vom Magen zurückbehalten werden können. Indessen, wer sich nicht vor Pillen ekelt, wird mit Bequemlichkeit alle halbe Stunden fünf Gran Extr. colocynth. comp. nehmen, bis Oeffnung erfolgt. Eine Auflösung von anderthalb Drachmen schwefelsaurer Magnesia in zwei Esslöffeln Fleischbrühe oder Pfeffermünzwasser finden Einige ziemlich erträglich, wiewohl auch dies alle halbe Stunden wiederholt werden muss. Auch eine gleiche Gabe Sennaaufguss, auf dieselbe Weise gereicht, oder selbst ein Esslöffel Ricinusöl hatten günstigen Erfolg. Das fleissige Einreiben dieses Oeles in den Unterleib schien bei Einem und dem Andren viel zur Bewirkung von Stuhlgang beizutragen. Calomel und andre Quecksilbermittel sollen die Kraft der Purgirmittel verstärken und sie wirksamer machen; indessen hat die Erfahrung diese Eigenschaft des Quecksilbers mir noch nicht hinreichend bestätigt. Es kann sein, dass Diejenigen, denen ich es gab, durch keine Mittel zu heilen waren, und ich gestehe, es ziemlich selten angewendet zu haben. Wenige oder vielmehr keine Hülfe gewähren Clystire, ausgenommen die aus Tabaksblättern. Auf zwölf Unzen heisses Wasser nimmt man eine Drachme oder selbst zwei Drachmen der Blätter; die durchgeseihte Flüssigkeit, als Clystir angewendet, bewirkte kein Erbrechen. Der Kopf aber wird gewöhnlich schwindliger davon, als vom Rauche. Der Rauch wird durch einen Blasebalg beigebracht, wie man ihn gewöhnlich zur Durchräucherung der von Insecten besetzten Bäume anwendet, — ähnlich jenem, der in Heister's Chirurgie beschrieben ist, ausser dass eine Büchse von Metall vorzüglicher, als eine von Holz ist. Die Röhre muss zwei Zoll lang sein; unten hat sie einen Drittelzoll, an der Spitze aber einen Fünftelzoll im Durchmesser. Eine solche Röhre kann leicht jedem Blasebalge angepasst werden, so dass die Luft sehr bequem durch den Tabak hindurchgetrieben wird und den Rauch mit sich in die Gedärme nimmt. Den Tabak aber zündet man durch ein mit Salpeter getränktes Papier an. Dieses Mittel besitzt eine grosse Kraft, die ungeregelten Bewegungen der Gedärme zu bezwingen und den Unterleib zu entleeren. Bisweilen bewirkte es augenblicklich Oeffnung, bisweilen erst, nachdem es einen ganzen Tag lang alle vier Stunden angewendet worden war, und nicht selten täuschte es meine Hoffnung gänzlich. Es kann sein, dass die eine Art von Tabak wirksamer ist, als die andre; doch ist dies noch nicht hinreichend durch die Erfahrung erwiesen. *)

Ein Pfund Quecksilber wurde in der Absicht gereicht, dass es durch sein Gewicht den Weg durch die verstopften Gedärme frei mache; man hat nämlich geglaubt, es sei dies besser, als das gleiche Gewicht Wasser oder Fleischbrühe, theils weil es seines geringeren Volumens wegen leichter zurückbehalten wird, theils weil das Quecksilber eine eigenthümliche Kraft hat, das Erbrechen zu stillen. Doch bei den Kranken, die ich gesehen habe, hatte es keineswegs einen günstigen Erfolg. Das Gewicht ist gewiss ganz unnütz, wenn das Hinderniss im aufsteigenden Theile des Darmes liegt, — und wenn es auch mit seiner ganzen Last darauf drückt, so ist doch jene Kraft, welche bei dieser Krankheit entweder die Eingeweide zusammenschnürt oder ihre Bewegung verkehrt, weit grösser, als dass sie diesem oder selbst einem viel schwereren Gewichte nachgeben sollte.

Das Opium wird von Einigen bei dieser Krankheit verworfen, weil alle Narcotica die Gedärme torpid ma-

---

*) Ich sehe, dass ein Mittel derselben Art von Hippocrates unter den Hülfsmitteln gegen den Ileus erwähnt wird: Φυσαν χαλκευτικην ἐσιεναι και Φυσαν ἐς την κοιλιην. Περι Νουσων, XV. (Anm. Heberden's d. J.)

chen und demnach die Kraft der Mittel schwächen, von denen die Rettung des Kranken zu hoffen ist. Andre hingegen vertheidigen die Nützlichkeit des Opiums, weil es das Erbrechen stillt, so dass der Magen im Stande ist, eine Gabe von Arzeneimitteln zurückzubehalten, welche den vom Narcoticum ausgegangenen Torpor bei weitem überwindet. Ausserdem nützt das Opium, indem es die Krämpfe mässigt und die ungeregelten Bewegungen der Muskeln bewältiget. Auch können die von Schlaflosigkeit ermatteten und von Angst verzehrten Kranken kaum ausdauern, ohne die wohlthätige Hülfe dieses (des Mohn-) Saftes. Dieses erwogen, schien mir jene Meinung weit richtiger zu sein, nach welcher das Opium gegen den Ileus nützt, als jene, nach welcher es schadet, — und die Erfahrung hat mir erstere hinreichend bestätigt. Mit Hülfe des Opiums habe ich mit glücklichem Erfolge Arzeneimittel gegeben, und zwar mehr und kräftigere, als ohne jenes der Magen ertragen hätte; sodann wurden auch die Kräfte des Kranken durch Schlaf gestärkt, und selbst wo man schon ganz an seiner Rettung verzweifelt hatte und die Angst ihn aufs Höchste peinigte, minderte doch das Opium seine Unruhe bedeutend. Der Tod erfolgte allerdings weder später noch früher, aber doch unter geringerer Pein. Jener grosse Wiederhersteller der wahren Philosophie, Verulam, klagt, dass die Arzte sich der Euthanasie zu wenig beflissen hätten. Freilich ist es das Amt des Arztes, den Kranken die Gesundheit wiederzugeben; da jedoch nach dem Naturgesetze endlich ein jeder Sterbliche erkranken wird, ohne dass die Kunst irgend Heilung bewirken könnte: so dürfte es Denen, die diese wohlthätige Kunst ausüben, wohl zukommen, den unvermeidlichen Tod soviel als möglich alles Schreckens zu entkleiden und, wo es nicht vergönnt ist, dem Tode seine Beute zu entreissen, sondern das Leben nothwendigerweise verloren ist, wenigstens sich Mühe zu geben, dass es unter so wenig grausenhaften Erscheinungen, als möglich, verloren gehe.

Der Ileus kommt bisweilen mit einer Hernie zugleich vor, in welchem Falle, wenn es anders leicht geschehen kann, der Darm in die Bauchhöhle zurückzubringen ist. Doch ist es eine bedenkliche Sache, viele Anstrengung auf dieses Unternehmen zu verwenden. Denn es ist ungewiss, ob die Hernie der Sitz oder die Ursache der Entzündung sei, oder nicht; indem oft Ileus eintritt, ohne stattfindende Hernie, und eine Hernie lang bestehn kann, ohne Ileus. Die Entzündung kann daher auch weichen, wiewohl die Hernie bleibt; gerade wie sie oft entsteht, wo keine Hernie vorhanden ist. Endlich dauerte der Ileus fort und endigte mit dem Tode, auch wo der Darm regelrecht zurückgebracht worden war. Wie sich auch die Sache verhalten möge, so ist alle Gewalt bei der Zurückbringung des Darmes zu vermeiden, da jene die Entzündung eher vermehren, als vermindern würde. Es ist hinlänglich bekannt, dass ein Bruch nicht nothwendigerweise die Wirkung der Abführmittel hindere, und wo diese ausgiebig ist, da kann der Kranke der bald wiederkehrenden Gesundheit versichert sein.

Den Ring, durch welchen der Darm herabsteigt, mit dem Messer einzuschneiden, passt selten, theils wegen vieler oben angeführten Umstände, theils auch aus andern Ursachen. Denn man muss fürchten, ein so zweifelhaftes Mittel allzu früh oder ein so schmerzvolles allzu spät anzuwenden, und, wie ich glaube, so haben wir keinesweges Thatsachen genug, um daraus zu entnehmen, bei welchen Kranken und in welchem Zeitraume der Krankheit die Anwendung des Messers von Nutzen sein wird, und ausserdem nichts.

CAPITEL LII.

Von Blähungsbeschwerden und vom Aufstossen.

Zu den meisten Krankheiten des Magens und der Eingeweide gesellen sich Blähungen; sie fehlen auch selten unter den unzähligen Uebeln, von denen die Hypochondristen geplagt werden; bisweilen gehn sie auch dem Anfalle der Epilepsie voraus. Die Aufblähung ist bald mit Unverdaulichkeit, bald mit Ekel, Erbrechen oder leichten Schlingbeschwerden, bald mit der höchsten Angst, welche mit Erstickung, Krämpfen und Ohnmachten droht, bald mit Unterdrückung der Stimme, Schwindel und Herzklopfen verbunden.

Dieses Uebel wird oft durch Stuhlverstopfung vermehrt, doch ist dies nicht beständig der Fall; und wiewohl es bisweilen durch den Genuss von Speisen vermindert wird, so wird es doch öfter dadurch vermehrt. Bath gewährt keineswegs einen sichern Schutz gegen diese Krankheit, und in der That darf man nicht hoffen, dass überall dasselbe Mittel passen werde, wo so viele ungleiche Ursachen stattfinden. Wenn die Grundkrankheit klar ist, so wird man gegen diese die Behandlung zu richten haben. Wenn aber der Kranke nichts klagt, ausser über Blähungsbeschwerden, so wird eine Arzenei, welche gelinde Oeffnung bewirkt, hülfreich sein, wie z. B. ein Pulver aus einem halben Scrupel Chamillenblumen, drei Gran langem Pfeffer und einem Gran Aloë, welches man alle Nächte wird nehmen müssen.

Das Aufstossen kehrte wohl täglich entweder zu unbestimmten Stunden oder nach einem bestimmten Typus wieder. Es entsteht auch zugleich Schwindel, Magenbrennen und Schlucksen, und bisweilen ist es so heftig, dass es fast convulsivisch wird. Wein und süsse Mittel schadeten. Säuren waren nützlich. Brech- und Abführmittel richteten nichts aus.

CAPITEL LIII.
Vom Wahnsinne.

Eine heftige Gemüthsbewegung, von welcher Ursache sie ausgehn möge, veranlasst gemeiniglich den Ausbruch des Wahnsinnes oder jener Geistesstörung, die unabhängig von einer acuten Krankheit und ohne Beschleunigung des Pulses besteht. Bisweilen entsteht sie aus andren Krankheiten, wie z. B. von Eingeweidewürmern, Epilepsie und vielen Kopfleiden — dergleichen sind skirrhöse Geschwülste oder Wasser im Hirne oder schwerere Verletzungen oder vielleicht eine fehlerhafte, von wahnsinnigen Aeltern ererbte Bildung des Hirnes. Schlaflosigkeit und ein Gefühl von Beklemmung in den Eingeweiden, das oft gegen den Kopf emporzusteigen scheint, gehn dem Wahnsinne vielmehr voraus, als dass sie ihn erzeugen. Weiber scheinen dieser Krankheit mehr ausgesetzt zu sein, als Männer, besonders aber zur Zeit der Entbindung.

Der Wahnsinn wird zu jenen Krankheiten gezählt, die kaum jemals vor der Mannbarkeit auftreten. Nur einmal habe ich einen Wahnsinnigen gesehen, der das sechzehnte Jahr noch nicht zurückgelegt hatte. Als erbliche Krankheit blieb der Wahnsinn bisweilen unentwickelt bis zum Greisenalter und erst nach dem sechzigsten Jahre begann die Geistesverwirrung.

Die Menschen haben sich in den Kopf gesetzt, der Wahnsinn sei von den Mondsveränderungen abhängig —

eine Meinung, die kein einziger von den Wahnsinnigen, die ich gesehen habe, rechtfertigte.

Von der Gicht hat man geglaubt, dass sie alle andre Krankheiten tilge und ganz in das ihr eigenthümliche Wesen umwandle, so dass, ausser diesem Leiden, kaum irgend eine Spur von andern im Körper zurückbleibe. Inwiefern dies von der Gicht mit Recht gesagt worden ist, mögen Andre entscheiden: ich zweifle aber nicht, dass ich etwas Andres der Art bei manchen Wahnsinnigen beobachtet habe. Nämlich bei Einem, der von einem schweren Fieber genas, fand die höchste Kraftlosigkeit und ein sehr schwankender Gesundheitszustand statt; aber indem Wahnsinn hinzutrat, wurden sofort Gesundheit und Kräfte vollständig wiederhergestellt. Einen Andern, der mit Lungensucht behaftet und bei dem es schon fast zum Aeussersten gekommen war, befiel Wahnsinn, der gleich die Schwindsucht beseitigte und den Kranken, wider Aller Erwarten, aus dem Rachen des Todes riss.

Es ist glaublich, dass dem Hirne eine nicht geringe Beeinträchtigung widerfahren sein müsse, wenn Jemand die Vernunft verliert, wodurch die Menschen von den übrigen belebten Wesen so sehr verschieden sind. Aber jener Theil des Hirnes, von welchem die Lebenserhaltung abhängt, hat wenig oder nichts gemein mit jenem, der zum vernünftigen Denken nothwendig ist. Daher hat es viele Wahnsinnige gegeben, die übrigens bis zum höchsten Alter eine gute Gesundheit besassen.

Die Wahnsinnigen kommen nicht selten zu sich und genesen; doch kehrt die Krankheit nach jeder Unmässigkeit oder Gemüthsbewegung leicht wieder. So ist es gekommen, dass bei Einigen das ganze Leben zwischen Wahnsinn und Vernunft getheilt war. Solche, die nie zu sich kommen, werden abwechselnd rasend und traurig und bringen bisweilen ganze Monate bald in diesem, bald in jenem Zustande zu. Am nächsten sind sie der Genesung, wenn sie traurig sind. Wenn die Krankheit veraltet, so verwandelt sie sich bisweilen in Stumpf- oder Blödsinn. Ueber die Vergangenheit urtheilen sie nicht richtiger, als über andre Dinge; aber ihr Gedächtniss ist so unvollkommen, dass Einige sich beklagten, schon zwei Monate in diesem Hause zugebracht zu haben, in welchem sie sich seit mehr als zwanzig Jahren eingeschlossen befanden.

Den eintretenden Wahnsinn steigern die Menschen oft durch unmässigen Genuss des Weines und indem sie sich mit Reden und nichtsbedeutenden Unternehmungen erstaunlich viel zu schaffen machen. Wenn sogleich beim Beginne der Verstandesverwirrung die Möglichkeit, nach ihrer Weise fortzuleben, den Wahnsinnigen benommen wird, indem man sie nicht ihren Freunden oder Dienern, sondern ihnen völlig unbekannten Wärtern überlässt, so trifft es sich nicht selten, dass sie in kurzem ohne Hülfe von Arzeneimitteln zu sich kommen. Wenn etwa Stuhlverstopfung stattfindet oder der Körper durch unangemessene Nahrung und durch Wein zu sehr erhitzt ist, werden Abführmittel viel zur Heilung beitragen. Es giebt auch Fälle, wo das Opium durch Beruhigung des Gemüthes und Bewirkung von Schlaf nicht wenig nützt. Ausser diesen wenigen Mitteln aber kenne ich nichts, was zur Milderung dieses so grossen Uebels einigermassen nützlich wäre.

CAPITEL LIV.

Vom Darmschmerze.

Schmerzen in den Gedärmen entstehn theils aus vielen Ursachen, die wir kennen, theils vielleicht aus andren, die wir noch nicht ahnen. Man muss Sorge tragen, dass immer, soweit es geschehen kann, ihr wahrer Ursprung ermittelt werde; denn nach ihrer verschiednen Natur wird jedesmal eine andre Behandlung erforderlich sein.

Die Krankheiten der Ovarien, des Uterus, der Blase, der Nieren, der Milz, des Pancreas, der Leber, des Netzes und der Gedärme werden alle in gleicher Weise Krankheiten der Eingeweide genannt. Wir haben vorhin gesagt, dass ein Stein in den Gallengängen häufiger, als man meint, die Ursache von Schmerz im Unterleibe sei. An skirrhöse Geschwülste und Geschwüre, denen alle Eingeweide unterworfen sind, an Würmer, besonders bei Kindern, und an Hernien bei Erwachsenen, an die Colik von Poitou, den Ileus und Missbildungen hat man zu denken, so oft Kranke über Eingeweideübel klagen. Fehler des Uterus werden oft durch das Gefühl entdeckt; sodann kann man auch aus dem Sitze des Schmerzes und daraus, dass sie mit Menstruation, Schwangerschaft oder Abortus in einigem Zusammenhange stehn, auf sie schliessen. Leiden der Niere und der Harnblase werden bezeichnet werden, ausser dem Orte des Schmerzes, durch die Farbe, den Geruch und die Dicke des Urins, verbunden mit Drang zum Harnlassen oder Schmerz dabei; ausserdem geben sich Leiden des Uterus und der Nieren dadurch zu erkennen, dass sie wenig oder nichts mit dem Darmcanale zu schaffen haben. Der Ileus oder die Entzündung der Gedärme ist eine so acute Krankheit und hat so viele eigenthümliche Zeichen, dass kaum ein Irrthum stattfinden kann. Auch Hernien können der Beobachtung nicht entgehn, ausser bei verschämten Kranken. Reichliche Schleimausleerung oder Würmer unter den Excrementen zeigen deutlich die Natur jener Beschwerden an, die entweder von diesen selbst herrühren, oder von jenem Krankheitszustande der Gedärme, der die Erzeugung der Würmer begünstiget. Die Colik von Poitou können wir, wenn nicht der Kranke weiss, dass er mit Blei vergiftet worden, zwar vermuthen, aber bisweilen kaum mit Sicherheit erkennen, bis Lähmung eintritt. Geschwüre und Drüsenskirrhen werden die Functionen der Gedärme stören und es wird bisweilen Eiter oder Cruor durch den Stuhl entleert werden. Mögen nun die Gedärme oder andre Eingeweide des Unterleibes mit solchen Fehlern behaftet sein, so werden sich gemeiniglich Anschwellungen der Unterschenkel, beschleunigter Puls, Abmagerung, Uebligkeit und Abnahme der Kräfte hinzugesellen. Aber wenn wir noch so gewiss wären, dass Skirrhen, Geschwüre, Verwachsungen oder andre Verderbnisse der Eingeweide vorhanden seien: so würden wir desswegen doch kaum etwas Weiteres auszurichten wissen, als von Zeit zu Zeit die Heftigkeit der Beschwerden zu mildern, deren Ursache nicht zu entfernen ist.

Ausser diesen Uebeln und den intermittirenden Schmerzen werden der Magen und die Gedärme oft von Beklemmung und Beschwerden befallen, die entweder von Schwäche jener Thätigkeit herrühren, welche die Speisen verdaut und verarbeitet und die unnützen Reste hinausschafft, oder von unpassender oder übermässiger Ernährung, oder endlich von Hautübeln oder Schmerzen des Kopfes oder der Gliedmassen, die in Folge unangemessner Behandlung oder von freien Stücken sich auf die Eingeweide geworfen haben. Wenn die Nerven der Gedärme auf irgend eine Weise geschwächt sind, so folgen Ekel, Erbrechen, Durchfall, Tenesmus, Aufblähung, Gefühl von Schwere, Auftreibung des Bauches, Borborygmen, krampfhafte Schmerzen, Harnbeschwerden und Erzeugung der schärfsten Säure, welche die Oberhaut der Theile anfrisst, durch welche die Flüssigkeiten beim Erbrechen oder bei der Stuhlentleerung hindurchgehn.

Wenn Schmerzen in den Eingeweiden plötzlich eintreten, sind starke Getränke immer unpassend, zu welchen gleichwohl die meisten Menschen sofort ihre Zuflucht nehmen. So oft sie von übermässiger oder weniger zuträglicher Nahrung herrühren, wird man entweder Erbrechen oder Stuhlentleerung zu bewirken haben, je nachdem die Krankheit sich hierhin oder dorthin neigt; hierauf muss man, wenn die Schmerzen und der Durchfall es fordern, das Opium anwenden; sodann wird ein bittres und gewürzhaftes Arzeneimittel, früh und Abends einige Tage hindurch genommen, alles wiederherstellen, was gelitten hat oder geschwächt worden ist. Gichtschmerzen, die sich plötzlich auf die Eingeweide geworfen haben, werden durch ein erwärmendes Opiat, wie die Confectio opiata, gemildert. Leichtere Uebel der Gedärme, die nach der Heilung alter Geschwüre oder andrer Hautleiden oder nach Zurücktreibung von Schmerzen der Gliedmassen bisweilen entstehn, wird man passend mit bittern und gewürzhaften Mitteln behandeln. Es ist aber darauf zu sehen, dass bei diesen und bei allen andren Leiden der Gedärme die Oeffnung möglichst weich erhalten werde. Bei Darmschmerzen, die von Schwäche des Körpers ausgehn, wird oft das Bather Wasser und ein wollenes Unterkleid nützlich sein; auch wird ein Pulver aus bittern und gewürzhaften Mitteln, ein - oder zweimal des Tages genommen, vortheilhaft wirken, dem man, bei stattfindendem Durchfalle, drei Tropfen Opiumtinctur, bei bestehender Verstopfung drei Gran Rhabarberwurzel beifügen muss. Leichtere Schmerzen, die kaum die Hülfe des Opiums verlangen, werden einige Esslöffel Pfeffermünzwasser oder ein gewärmtes Tuch oder eine mit warmem Wasser halb angefüllte und auf den Bauch gelegte Blase hinlänglich erleichtern. Die Leiden des Magens und der Gedärme sind in allen Stücken einander so ähnlich, dass fast alles, was von diesen gesagt worden ist oder von jenen später gesagt werden wird, auf beide gleichmässig passt.

CAPITEL LV.
Von der Harnverhaltung und dem erschwerten Harnlassen.

Zum Schwerharnen scheinen Manche schon von Natur geneigt zu sein und waren ihm von Kindheit an unterworfen, wo man keinen Grund hatte, einen Stein oder ein venerisches Leiden im Hintergrunde zu vermuthen.

Die Last des schwangern Uterus versperrt nicht selten dem Urin den Weg; dieses Uebel wird bei Manchen nach Veränderung der Körperstellung weichen; bei Andern aber, besonders in den letzten Monaten der Schwangerschaft, kann der Urin ohne Hülfe des Catheters nie gelassen werden. Auch ein Blasenstein bewirkt manchmal Harnverhaltung. Die venerische Krankheit verursacht verschiedne Verbildungen der Harnröhre, woraus bedeutende und gefahrdrohende Harnbeschwerden entstehn, die ich durch Bougies oft erleichtert, aber selten geheilt gesehen habe. Diese Uebel folgten, wenn ich nicht irre, bisweilen auf Tripper, die durch gewisse Einspritzungen in die Harnröhre geheilt worden waren. Bei einem Mädchen verursachte ein dreimal erregtes Erbrechen ebenso oft Harnverhaltung. Eine Frau konnte nach einer schweren Geburt drei Tage lang nicht ein Tröpfchen Urin lassen; aber nach Einbringung des Catheters flossen fünf Pfund Urin aus.

Die so eben erwähnten Harnbeschwerden kommen ohne einen Fehler der Nieren zu Stande; sehr gefährlich aber ist jene Form der Krankheit, wobei die Nieren selbst ganz unthätig sind und keine Flüssigkeit aus dem Blute absondern. Bei einem Kranken schienen Nierensteine eine unheilbare Harnverhaltung bewirkt zu haben; doch konnte ich bei keinem Andern annehmen, dass diese von derselben Ursache hergerührt habe; auch ist es in der That nicht glaublich, dass oft der Fall vorkommen sollte, dass beide Nieren oder beide Ureteren gleichzeitig mit Steinen verstopft sind und dadurch dem Urine der Durchgang gänzlich versperrt ist. Bei jeder Harnverhaltung, auch wo man kaum zweifeln kann, dass die Blase leer sei und die Krankheit in den Nieren sitze, wird es doch, um dem Irrthume keinen Raum zu lassen, gut sein, die Blase durch einen eingebrachten Catheter zu untersuchen.

Zugleich mit der Harnverhaltung treten bald Schlafsucht, bald die höchste Unruhe, Erbrechen, Schlucksen, Fieber und Lendenschmerzen ein. Zu diesen Uebeln gesellte sich bei einem Kranken Strangurie; bei andren fand gar kein Drang zum Harnlassen statt. Ein einziger von denen, die ich gesehen habe, klagte über Uringeschmack im Munde. Ich glaube, dass die Nieren nicht aufgehört hatten, Urin abzusondern, wiewohl ihm der Ausweg verschlossen war.

Einmal war der Urin sieben Tage lang ganz unterdrückt, und dennoch genas der Kranke. Das nämliche Uebel endete ein andermal am vierten Tage mit dem Tode. Gemeiniglich aber traf es sich, dass Diejenigen, welche die Krankheit tödete, am sechsten oder siebenten Tage starben.

Eine Arzenei aus zwanzig oder dreissig Tropfen rectificirtem Terpenthinöl wurde alle fünf Stunden gegeben und zugleich täglich zweimal ein Clystir aus einer halben Unze desselben Oeles oder des essigsauren Kali; auch wurde ein halbes Gran Canthariden alle vier Stunden genommen und der Kranke, so oft er wünschte, ins Bad gebracht; aber es darf nicht verschwiegen werden, dass, wiewohl einige Wenige durch diese Hülfsmittel, wie es schien, erhalten wurden, dennoch Andre sie alle vergeblich gebrauchten.

CAPITEL LVI.
Vom Zungen- und Mundschmerze.

Carcinome der Zunge und des Mundes beginnen mit einem kleinen Knötchen oder Geschwürchen, das unter stechenden Schmerzen weiter kriecht, wie es auch zu geschehen pflegt, wenn sie in andren Theilen des Körpers sitzen. Diese Erscheinungen schrecken nicht mit Unrecht Alle, die davon bedroht sind. Damit jedoch Niemand sich mit nichtiger Furcht quäle, so ist es nützlich, zu wissen, dass ein brennender Schmerz im Munde und an der Zunge bisweilen viele Monate gedauert habe, ohne dass irgend ein Uebel darauf folgte. Bittrer, saurer, faulichter oder metallischer Geschmack, der alles durchdringt, was in den Mund gebracht wird, geht gemeiniglich von einem verdorbenen Magen oder von Quecksilberheilmitteln aus. Einem Manne, der niemals Quecksilber gebraucht hatte, schienen alle Speisen, die er zu sich nahm, mit einem so ekelhaften Kupfergeschmacke durchzogen zu sein, dass er alles verschmähte, und an Körperumfang und Kräften abnahm. Eine Arzenei aus einer halben Drachme Austerschalen, vier Gran Enzianwurzel und einem halben Gran Pulv. aloës cum canella, früh und Abends genommen, stellte in kurzem den Geschmack und die natürliche Esslust wieder her.

CAPITEL LVII.

Von der Lipothymie oder Ohnmacht.

Die Ohnmacht ist ein kurzer Tod. Sie gesellt sich oft zu Eingeweidewürmern im Kindesalter und zum Keichhusten bei Erwachsenen. Auch sind ihr Gelähmte und Epileptische, Hypochondristen, hysterische und schwangere Frauen ausgesetzt. Die Fieber beginnen bisweilen mit derselben. Frauen sind ihr übrigens weit mehr unterworfen, als Männer. Manche befällt sie unversehens; bei Andren gehn dem Anfalle Schmerzen, Herzklopfen, Gefühl von Völle, das vom Magen zum Kopfe aufsteigt, Gesichtstrübung, Funken oder Flammen vor den Augen, Krämpfe und Schmerzen in den Eingeweiden, Schwindel, kalte Schweisse, Zittern, Aufblähung und häufiges Aufstossen voraus.

Wer längere Zeit steht, besonders nach Anstrengung, mit dem Rücken gegen ein helles Feuer gekehrt, oder wer kniet, wer unangenehme Dinge betrachtet oder riecht — diese alle, wenn auch ganz gesund, stürzen nicht selten zusammen und werden ohnmächtig. Den Epileptischen ist es meistens eigen, dass sie früh beim Aufwachen ohnmächtig und bewusstlos werden.

Bisweilen kommt es vor, dass derselbe Mensch in kurzen Zwischenräumen öfter ohnmächtig wird. Manche kommen unter Erbrechen zu sich, oder unter Stuhlausleerungen, oder unter Aufstossen, und klagen eine kurze Zeit lang über Schwindel; Andre befinden sich ganz wohl, sobald sie zur Besinnung kommen.

Ausleerende Mittel jeder Art sind Denen schädlich, die diesem Leiden unterworfen sind. Kaltes Wasser nützte, wo keine andre Krankheit stattfand, ausser der Ohnmacht; wenn aber diese von einer andren Krankheit ausgeht, so

14

wird sie nach der Heilung der letztern ebenfalls aufhören. Es ist selten der Fall, dass die Ohnmacht länger dauert und dass der Kranke ohne Hülfe nicht zu sich kommen kann. Flüchtige Salze, unter die Nase gehalten, Reiben des Körpers mit warmen Tüchern und ein Clystir werden nützlich sein, wenn Jemand lange ohnmächtig daliegt. Blutentziehung ist ganz unpassend.

CAPITEL LVIII.
Vom Lendenschmerze.

Die Lenden sind der Sitz vielfältiger Schmerzen, die von vielen verschiednen Ursachen ausgehn; zu der Zahl derselben gehören Gicht, Rheumatismus, plötzlich eintretender, jede Bewegung hindernder Muskelkrampf, der zwei oder drei Tage dauert, Gonorrhoee, weisser Fluss, Steine und Geschwüre der Nieren, Geschwüre des Uterus, Schwangerschaft und drohender Abortus. Ich habe Einen gekannt, der mit Schmerz dieses Theiles fünfzig Jahre lang geplagt war; doch dieser langwierige Schmerz war nicht sehr heftig. Ich habe eine Andre behandelt, die ein heftiger Lendenschmerz volle sieben Jahre gequält hatte, der durch Bewegung so sehr gesteigert wurde, dass die Kranke in dieser ganzen Zeit kaum je das Fahren aushalten konnte und oft nicht ohne die höchste Pein aus einem Zimmer in ein benachbartes zu tragen war. Die Natur dieses Uebels war dunkel; denn es liess sich weder durchs Gefühl oder durchs Gesicht ein Fehler entdecken, noch konnte seine Ursache aus einer Störung der benachbarten Theile oder aus der Wirkung der angewendeten Arzeneimittel erkannt werden. Die Kranke genas endlich.

Die Mittel gegen diesen Schmerz sind theils solche,

die der Krankheit entsprechen, von welcher der Schmerz abhängt, theils die oben im Capitel „vom Schmerze" angegebenen.

CAPITEL LIX.

Von den Würmern.

Ausser den Ascariden*) und den Spulwürmern und den zwei Arten von Bandwürmern giebt es vielleicht andre Thierchen, die, mit den Speisen in den Magen gebracht, innerhalb des Körpers fortleben und ihr Geschlecht vermehren können.

Die Uebel, welche durch dieselben entstehn und nach ihrer Entfernung aufhören, sind Kopfschmerzen, Schwindel, Betäubung, unruhige Träume, Unterbrechung des Schlafes durch Aufschrecken mit Geschrei, Krämpfe, leichtes Fieber, Durst, Bleichheit, übler Geschmack im Munde, stinkender Athem, Husten, beklommnes Athmen, Jucken in der Nase, Schmerzen im Magen, Ekel, Widerwille gegen Speisen, übermässige Esslust, Abmagerung, Stuhlzwang, Jucken im After des Abends, endlich Ausleerung häutiger und schleimiger Massen.

Die Bandwürmer bringen dem Körper den meisten Nachtheil: das Vorhandensein von Spulwürmern und Madewürmern würde man bisweilen kaum vermuthen, wenn nicht Jucken im After stattfände und man sie selbst im Darmunrathe entdeckte. Ich habe einen durch den Stuhl ausgeleerten Bandwurm gesehen, der vier Ellen lang war. Der Kürbisswurm scheint eine Kette von vielen zu sein, wovon bisweilen einer, getrennt von den übrigen, lebendig

---

*) Von diesen wurde Cap. 10. gesprochen.

zum Vorscheine kommt. Spulwürmer kamen bis in den Mund herauf, lebten auch noch zwei oder drei Tage, nachdem sie abgegangen waren. Bei zwei Kranken, die ich gesehen habe, konnte man vermuthen, dass ein Kürbisswurm epileptische Anfälle, Manie und Blödsinn herbeigeführt habe.

Es ist unangenehm, dass unzählige Mittel gegen die Würmer angerühmt werden, da dies nämlich zum Beweise dient, dass uns keines bekannt ist, auf das wir uns sicher verlassen könnten. Das rectificirte Terpenthinöl, ein Absud von Tabaksblättern und die Mercurialien sind für die meisten Thiere, die ausserhalb des Körpers leben, sicher tödlich; denn och haben sie in Clystirform durchaus nichts gegen die Ascariden ausgerichtet, die, gleich den übrigen Würmern im Darmcanale, die Masse von Schleim, womit sie umgeben sind, gegen die Einwirkung aller und jeder Arzeneimittel sicher zu stellen scheint. Demnach wird, bis ein gewisseres Heilmittel gegen die Würmer entdeckt sein wird, nichts nützlicher sein, als solche Mittel, die gelinde Oeffnung bewirken und dabei leicht ertragen und ohne Nachtheil längere Zeit fortgenommen werden können. Auch bittre Mittel werden hülfreich sein, entweder mit jenen gemischt oder in den Zwischenzeiten gegeben, — nicht sowohl, weil sie den Würmern schaden, als weil sie die Kräfte des Magens und Darmcanales unterstützen. Ein Pfund Wasser, dem so viel Seesalz, als darin aufgelöst werden konnte, zugesetzt war, zeigte sich ein- und das andremal zur Austreibung der Würmer höchst wirksam.*)

---

*) S. Medical Transactions, Vol. I. 54.

CAPITEL LX.
Von den Lymphdrüsen.

Cantharidenpflaster pflegen die Lymphdrüsen in der Nähe des Theiles, dem sie applicirt sind, anschwellen zu machen; die Geschwulst vergeht meistens in kurzem. Einmal jedoch bestand eine aus dieser Ursache entstandne Geschwulst des ganzen Armes längere Zeit hindurch. Ein solches auf den Kopf gelegtes Pflaster hinderte bei nicht wenigen Kranken den Lauf der Lymphe dergestalt, dass die ganze Stirn sich in eine bedeutende Geschwulst erhob, die zwei Tage lang fortbestand und nachher allmählich nach den Wangen, dem Kinne und dem Halse sich herab zog, bevor sie ganz verschwand.

Bei einer alten Frau, die sich übrigens ziemlich wohl befand und deren Brüste an keiner Krankheit litten, fiengen die Lymphdrüsen in der Achselgrube an, zu schwellen, und hierauf schwollen der ganze Arm und die Hand erstaunlich an, doch ohne dass der Fingerdruck eine Spur hinterliess; sie starb übrigens an diesem Zufalle in kurzem. Auch bei einem Jünglinge schwollen Kopf und Brust zu einem beträchtlichen Umfange, ohne dem Fingerdrucke nachzugeben; die Venen der Brust strotzten; die Kiefer schmerzten; es trat Schlaflosigkeit und Athembeschwerde ein; er konnte das Liegen kaum aushalten, und starb nach einigen Monaten.

CAPITEL LXI.

Von den Brüsten.

Die Milch hörte nicht auf, eine Brust oder beide anzufüllen, noch vier, fünf, sechs, sieben Monate und selbst ein ganzes Jahr lang, nachdem die Kinder entwöhnt waren. Eine Säugende bekam die Pocken, und als die Krankheit den höchsten Grad erreicht hatte, blieb die Milch aus; als aber die Pockenkrankheit abnahm, kehrte die Milch bald in reichlicher Menge zurück. Bei einer vierzigjährigen Frau fingen die Brüste zu schwellen an und füllten sich bald mit Milch, die drei Monate hindurch auströpfelte; als aber die Milchabsonderung in den Brüsten aufhörte, empfieng diese Frau sogleich, nachdem sie sechs Jahre lang nicht schwanger gewesen war.

Es kommt oft bei Wöchnerinnen und bisweilen auch bei andren Frauen vor, dass die Brüste sich entzünden und eitern und in weitgreifende Verschwärung gerathen. Die Haut und die Fetthaut sind der Sitz dieses Leidens, das bald und leicht geheilt wird und ganz verschieden ist von jenem, wo die Drüsen skirrhös werden und zum Carcinome hinneigen.

Gespannte Brüste, mit geringem oder gar keinem Schmerze, gesellen sich zur Schwangerschaft und zum Menstrualflusse oder zur Unterdrückung oder sonstigen Unordnung der Menstruation. Bisweilen schmerzen auch die Brüste bei geringer oder gar keiner Anschwellung — ein Schmerz, welcher, wenn er auch längere Zeit dauert, doch von keiner Bedeutung ist, wenn nur keine Knötchen vorhanden sind. Ein leichter Stoss erregte einen solchen Schmerz, welcher sodann zehn Jahre lang bestand, ohne irgend ein andres Uebel. Bei nicht Wenigen trat Schmerz ein, ohne irgend eine erkennbare Ursache, und hörte bisweilen nach zwölf Jahren freiwillig auf. Man muss darauf achten, dass der Schmerz nicht durch Kleidungstücke, welche die Brüste allzu fest zusammenschnüren, vermehrt werde, und dass inzwischen die Oeffnung gehörig weich erhalten werde.

Auf den Abfluss eines gelben oder blutigen Serums folgte Brustkrebs; doch ist dies nicht beständig der Fall; denn es bestand ein Ausfluss von etwas Feuchtigkeit oder selbst Blut viele Jahre lang, und zugleich war die Warze nach innen zurückgezogen, ohne dass irgend ein Uebel darauf folgte. Einen Skirrhus oder ein hartes, wenn auch noch so kleines Knötchen in der Brust zu fühlen, erregt immer Besorgniss; denn ich habe nie ein Carcinom beobachtet, das nicht hievon ausgegangen wäre. Doch fand sich mitunter ein Skirrhus, ohne nachfolgendes Carcinom, — besonders wo weder Schmerz noch Geschwulst noch Ausfluss aus der Warze stattfand. Denn oft wurde zufällig ein Knötchen entdeckt, welches vielleicht lange Zeit in der übrigens ganz gesunden Brust verborgen gewesen war. So lange der Skirrhus weder schmerzt noch sich vergrössert, ist es besser, aller äusseren Mittel sich zu enthalten; auch wird es nicht vortheilhaft sein, die Brust wärmer zu halten, als gewöhnlich. Ebenso sind innere Arzeneien überflüssig; vielmehr ist einzig und allein von gesunder und geregelter Diät Hülfe zu erwarten. Eine skirrhöse Geschwulst der Brust vergeht bisweilen freiwillig, was ich mehr als einmal gesehen habe. Bei einer Frau war die Beschaffenheit des Skirrhus so, dass sie den Uebergang in Carcinom befürchten liess; daher schien es nach reiflicher Erwägung der Sachlage besser, ihn herauszuschneiden; ich weiss nicht, durch welchen Zwischenfall dies Vorhaben, einige Verzögerung erlitt, und inzwischen fieng die Geschwulst an, sich beträchtlich zu verkleinern und zu erweichen, und dies hörte in der That nicht auf, bis sie ganz verschwand.

Aber nur sehr Wenige waren so glücklich; wiewohl der Skirrhus der Brust nicht selten viele Jahre lang weder Anschwellung noch Schmerz bewirkt, besonders wo er vor dem dreissigsten Lebensjahre entstanden ist. Um das vierzigste Jahr oder später entstehn am häufigsten harte Knoten in den Brüsten, und meistens nicht ohne Gefahr. Doch erinnre ich mich, dass bei einer Siebenzigjährigen die Brustdrüse sich zum Skirrhus verhärtete, der weder schmerzte, noch auf irgend eine Weise lästig war, auch mit der Krankheit, die das Lebensende herbeiführte, nichts gemein zu haben schien. Ich habe zwei Männer behandelt, in deren Brüsten ein Skirrhus entstanden war, ganz ähnlich jenem, den wir bei Frauen täglich sehen. Bei dem einen fieng die Brust an, carcinomatös zu werden, und wurde mit glücklichem Erfolge abgenommen.

Wenn eine harte Geschwulst dieses Theiles anfängt, von stechenden Schmerzen durchzuckt zu werden und zu wachsen (in welchem Zustande sie übrigens viele Jahre bleiben kann, bevor sie in Verschwärung übergeht): so sind äusserlich und innerlich viele Arzeneimittel angewendet worden, um das Uebel aufzuhalten und endlich Zertheilung zu bewirken. Aber alle diese gewährten, nach meinem Urtheile, wenig oder keinen Nutzen, sowohl in Bezug auf Lindrung des Schmerzes, als auf Zertheilung der Geschwulst. Doch glaubte man, dass bei Einer oder der Andren der Schierlingssaft etwas ausgerichtet habe. Wollen wir nun auch zugeben, dass der Schierling diesen Kranken bisweilen genützt habe: so hat er doch ohne Zweifel die Hoffnung der Aerzte so oft getäuscht, dass es keinesweges der Mühe werth ist, bei seinem Gebrauche lange zu verharren und viel von jener so kostbaren Zeit vergebens verstreichen zu lassen, nachdem einmal die Geschwulst sich zur Verschwärung geneigt hat. Denn dies ist die geeignetste Zeit, den noch mässig grossen Knoten auszuschneiden, was demnach ohne vielen Schmerz und mit grosser Hoffnung, die Wunde leicht heilen zu können, geschehen wird, besonders wenn, bei noch nicht bedeutendem Leiden der Brust, die Gesundheit des Körpers kaum oder gar nicht angegriffen ist. Wenn die Krankheit heilbar ist, so wird, woferne nicht alles mich trügt, dies das wirksamste Heilmittel sein. Wenn aber auch das Uebel nicht mehr auf die Brust beschränkt, sondern die ganze Körperconstitution ergriffen ist: so möchte ich doch kaum glauben, dass die Krankheit schneller oder sicherer oder unter grösseren Schmerzen mit dem Tode endigen sollte, weil dieses Mittel, das allein übrig war, versucht worden.

Wenn jedoch die Furchtsamkeit der Kranken es nicht zulässt, den Skirrhus bei Zeiten auszurotten; oder wenn, weil man sich mit dem Versuchen von Heilmitteln, die grossen Ruf und keine Kräfte besitzen, aufgehalten hat, die Krankheit Zeit hatte, die ganze Brust zu ergreifen, unter Verschwärung und Schmerzen sowohl der Brust selbst, als des übrigen Körpers; wenn hectisches Fieber, Abmagerung, Ekel, Schwäche stattfindet — eine Höhe der Leiden, die bald in einigen Jahren, bald innerhalb weniger Monate erreicht ist: so würde eine solche Kranke die Heilgöttinn selbst, wenn sie auch wollte, kaum retten können. Doch muss man bei so verzweifelten Umständen nicht alle Hoffnung aufgeben; wenn nur die Skirrhen sich noch nicht bis in die Achselhöhle erstreckt haben, so dass sie nicht ausgerottet werden können, so hat man noch etwas Zeit, das Messer anzuwenden; denn ich habe gesehen, dass die Kranke in so gefährlicher Lage zur Hülfe des Chirurgen mit glücklichem Erfolge ihre Zuflucht genommen hat. Es ist nicht zu verschweigen, dass eine so späte Anwendung des Messers meistens erfolglos ist, da oft entweder die Wunde niemals heilt, oder, nachdem sie geheilt ist, neue Skirrhen entstehn. Nichtsdestoweniger wird der Schmerz beim Abnehmen der Brust durch den Gewinn aufgewogen werden, den sowohl der Kranke selbst als die Umstehenden durch die Entfernung der so verdorbenen Fleischmasse erlangen werden.

Wo die Wurzeln des Krebses sich tief in die Achselhöhle erstrecken und der ganze Arm, bei verhindertem Laufe der Lymphe, angeschwollen ist, und Widerwille gegen Speisen, Abmagerung, Schwäche, Athembeschwerde und andre Zeichen des herannahenden Todes stattfinden, da kann der Arzt nichts weiter zu erreichen suchen, als durch opiumhaltige Arzeneien den Schmerz zu lindern und Schlaf zu bewirken und das Geschwür rein zu erhalten. Zu dem Ende wird es dienlich sein, das Geschwür täglich mehrmals mit Wasser, das mit sogenannter fixer Luft geschwängert ist, abzuwaschen oder einen Breiumschlag aus Mohrrüben, welche mit derselben Luft erfüllt sind, aufzulegen. Bemerkenswerth ist es, dass der Grad des Schmerzes bei verschiednen Kranken sehr verschieden ist; bei einigen scheint er höchst beschwerlich zu sein, bei andren gering und unbedeutend.

CAPITEL LXII.
Von der Menstruation.

Es ist allbekannt, welchen Einfluss der Monatsfluss der Frauen auf die Gesundheit habe. Jede etwas bedeutendere Krankheit bringt gewöhnlich denselben in Unordnung; und diese Störung oder Unterdrückung, wenn sie etwa längere Zeit fortbesteht, ohne dass Schwangerschaft stattfindet, beeinträchtiget immer die Gesundheit. Doch möchte ich glauben, dass Unordnung in der Menstruation öfter eine Wirkung, als eine Ursache andrer Krankheiten sei.

Die Menstruation beginnt gemeiniglich zwischen dem

zwölften und fünfzehnten Jahre; doch trat ein geringer Blutfluss aus dem Uterus bei einigen Mädchen im neunten, achten oder selbst im fünften Jahre ein. Aber diese vorzeitige Aussonderung kam nur ein - oder zweimal vor, und niemals habe ich beobachtet, dass sie alle Monate wiederkehrte, wenn sie vor dem zehnten Jahre begonnen hatte. Dergleichen vorzeitige Blutergiessungen schaden nichts und erfordern kein Heilmittel, ausser Ruhe.

Wenn auch die Menstruation zur rechten Zeit eintritt, so geschieht es doch oft, dass sie ein und das andre Jahr hindurch unregelmässig wiederkehrt und weder einen bestimmten Typus noch ein bestimmtes Mass einhält. Wo dies geschieht, oder wo sie zwei oder drei Jahre nach der gewöhnlichen Zeit des Mannbarwerdens zögert, einzutreten, da ist es besser, zuzusehen und lieber der Natur die Sache zu überlassen, als voreilig zu Arzeneien zu greifen, wo keine Krankheit ist. Denn da nun die Kräfte des Körpers täglich zunehmen, so ist zu hoffen, dass durch Hülfe der Natur selber die Ordnung werde hergestellt werden, bevor die Gesundheit zu leiden beginnt. Selbst nachdem die Weiber das reifere Alter erreicht haben, wird eine Störung des ganzen Körpers eintreten, so oft die Menstruation in beträchtliche Unordnung geräth; leichtere Störungen derselben, nämlich wenn sie wenige Tage später oder früher eintritt, schaden jedoch der Gesundheit wenig oder nichts.

Die Körperconstitution ist bisweilen von der Art, dass nicht nur Abortus und häufige und schwere Geburten, sondern auch Schrecken, Angst und unbedeutende Anstrengung einen unmässigen Mutterblutfluss bewirken, worauf auch bedeutende Schmerzen im Kopfe, im Rücken und in den Eingeweiden und die höchste Schwäche folgten. Bisweilen überschreitet auch ohne irgend eine erkennbare Ursache die Menstruation ihr gewöhnliches Mass, indem sie entweder allzu oft wiederkehrt oder zu lange oder zu reichlich fliesst. Solche Ergiessungen dauerten einige Monate hindurch fort oder waren auch so bedeutend, dass man anfieng, sogar für das Leben zu fürchten. Doch in den meisten Fällen, ausser bei Schwangern und Gebärenden, sind sie mehr schrecklich, als gefährlich. Denn unter unzähligen Frauen, die ich am Mutterblutflusse habe leiden sehen, erinnere ich mich nur zweier, bei denen, wiewohl sie nicht schwanger waren, die Blutung nicht zu stillen war, bis zugleich mit ihr das Leben aufhörte.

Die Menstruation vermindert sich gemeiniglich zwischen dem vierzigsten und fünfzigsten Jahre und fehlt bisweilen einen oder den andren Monat ganz; nachdem sie aber auf diese Weise ein Jahr oder zwei Jahre unordentlich fortbestanden hat, hört sie endlich ganz auf. Dies ist so ziemlich die Regel der Natur, nach welcher der Menstrualfluss endlich ausbleibt. Doch geschieht es bisweilen, dass die Menstruation alsdann sowohl öfter als reichlicher fliesst, wenn sie am Aufhören ist, und wirklich erfolgen zu keiner andren Zeit, wenn wir die Schwangerschaft ausnehmen, so starke und so gefährliche Mutterblutflüsse.

Bei jüngeren Frauen kommt es bisweilen vor, dass der Monatsfluss theils häufiger theils reichlicher ist, als er sein sollte; aber weit mehr sind sie geneigt zu sparsamer, verzögerter und unterdrückter Menstruation.

Zu den Ursachen der Menstruationsunterdrückung zählt man häufige Blutentziehungen, Schrecken und, nach der Angabe der Weiber selbst, längere Benetzung der Füsse mit kaltem Wasser zur Zeit der Menstruation. Nach schweren Geburten kommt häufig profuse Menstruation vor; bisweilen jedoch fand in solchem Falle lange Unterdrückung derselben statt, besonders wenn die Milchabsonderung in den Brüsten nicht aufhört, was bisweilen viele Monate nach der Entwöhnung des Kindes oder auch wenn die Frau das Kind gar nicht gesäugt hatte der Fall gewesen ist. Irgend eine Krankheit oder eine Verbildung des Uterus waren vielleicht bei Einigen die Ursache der ungeordneten oder unterdrückten Menstruation, besonders bei Denen, wo sie nie eintrat. Aber am häufigsten scheint die Unterdrückung Folge irgend eines krankhaften Zustandes zu sein, wobei die Lebenskräfte nachlassen und der geschwächte und erschöpfte Körper dem Uterus keinen Blutzuschuss gewähren kann. Wenn die Menstruation alle Monate wiederzukehren pflegte, so wird sie beim Eintritte eines Fiebers fast immer unterdrückt. Auch bei den mit Lungensucht Behafteten bleibt die Menstruation einige Monate vor ihrem Tode aus.

Bei Unterdrückung der Menstruation, wenn sie nicht ganz von andren Krankheiten abhängt, entstehn Schmerzen und Schwere im Kopfe, Schwindel, bleiches und zugleich gedunsenes Ansehen, Aufblähung, Ekel, Widerwille, mangelhafte Verdauung, Schmerzen im Magen und in den Eingeweiden, die den Anschein der Schwangerschaft verursachen, Schmerzen in der Brust, der Seite, im Rücken und in den Knieen, Anschwellung der Unterschenkel, Abmagerung, Betäubung, fliegende Hitze, Mattigkeit, Ohnmacht, Traurigkeit und hysterische Uebel aller Art. Bisweilen vertrat die Stelle der Menstruation ein alle Monat sehr beständig wiederkehrender weisser Fluss; bisweilen, aber viel seltner, entsteht auch Blutbrechen oder Nasenbluten, nach dem Menstrualtypus. Unfruchtbar sind Diejenigen, bei welchen die Menstruation gar nicht eintritt; jedoch empfieng Eine, die blos zweimal im Jahre menstruirt war.

Wenn auch der Menstrualfluss das gehörige Mass hält und regelmässig wiederkehrt, so ist doch bisweilen der Schmerz dabei so gross, wie er durch keinen andren Fehler der Menstruation erregt wird; indessen entsteht hieraus keine Krankheit. Dieser Schmerz tritt gemeiniglich am ersten Tage ein und hört bisweilen in Zeit von sechs Stunden auf, ist aber so heftig, dass das Weib durchaus nicht im Stand ist, das Bette zu verlassen. Zwei- oder dreimal habe ich beobachtet, dass er nicht vor dem zweiten Tage eintrat. Eine war immer am letzten Tage mit Strangurie geplagt. Schmerzen im Kopfe, in den Gliedmassen, den Lenden, im Magen und in den Brüsten (die zu dieser Zeit anschwellen), verbunden mit Ekel, Stuhlzwang und allen Arten hysterischer Uebel, peinigen manche Weiber während der ganzen Zeit des Monatsflusses.

Die Menstruation hört meistens zwischen dem vierzigsten und fünfzigsten Jahre auf. Bei Wenigen geschah dies vor dem vierzigsten Jahre; bei Einer jedoch vor dem dreissigsten, und dieses unzeitigen Aufhörens ungeachtet war die Gesundheit gut bis ins Greisenalter. Bei Einigen bestand die Menstruation fort bis zum sechzigsten Jahre. Die Menstruation gerieth bald einige Monate, bald einige Jahre lang, bevor sie gänzlich aufhörte, in Unordnung. Auch fieng sie aufs neue an, zu fliessen, nachdem sie drei oder vier Jahre ausgesetzt hatte. Der Körper schien zu der Zeit, wo die Menstruation sich zum immerwährenden Ausbleiben anschickt, mehr zu leiden und ist weniger fähig, alte Krankheiten zu bezwingen oder neue abzuwehren, die demnach zu dieser Zeit vorzüglich zunehmen und sehr schwer zu heilen sind. Gicht und Manie und Hautübel, die lange verborgen gewesen waren, überwältigen daher bei dieser Gelegenheit leicht die schon geschwächte Gesundheit und begründen ihre Herrschaft auf die Dauer.

Es ist glaublich, dass die Menstruation bei den meisten Frauen in der Art verschwinde, dass dadurch irgend ein die Hülfe der Heilkunst bedürfendes Leiden weder genährt noch erzeugt werde. Doch haben Manche mit nicht wenigen Uebeln zu kämpfen, während die Natur diese bedeutende Umwandlung des weiblichen Körpers vorbereitet. Denn übermässige Mutterblutflüsse setzen den Weibern zu keiner Zeit mehr zu, und diese sind wenigstens immer schreckhaft, wenn auch nicht auf der Stelle tödlich; ja sie verursachen wassersüchtige Anschwellung der Unterschenkel oder des Bauches oder des ganzen Körpers und Zerrüttung der Gesundheit, von welchen Uebeln die Frauen immer mit Noth, bisweilen niemals frei werden. Auch trifft es sich nicht selten, dass damit der weisse Fluss zur Erschöpfung der Kräfte sich vereiniget. Zuletzt folgten auf so grosse Entkräftung Schlafsucht, Betäubung und Lähmungen. Auch pflegen Zuckungen der Glieder und herumziehende Schmerzen besonders um diese Zeit lästig zu fallen; vielleicht vornehmlich dann, wenn ein bedeutender Bluterguss stattgefunden hat; denn dieselben Uebel entstehn auch von andren Blutflüssen. Hiezu gesellt sich oft Schwindel und Athembeschwerde und die ganze Schaar hysterischer Leiden. Aber kein Theil des Körpers leidet bei den alternden Frauen mehr, als die Gedärme, welche zu dieser Zeit oft von Schmerzen, Uebligkeit, Ekel, Brennen, Aufblähung, Gefühl von Völle, Stuhlzwang und Haemorrhoiden befallen werden. Endlich sind die Unterschenkel der Entzündung und bösartigen Geschwüren ausgesetzt. Es ist keinesweges zu verwundern, dass Einige von so vielen und grossen Leiden überwältigt, unterliegen; Andre jedoch, nachdem sie einige Jahre mit den schlimmsten dieser Uebel gekämpft hatten, richteten sich glücklich auf und gelangten wieder zu vollständiger Gesundheit. Ich weiss nicht, ob nicht Frauen, die nach gänzlichem Aufhören der Menstruation entweder von diesen Uebeln frei bleiben oder sie überstanden, eine festere Gesundheit haben und länger leben, als Männer desselben Alters.

Nachdem die Menstruation zur gewöhnlichen Zeit aufgehört hatte und einige Jahre lang ausgeblieben war, trat sie bei einigen Frauen unvermuthet im sechzigsten, siebzigsten und selbst im achtzigsten Jahre wieder ein, wo sie also zwanzig oder dreissig Jahre ausgesetzt hatte. Bisweilen kehrte sie dann auch alle Monate zurück. Gemeiniglich aber kehren diese unzeitigen Ergiessungen weder regelmässig wieder, noch halten sie ein bestimmtes Mass, und bisweilen verbinden sie sich mit dem weissen Flusse. In einem Falle bestand die gegen die Regel im Alter sich förmlich wieder einstellende Menstruation sieben Jahre fort, bei, wie es schien, vollkommner Gesundheit. Nicht selten aber rührte der Blutfluss von einem Fehler des Uterus selbst her. Wenn zu einem solchen Ausflusse bedeutende Schmerzen in der Gegend des Schambeines, der Hüften und Lenden sich gesellen und in den Zwischenzeiten eine gefärbte Flüssigkeit von üblem Geruche abfliesst, so wird man mit Recht ein Geschwür des Uterus vermuthen, das bald zum unheilbaren Krebse werden wird.

Wo der Blutfluss von der Nachgeburt oder der Frucht herrührt, welche den Uterus ausdehnen und verhindern, dass das Zusammenfallen der Venen den Lauf des Blutes hemme, da muss vor allem, was irgend im Uterus eingeschlossen sein mag, auf das schnellste herausbefördert werden. Wenn aber nichts dergleichen vorhanden ist, so muss man Ruhe verordnen und die Ofenwärme sowie alle irgend erhitzende Speisen und Getränke vermeiden lassen; die Oeffnung ist weich zu erhalten und man muss oft eine Arzenei, die Citronensaft oder Schwefelsäure enthält, einnehmen. Zwei oder mehr Drachmen Syr. papaveris albi werden oft viel beitragen, die Unruhe und Angst zu mindern, welche die Krankheit nicht wenig steigern. Die Chinarinde hat unter den Mitteln, die gegen diese Uebel nützen, einen vorzüglichen Rang behauptet; auch giebt man den Alaun und die Galläpfel oder die Eichenrinde, bald in Verbindung mit der Chinarinde, bald ohne dieselbe. Wenn ich in der That davon überzeugt wäre, dass der Ruf dieser Mittel von der Erfahrung ausgegangen sei, so würde ich keinen Anstand nehmen, sie zu gebrauchen, was auch die, wenn gleich noch so sinnreiche Theorie dagegen vorbringen möchte; wenn sie aber etwa desshalb uns empfohlen worden sind, weil sie nach dem Zeugnisse der Sinne eine zusammenziehende Kraft besitzen, so kann man mit Recht zweifeln, ob von dieser Kraft eine Stillung des Blutflusses zu erwarten ist, während sie an Ort und Stelle selbst nicht eher gelangen können, als bis sie mit einer grossen Menge von Flüssigkeiten vermischt und verdünnt sind. Und was für eine zusammenziehende Kraft wird ihnen auf diese Art wohl übrig bleiben, wenn sie, in Substanz als Pulver auf einen Blutegelstich gebracht, kaum im Stande sind, den Lauf des Blutes zu hemmen? Ich möchte glauben, dass auch Blutentziehung wenig helfe — aus den an einem andern Orte *) angegebenen Gründen. Ein Scrupel Alaun des Tages wurde oft ohne Nachtheil gegeben; doch erinnere ich mich, eine Fünfzigerinn gesehen zu haben, deren Unterleib und Genitalien, wie ich hörte, sehr angeschwollen waren, so dass die Vagina beinahe verschlossen war, und zwar, wie sie selbst vermuthete, desshalb, weil sie zur Unterdrückung eines Mutterblutflusses täglich einen halben Scrupel Alaun genommen hatte; richtiger möchte indessen diese Geschwulst ihrem ungünstigen und zerrütteten Gesundheitszustande, zuzuschreiben sein, als dem Alaun. Vier Gran Bleizucker unterdrückten einen Mutterblutfluss in Zeit von vier Stunden bei einer Frau, die ich selbst nachher an einer heftigen und langwierigen Bleicolik behandelt habe; wegen dieser höchst sichern Wirkung des Bleies mögen Alle von dem Gebrauche desselben sich ferne halten. Einer Andern, die an übermässiger Menstruation litt, waren dreissig Tropfen Bleitinctur gereicht worden, und bald fieng sie an derselben Colik, doch in geringerem Grade, zu leiden an und befand sich

---

*) Medical Transactions II, 4.

lange Zeit übel. Bei nicht Wenigen vermehrten Stahlwasser den Blutfluss; dasselbe thaten die Chamillenblumen und sogar, was ich nicht gedacht hätte, das Zubetteliegen.

Die entgegengesetzte Krankheit, nämlich wo die Menstruation entweder zu sparsam oder gänzlich unterdrückt ist, entsteht oft aus andren Krankheiten, deren Heilmittel auch jenes Uebel am besten heben werden. Wo aber keine sonstige Krankheit stattfindet, als die von der spärlichen oder stockenden Menstruation herrührende, da hat die Erfahrung alter und neuerer Aerzte den Gebrauch scharfer, bittrer und aloëtischer Mittel empfohlen, deren Zusammensetzungen in allen Büchern über Medicin zu finden sind. Die schwarze Nieswurzel hat sich den Ruf erworben, als vermöge sie den Monatsfluss zu erregen; doch hat mir die Erfahrung dieses Vermögen derselben durch keinen hinreichend sichren Beweis bestätigt. Wohl aber zweifle ich nicht, dass die Chamillenblumen bei einigen, wenn auch sehr wenigen Frauen die Menstruation anzuregen im Stande sind. Denn mehr als einmal habe ich beobachtet, dass diese Blumen, innerlich gereicht, einen Mutterblutfluss, wenn auch zu ganz ungewöhnlicher Zeit, höchst bestimmt veranlassten. Ein warmes Bad, laue Fussbäder und ein täglich eine Stunde lang genommnes Dampfbad der Genitalien heben bisweilen die Stockung der Menstruation; auch die Electricität brachte sie in Gang. Leider aber äusserten auf die zögernde, zu sparsame oder unterdrückte Menstruation alle diese Mittel oft nur geringen Einfluss.

Die Schmerzen, die vor dem Eintritte der Menstruation oder während des Flusses entstehn, werden durch Opium sicher gemildert. Weiber, die dazu geneigt sind, müssen daher immer ein halbes oder ganzes Gran Opium in Bereitschaft halten, dasselbe so gleich, wenn der Schmerz beginnt, nehmen und dies, wo nöthig, ein- oder zweimal nach jedesmaligem Verlaufe einer halben

Stunde wiederholen. Auf solche Art gereicht unterdrückte das Opium die Reinigung nicht, noch brachte es irgend eine Störung in dieselbe. Wenn übrigens der Magen es nicht wohl verträgt, so wird es passend in Clystirform angewendet. Ja sogar das Einreiben der Opiumtinctur in den Unterleib blieb nicht ohne schmerzlindernde Wirkung. Laue Bäder und ein während etlicher Tage vor dem Eintritte der Menstruation angewendetes Dampfbad der Genitalien leisteten eine nicht zu verachtende Hülfe; auch das Bather Wasser war nützlich.

Woferne die Menstruation zur rechten Zeit abnimmt und endlich ganz aufhört und indessen das Weib sich ziemlich wohl befindet, ohne irgend eine bedeutendere Beschwerde zu verspüren, so wird es der Arzenei nicht bedürfen. In der That besitzt meistens die Natur selbst Kraft genug, die Menstruation, wenn es Zeit ist, zu beseitigen, ohne irgend eine Aufregung, die fremde Hülfe forderte. Keiner wird es jedoch in solchem Falle schaden, durch ein dann und wann genommnes leichtes Abführmittel für weiche Oeffnung zu sorgen. Wenn aber bei Einer die Menstruation etwa plötzlich ausbleibt und entweder wegen dieser oder irgend einer andern Ursache zu gleicher Zeit Kopfschmerzen, Schwindel, Lethargus oder Betäubung und Gefühl von Schwere eintreten, so wird man, so lange diese Uebel fortbestehn, jeden Monat durch auf die Schultergegend gesetzte Schröpfköpfe sechs Unzen Blut entziehen müssen. Andre Krankheiten, wenn etwa deren eintreten, sind mit den ihnen entsprechenden Mitteln zu behandeln. Bei übler Körperbeschaffenheit, wo entweder Hautleiden oder Krebs oder Lähmungen zu fürchten sind, wird ein künstliches Geschwür nützlich sein; bei Andren kann dies ohne Nachtheil umgangen werden.

Bei alten Frauen kehrte die monatliche Reinigung bisweilen wieder, nachdem sie seit längerer Zeit aufgehört hatte; sie ist alsdann entweder allzu reichlich, oder das Zeichen eines Geschwüres oder Krebses des Uterus, gegen welche Uebel die oben angegebenen Mittel anzuwenden sind. Wenn aber die Menstruation, nachdem sie zur gewöhnlichen Zeit aufgehört hatte und viele Jahre lang ausgeblieben war, wiederkehrt und dann einen bestimmten Typus beobachtet — nicht unordentlich eintritt: so muss man die ganze Sache der Natur überlassen, ohne diese durch Arzeneien zu stören.

CAPITEL LXIII.
Von den Masern.

Indem ich im Begriffe stehe, zu sammeln, was ich über die Masern mir angemerkt habe, will ich zuerst die Geschichte einer Kranken mittheilen, die an dieser Krankheit in ihrer reinsten Form litt und bei welcher man wegen der Schönheit ihrer Haut das Erscheinen und Verschwinden der Röthe und der Flecken genau beobachten konnte; sodann werde ich die Abweichungen aufzählen, die ich bei sehr vielen andren Kranken beobachtet habe.

Erster Tag. Die Kranke fieng heute an, zu frösteln; die Esslust war vermindert, nicht ohne einigen Ekel; der Puls war beschleunigt; auch waren herumziehende Schmerzen, einiger Durst, trockner Husten, aber kein Niesen, kein Thränenfluss, keine Röthe der Augenlider vorhanden.

Zweiter Tag. Die Nacht soll ziemlich ruhig gewesen sein. Der Widerwille gegen Speisen dauert fort; der Puls ist derselbe, wie gestern, und so auch der Husten.

Dritter Tag. Gerade nichts Neues.

Vierter Tag. Es zeigen sich hellrothe Flecken unterhalb des Kinnes. Fieber, Unruhe und Ekel steigen.

Der Husten nicht schlimmer. Die Augen weniger lichtscheu. Kein Erbrechen. Das Gesicht ist heiss und ungewöhnlich roth.

Fünfter Tag. Einzelne röthliche Flecken am Kinne und im Gesichte, aber viel röthere am Halse und auf der Brust. Die Form der Flecken ist keineswegs bestimmt und scharf begränzt. Fieber und Husten dauern fort. Noch zeigen sich keine Spuren der Krankheit an Armen und Händen.

Sechster Tag. Die Flecken im Gesichte erheben sich etwas über die Haut, so dass dem Gefühlsinne eine geringe Rauhigkeit sich bemerkbar macht. Diese Flecken bestehn aus mehreren kleinen Pusteln, kleiner, als Hirsekörner. Jetzt erst gewahrt man Flecken an den Armen. Fieber und Unruhe und Uebellaunigkeit nehmen zu. Der Husten ist nicht wenig lästig; doch ohne Athembeschwerde. Die Augen sind schwach und die Augenlider geschwollen. Alle Speisen werden verschmäht. Abends vermehrten sich alle üblen Zufälle, nicht ohne leichte Beengung beim Athemholen. Die Flecken im Gesichte sind lebhaft geröthet. Den Tag zuvor war der Monatsfluss zur Unzeit eingetreten und hat vierundzwanzig Stunden fort gedauert. Heute ist eine Ader geöffnet worden, mit Erleichterung der Krankheit.

Siebenter Tag. Die vergangne Nacht war etwas ruhiger; Fieber und Unruhe sind jedoch fast noch, wie vorher. Die Flecken im Gesichte sind weniger geröthet. Es hat sich ein ziemlich lästiges Hautjucken eingestellt.

Achter Tag. Alle üble Zufälle nehmen ab und die Esslust beginnt, sich wieder einzustellen. Die Flecken sind bleicher. Die Kranke leidet mitunter an Schwäche und Fieberbewegungen.

Neunter Tag. Die Nacht wurde ruhig verbracht und die Kraft des Körpers und Geistes nimmt etwas zu. Doch tritt von Zeit zu Zeit Fieber und Unruhe und Schwäche ein, was alles durch eine Blutentziehung vermindert wird.

Zehnter Tag. Die Nacht war ziemlich ruhig. Die Flecken sind ganz verschwunden und es bestehn kaum noch einige Spuren des Fiebers.

Elfter Tag. Der Husten hat noch nicht ganz aufgehört.

Zwölfter Tag. Schlaf und Esslust stellen sich wieder ein. Doch blieb noch einige Tage lang ein leichter Husten zurück, der durch Blutentziehung erst vermindert und kurz darauf beseitigt wurde.

Nachdem ich die Geschichte dieser Kranken vollständig gegeben habe, will ich zu den Abweichungen übergehn, die ich bei nicht wenigen Andren, die an derselben Krankheit litten, beobachtet habe.

Zuerst thränen bei manchen Masernkranken die Augen und sind lichtscheu, zwei Tage vorher, ehe man die Zeichen der Krankheit auf der Haut bemerkt; ferner fliesst dieselbe scharfe Feuchtigkeit oft in die Nasenhöhle herab und verursacht häufiges Niesen. Der Husten fängt gewöhnlich zwei oder drei Tage vor dem Entstehn der Pusteln an, lästig zu werden; bisweilen geht er sieben oder mehr Tage lang voraus, wie dies im Jahre 1753 bei dieser damals epidemischen Krankheit Regel war. Man hat Schmerzen in der Rachenhöhle, im Kopfe und Rücken zu den Zeichen der Masern gerechnet, und ich erinnere mich, dass Einer durch einen Rückenschmerz, welcher zwei Tage nach dem Erscheinen der Pusteln andauerte, aufs höchste gequält wurde. Ekel und Erbrechen und Widerwille gegen Speisen traten gleich zu Anfange der Krankheit ein und hörten erst kurz vor dem Ende derselben auf; doch ist dies selten. Bei Einigen gieng es so gut, dass sie vom Fieber und fast von allen üblen Zufällen frei waren und nicht eher an das Kranksein dachten, bis die Haut die rothen Flecken bekam. Je schwerer die vorausgehenden Erscheinungen waren und je länger sie anhielten, desto schlimmer war die Krankheit.

Erster Tag. Bei Einem und dem Andren zeigten sich die Masernflecke gleich am er ten Tage an den Armen, nur wenige Stunden später als im Gesichte und am Halse. Da jedoch dies so selten sich ereignete, so kann es sein, dass bei jenen so Wenigen, bei welchen es der Fall zu sein schien, die Masern in der That länger, als man meinte, im Gesichte bestanden hatten. Bei Einem trat weder Husten noch Niesen eher ein, als am Tage des Ausbruches der Pusteln. Beim Ausbruche der Masern fühlt sich der Kranke nicht erleichtert, wie dies bei den Pocken der Fall ist. Bei Einem entstand an diesem ersten Tage ein Speichelfluss; welcher zwei Tage lang anhielt und den Kranken weder bei Tage ruhen, noch bei Nacht schlafen liess; der Husten wich indessen fast gänzlich und die Krankheit beendete ihren Verlauf ohne irgend eine beschwerlichere Erscheinung.

Zweiter Tag. Selten oder nie geschieht es, dass die Masernflecke, die am zweiten Tage an den Armen und den Händen bemerkt zu werden pflegen, nicht vor dem dritten Tage an diesen Stellen erscheinen. Wo dies der Fall zu sein schien, möchte ich glauben, dass man sich in der Bestimmung des Tages geirrt habe, an welchem sie zuerst ausgebrochen waren. Ein- und das andremal verschonte die Krankheit die Arme, so dass diese während des ganzen Verlaufes derselben weder fleckig noch geröthet waren. An diesem Tage zeigen sich die Masern besonders lebhaft im Gesichte; die üblen Zufälle werden jedoch dadurch nicht erleichtert, sondern vielmehr gesteigert. Oft tritt zu dieser Zeit ein Blutfluss aus der Nase ein, oder Durchfall, was, wenn es nichts nützt, wenigstens nicht nachtheilig ist. Bisweilen schwollen die Augenlider so sehr, dass sie vierundzwanzig Stunden lang nicht geöffnet werden konnten.

Dritter Tag. Die Pusteln zeigen sich gewöhnlich an andren Theilen in ihrer Blüthe; im Gesichte fangen sie an, zu verschwinden. Bisweilen jedoch ist auch im Gesichte die Farbe der Flecken noch nicht verändert. Bei Andren sind nicht nur die Zeichen der Krankheit auf der Haut, sondern fast alle ihre Erscheinungen verschwunden. Jedoch Husten und Fieber dauern bei den Meisten noch fort, und wenn einige Wenige sich etwas erleichtert fühlten, so waren dagegen Andre mehr ermattet. Wo die Augen von Thränen übergeflossen und die Augenlieder sehr roth gewesen waren, da zeigten sich sowohl diese als jene noch nicht in ihren vorigen Zustand zurückgeführt. Einmal habe ich beobachtet, dass an diesem Tage ein sehr lästiges Niesen eintrat. Ein fünfjähriger Knabe, der in diesem Zeitraume der Krankheit lethargisch wurde, starb am folgenden Tage.

Vierter Tag. Die Flecke werden fast bei allen Masernkranken im Gesichte bleicher; ebenso bei einigen an den Armen und auf der Brust; bei andren sind die Arme noch sehr gesättigt roth. Auch im Gesichte bestand bei einem und dem andren die rothe Färbung fort. Diejenigen, bei welchen kaum irgend eine Spur der Masernflecke übrig ist, befinden sich auch in andrer Hinsicht wohl; aber die, bei denen die Flecken noch nicht erbleichen, werden von Husten und Fieber mehr geplagt. Bald vermindert sich der Husten, bald sind Husten und Fieber sehr heftig. Der Thränenfluss hört jetzt fast auf; nur bei Jenen, deren Augen entweder von Natur schwächer oder von den Masern bedeutender mitgenommen worden sind, fällt er noch lange beschwerlich. Das Niesen dauerte bis zu diesem Tage fort, aber nur sehr selten. Im Gesichte tritt schon kleiichte Abschuppung mit Jucken ein; dieses Jucken verbreitet sich in kurzem über die ganze Haut und ist das hauptsächlichste oder einzige Uebel. An

diesem Tage trat, früher als gewöhnlich, der Menstrualfluss ein.

Fünfter Tag. Die Röthe der Flecken ist sowohl im
Gesichte als auf den Armen sehr blass; doch ist sie bei
Einigen leicht zu bemerken; bei Andern ist sie ganz verschwunden. Die Esslust kehrt wieder, und die Krankheit
ist jetzt fast zu Ende. Je bleicher die Masernflecke sind,
desto besser befinden sich die Kranken. Der Husten ist
bei dem Meisten milder; bei Einigen hört er ganz auf;
Andre aber fährt er fort zu peinigen, lange nach dem Aufhören der Krankheit. Auch an diesem Tage trat zur
ungehörigen Zeit der Monatsfluss ein.

Sechster Tag. Die Spuren der Krankheit bestehn
noch immer an den Armen einiger Kranken und auch
im Gesichte fort, nicht ohne Husten, Niesen, Heiserkeit
und Fieber. Ein- und das andremal habe ich noch am
zehnten Tage einige Ueberbleibsel der Flecken gesehen.
Jedoch wurden an diesem sechsten Tage fast Alle von
der Krankheit frei, ausser jene Unglücklichen, bei denen
das Fieber um diese Zeit keinesweges nachlässt, sondern
vielmehr stündlich zunimmt, bis es sie tödet. Bei Denen, die
aus dieser Gefahr für jetzt entrinnen, sind bisweilen die
Lungen so angegriffen, dass sie, lange von Husten geplagt,
endlich in Schwindsucht verfallen. Schwäche der Augen,
Entzündungen der Augenlider, Anschwellungen der Drüsen und andre scrofulöse Erscheinungen folgten bisweilen
auf die Masern. Es ist ungewiss, ob die Masern diese
Uebel erzeugt haben, oder ob bloss ihre Keime, die lange
im Körper verborgen gewesen waren, bei dieser Gelegenheit geweckt wurden. Es kann auch sein, dass die gerade
zu dieser Zeit sich kundgebenden scrofulösen Erscheinungen auf ganz andre Ursachen zu beziehen sind und, wenn
auch die Masern nicht gewesen wären, den Menschen
nichtsdestoweniger befallen hätten.

Blutentziehungen kann man an jedem Tage der Masernkrankheit veranstalten, und bei heftigerem Leiden des Kranken waren sie immer nützlich, besonders wo Athembeschwerde eintrat, welcher die Masernkranken während der ganzen Krankheit sehr unterworfen sind. Und in Blutentziehung und jenen Heilmitteln, die den üblen Zufällen, welche dieses Fieber mit allen andren gemein hat, entsprechen, besteht die ganze Behandlung der Masern. Der Monatsfluss darf uns nicht abhalten, eine Ader zu öffnen, woferne Husten und Athembeschwerde dazu drängen. Ich habe gesehen, dass mitten im Flusse der Menstruation ohne Nachtheil Blut entzogen wurde; aber noch nie hat Jemand bei Entzündung der Lungen und Hemmung des Athems dies Hülfsmittel ungestraft vernachlässigen sehen.

Schwangeren Frauen sind die Masern weit weniger gefährlich, als die Pocken. Bei Schwangeren, die von Pocken befallen werden, tritt gewöhnlich Abortus ein, und sehr oft sterben sie. Dagegen habe ich Frauen in diesem Zustande behandelt, welche an den gewöhnlichen Zufällen der Masernkrankheit nicht wenig litten, und bei keiner von diesen trat Frühgeburt ein, noch schien eine wegen der Schwangerschaft weniger glücklich die Krankheit zu überstehn. In andrer Beziehung mögen die Masern vielleicht mehr mit den Pocken übereinstimmen; denn diese sind um so schlimmer, je zahlreicher die Pusteln sind, und bei den Masern scheint es derselbe Fall zu sein.

Die Vorboten der Masern traten dreizehn Tage später ein, als der Mensch, soviel man ermitteln konnte, von der Ansteckung ergriffen worden war. Bei zwei Andern erschienen sie am vierzehnten Tage. Bei vier Andern entwickelten sich die Keime der Krankheit, nachdem sie schon gerade zehn Tage aufgenommen waren.

Eine Amme, die von den Masern befallen worden war, säugte das Kind bis zu dem Tage, wo die Pusteln auf der Haut erschienen, und theilte demselben doch ihre

Krankheit nicht mit. Ist also wohl diese Krankheit ebenso, wie die Pocken, nicht ansteckend, ausser wenn sie der Reife entgegengeht? Freilich kann es sein, dass andre Ursachen es verhinderten, dass dieses Kind damals von den Masern befallen wurde.

CAPITEL LXIV.
Vom Nasenbluten.

Blutfluss aus der Nase kommt vorzüglich bei Solchen vor, die entweder das Jünglingsalter noch nicht überschritten haben, oder dem Greisenalter nahe sind. Bei Kindern wird er selten übermässig, aber bei Erwachsenen erfolgt er oft mit heftigem Andrange und lässt sich bisweilen nicht stillen, bevor Ohnmacht eintritt.

Schwächliche Kinder sind diesem Leiden mehr unterworfen, als solche, die sich einer kräftigeren Körperconstitution erfreuen. Bei Erwachsenen gesellt es sich ausserdem, dass es von Leberskirrhus bei Säufern entsteht, oft auch zur Gicht, zum Kopfschmerze, zum Schwindel, zu Betäubungszuständen und zum drohenden Schlagflusse und zu jeder Art von Zerrüttung der Gesundheit.

Bei einem und dem andren Weibe gieng Nasenbluten der Menstruation voraus und dauerte fort bis zum Aufhören derselben; bei andren vertrat es die Stelle des Monatsflusses; bei noch andren hörte es immer auf, während dieser stattfand, wiewohl es ausserdem nie so viele Tage lang ausgesetzt hatte.

Ich weiss nicht, ob diese Erscheinung nicht vielmehr ein Zeichen, als ein Heilmittel eines im Körper verborgenen Uebels ist; denn mir schien es die Krankheiten, zu denen es sich gesellte, nicht zu erleichtern und desshalb nicht wünschenswerth zu sein. Doch ist dieser Blutfluss keineswegs ein bestimmtes Anzeichen einer bedeutenderen gegenwärtigen oder zukünftigen Krankheit; denn er fuhr viele Jahre lang fort, von Zeit zu Zeit auch bei älteren Leuten wiederzukehren, die sich inzwischen ziemlich wohl befanden. Einmal glaubte man, dass ein veralteter Kopfschmerz durch Nasenbluten erleichtert worden sei, — ob mit Recht, oder nicht, kann ich nicht sagen; dasselbe trat aber oft bei andren Krankheiten des Kopfes ein und nützte gar nichts.

Das sicherste Heilmittel ist ein in die Nase so eingebrachter Charpiepfropf, dass er die offne Mündung der Arterie oder Vene zusammendrückt. Wo dies nicht geschehen kann, schien mir keine Heilart vorzüglicher zu sein, als die an einem andern Orte*) von mir auseinandergesetzte. Ist aber die Körperbeschaffenheit von der Art, dass öfter Blut aus der Nase sich ergiesst, so passt bei Erwachsenen ein Purgirsalz, jeden dritten oder vierten Tag also genommen, dass dreimalige Oeffnung erfolgt.

CAPITEL LXV.
*Vom Ekel.***)

Schwangerschaft, Gicht, Trunkenheit, hypochondrisches Leiden, Schwindel, schwere Kopfschmerzen, Husten, besonders Keuchhusten, Würmer, Nierenstein, unregelmässige Menstruation, heftigere Erschütterung des Kopfes, Fieber und dem Masse oder der Art nach fehlerhafte Ernährung pflegen den Magen zu beleidigen und Ekel zu erregen, dem oft Anfüllung des Mundes mit Wasser vor-

---

*) Medical Transactions, II, 4.

**) Siehe, was unten im Cap. 99. vom Erbrechen gesagt ist.

ausgeht. Der Ekel fällt besonders des Morgens beschwerlich. Die Nerven des Magens sind vielleicht, ebenso wie alle andre, zu dieser Zeit schwächer. Dasselbe Uebel tritt bisweilen drei Stunden nach dem Essen ein.

Da dieses Leiden von so vielen verschiednen Ursachen ausgeht, so kann man leicht vermuthen, was auch die Erfahrung bestätiget, dass dieselbe Heilart nicht für Alle passe. Erbrechen, Liegen, aromatische und weinige Mittel, freiwilliger oder künstlich erregter Durchfall, Linimente aus destillirten Oelen und Opium, in den Unterleib eingerieben, oder Pflaster aus denselben Stoffen, auf dem Magen gelegt, Citronensaft, aus dem Stegreife mit Kali gemischt und noch während des Aufbrausens genommen, endlich ein Aufguss von Gartenmünze, entweder für sich oder mit Opiumtinctur, kommen zwar oft, aber nicht immer, dem ekligen Magen zu Hülfe. Chamillenaufguss ist nicht selten hülfreich, indem er entweder Erbrechen erregt oder den Magen stärkt. Wenn der Ekel von andren Krankheiten abhängt, so wird alles, was diese heilt, auch jenen vertreiben. Das Bather Wasser verringert viele Ursachen des Ekels oder hebt sie gänzlich auf.

CAPITEL LXVI.
Von den Augenkrankheiten.

Wenn die Augen auch nur im geringsten Grade geschwächt sind, ohne irgend ein wahrnehmbares Zeichen von Krankheit, so leiden sie gleichwohl vom Winde, vom Feuer, vom Staube oder vom Lesen. Wenn die Schwäche grösser ist, so sind sie mit einer dünnen Flüssigkeit befeuchtet, die consistenter und klebrig wird, wenn sie so langsam abfliesst, dass sie Zeit hat, zu dieser Dicke zu gerinnen.

Scrofulöse Augenliderentzündungen halten lange an, ohne dass das Auge selbst viel leidet oder lichtscheu und zum Lesen unfähig wird. Wenn das Auge selbst sich entzündet, so wird das Weisse desselben roth, indem die Adern sich stärker mit Blute füllen. Die hieran Leidenden haben das Gefühl, als wäre Staub oder Sand in das Auge gerathen. Licht, Staub, Wärme und Wind steigern den Schmerz und die Entzündung. Leichtere Entzündungen, ohne vielen Schmerz, so lange das Licht von den Augen abgehalten wird, dauerten ein Jahr oder länger, ohne Blindheit zu verursachen; doch veranlassen sie oft Augenfelle, die, wenn sie an der Cornea sich befinden, das Gesicht schwächen und, wo sie auch sein mögen, das Auge entstellen. Nach langwierigen und heftigen Entzündungen gieng aber das Augenlicht meist verloren. Wenn am inneren Theile der Augenlieder Haare hervorwachsen und das Auge reizen und entzünden, so ist das einzige Mittel, sie auszuziehen.

Die Augen sind einem heftigen und anhaltenden Schmerze ohne irgend ein Zeichen von Krankheit unterworfen. Dieser Schmerz dauerte einige Tage; ingleichen sass er in der Tiefe des Auges ein ganzes Jahr lang fest, ohne dass die Schärfe des Gesichtes darunter litt. Gemeiniglich ist jedoch ein solcher Zufall nicht ohne Gefahr; denn er veranlasste auch wohl in Zeit von zwei Tagen Gesichtstrübung und nach kurzer Zeit Erblindung. Ein ähnlicher Schmerz befiel von Zeit zu Zeit ein Auge, das nach sechs Jahren erblindete.

Bisweilen traf es sich, dass die Augen allmählig schwächer wurden und endlich innerhalb weniger Tage gänzlich erblindeten, — wie es schien, in Folge von Lähmung der Sehnerven. Bei einem Kranken entstand dies Uebel durch ein schwammähnliches Gewächs im Hirne, das die Sehnerven zusammendrückte. Dem Erblinden geht bald Schwindel voraus, bald vor den Augen schwebende Erscheinungen, wie die eines Regenbogens um die Lichtflamme, oder von Flammen oder Mücken oder Haaren, die in der Luft herumfliegen (Erscheinungen, die bei hellem Lichte schwarz und im Finstern feurig sind), oder Farbensehen, oder Vielfachsehen. Doch muss ich erinnern, dass alle diese Gesichtstäuschungen vorgekommen sind und zum Theil zehn Jahre lang bestanden haben, bei vollkommner Sehkraft und bei gänzlich unverletzten Augen.

Es trat auch Blindheit ein und verschwand nach wenigen Stunden, was sich wiederholte, aber unregelmässig, ohne bestimmte Zwischenzeiten, und demnach verschieden von der Nyctalopie, die alle Nächte fast zu derselben Stunde wiederkehrt. Ich habe wenige Fälle von solcher Blindheit gesehen, die zuletzt alle glücklich endeten, indem die Augen in ihren vorigen Zustand zurückkehrten. Bei einem Manne, der auf dem rechten Auge erblindete, wurde dies nach vierzehn Tagen wiederhergestellt; aber sogleich erblindete das linke und blieb in diesem Zustande bis zum Tode.

Dem grauen Staare oder der Cataract geht eine Trübung des Gesichtes voraus, als ob ein dünner Schleier vor die Augen gezogen wäre. Ein Zeichen dieses Uebels ist eine gefärbte Pupille, statt dass sie schwarz sein sollte.

Bei einer gewissen Schwäche der Augen erscheinen den Kranken oft alle Dinge verdoppelt und Einem erscheinen sie vervierfacht.

Wenn die Pupille möglichst erweitert ist und auf Annäherung oder Entfernung des Lichtes sich auch durchaus nicht bewegt, so nennt man dies den schwarzen Staar; derselbe scheint eine Lähmung der Sehnerven zu sein. Er tritt bald allmählig ein, bald entsteht er plötzlich und mit heftigem Kopfschmerze. Anfangs befällt dies Uebel nur eines von beiden Augen, aber oft ergreift es nach wenigen Jahren beide. Der schwarze Staar ist schmerz-

jes, und es macht so wenig Unterschied, ob wir mit einem Auge oder mit zwei Augen die Dinge betrachten, dass ich drei oder vier Menschen gekannt habe, die zufällig entdeckten, dass sie auf dem einen Auge blind seien, wiewohl wir mit Grund vermutheten, dass das Augenlicht viele Monate vorher verloren gegangen sei. Dies tritt sowohl beim schwarzen, als beim grauen Staare ein, aber bei diesem seltner, weil die allmählig zunehmende Trübung dem Kranken kaum entgehn kann.

Bisweilen tritt eine Gesichtstrübung von der Art ein, dass bald schwarze Flecken in der Luft herumzufliegen scheinen, bald nur die Hälfte der Gegenstände sichtbar ist; wenn dieselbe ungefähr den dritten Theil einer Stunde gedauert hat, geht sie in einen heftigen, viele Stunden lang wüthenden Kopfschmerz über; zugleich treten bei Einigen auch Kopfschmerz und Erbrechen ein. Die von diesen Zufällen erregte Angst ist kaum zu ertragen; Gefahr ist aber durchaus keine vorhanden, — soviel ich daraus schliesse, dass Manche zwanzig Jahre hindurch oft von dieser Krankheit befallen wurden und doch nach dem Aufhören des Schmerzes sich ziemlich wohl befanden. Dieses Uebel hält keine bestimmten Zeiten der Wiederkehr ein; auch konnte ich nicht ermitteln, aus welchen Ursachen es wiederholt, oder durch welche Mittel es geheilt oder doch gemildert wird; ausser dass beim Liegen im Bette der Schmerz eher aufhört und seine Heftigkeit etwas vermindert wird. Im Sommer und in wärmeren Gegenden ist es seltner; ingleichen vermindert es bei vorgerücktem Alter sich um vieles oder hört gänzlich auf. Erbrechen nützt wenig oder nichts; Einige glauben, es habe geschadet.

Ein heftiger Schwindel bewirkte plötzlich jene Störung des Gesichtes, wie sie im Alter vorkommt, nämlich dass nur entferntere Gegenstände deutlich wahrgenommen werden konnten. Ich habe zwei Weiber gekannt, welche, nachdem sie viele Jahre lang ohne Convexbrillen nicht hatten lesen können, im höchsten Alter den freien Gebrauch ihrer Augen von selbst wieder erlangten und keiner Gläser mehr bedurften. Der Schwindel machte Einen plötzlich schielend; zugleich schienen alle Gegenstände verdoppelt; beide Uebel schwanden nach zwanzig Tagen. Dasselbe begegnete einem Andern alle Morgen, sobald er erwachte, und dauerte einige Zeit fort.

Einige glaubten, dass eine durch Cantharidien lang unterhaltne Eiterung die Augen schwäche. Indessen haben wir bei verschiednen Augenkrankheiten uns von dem Nutzen der Cantharidenpflaster überzeugt, und sicherlich gehört die Schwäche der Augen nicht zu denjenigen Wirkungen der Cantharidien, die uns durch die Erfahrung gezeigt und nachgewiesen worden sind. Endlich haben Viele eine solche Eiterung zehn Jahre lang unterhalten, ohne irgend einen Nachtheil für die Augen. Jedoch hat dieser Verdacht in der Seele so vieler Kranken Eingang gefunden und zwar auch bei Einigen, deren Augen durch aufgelegte Cantharidenpflasten wiederholt litten und nach deren Entfernung wieder genasen, dass diese Meinung, wenn sie ganz unbegründet wäre, kaum hätte entstehn und sich so sehr verbreiten können.

Verschiedne Theile der Augen sind der Verschwärung und dem Krebse unterworfen.

Bei schwachen und übermässig feuchten Augen helfen oft abführende Mineralwasser, jeden vierten Morgen getrunken, in Verbindung mit dem täglich zweimaligen Gebrauche von zwei Unzen eines Chinadecoctes. Viele Arzeneien aus Zinkvitriol oder Zinkoxyd oder Tutia oder Bleizucker oder endlich aus Weingeist, mit Milch und Wasser gemischt, sollen gegen Schwäche und Schmerzen der Augen hülfreich sein. Aber alle diese Mittel, wenn sie auch bisweilen genützt haben mögen, täuschen doch weit öfter die Erwartung des Kranken.

Scrofulöse Augenliderentzündungen, bei denen das Auge selbst kaum leidet, erfordern keine Blutentziehung; wenn aber die Augen selbst sich entzünden, so ist die hauptsächlichste Hülfe in häufiger Blutentziehung zu suchen, die am passendsten durch Blutegel, an die Schläfe oder hinter die Ohren jeden siebenten oder selbst jeden vierten Tag gesetzt, so lange die Krankheit dauert, vorgenommen wird.

Cataplasmen aus Rosenconserve oder gekochten Aepfeln oder Brodkrume mit Milch, in ein dünnes Linnen eingeschlagen und allnächtlich auf die Augen gelegt, schienen mir zur Zertheilung der Entzündung mehr beizutragen, als alle Collyrien. Wo die Entzündung es fordert, müssen die Cataplasmen alle acht Stunden aufgelegt werden. Chinarinde und abführende Wasser sind gegen diese und alle andren Schmerzen der Augen wirksam. Wenn die Augenlider verkleben, so wird man allnächtlich ihre Ränder mit Schweinfett, durch Wasser erweicht, bestreichen müssen, damit sie nicht des Morgens zusammengepicht sind und mit einer gewissen Anstrengung geöffnet werden müssen, wodurch Schmerz und Entzündung gesteigert werden. Haarseile, Fontanelle und Vesicatorien gewähren oft eine nicht zu verachtende Hülfe zur Entfernung dieser Krankheiten und zur Verhütung ihrer Wiederkehr.

Gegen den schwarzen Staar haben alle Arten von Nervenmitteln, Niesepulver, künstliche Geschwüre, Cantharidenpflaster und Quecksilber, bis zur Erregung des Speichelflusses gegeben, gar nichts ausgerichtet. Die Electricität soll bisweilen nützlich gewesen sein.

Gegen den grauen Staar ist das einzige Mittel die Depression oder Extraction der Crystalllinse.

Die alten Augenärzte setzten, wie wir aus dem Celsus ersehen, zu ihren Augenmitteln fast immer den Mohnsaft. Wenn wir aber die sinnlichen Eigenschaften des Opiums sowie seine erfahrungsmässig erkannten Heilkräfte erwägen, so können wir kaum einige Hülfe gegen Augenkrankheiten vom Opium erwarten. Die offenbare Schärfe dieses Saftes passt wenig zum Schmerze, und seine schmerzlindernde Kraft wirkt nach meinem Urtheile nur innerlich und auf die Eingeweide. Konnte ja doch das Ansehen der Alten nicht hindern, dass die opiumhaltigen Augenmittel längst veraltet sind, — was kein geringer Beweis gegen ihre Nützlichkeit ist. Durch neuere Erfahrungen soll jedoch das tägliche Einträufeln von drei Tropfen Opiumtinctur gegen hartnäckige Entzündungen sehr nützlich befunden worden sein.

Die Augenfelle verschwinden oft allmählig von selbst. Ob sie durch manuelle Hülfe oder durch Aetzmittel glücklicher gehoben werden, kann ich nicht sagen.

Von der Nyctalopie.

Ein dreissigjähriger Mann wurde im Frühjahre von einem Wechselfieber befallen, das sich lange hinzog, weil er nicht die hinreichende Menge Chinarinde genommen hatte. Er nahm desshalb zweimal ein kaltes Bad, und seitdem kehrte das Fieber nie mehr wieder. Drei Tage nach dem letzten Anfalle, während er auf einem im Hafen liegenden Schiffe beschäftigt war, fiengen gegen Sonnenuntergang alle Dinge an, ihm blaugefärbt vorzukommen; dieser Schein gestaltete sich allmählig zu einer Art Wolke und kurz darauf war die Gesichtstrübung so bedeutend, dass er kaum die Flamme der Kerze unterscheiden konnte. Am andren Morgen war die Schärfe des Gesichtes wiederhergestellt. Als es jedoch Abend wurde, verlor er auf gleiche Weise das Augenlicht wieder, und so fuhr es zwölf Tage lang in derselben Art fort, verloren zu gehn und wiederzukommen. Darauf verliess er das Schiff, und die Nyctalopie verminderte sich allmählig und hörte nach drei Tagen auf. Nach einem Monate bestieg er ein andres Schiff und wurde in der vierten Nacht von derselben Blindheit befallen, die neun Nächte lang anhielt, nämlich so lang er auf dem Schiffe blieb. Als er es verliess, genas er abermals. Nicht lange hernach betrat er ein drittes Schiff, wo er zehn Tage verweilte und inzwischen nur zweimal an der Krankheit litt, von welcher er nachher nie mehr heimgesucht wurde. Derselbe Mann war zweimal in Lähmung der Hände verfallen, die von Beschäftigung mit Blei ausgegangen war.

CAPITEL LXVII.
Von der Ozaena oder Verschwärung der Kieferhöhle.

Es floss viele Jahre lang Eiter aus der Höhle, die man die Highmorshöhle nennt. Häufige Abspülung der Unreinigkeiten mittels Chamillenwassers, das in die Höhle gespritzt wurde, schien das einzige Erleichterungsmittel dieses Uebels zu sein.

CAPITEL LXVIII.
Vom Herzklopfen.

Die Kinder werden bisweilen mit dem Herzklopfen behaftet geboren, und gemeiniglich sind dann bei ihnen ein Fehler in der Brust oder noch andre Zeichen von Krankheit vorhanden. Uebrigens trifft man dies Uebel in jedem Alter, und es wird dasselbe auch durch Asthma, hypochondrisches und hysterisches Leiden, Podagra, Hautübel, allzugrosse Anstrengung, Blähungen, Schwindel,

Ohnmachten, heftigen Drang zum Urinlassen und jene Zerrüttung der Gesundheit überhaupt veranlasst, wobei alle Lebenskräfte darniederliegen. Bei diesen Kranken ist der Puls fast immer unregelmässig und bisweilen war das Klopfen so heftig, dass es auch einigermassen hörbar wurde.

Dieses Leiden ist offenbar verwandt mit jenen Krankheiten, die man als dem Nervensysteme angehörend betrachtet und die durch Blutentziehung gesteigert werden; dieses Heilmittel ist daher meistens zu unterlassen, wiewohl ich es ein- und das andremal wenigstens ohne Nachtheil, wo nicht (wie es dem Kranken schien) mit Nutzen habe anwenden sehen. Einer wurde durch Liegen erleichtert; bei allen Uebrigen wurde die Krankheit im Bette schlimmer, und besonders lästig war sie beim Erwachen; auch schadet Ueberladung des Magens mit Speise und Trank.

Wenn wir bemerken, wie schnell einige von diesen Kranken aufs Aeusserste gebracht sind, wie lange hingegen das Herzklopfen bei Andren sich hinzieht, mit ziemlich geringer Störung der Gesundheit; sodann sein langes Aussetzen; endlich dass Herzklopfen selbst bei den Gesundesten durch blosse Vorstellungen erregt werden kann: so geht aus diesem allem hervor, dass es von verschiednen Ursachen herrühre, die hinsichtlich der Gefahr sehr von einander abweichen. Wo Heilmittel eine Stelle finden, sind solche anzuwenden, die den hypochondrischen Leiden entsprechen; aber das Herzklopfen ist meistens von der Art, dass es entweder keine Arzenei fordert, oder einer jeden trotzt.

CAPITEL LXIX.
Von der Lähmung und dem Schlagflusse.

Lähmung und Schlagfluss sind nur verschiedne Stufen derselben Krankheit. Wenn irgend ein Mensch plötzlich stirbt, ohne erkennbare Ursache, so nennt man dies gewöhnlich Schlagfluss, wiewohl der plötzliche Tod oft vom Bersten von Arterien oder Venen im Innern des Körpers herrührt, oder von Schleim oder Eiter, der die Lungen anfüllt und die Athmungswege verschliesst, oder von andern Ursachen, welche jener, wovon die wahre Apoplexie ausgeht, ganz unähnlich sind.

Lähmung ist plötzliche Schwäche der Muskeln, welche die Bewegung vermitteln. Wenn nun alle Muskeln, ausser jene, die zum Herzen und zu den Lungen gehören, unbrauchbar werden und zugleich alle Sinne schwinden, so nennt man die Krankheit Schlagfluss; und bisweilen ist ihre Ursache von solcher Bedeutung, dass sie auch die Bewegung des Herzens und der Lungen aufhebt und den Tod augenblicklich herbeiführt.

Die Bewegungsfähigkeit der Muskeln, sowohl jener, die der Willkür unterworfen, als derer, die nicht unter ihrer Herrschaft sind; dann die verschiednen Eindrücke, die durch die Sinne erlangt werden; endlich jene Geistesfähigkeiten, die man Gedächtniss, Einbildungskraft, Wahrnehmungsvermögen, Urtheilskraft nennt, sammt den Leidenschaften, scheinen durch die Nerven zu bestehn und werden demnach geschwächt, gestört oder gänzlich vernichtet, je nachdem das Hirn, das Rückenmark oder die Nerven eine Verletzung dieser oder jener Art erleiden, mag dieselbe nun von den eigenthümlichen, uns wenig bekannten Nervenkrankheiten ausgehn oder von irgend einer gewaltsamen Einwirkung, Wunden, Geschwüren, Verzerrung oder Gift. Da jedoch der Verlust der Bewegungsfähigkeit augenscheinlich und die am meisten auffallende Bedingung dieser Krankheit ist, so ist es gekommen, dass man gewöhnlich das ganze Wesen der letzteren hierin begriffen glaubt, und in der That sehen wir es bisweilen sich ereignen, dass ein Glied oder mehrere gelähmt werden, während die Nerven, welche die Werkzeuge der Sinneswahrnehmung und des Denkens sind, ihre Functionen gehörig verrichten. Dagegen kommt es jedoch auch vor, wiewohl etwas seltner, dass ein Sinn oder mehrere geschwächt oder vernichtet werden oder dass der Geist unachtsam, vergesslich und fast blödsinnig wird, während die Muskelkräfte ungeschwächt und unversehrt bleiben. Weit öfter leiden der Geist und die Sinne und die Körperkräfte zugleich, wo irgend eine schwerere Lähmung eintritt. Schwäche der Sinne und des Geistes wird, je nachdem sie grösser oder geringer ist, Carus, Coma oder Lethargus genannt. Verstand und Vernunft der Gelähmten werden bald so sehr geschwächt, bald so sehr verwirrt, dass sie traurig, blödsinnig oder ganz verrückt werden; bald befielen Wahnsinn und Lähmung denselben Kranken abwechselnd. Bei Einigen kommt die Epilepsie der Lähmung so nahe, dass es schwer zu sagen ist, welcher von beiden Krankheiten die Erscheinungen angehören. Ebendies kann mit gleichem Rechte vom Veitstanze gesagt werden.

Lähmung befällt besonders Jene, deren Leben sich abwärts neigt und deren Kräfte durch Alter oder Krankheiten gebrochen sind. Doch sind auch Jüngere nicht vor dieser Krankheit sicher, besonders wenn sie von paralytischen Vorfahren abstammen oder ihre Gesundheit durch Sorgen oder Unmässigkeit zerrüttet ist. Knaben und Mädchen, von der Geburt an bis zur Mannbarkeit, wurden bisweilen an den Gliedmassen gelähmt; aber bei diesen war die Gesundheit entweder immer schwächlich oder durch häufige Krämpfe, epileptische Anfälle oder Veitstanz erschüttert. Die Gicht macht die Menschen zur Apoplexie geneigt, entweder weil sie alle Kräfte schwächt oder weil zwischen beiden Krankheiten hinsichtlich ihrer Ursachen eine gewisse Verwandtschaft besteht. Die Nerven der Hypochondristen und der Hysterischen werden bisweilen so angegriffen und geschwächt, dass sie der Lähmung ganz nahe zu sein scheinen. Aber, wie die Erfahrung gelehrt hat, so sind sie doch weit genug davon entfernt; da es sich sehr selten ereignet hat, dass diese Krankheiten in Lähmung übergiengen. Chronischer Rheumatismus und herumziehende Gicht, welche längere Zeit die Kranken hingehalten hatten, bewirkten, dass die Glieder schwach wurden und beinahe abstarben; aber diese Art Lähmung geht kaum über die Gliedmassen hinaus — die Sinne und der Geist bleiben unversehrt und lebendig. Die untren Gliedmassen werden übrigens öfter durch Gicht und Rheumatismus gelähmt; die Colik von Poitou schwächt vorzugsweise Hände und Arme. Weiber, die übrigens gesund waren, verfielen während der Schwangerschaft oder des Wochenbettes so oft in Lähmungsübel, dass man es kaum bezweifeln kann, ob Schwangerschaft und Geburt den Eintritt dieser Krankheit begünstigen. Ich erinnre mich einer auf diese Art leidenden Wöchnerinn, die kaum nach zwei Jahren hergestellt war; doch ist dies selten, denn die meisten auf diese Art Erkrankenden gelangen in kurzer Zeit zur Genesung; auch pflegt die Krankheit nicht zu wiederholen. Es wurde ein gesundes und kräftiges Kind von einer Mutter geboren, die während der Schwangerschaft von Lähmung befallen worden war.

Die Lähmung eines Gliedes oder der Hälfte des Körpers geht oft von Schlagfluss aus oder von plötzlichem Schwinden der Sinne und der Kräfte, das bald viele Stunden lang, bald nur einen kleinen Theil einer Stunde hindurch anhielt; und von diesem Uebel hat der Mensch bisweilen so wenig ein Vorgefühl, dass er einige Stunden oder selbst einige Tage vor seinem Eintritte sich wohler, als gewöhnlich, zu befinden glaubte. Doch weit öfter naht diese Krankheit allmählig heran, abgesehen davon, dass der Kranke plötzlich regungs- und sinnlos zusammenstürzt. Uebrigens hinderte ihr Eintreten nicht, dass Einige, bei vollem Bewusstsein, das Gelähmtwerden an den Gliedmassen fühlten. Stammelnde und undeutliche Sprache, Schlafsucht, Wanken oder Verlust des Gedächtnisses, leichtes Delirium, Trübung der Augen oder jenes Leiden derselben, wobei alle Gegenstände doppelt erscheinen, Zittern, Erstarrung, die allmählig gegen den Kopf vorschreitet, häufiges Gähnen, Schwäche, Verziehung des Mundes, Furcht, ohnmächtig zu werden, sind jene Anzeichen, von denen manche um etliche Stunden oder selbst einige Tage der Lähmung vorausgiengen. Ja, es endete auch eine Schwäche eines einzelnen Gliedes oder der Hälfte des Körpers, die während vieler Monate oder selbst einiger Jahre allmählig zunahm, endlich in vollständige Hemiplegie. Auf Schlafsucht und Doppeltsehen mit heftigem Kopfschmerze und einem Gefühle, als ob der Kopf von einer Binde zusammengeschnürt würde, folgte nach zwei Tagen Verlust der Sinne und der Sprache, und am dritten Tage starb der Kranke. Bei einem Kranken erstarrte am ersten Tage die Hand, am zweiten wurde die Zunge schwerer, am dritten trat Lähmung ein. Die Geschichte der Medicin ist voll von solchen Beispielen. Die Vorboten der herannahenden Lähmung traten mehrmals einige Stunden hindurch abwechselnd ein und verschwanden wieder, gleich als ob eine Art Kampf zwischen dem Organismus und der Krankheit stattfände, bis entweder jene drohende Gefahr beseitigt ist oder die Nerven gelähmt sind. Schwere des Kopfes oder ein bedeutender Schmerz oder das Gefühl einer den Kopf zusammendrückenden Binde, Schwindel, Erstarrung, Ohrenklingen und häufige Blutergüsse aus der Nase bei Erwachsenen oder Greisen können zwar von irgend einer Lähmungsursache auf ihrer niedrigsten Stufe entstehn; doch bestanden alle diese Erscheinungen ein Menschenalter hindurch, ohne dass irgend ein schwereres Leiden nachfolgte; so dass sie zwar einigermassen zur Vorsicht auffordern, aber nicht zum Erschrecken Anlass geben mögen. Flämmchen oder schwarze Flecken vor den Augen giengen bisweilen dem Schlagflusse voraus, doch gemeiniglich haben sie mit dieser Krankheit wenig oder gar nichts zu schaffen; denn sehr oft leidet dabei nur das Auge, während der übrige Körper gesund ist. Ein quälender Lendenschmerz gieng oft der Lähmung der untren Gliedmassen voraus.

Wenn der Stamm und gemeinschaftliche Ursprung der Nerven verletzt ist, werden alle ihre Verrichtungen gestört. Aber die Nerven, welche irgend einem zum Leben weniger nöthigen Theile angehören, werden oft beschädigt, während alle übrige unverletzt bleiben. Wer mit Kranken umgeht, hat Gelegenheit, unzählige Grade von Lähmung zu beobachten, von Erstarrung oder Schwäche eines Fingergliedes an, bis zur vollendeten Apoplexie, wobei Empfindung und Bewegung im ganzen Körper vernichtet werden; und es giebt eine unendliche Reihe von Lähmungsübeln, die zwischen diesen beiden Endpunkten liegen. Die Muskeln der Unterlippe wurden gelähmt, während der übrige Körper von einem ähnlichen Uebel ganz frei war. Dasselbe erfahren bisweilen die Augenlider eines Auges oder beider. Weit öfter leiden die Muskeln der Sprachwerkzeuge, wodurch die Sprache stammelnd und undeutlich oder gänzlich unterdrückt wird. Auch die Nerven einer Hälfte des Gesichtes werden allein unter allen sehr oft gelähmt, in welchem Falle der leidende Mundwinkel tiefer herabgezogen wird, als der gesunde; auch die Speise wird mit Mühe zerkaut, indem sie an jener Backe liegen bleibt, welche gelähmt ist; ferner kommt Speise und Trank oft wieder zum Munde heraus. Bei einem Kranken war mit Lähmung der rechten Seite des Gesichtes ein sehr heftiger Schmerz hinter dem Ohre derselben Seite verbunden; bei einem andren, wo die Lähmung auf der linken Seite des Gesichtes war, bestand ein ähnlicher Schmerz hinter dem linken Ohre. Die Lähmung ergreift bald nur die Muskeln der Schlingwerkzeuge oder der Zunge, bald den einen Arm, die eine Hand oder einen einzigen Finger. Die Muskeln der Ober- und Unterschenkel waren oft der Sitz dieser Krankheit, und zugleich die Schliessmuskeln des Afters und der Blase, nach deren Lähmung Urin und Koth unwillkürlich abgiengen. Dagegen konnte bisweilen, wenn die Nerven der Untergliedmassen ergriffen wurden, Koth und Urin nicht ohne die höchste Schwierigkeit entleert werden, indem die Muskeln, die zur Austreibung dieser Stoffe dienen sollten, mehr geschwächt waren, als die Schliessmuskeln. Wohl keine andre Art der Lähmung ist häufiger, als die Hemiplegie, wobei die Bewegung einer Hälfte des Körpers geschwächt oder aufgehoben ist, vom Scheitel an bis zur Fusssohle. Die rechte und die linke Seite sind diesem Leiden in gleicher Weise unterworfen; wenigstens schien dies so bei nicht wenigen Hemiplegischen, wo auf diesen Umstand sorgfältig geachtet wurde. Die Ursache der Lähmung, welche sie auch sein möge, wird durch den geringfügigsten Umstand bestimmt, diese Seite des Körpers vorzugsweise vor jener zu ergreifen; denn ich habe achtmal beobachtet, dass Solche, die von der Hemiplegie genesen waren, nachher von einer Lähmung der entgegengesetzten Seite befallen wurden.

Die fünf äusseren Sinne nehmen bei Gelähmten fast alles undeutlich und verworren wahr. Einen habe ich jedoch behandelt, dessen Geruch so wenig geschwächt war, dass er vielmehr weit schärfer geworden war und fortwährend Veranlassung zu Beschwerde und Verdriesslichkeit — bisweilen zu grossem Gelächter — gab. Bei einem Andren folgte auf Lethargus Schlaflosigkeit, und zugleich waren alle äussere Sinne ungewöhnlich lebendig und scharf. Bei allen Uebrigen, die ich gesehen habe, wurden alle Fähigkeiten, die von den Nerven abhängen sollen, schwächer — woferne sie überhaupt eine Verändrung erlitten; ausser dass bei Einigen die Esslust sich vermehrte.

Betäubung, oder Vermindrung des Gefühlssinnes ist in dieser Krankheit sehr gewöhnlich; doch geht derselbe nur höchst selten gänzlich verloren. Unter einer ausserordentlichen Menge von Gelähmten, denen ich beistand, befanden sich im Ganzen sieben, bei denen dieser Sinn gänzlich vernichtet war. Bei dreien von diesen war einige Beweglichheit übrig. Bei einem andren wurde das Gefühl nie wiederhergestellt, wiewohl einige Beweglichkeit zurückkehrte. Der fünfte erlangte das Gefühl nach einem halben Jahre wieder. Bei den zwei übrigen kehrte, so viel ich weiss, weder Gefühl noch Bewegung jemals zurück. *)

Es giebt kein Seelenvermögen, das die Lähmung nicht erschüttern könnte; aber jene Kraft, wovon die Leidenschaften und das Gedächtniss abhängen, wird gewöhnlich vor allen andren geschwächt. Doch möchte ich eben nicht zu behaupten wagen, dass das Gefühlsvermögen und das Gedächtniss der Beeinträchtigung mehr ausgesetzt seien, als die Einbildungs- und die Urtheilskraft; aber bei unzähligen Gelegenheiten zeigt sich Verlust des Gedächtnisses oder jene kindische Geistesschwäche, welche den

---

*) Ramazzini berichtet, er habe einen gelähmten Gärtner behandelt, in dessen einem Beine alle Beweglichkeit vernichtet war, bei unverletztem Gefühle; im andren war das Gefühl vernichtet, bei vollständig verbliebener Bewegungsfähigkeit.

Menschen in Thränen zerfliessen oder zu Zorn oder Freude durch ein Nichts fortgerissen werden lässt; während die Einbildungs- und die Urtheilskraft seltner betheiligt sind und auch ihre Schwäche sich wirklich nicht so auffallend kund giebt. Daher können diese Geistesfähigkeiten lange vorher einen nicht unbeträchtlichen Schaden erleiden, bevor derselbe bemerkt wird.

Es giebt fast unendlich viele Grade der Schwäche, woran sowohl Geist als Körper der Gelähmten leiden. Einige, die an der linken Seite des Körpers litten und zugleich die Sprache verloren, waren noch so gut bei Besinnung, dass sie, da die rechte Hand unversehrt war, schriftlich hinreichend erklären konnten, was sie fühlten und was man ihnen thun sollte. Bei Andern aber waren Vernunft und Verstand so zerstört und verwirrt, dass sie keine Worte fanden, ihre Gefühle auszudrücken, und sogar die Formen der Buchstaben ihrem Gedächtnisse entfallen zu sein schienen. Andre hielten zwischen diesen beiden gleichsam die Mitte und konnten, was sie nicht auszusprechen vermochten, niederschreiben, wenn gleich etwas verworren. Endlich schrieb derselbe Mensch an verschiednen Tagen oder zu verschiednen Stunden desselben Tages, je nachdem die Gewalt der Krankheit grösser oder geringer war, bald hinreichend verständliche Worte nieder, bald besudelte er das Papier mit ungestalteten und durchaus unverständlichen Zeichen. Der Verstand dieser Kranken war bisweilen so zerrüttet, dass sie nicht nur unfähig waren, die Worte Ja und Nein niederzuschreiben, sondern auch, wenn dieselben von den Umstehenden aufgeschrieben wurden, nicht einmal im Stande waren, mit dem Finger nach diesem oder jenem zu deuten, um ihre Meinung zu erklären. Das Unvermögen zu reden entsteht zwar bisweilen durch Lähmung der eigenthümlichen Sprachmuskeln, bisweilen aber aus andern Ursachen. Denn bei einigen Gelähmten geht sogar auch alle Erinnrung an ihre

Muttersprache so ganz verloren, dass keine Kenntniss der Wörter oder der Buchstaben in ihrem Geiste zurückebleibt. Diese Kenntniss erlangen inzwischen Einige schnell wieder; Andre kommen langsam und nach und nach wieder dazu. Sie lernen also zuerst die aus wenigen Lauten bestehenden und am häufigsten vorkommenden Wörter, und es dauert lange, dass sie die Wörter, die sie wünschten, nicht finden können, sondern an deren Stelle ganz verschiedne aussprechen, wie Diejenigen, die eine Sprache reden, welche ihnen entweder wenig bekannt ist, oder die sie nach langer Entwöhnung fast vergessen haben. Ein Jüngling mit schwer verletztem Kopfe lag einige Tage lang betäubt; als er endlich wieder zu sich kam, hatte er selbst seine Muttersprache gänzlich vergessen, und lernte sie mit Mühe und allmählig zum zweitenmale; nur die Gestalt der Buchstaben, mit welchen sein Tauf- und Zuname anfiengen, war ihm gegenwärtig geblieben; die Kenntniss der übrigen hatte er so ganz verloren, dass er sich nicht weniger Mühe geben musste, sie zu lesen und zu schreiben, als ob sie ihm vorher ganz unbekannt gewesen wären.

Nach Lähmung des Armes entstand bisweilen ein so starker Schmerz in der Schulter derselben Seite, dass die Kranken sich kaum überzeugen liessen, dass kein Knochenbruch noch eine Verrenkung stattfinde. Die Oeffnung der Gelähmten pflegt etwas fest zu sein; der Urin aber wird häufiger gelassen, als gewöhnlich. Bei der Oeffnung der Leichen einiger Hemiplegischen fand ich bald jene Hälfte des Hirnes, welche der leidenden Seite entsprach, bald die entgegengesetzte durch irgend eine Gewaltthätigkeit oder Krankheit beschädigt.

Bei Denen, die von der Hemiplegie genesen, kehrt gemeiniglich die Beweglichkeit des Beines früher wieder, als jene des Armes; doch ist dies nicht beständig der Fall. Bei einer leichten Lähmung der Zunge fand dasselbe Gefühl statt, als wenn sie mit heissem Wasser übergossen worden wäre. Die Apoplexie wird selten so ganz gehoben, dass kein Glied gelähmt bleibt. Der erste Anfall des Schlagflusses oder der Lähmung ist selten tödlich. Wer aber irgend einmal an dieser oder an jenem gelitten hat, der wird während seines übrigen Lebens demselben Uebel mehr ausgesetzt sein, und je öfter diese Leiden wiedergekehrt sind, um so schneller wird ein neuer Anfall zu erwarten sein. Doch traf es sich manchmal, dass Menschen von einer schweren Hemiplegie genasen und dann von allen Uebeln dieser Art vierzehn, achtzehn oder auch zwanzig Jahre lang frei waren. Man muss aber gestehn, dass diese glücklichen Fälle sich selten ereignen; denn eine schwere Lähmung, wenn sie auch ganz verschwunden zu sein scheint, wiederholt gewöhnlich in Zeit von wenigen Jahren und manchmal von wenigen Monaten.

Eine leichte Lähmung eines kleinen Theiles des Körpers, wie die Lähmung der einen Hälfte des Gesichtes, verschwindet oft, ohne irgend einen Nachtheil für die Gesundheit zu hinterlassen. Es wurden Jünglinge von einem solchen Leiden befallen, die das höchste Alter erreichten, ohne einen Rückfall zu erleben. Wer einmal eine schwere Lähmung erlitten hat, bekommt oft leichtere Anfälle der Krankheit, welche, wenn sie Nachts oder im Schlafe eintreten, leicht den Wärtern der Kranken entgehn. Man kann dieselben aber mit allem Grunde vermuthen, wenn jene Uebel, welche auf die frühern Anfälle gefolgt sind, aufs neue in Zeit von wenigen Stunden bedeutend zunehmen. Niemals droht aber grössere Gefahr eines neuen Ausbruches der Krankheit, als während der nächsten Tage nach einem schwereren Anfalle, bis die Kräfte sich wieder zu sammeln anfangen und die Gesundheit wieder etwas befestigt ist. Eine schwere Lähmung, wenn sie auch nicht wiederkehrt, reicht oft allein hin, alle Thätigkeiten, die von den Nerven abhängen, zu schwächen. Der Gesundheitszustand, soweit er sinnlich erkennbar ist, entspricht nicht immer der Grösse der Krankheit. Denn während diese bei ihrem ersten Anfalle ziemlich unbedeutend zu sein schien, folgte bisweilen auf sie eine sehr grosse und unheilbare Schwäche des Körpers und des Geistes. Jede Nervenlähmung verursacht aber meistens Kopfschmerzen, Schwindel, Unachtsamkeit, Schwäche des Gedächtnisses, Schlafsucht, Geistesverwirrung, undeutliche Sprache, Schlucksen, Zittern, Schwäche, Krämpfe und unwillkürliches Lachen und Weinen. Unter so vielen Uebeln, welche die Schlaganfälle mit sich bringen, schien aber doch einmal etwas Gutes daher zu rühren; nämlich ein gewisser Epileptischer wurde vom Schlage getroffen, kam dann wieder zu sich und litt nachher nie mehr an seiner alten Krankheit. Andren dagegen widerfuhr das Unglück, dass sie, von der Hemiplegie genesen, nun erst mit der Epilepsie zu kämpfen anfiengen. Bei einem Knaben entstand auch der Veitstanz aus der Hemiplegie. Einen Mann, dessen rechte Hand längere Zeit hindurch zu zittern und zu zucken pflegte, befiel Lähmung der linken Seite, und sofort kehrte die Kraft und Festigkeit der Rechten wieder, so dass er aufs neue schön und zierlich schreiben konnte, wodurch er sich früher ausgezeichnet hatte.

Wenn Jemand von Lähmung oder Schlagfluss befallen wird, so ist es eine ganz ungewisse Sache, wie viel Tage verstreichen werden, bis er entweder der Krankheit unterliegt oder wieder zu sich kommen anfängt. Die wahre Apoplexie, bei welcher keine Lebenszeichen übrig sind, ausser der Bewegung des Herzens und der Lungen, tritt selten ein, ausser wenige Stunden vor dem Tode. Ein unvollkommnerer Anfall, wobei jedoch alle Sinneswahrnehmung und die Stimme und das Schlingvermögen vernichtet waren, endete erst am zehnten Tage mit dem Tode. Die Hemiplegie tödete bald nach einigen Monaten, bald nach wenigen Tagen, oder gieng selbst in Zeit von wenigen Stunden in Apoplexie über. Wenn jedoch anfangs von Hemiplegie befallen wurde oder bei wem die Apoplexie in Hemiplegie übergieng, der erholt sich meistens allmählig von vielen üblen Folgen seiner Krankheit und bisweilen, aber höchst selten, von allen. Bei diesen Kranken beginnt die Krankheit zu verschwinden bald innerhalb eines kleinen Theiles einer Stunde, bald erst nach einigen Tagen, oder auch nach etlichen Monaten; bisweilen fuhr die Gesundheit einige Jahre lang fort, sich zu bessern. Ein Achtzigjähriger wurde von der Hemiplegie in Zeit von zwei Monaten hergestellt. Bei einem Greise kehrte die Beweglichkeit der Beine, die verloren gegangen war, allmählig wieder, bis er nach neun Monaten im Stande war, umherzugehen. Bei einem Hemiplegischen begann erst am Ende des zweiten Jahres die Kraft der leidenden Theile, wiederzukehren. Zwei Lähmungsanfälle verschwanden, ohne Spuren zu hinterlassen, bei einem asthmatischen Greise, der nachher noch mehr als zehn Jahre gesund verlebte. Die Meisten, die nach einem Anfalle von Hemiplegie fast ganz besinnungslos wurden, thaten bei Nacht und bei Tage mit ihrem gesunden Arme nichts Andres, als die Kleider wegschieben und die Brust von solcher Last befreien. Wenn man einen Hemiplegischen versuchen heisst, ob er die gelähmte Hand bewegen könne, so ist keiner, der nicht die erstorbene Hand mit der gesunden sogleich ergriffe und auf- und abwärts bewegte. Aber den traurigsten Anblick gewährt diese Krankheit erst dann, wenn die Kräfte des Geistes und des Körpers aufs höchste geschwächt und die Triebe fast so ungezügelt sind, wie beim Wahnsinne, und der Mensch, auf den äussersten Grad des Elendes gebracht, wenn er anders sein Elend fühlt, gleichsam sich selbst überlebt; wo er nämlich nicht mehr stehn oder reden kann, sondern durch fremde Hände genährt werden muss, und Koth und Urin unfreiwillig entleert, während der von allen Freunden des Kranken erflehte Tod einzutreten zögert.

17

Schlagflüsslge, die dem Tode nahe sind, pflegen beim Athemholen beide Backen aufzublasen.

Es ist glaublich, dass die meisten Gelähmten und vom Schlage Getroffnen durch die Kräfte des Körpers selbst wieder zu einiger Gesundheit gelangen werden; hieraus entsteht eine nicht geringe Schwierigkeit, die wahren Wirkungen aller und jeder Heilmittel, die der Kranke gebraucht hat, abzuschätzen, bis sie bei häufiger Wiederholung immer denselben Erfolg gezeigt haben. Im Anfalle der Apoplexie oder Lähmung muss man sogleich alle Kleidungsstücke, die den Hals umgeben, lösen; denn dieser schwillt bisweilen beim Eintritte dieser Krankheiten so sehr an, dass von jeder festern Umhüllung Gefahr der Erdrosselung drohen würde.

Blutentziehung hält man gewöhnlich für das wirksamste Hülfsmittel bei Schlagflüssigen; und in der That, wenn der Kranke in blühendem Alter ist, an Blut Ueberfluss hat und an reichliche Mahlzeiten gewöhnt war, so ist ohne Verzug eine Ader zu öffnen. Jedoch können reichliche und wiederholte Blutentziehungen gewiss nicht bei allen Schlagflüssigen und Gelähmten ohne Auswahl mit Nutzen oder ohne Nachtheil angewendet werden. Denn Jüngere und Kräftigere sind diesen Krankheiten nicht so ausgesetzt, wie schwache Kinder und abgelebte Greise, bei denen die Kräfte vielmehr zu stärken und zu erwecken, als zu vermindern sind; während ein bedeutender Blutverlust, wie dies auch bei Ertrunkenen der Fall sein soll, alle Anstrengungen der Natur unterdrückt und die schwachen Lebensreste gänzlich vernichtet. Wenn wir also die Erfahrung zu Rathe ziehen, so bezeugt diese, so viel ich zu beurtheilen vermag, dass reichliche Blutlässen oft geschadet haben und bei nicht wenigen Kranken besser unterlassen worden sind.

Einige halten sich überzeugt, es entstehen alle Schlagflüsse von einem Uebermasse von Blut, das, die Venen und Arterien ausdehnend oder zerreissend, das Hirn drücke; und sie lassen durchaus keine andre Ursache dieser Krankheit zu. Dieser Meinung ist jedoch die schwache und zerrüttete Gesundheit der Meisten, bei denen Schlaganfälle eintreten, wenig günstig. Sodann stören oder vernichten auch viele Gifte die Wirksamkeit der Nerven ganz auf dieselbe Weise, wie die Apoplexie; und doch können die Wirkungen dieser kaum von einem Drucke des Blutes auf das Hirn ausgehn. Es kann zwar der Schlagfluss bisweilen vom Bersten einer Arterie oder Vene im Hirne herrühren; aber ich sehe nicht ein, wie es möglich wäre, dass der Mensch in Folge dieses Zufalles nicht stürbe, und doch wissen wir, dass sehr wenige Apoplexien sofort tödlich waren.

Wenn wir gewisse Leute hören wollen, so ist das Fieber den Gelähmten nicht wenig nützlich, und sie freuen sich daher, es vorzufinden, oder suchen, es zu erregen. Diese Lehre stimmt allerdings wenig überein mit den Ansichten Jener, welche meinen, dass die ganze Behandlung dieser Krankheit in Abführmitteln und Blutentziehung bestehe. Aber, um die Wahrheit zu gestehn, so ist es schon lange her, dass die Erfahrung diese Meinung von der Nützlichkeit des Fiebers aus meiner Seele vertrieben hat; denn weder hier, noch sonst irgendwo schien mir das Fieber nützlich zu sein. Je mehr der Kranke fiebert, desto schwerer ist jederzeit das Uebel, von welcher Art es auch sein möge, sei es ein äusseres, oder ein im Inneren des Körpers verstecktes, und je mehr der Puls der natürlichen Regel entspricht, um so besser wird die Sache stehn.

Wenn Artbritis zur Lähmung hinzutrat, so nützte sie nicht im Geringsten, sondern täuschte auf eine traurige Art die Hoffnung jener Kranken, die sich, ich weiss nicht, was für grossen Vortheil von ihrem Eintreten versprochen hatten. Niemandem aber darf es wunderbar erscheinen, wenn die Gicht, welche oft apoplectische Uebel erzeugt, ebendieselben nicht heilt.

In keiner Form dieser Krankheit muss man Erbrechen durch ein stärkeres Arzeneimittel erregen, als durch Cardobenedictenaufguss, und auch dieser nützt nur alsdann, wenn Ekel den Kranken abmattet; denn in diesem Falle wird durch denselben der Ekel beseitigt und, was immer den Magen beschwerte, weggeschafft werden. Ein gelindes Abführmittel oder, wo dieses nicht hinabgeschluckt werden kann, irgend ein Clystir wird nützen, indem es die Gedärme entleert und zugleich reizt. Kräftigere Mittel sind aber unpassend. Auf den Kopf, die Schultern und die gelähmten Gliedmassen muss man Cantharidenpflaster legen.

Wenn das Schlingvermögen wiederhergestellt ist oder nie verloren gegangen war, so helfen jene Mittel, welche dem schwachen Körper Kräfte geben, wie z. B. eine Arzenei aus einem Tropfen Zimmt- oder Nelkenöl, mit etwas Zucker abgerieben, anderthalb Unzen Chinadecoct oder Infusum, einer Drachme Spir. lavand. comp., was dann alle vier Stunden zu reichen ist. Auch der Moschus und die Baldrianwurzel und der Campher werden gelobt, als Mittel, welche den Nerven besonders befreundet sind, deren ermattete Thätigkeiten anregen und die ungeordneten regeln. Die Baldrianwurzel wurde oft gegeben, ohne irgend in die Augen fallende Wirkung; doch habe ich Einige gekannt, deren Gemüther sie immer in eine ausserordentliche Unruhe versetzte; so dass daraus deutlich erhellte, dass sie keinesweges kraftlos sei und aller Wirksamkeit entbehre. Ausserdem ist den Katzen der Geruch derselben besonders angenehm, und sie werden dadurch zuletzt, als ob sie toll wären, zu sonderbaren Possen veranlasst. Die Katzen aber empfinden auf das schnellste die Kraft jener Dinge, welche die Nerven heftig erregen, und ich weiss nicht, ob es irgend ein Thier von gleicher Grösse giebt, auf welches die vergifteten Pfeile der wilden Völker, der Tabak, das Opium, der Weingeist und die übrigen Gifte dieser Art so bedeutende Eindrücke machen.

Nachdem der Anfall der Krankheit vorübergegangen ist und der Kranke nicht mehr in offenbarer Gefahr schwebt, muss man sich Mühe geben, die Ueberreste derselben zu beseitigen und den Kranken vor einem neuen Anfalle sicherzustellen. Zu dem Ende, glauben Einige, sei das Bather Wasser sehr dienlich. Die Aerzte sind aber über diesen Punkt unter sich uneinig; denn während einigen der Gebrauch dieses Wassers ein wirksames Schutzmittel für Gelähmte zu sein scheint, so erklären andre ohne alles Bedenken, dass gerade hiedurch die Lähmung in Schlagfluss übergehe. Soviel ich aus Erfahrung weiss, so ist Bath diesen Kranken weder nützlich noch schädlich. Manche erholen sich allmählig während ihres dortigen Aufenthaltes; Andre gehn, von einem neuen Anfalle ergriffen, zu Grunde, gerade wie es an jedem andern Orte geschehen wäre. Desshalb kann ich die Reise nach Bath nicht anrathen; wenn aber dieselbe von den Kranken selbst oder von ihren Angehörigen zu machen gewünscht wird, so mögen sie meinetwegen hingehn. Das kalte Bad verdient kaum eine grössere Empfehlung. Ich habe sehr Viele gekannt, die, von einer Lähmung genesen, hofften, sie würden ein Mittel gegen den Schwindel und die Schwäche und die andern üblen Folgen dieser Krankheit finden, wenn sie das Seebad gebrauchten. Und wirklich wurden Einige, ihrer eignen Meinung nach, dadurch erleichtert; bei Andren wurde die Verschlimmerung des Gesundheitszustandes dem kalten Bade zugeschrieben. Richtiger möchte vielleicht die Annahme sein, dass dies weder geschadet, noch viel genützt habe. Aerzte, die sich nicht dem Tadel aussetzen wollen, werden sich daher hüten, das kalte Bad anzurathen, da Gelähmte, was sie auch thun mögen, einem Rückfalle der Krankheit so sehr ausgesetzt sind. Denn wenn während des Badens oder kurze Zeit nachher ein neuer Anfall einträte, so würde, wenn auch unverdienterweise, auf jene Ursache die ganze Schuld geschoben werden.

Der Schlaf ist vorzugsweise nöthig, um die von Arbeit und Sorgen erschöpften Körper- und Geisteskräfte zu erfrischen, und doch macht er ohne Zweifel den Menschen geneigter zu allen jenen Leiden, die von Nervenschwäche herrühren sollen, und zu diesen gehört auch die Apoplexie, die oft im Schlafe zunimmt oder ihren ersten Anfall macht. Daher müssen alle Jene, die mit diesen Krankheiten behaftet sind und ihre gegenwärtigen Uebel beseitigt zu sehen oder künftige zu verhüten wünschen, sich des allzuvielen Schlafens enthalten; das beste Mass desselben wird das kleinste sein, das unbeschadet der Gesundheit genossen werden kann.

Wenn die durch die Pflaster erregte Eiterung geheilt ist, muss am Halse ein Fontanell angelegt und das übrige Leben hindurch unterhalten werden. Der Schwindel wird erleichtert werden, indem man durch auf die Schultern gesetzte Schröpfköpfe jeden andren Monat sechs Unzen Blut entzieht; diese Blutentziehung wird von Jenen gut ertragen, die ein Aderlass nicht aushalten. Dieses Mittel war oft heilsam, besonders aber bei einer achtundsechzigjährigen Frau, die zu wiederholten Malen ein so bedeutender Schwindel ergriffen hatte, dass sie sofort zusammenstürzte und in höchster Gefahr schwebte, vom Schlage getroffen zu werden. Sie fieng nun in diesem Lebensjahre an, Schröpfköpfe zu gebrauchen, welche sodann alle anderthalb Monate angewendet wurden, bis zu ihrem fünfundachtzigsten Jahre, in welchem sie starb. Nie aber bedurfte sie einer Erinnrung hieran; denn wenn zufällig diese Hülfeleistung um einige Tage hinausgeschoben worden war, so fühlte sie ganz deutlich, dass sie sich weniger wohl befinde und dieselbe ohne Gefahr nicht länger vermissen könne. Auf diese Weise kehrte während der letzten siebenzehn Jahre ihres Lebens der Schwindel nur selten und in leichtem Grade zurück. Das Ende ihres Lebens brachte aber eine Lähmung, vor welcher sie, wie mir schien, die Schröpfköpfe viele Jahre lang sichergestellt hätten.

Als ich noch jung war und die Regeln der Heilkunst hauptsächlich noch aus Büchern geschöpft hatte, scheute ich mich, den Gelähmten Opium zu reichen. Denn die wenigstens den Schein der Wahrheit an sich tragende Lehre, die in den ärztlichen Schulen verkündet wird, verwirft das Opium als ganz unpassend, wo wir die ermatteten und halb erstorbenen Nerven zu erregen wünschen; da dessen Kraft sich in der Art kundgebe, dass es die animalen Functionen hemme und herabstimme. Diese Meinung, wenn sie auch den Schein sehr für sich hat, ist jedoch durch die Erfahrung mir benommen worden. Denn ich habe Kranke kennen gelernt, die, von der Lähmung genesend, viel Opium genommen und sich in der Folge erlaubt hatten, nicht wenige Jahre lang allnächtlich dreissig Tropfen Opiumtinctur zu nehmen. Inzwischen befanden sie sich wohl, und wenn das Opium ihre Gesundheit nicht schützte, so hat es ihr wenigstens nicht geschadet. Durch diese Beispiele belehrt habe ich, wenn die Unruhe es forderte, den Gelähmten oft opiumhaltige Arzeneien gegeben, mit nicht geringerem Nutzen, als in jeder andren Krankheit.*)

Wie viel die Electricität zur Heilung der Lähmung vermöge, habe ich noch nicht auf dem Wege der Erfahrung hinlänglich ausgemittelt; doch übt dieselbe ohne Zweifel einigen Einfluss auf die Nerven aus.

---

*) Chapelain, Arzt in Moutpellier, heilte einen Apoplectischen mit einem Grane Landanum. Act. R. Sc. 1703. Hist. p. 57.

Unter den Zeichen des Wechselfiebers habe ich ein- und das andremal einige paralytische Uebel bemerkt; aber sie wichen sämmtlich, zugleich mit dem Fieber, der Chinarinde.

Geschichte einer starrsüchtigen Frau.

Den 26sten Juni 1764. Im Sct. Thomashospitale sah ich eine sechsunddreissigjährige Frau, die von einem Anfalle von Starrsucht ergriffen war. Der Puls war ganz natürlich. Sie athmete ruhig. Das Ansehen des Gesichtes war wie bei Jenen, die mit festgehefteten Blicke und unbewegten Augenlidern Etwas betrachten, nicht wie bei Sterbenden oder mit irgend einem Schmerze oder einer Traurigkeit Kämpfenden. Alle Glieder behielten jene Stellung, welche die Umstehenden einem jeden gegeben hatten, wenn sie auch noch so unbequem war. Ich streckte ihren Arm aus und sah ihn den dritten Theil einer Stunde hindurch ausgestreckt verbleiben; ich hörte, dass er vorher über eine Stunde so geblieben sei, was kaum ein Gesunder zu leisten vermöchte. Ja, sie soll mit der ausgestreckten Hand ein Gewicht von sieben Pfunden gehalten haben. Wenn die Kranke gerade aufgerichtet worden war, so blieb sie aufgerichtet und sank nicht auf einen leichten Anstoss zusammen. Während sie sass, wurden ihr beide Beine ausgestreckt und von der Erde aufgehoben, und verblieben in dieser unbequemen Stellung, gleich als ob sie aus bildsamem Thone oder aus Wachs geformt gewesen wären. Der Mund war geschlossen, und ich konnte durch keine Gewalt die Kiefer von einander bringen. Die Augenlider standen offen, oder wenn sie mit Gewalt geschlossen wurden, so öffneten sie sich, nach Entfernung dieser Gewalt, sogleich wieder. Sie blinzelte, aber ganz leicht, wenn ein Finger plötzlich gegen das Auge bewegt wurde; ausserdem blieben die Augenlider immer unbeweglich Auf Annäherung eines Lichtes zog die Pupille des Auges. sich zusammen. Wenn man die Nasenlöcher mit Gewalt zusammendrückte, so öffneten sich nach einiger Anstrengung und einer Art von Kampf die Lippen, um den Athem durchzulassen. Ich hörte, dass sie mit dieser Krankheit einige Monate hindurch zu schaffen gehabt hatte. Die Anfälle kehrten früh und Abends fast jeden Tag wieder und dauerten bald eine Stunde, bald drei Stunden, und die Wärterinn versicherte, dass einer zwölf Stunden angehalten habe. Die Krankheit pflegte plötzlich einzutreten, ohne irgend ein Vorzeichen.

CAPITEL LXX.

Vom Brustschmerze.

Die Brust wird oft der Sitz von Schmerzen, die zwar weniger gefährlich sind, als jene, mit welchen die an Lungenentzündung und Schwindsucht Leidenden behaftet sind, aber doch sehr lästig, sowohl durch ihre Heftigkeit als besonders durch ihre lange Dauer. Denn sie hielten bei Einigen sechs, bei Andern acht, oder neun, oder vierzehn Jahre an. Es fehlte nicht an Beispielen, dass sie einen bestimmten Typus einhielten, indem sie alle Nächte wiederkehrten, oder dass sie mit Kopfschmerzen abwechselten. Man hat sie verschieden benannt, je nachdem sie mehr der Gicht oder dem Rheumatismus oder dem Krampfe sich anzunähern schienen. Da sie aber durchaus nicht mit Fieber begleitet sind, so hat der Kranke weder für sein Leben noch für seine Gesundheit etwas davon zu fürchten.

Im Anfalle erfordert die Heftigkeit des Schmerzes, besonders wenn er Nachts wüthet und den Schlaf raubt, oft zu ihrer Milderung etwas Opium, dem man, wenn es zweckmässig scheint, entweder eine Abführpille oder Antimonkalk oder Asa foetida wird beifügen dürfen. Nützlich war es, auf den leidenden Theil ein anderthalb Zoll grosses Cantharidenpflaster zu legen und die Eiterung längere Zeit zu unterhalten; ingleichen den Theil mit einem grossen Empl. cymini einen ganzen Monat hindurch zu bedecken. Einigen wird auch das täglich zweimalige Einreiben der Brust mit Ammonium- oder Seifenliniment helfen, sowie das kalte Baden, sei es in süssem Wasser oder in der See.

Die oben angeführten Brustschmerzen sind unbedeutend; aber es giebt noch einen andren, der sowohl wegen seiner keineswegs alltäglichen Erscheinungen als wegen seines eigenthümlichen Ausganges eine etwas weitläufigere Auseinandersetzung verdient; dieser beengt die Brust so sehr, dass er nicht unverdienterweise Brustbräune genannt werden mag.

Die mit dieser Krankheit Behafteten pflegen während des Gehens (besonders aber dann, wenn sie auf einer ansteigenden Fläche gehn, und gleich nach dem Essen) von einer höchst unangenehmen Brustbeklemmung befallen zu werden, die mit Vernichtung des Lebens drohen würde, wenn sie sich anders vermehrte oder anhielte. Sobald aber das Gehn unterbrochen wird, hört die ganze Angst augenblicklich auf.

Im Anfange dieser Krankheit sind die Menschen in allen übrigen Stücken gesund, und besonders sind sie von keiner Athembeschwerde geplagt, von welcher diese Brustbeklemmung gänzlich verschieden ist. Der Schmerz erstreckt sich sehr häufig von der Brust bis zum linken Ellenbogen. Vorzüglich Männer, die das fünfzigste Jahr überschritten haben, werden von dieser Krankheit heimgesucht. Ihr Sitz ist bald der oberste, bald der mittlere, bald der unterste Theil des Brustbeines, nicht selten jedoch mehr auf der linken Seite, als auf der rechten. Der Puls Derjenigen, die an diesem Schmerze leiden, ist ganz natürlich.

Nachdem dieses Leiden ein Jahr oder länger angehalten hat, hört es nicht mehr so schnell auf, wenn der Kranke stehn bleibt; auch tritt es dann nicht nur im Gehn, sondern auch im Liegen ein, besonders aber im Liegen auf der linken Seite, und zwingt daher oft die Kranken, aus dem Bette aufzustehn. Bei Einigen, aber nicht bei Allen, wird, wenn das Uebel veraltet ist, die Angst durch Fahren oder Reiten, desgleichen durch Schlingen, Husten, Durchfall, Sprechen oder Gemüthsbewegung hervorgerufen werden.

Die so eben von mir beschriebene Form der Krankheit ist die gewöhnlichste. Bei Einigen aber findet man gewisse Abweichungen. Sie wurden nämlich nicht nur im Gehn, sondern auch im Stehn, im Sitzen und beim Erwachen aus dem Schlafe von diesem Uebel ergriffen; ferner erstreckte sich dasselbe ebensowohl bis zum rechten als bis zum linken Ellenbogen und sogar bis zu den Händen; doch trifft sich dies seltner; am seltensten aber ist es, dass der Arm zugleich erstarrt und anschwillt.

Bei einem oder dem andren Kranken dauerte der Schmerz einige Stunden oder sogar Tage, nämlich, wenn er schon veraltet und tiefer in der Constitution des Körpers eingewurzelt war. Ich erinnre mich jedoch, dass bei Einem der Schmerz sogar bei seinem ersten Anfalle die ganze Nacht angedauert hat.

Ich glaube wohl, nicht weniger als hundert solche Kranke gesehen zu haben; unter diesen zählte ich drei Frauen und einen zwölfjährigen Knaben, die etwas diesem Leiden Aehnliches an sich hatten. Die andern alle waren Männer, die entweder dem fünfzigsten Jahre nahe standen oder dasselbe überschritten hatten.

Diejenigen, die zu gehn fortfuhren, bis die Beklemmung vier- oder fünfmal wiedergekehrt war, mussten sich bisweilen erbrechen.

Ein sechzigjähriger Mann fieng an, während des Gehens von einem höchst unangenehmen, ängstlichen Gefühle im linken Arme befallen zu werden, das, nachdem es ihm zehn Jahre lang beschwerlich gefallen war, jede dritte oder vierte Nacht während des Liegens eintrat, so dass der Kranke es nöthig fand, eine Stunde oder länger im Bette zu sitzen, bevor der Schmerz so weit nachliess, dass er sich wieder legen konnte. Uebrigens war er ganz gesund und sein Befinden war immer gut gewesen, namentlich die Brust hatte ihm nie geschmerzt. Wenn man seinen Sitz ausnimmt, so stellte dieses Uebel in allen Stücken eine Brustbräune dar, indem es auf gleiche Weise allmählig zunahm und ganz durch dieselben Einflüsse vermehrt und gemildert wurde. Endlich starb dieser Mann plötzlichen Todes in seinem fünfundsiebenzigsten Jahre.

Dieses sind die Ausnahmen und Abweichungen, die ich bisweilen an den Kranken — etwas verschieden von dem gewöhnlicheren Verlaufe der Krankheit — angetroffen habe.

Das Ende dieses Leidens ist sehr merkwürdig. Denn wenn anders kein Zwischenfall eintritt und die Brustbräune ihren Höhepunkt erreicht hat, so stürzen die damit Behafteten alle plötzlich zusammen und sind fast in einem Augenblicke weg. Nicht undeutliche Vorzeichen dieses Todes sind übrigens eine wiederkehrende Furcht vor dem Ohnmächtigwerden und ein Gefühl des gleichsam schon abnehmenden Lebens, die diesen Kranken eigenthümlich sind.

Die Brustbräune, soweit ich bis jetzt ihr Wesen erkannt habe, scheint ein krampfiges, nicht aber ein entzündliches Leiden zu sein.

Denn erstens erscheint und verschwindet sie plötzlich.

Zweitens hat sie lange und vollständige Intermissionen.

Drittens gewähren Weine, starke Getränke und Opium eine nicht zu verachtende Hülfe.

Viertens wird sie durch Gemüthsbewegung gesteigert.

Fünftens ist sie viele Jahre lang beschwerlich, ohne einen weiteren Nachtheil für die Gesundheit.

Sechstens wird sie anfangs nicht durch Fahren oder Reiten herbeigeführt, wie es zu geschehen pflegt, wo Skirrhus oder Entzündung ist.

Siebentens ist während des Anfalles selbst der Puls nicht beschleunigt.

Endlich befällt sie Manche nach dem ersten Schlafe, was bei krampfigen Krankheiten häufig ist.

Ich darf jedoch nicht verschweigen, von Einem und dem Andren gehört zu haben, dass bisweilen Eiter und Blut ausgeworfen worden sei und vom Sitze des Schmerzes herzukommen geschienen habe. Ferner zog sich von Einem, der plötzlich zusammenstürzte und starb, ein abscheulicher Geruch, wie von einer geborstenen Vomica, in die Nasen der Umstehenden.

Bei der Oeffnung der Leiche eines Mannes, der an dieser Krankheit plötzlich gestorben war, konnte ein sehr erfahrener Anatom keinen Fehler entdecken, weder am Herzen, noch an den Herzklappen, noch an den benachbarten Arterien oder Venen, ausser geringe Spuren von Verknöcherung an der Aorta. Auch im Hirne fand man keine Spuren der Krankheit. Aber bei diesem Manne, sowie bei andern an dieser Krankheit Gestorbenen, blieb das Blut zwei bis drei Tage nach dem Tode fortwährend flüssig, und schied sich nicht in einen dicken und einen dünnen Theil, sondern blieb zäh, wie Milchrahm. Daher kam es, dass aus einer Vene, die kurz vor dem Tode oder vielleicht kurz nach demselben geöffnet wurde, das Blut nicht aufhörte auszufliessen, so lange der Leichnam unbeerdigt war.

Wei das Heilmittel dieses Leidens betrifft, so kann

ich wenig oder nichts angeben; auch ist in der That nicht zu hoffen, dass wir in der Heilung einer Krankheit weit vorgeschritten sein werden, die bis jetzt in den Schriften der Aerzte kaum eine Stelle oder einen Namen erhalten hat. Ruhe und Wärme und Weingeist erquicken die fast dahinsterbenden Kranken und vertreiben die Beklemmung, wenn sie länger anhält. Opium, zur Zeit des Schlafengehens gereicht, verhindert den nächtlichen Eintritt der Krankheit. Ich erinnre mich, dass einer von diesen Kranken sich auferlegt hatte, täglich eine halbe Stunde lang Holz zu sägen, und beinahe geheilt wurde. Einen Einzigen habe ich gesehen, bei dem dies Uebel freiwillig aufhörte. Blutentziehung, Erbrechen und Abführmittel schienen mir unangemessen.

Ein neuer Berichterstatter über eine Reise in den Alpen sagt: „Wer die Alpen besteigt, den befällt oft, wenn er bereits in eine Höhe von ungefähr dreitausend Schritten über der Meeresfläche gelangt ist, ein sehr unangenehmes Ermattungsgefühl, so dass er durchaus nicht vermag, noch vier Schritte zu gehn, und, wenn er darauf beharrt, weiter zu schreiten, sogleich ohnmächtig wird. Wenn er aber nur drei Minuten lang still steht, wenn auch ohne sich niederzusetzen, so geht dieses ganze Ohnmachtsgefühl vorüber und die Kräfte kehren wieder." [*] Gewiss eine nicht geringe Aehnlichkeit mit dem Leiden, wovon die Rede ist.

---

[*] Saussure's Reisen in den Alpen Th. I. 482. Caelius Aurelianus ist meines Wissens unter den Alten der Einzige, der Einiges anführt, was sich auf diese Krankheit zu beziehen scheint: „Erasistratus erwähnt eine Art Lähmung und nennt sie eine paradoxe, wo nähmlich Gehende plötzlich zum Stillstehn genöthiget sind, so dass sie nicht weiter gehn können, und dann wieder fortzugehn im Stande sind." Chron. Krankh. B. II. C. 1. S. 384. d. Ausg. v. Amman.

CAPITEL LXXI.
Von der Läusesucht.

Den 23. August 1762. Heute erzählte mir Baronet Edward Wilmot, er habe einen mit der Läusesucht behafteten Mann gesehen. Kleine Geschwülste waren über die Haut zerstreut, in denen man eine gewisse Bewegung leicht bemerkte, und es fand darin ein bedeutendes Jucken statt. Als man sie mit einer Nadel öffnete, fand man sie voll von Läusen, die in allen Stücken den gewöhnlichen Läusen gleich waren, nur weisser. Doctor Wilmot verordnete äusserlich eine Arzenei aus Weingeist und rectificirtem Terpenthinöl, von jedem vier Unzen, und sechs Drachmen Campher anzuwenden.

24. August. Derselbe Arzt erzählte mir heute, dass alle Läuse durch die Berührung mit dieser Flüssigkeit getödet worden seien und alles Jucken beseitiget worden sei.

CAPITEL LXXII.
Von der Lungensucht.

Wenn man irgend der Todtenliste trauen darf, die jährlich in London veröffentlicht wird, so richtet in jener Stadt die Abzehrung bei weitem die grössten Verheerungen an; denn fast der vierte Theil der Menschen, welche die Jahre der Erwachsenen erreichen, soll an ihr sterben. Jedoch ist der Tod aller dieser Menschen der Lungensucht keinesweges zuzuschreiben. Denn Alle, die mit einer verborgenen oder schimpflichen Krankheit lange zu thun gehabt haben und endlich an Abzehrung gestorben sind, werden den Schwindsüchtigen beigezählt, wenn auch ihre Lungen gänzlich fehlerfrei gewesen wären.

Die Lungensucht beginnt gewöhnlich mit einem trocknen Hüsteln, das, da es wenig auf sich zu haben scheint, vernachlässiget wird, bis es einige Zeit gedauert hat und seine allmählige Vermehrung Furcht vor Gefahr einzuflössen anfängt. Ein solcher Husten dauerte einige Jahre, ohne andre üble Zufälle; ja bisweilen hörte er ganz auf und kehrte nach bald kürzeren bald längeren Pausen wieder. Nachdem aber der Kranke längere Zeit zwischen Hoffnung und Furcht geschwebt hat, wird er endlich durch neu hinzutretende Uebel belästiget, die auch bisweilen gleich auf das erste Erscheinen des Hustens in kurzem folgen. Dies sind nun: häufiges Athemholen, Heiserkeit, Ekel, Abmagerung, Schwäche, Brustschmerzen, starke Nachtschweisse, blutiger und eitriger Auswurf, Schauder mit darauffolgender Hitze, Brennen im Gesichte, in den Händen und den Füssen, über neunzig in der Minute steigende Zahl der Pulsschläge, Anschwellung der Unterschenkel und bei Frauen Unterdrückung der Menstruation. Bisweilen wurde ein kleiner Stein ausgehustet, und wenn es zum Aeussersten kommt, so tritt oft Durchfall hinzu der die schwachen Ueberreste der Kräfte und des Lebens vernichtet.

Blutiger Auswurf war bisweilen das erste Anzeichen der beginnenden Krankheit; jedoch ist dies, wenn es allein, ohne irgend ein andres Uebel, auftritt, bisweilen mehr schreckhaft, als gefährlich, — auch dann, wenn das Blut ganz gewiss aus der Lunge selbst gekommen ist; sehr bekannt ist es übrigens, dass der Auswurf oft mit Blut gefärbt ist, das aus der Nasenhöhle, dem Zahnfleische oder der Rachenhöhle herabgeflossen ist, während die Lungen ganz gesund sind. Indessen wird das Aushusten von Blut, wenn nämlich andre Zeichen der Abzehrung nicht fehlen, die Natur der Krankheit auf das deutlichste bezeichnen.[*] Auch eitriger Auswurf würde kaum dem

---

[*] S. was über das Blutspucken unten im Cap. 84. gesagt ist.

Zweifel Raum übrig lassen, wenn der aus einem Geschwüre herkommende Eiter von der eitrigen Flüssigkeit unterschieden werden könnte, die von einer entzündeten Haut abgesondert wird. Aber in dieser Sache ist der Irrthum nicht immer zu vermeiden, und ich weiss, dass erfahrne und scharfsinnige Aerzte sich getäuscht haben.

Die gefährlichsten Erscheinungen der Krankheit sind das häufige Athembolen und der beschleunigte Puls. Ich habe eine tödliche Abzehrung gesehen, wobei die Lungen gänzlich verdorben gefunden wurden, und doch hatte während der ganzen Krankheit kein Blutauswurf, kein Brustschmerz und keine Schwierigkeit, auf einer oder der andren Seite zu liegen, stattgefunden.

Alle andre Zeichen der Schwindsucht, ausser dem blutigen und eitrigen Auswurfe, erinnre ich mich bei einem Weibe getroffen zu haben, dessen Mesenterialdrüsen nach dem Tode sich skirrhös zeigten, während die Lungen gesund waren. Uebrigens sind solche Beispiele so selten, dass man nicht sehr zweifeln darf, ob man es mit einem Lungenfehler zu thun habe, wenn die übrigen Erscheinungen vorhanden sind, gesetzt auch, dass diese beiden vermisst würden.

Die Abzehrung wird zu jenen Krankheiten gezählt, die, wenn auch ohne allen Zweifel oft von den Aeltern ererbt, dennoch selten vor der Mannbarkeit sich kundgeben. Von dieser Zeit an bis zum dreissigsten Jahre ist sie vorzüglich verderblich. Doch fiengen einige schon vierzigjährige Menschen an, mit ihr behaftet zu werden, und starben, nachdem sie mit den gewöhnlichen Zufällen dieser Krankheit vier oder fünf Jahre lang gekämpft hatten. Andre quälte der Husten mehr als zwanzig Jahre lang, und sie starben endlich als Fünfziger an wahrer Lungensucht, nach allen ihren äussern Erscheinungen. Gewöhnlicher ist allerdings der Ausgang, dass Diejenigen, die in der Jugend und im Mannesalter ein langwieriger Husten gepeiniget hat, im Greisenalter engbrüstig werden. Es kann der Fall eintreten, dass eine schwere Masernkrankheit oder eine Lungenentzündung oder der Keichhusten oder eine andre Krankheit die verborgenen Keime der Abzehrung weckt oder auch erst erzeugt, sowohl im höchsten Greisen- als im Kindesalter; man trifft allenthalben Beispiele hievon.

Diejenigen sind der Lungensucht am meisten ausgesetzt, welche von schwindsüchtigen Aeltern abstammen oder im Kindesalter mit Anschwellung und Verhärtung der Lymphdrüsen behaftet waren. Die Gesetze des animalischen Körpers sind uns noch nicht bekannt genug, um sagen zu können, warum die Drüsen der Kiefergegend, des Halses, der Achselhöhlen, der Leistengegend und des Gekröses in der Kindheit zu Verbildungen geneigt sind, und warum im Jünglings- und Mannesalter die Drüsen der Lungen Krankheiten mehr unterworfen sind, während bei Abnahme des Lebens die Drüsen der Brüste und des Uterus bei Frauen, bei Männern dagegen die Prostata und bei beiden die Unterleibseingeweide vorzugsweise leiden. Bei schwindsüchtigen Frauen scheint die Schwangerschaft den Husten und die übrigen Zufälle der Schwindsucht anzuspornen, so dass dieselben täglich wachsen, bis zur Entbindung; so lange halten sie nämlich aus und sterben dann in kurzem.

Welches die Natur des Hustens und inwieferne derselbe gefährlich sei, wird durch kein andres Zeichen deutlicher geoffenbart, als durch den Puls. Denn ein schwerer Husten wird, wenn nur der Puls langsam ist, nicht verhindern, dass der Kranke sich guter Hoffnung hingebe; aber ein leichter mit beschleunigtem Pulse wird keinesweges gefahrlos sein. Ein achtzehnjähriger Jüngling hatte zwei Jahre lang an Abmagerung mit Husten, Blutspucken, Athembeschwerde, Erbrechen, Brustschmerzen und Nachtschweissen gelitten; der Puls war inzwischen kaum oder gar nicht beschleunigt, und nach drei Jahren war die Gesundheit vollkommen hergestellt. Und dies ist nicht das einzige Beispiel der Art, welches ich zu sehen Gelegenheit gehabt habe. Die Wiederherstellung dieser Kranken möchte ich nicht sowohl der Hülfe der Arzeneimittel zuschreiben, als der festen Körperconstitution, die weder durch Abstammung von schwindsüchtigen Aeltern, noch durch scrofulöses Leiden geschwächt war; demnach ist die denselben zustossende Krankheit kaum verschieden von einer Lungenwunde bei einem gesunden Menschen, die, wenn auch viele Zufälle der Phthisis hinzutreten, doch, wie wir aus Erfahrung wissen, vollkommen geheilt werden kann. So hindert auch bei einer schweren Peripneumonie die Entzündung der Lunge und der Husten und das Blutspucken nicht, dass die Kranken von so bedenklicher Krankheit sich erholen und gänzlich genesen.

Dass die Schwindsucht Andren durch Ansteckung mitgetheilt werden könne, davon halten sich einige Völker Europa's vollkommen überzeugt; aber die Engländer hüten sich kaum jemals vor dem Umgange mit Schwindsüchtigen, sei es, dass sie jener Meinung keinen Glauben schenken, oder dass ein solcher Gedanke ihnen nie in den Sinn gekommen ist. Was hieran Wahres ist, mögen Andre entscheiden; ich bin durch die Erfahrung noch nicht so weit belehrt, dass ich zu einer gewissen Ueberzeugung gelangt wäre; doch gestehe ich, dass ich Einige an Schwindsucht habe sterben sehen, deren Krankheit keiner andern Ursache mit Wahrscheinlichkeit zugeschrieben werden konnte, als dass sie beständig mit Schwindsüchtigen zusammengelebt oder sogar zusammengeschlafen hatten.

Wiewohl diese Krankheit alltäglich ist und alle Arten von Heilmitteln versucht worden sind, die entweder Vernunftgründe oder das Ungefähr oder Hoffnung oder Verzweiflung oder Aberglaube an die Hand geben mochten, so sind wir doch in der Heilung der wahren Lungensucht

18*

nur wenig vorgeschritten. Auch darf es es nicht wunderbar scheinen, dass die Heilkunst wenig oder gar nichts vermag, wenn die Lungensucht von den Aeltern ererbt oder der Körper mit scrofulösem Leiden behaftet ist. Demnach werden fast nur jene Heilmittel diesen Kranken hülfreich sein, die im Stande sind, gewisse unerträgliche Uebel, die sich oft zur Schwindsucht gesellen, zu erleichtern, so dass, wenn auch nicht das Leben verlängert, doch die Krankheit erträglicher wird. Eselsmilch gewährt den Schwindsüchtigen ein angenehmes Nahrungsmittel, das die Hitze des hectischen Fiebers mässigt und die verlornen Körperkräfte ersetzt. Verdünnte Schwefelsäure in Chinadecoct ist ein wirksames Mittel gegen den Nachtschweiss und kann, wie mir schien, ohne Nachtheil in jedem Zeitraume der Krankheit gegeben werden. Die Engbrüstigkeit darf nicht hindern, dass der Kranke dieses Mittel gebrauche, oder auch das Opium, welches vor allen andern Arzeneimitteln den Husten besänftigt und, wenn es beim Schlafengehn gereicht wird, bewirkt, dass nicht auf einen leidenvollen Tag eine schlaflose Nacht folge. Heftiger Seitenschmerz fordert eine Blutentziehung von fünf Unzen und weicht derselben gemeiniglich. Wenn der Schmerz aber stumpf ist und mehr durch seine lange Dauer, als durch seine Heftigkeit, beschwerlich fällt, so wird ein kleines Cantharidenpflaster, auf die leidende Stelle gelegt, ein hinreichend wirksames Heilmittel sein. Hinzutretenden Durchfall werden drei Tropfen Opiumtinctur, nach jeder Entleerung genommen, fast immer heilen. Gegen die Heiserkeit, die Fussgeschwulst oder die Unterdrückung der Menstruation bedarf es keiner Heilmittel; denn diese Erscheinungen treten bei Krankheiten der Lunge und der Luftröhre und bei Abmagerung und Erschöpfung des Körpers immer ein, und können demnach nicht eher beseitigt werden, als bis die Krankheit selbst geheilt ist. Fieber und Entzündung können so bedeutend sein, dass sie nur durch Blutentziehung zu beseitigen sind; aber häufige, wenn auch kleine Blutentziehungen scheinen den Schwindsüchtigen zu schaden und ihre dahinsinkenden Kräfte vollends zu Grunde zu richten.

Bei der Leichenöffnung Schwindsüchtiger sah ich die Lunge mit angeschwollnen Drüsen erfüllt, von denen einige entzündet, andre vereitert oder auch aufgebrochen waren. Wiewohl dieselben nicht sehr abzuweichen scheinen von den scrofulösen Anschwellungen der Lymphdrüsen am Halse und an andern äusseren Theilen, so sind sie doch weit gefährlicher; weil die Verrichtung der Lunge zum Leben so nothwendig ist, dass sie nicht ohne die höchste Gefahr eine bedeutende Beschädigung zu ertragen vermag.

Es sind uns von den Vorfahren gegen scrofulöse Uebel verschiedne Heilmittel überliefert worden, die alle die Erfahrung so wenig bewährt hat, dass ich fürchte, es möchte bis jetzt kein Arzeneimittel bekannt sein, das entweder die entstehenden Geschwülste in der Lunge zertheile, oder die vereiterten heile, oder das Nachkommen neuer verhindere. Daher muss bei dieser Krankheit, sowie bei allen andren, gegen die noch kein gewisses Heilmittel entdeckt worden ist, der Kranke mit jenen Vorschriften sich begnügen, die ihm sagen, welche Lebensweise und Ernährung zu meiden und welche zu wählen sei, um für das Wohlsein des ganzen Körpers so gut als möglich zu sorgen. Denn wenn diese Punkte gehörig geordnet sind, so wird jene allen belebten Wesen angeborne Selbsterhaltungskraft am thätigsten sein und der leidenden Lunge am erfolgreichsten zu Hülfe kommen. Auch darf Niemand am guten Erfolge dieser Behandlung verzweifeln. Die Brüste der Frauen sind ebenso, wie die Lunge, voll Drüsen, und ich weiss nicht, ob sie leichter geheilt werden, wenn sie zu skirrhösen Knoten verhärtet sind; aber doch habe ich gesehen, dass diese — erst alles mögliche Uebel drohend — unter allmähligem Nachlasse des Schmerzes endlich Stillstand machten oder sogar sich gänzlich zertheilten, und dass durch die natürlichen Körperkräfte und eine angemessne Ernährungsweise die Krankheit entweder gründlich beseitiget oder ihr doch alles Vermögen zu schaden benommen wurde. Dass dasselbe auch bei skirrhösen Knoten der Lunge der Fall sein könne, ist keineswegs unwahrscheinlich. Denn einige Jünglinge, die an nicht wenigen noch leichten Zufällen der Schwindsucht gelitten hatten, wurden hergestellt und erreichten gesund das Greisenalter. Ein Jüngling von sechzehn Jahren kämpfte viele Monate lang mit der Lungensucht, und als es schon zum Aeussersten gekommen zu sein schien, erstickte er beinahe an einer herausstürzenden grossen Menge Eiter; aber nach einigen Tagen hustete er die Geschwürhaut, aus welcher derselbe gekommen war, aus, sammelte in kurzem seine Körperkräfte, und gelangte zu einer athletischen Gesundheit und zu einem rüstigen Greisenalter, nachdem er viele gesunde Kinder und Enkel bekommen hatte. Indessen war er bei jeder geringen Veranlassung dem Husten ausgesetzt und hustete alle Jahre öfters etwas Blut aus. Auch jener so vorzügliche Arzt, Edward Wilmot, war, als er das zwanzigste Jahr noch nicht vollendet hatte, so schwer an Abzehrung erkrankt, dass, wie er mir selbst erzählt hat, nicht nur seine Verwandten, sondern auch die erfahrensten Aerzte an seinem Aufkommen verzweifelten; doch blieb er am Leben und befand sich wohl, noch nach zurückgelegtem neunzigsten Jahre. Es ist etwas Alltägliches, dass die phthisischen Uebel während des ganzen Sommers oder auch während einiger Jahre sich mildern oder aufhören, und sodann bei strenger Kälte oder nach Vernachlässigung der Gesetze der Mässigkeit wiederkehren und in kurzem den Menschen tödten. Wenn demnach diese Reizungen sorgfältig vermieden worden wären, so sehe ich nicht ein, warum nicht die Krankheit das ganze Leben hindurch geschwiegen haben sollte. Diese Ansicht bestätiget nicht wenig die Geschichte eines mit ererbter Schwindsucht Behafteten, der in eine wärmere Gegend reiste, genas und zwanzig Jahre gesund verlebte; ich weiss nicht, ob die Krankheit jemals wiedergekehrt ist.

Es ist weislich vorgesorgt, dass die zum Leben nothwendigen oder besonders nützlichen Theile des Körpers entweder sehr gross oder doppelt vorhanden sind, so dass, wenn einer von ihnen oder ein Stück von einem durch Zufall oder Krankheit beschädiget wird, dennoch so viel übrig bleibt, als zu unsrem Gebrauche ziemlich hinreicht. Ein Beispiel dieser vorsorglichen und wohlthätigen Einrichtung sehen wir an der Lunge, die in zwei fast gleiche Theile getheilt ist, so dass der eine schwinden und fast zu nichte werden und zugleich der andre nicht wenig leiden kann; wie dies aus der Leichenöffnung Schwindsüchtiger zu ersehen und wahrscheinlich schon einige Zeit vor ihrem Tode der Fall gewesen war. Es husten auch Viele und keuchen heftig und spucken zuweilen Blut aus während ihres ganzen Lebens, die gleichwohl nicht allein leben, sondern auch das Leben geniessen. Daher wird es glaublich, dass das Leben bestehn und sogar die Gesundheit keine grosse Störung erleiden könne, wiewohl ein grosser Theil der Lunge entweder unbrauchbar geworden oder zu Grunde gegangen ist. Wenn daher scrofulöse Tuberkeln die Lunge eingenommen haben und dabei einige Theile derselben mit andren verwachsen, einige sogar gänzlich verzehrt sind: so könnte doch der Mensch leben und sich ziemlich wohl befinden, wenn es nur ein Mittel gäbe, die Krankheit innerhalb gewisser Gränzen zu erhalten. Die von Lustseuche herrührende Schwindsucht hat oft die grössten Nachtheile herbeigeführt und das Leben in unmittelbare Gefahr gebracht; und gleichwohl, wenn das diesem Gifte entsprechende Heilmittel angewendet wurde, so genas der Kranke wider Aller Erwartung, obschon die Lunge alle Zeichen einer nicht geringeren Verbildung an sich trug, als sie bei vollendeter scrofulöser Schwindsucht stattfindet. Möchte nur den Nachkommen ein eben so sichres Heilmittel gegen das scrofulöse Gift die Vernunft an die Hand geben oder der Zufall darbieten! Indessen giebt es viele Umstände, welche den Schwindsüchtigen nicht an seiner Genesung verzweifeln heissen; wenn nur die Lebensweise gehörig eingerichtet und sorgfältig Alles vermieden wird, was dem Körper Kräfte nehmen oder der Krankheit sie leihen kann.

Rauhe Kälte und Winterstürme greifen die kräftigsten Lungen an und erregen Husten; daher sind sie besonders zu vermeiden von Denen, deren Lungen schwächlich sind. Einigen Nutzen wird wärmere Kleidung gewähren, wie z. B. ein wollenes Unterkleid; am nützlichsten aber, wenn es angeht, ist das Reisen aus der kalten in eine mildere Gegend. Einem Schwindsüchtigen würde vor allen Orten eine nicht grosse Insel zusagen, auf welcher keine hohen Berge sind, die auch weit entfernt ist von den Schneegebirgen andrer Länder und deren Temperatur endlich so beschaffen ist, dass das Quecksilber im Fahrenheit'schen Thermometer selten über neunzig Grade steigt oder unter sechzig herabsinkt. Während der vier Sommermonate ist das Klima von England so mild, dass ein Schwindsüchtiger vergebens ein andres, für ihn passenderes suchen würde. Daher soll kein an der Lunge leidender Engländer vom Monat März an bis zum October das Land verlassen; während der übrigen Monate wird es ihm nützlich sein, sich an einen Ort von der Beschaffenheit zu begeben, wie sie so eben auseinandergesetzt worden ist. Unter den Beschäftigungen ist jene zu wählen, die den Kranken das meiste Vergnügen und die mindeste Abmattung verursacht.

Der Schwindsüchtige muss sich vor allen jeder Art

von Wein und jedes starken Getränkes enthalten, — ebenso, insoweit es bequem geschehen kann, unter den Speisen das Fleisch meiden; da aber Einigen die Pflanzenkost zuwider ist, so muss man der Gewohnheit oder der Natur etwas nachgeben, damit nicht etwa, wenn das Fleisch gänzlich weggelassen wird, die Kräfte des Kranken mehr vermindert werden, als die Krankheit selbst. Denn wiewohl der Esslust nicht immer nachgegeben werden darf, so sind doch die Wünsche der Kranken nicht allzu strenge zurückzuweisen oder gänzlich zu übersehen. Zum Getränke wird sich ein reines Wasser, wie es die Quellen des Malverneierberges darbieten, oder destillirtes Wasser am besten eignen. Aber solches, das eine grosse Menge Kalk und Mineralsäuren enthält, ist mehr als Gift zu fliehen; denn solcherlei Wasser ist, wie mir scheint, dem Körper besonders nachtheilig und bewirkt Verstopfung und Verschwärung der Lymphdrüsen auch bei Erwachsenen und Solchen, die von aller scrofulösen Anlage frei sind. Ferner habe ich, wenn ich nicht irre, diese Leiden durch den Genuss eines reineren Wassers verschwinden sehen.

Eine lange Seereise wurde von Einigen, die ich behandelte, versucht und, wie es ihnen selbst schien, nicht ohne Erleichterung der Krankheit; Andren jedoch nützte sie in der That wenig. Sie ist zwar immer ohne Nachtheil; aber irgend etwas mehr möchte ich davon nicht zu versprechen wagen. Einige, die täglich Blut aushusteten, waren anderthalb Monate lang auf dem Schiffe, und wiewohl der Ekel sehr gross war und das Erbrechen auf der ganzen Reise nie aufhörte, so wurde doch das Blutspucken nicht vermehrt.

Ein gewisses Gefühl in der Rachenhöhle, das fortwährend Husten erregt, ist bisweilen sehr lästig, und es sind verschiedne Mittel ersonnen worden, um dies beschwerliche Uebel zu mildern, wie z. B. das Zerkauen und langsame Verschlucken von Rosinen, oder ein Aufguss von Glycyrrhiza, oder ein Absud des Saftes derselben, oder der eingedickte Saft von Hollunder- oder Johannisbeeren, oder ein Absud von Quittensamen, vermischt mit irgend einem angenehmen Syrupe, oder Honig mit Citronensaft, oder ein Stück Zucker, mit Tinct. opii camphorata befeuchtet; es giebt sehr viel andre Dinge dieser Art, und alle sind sparsam zu gebrauchen, da sie zwar eine kurze Hülfe gewähren, aber zur Heilung der Krankheit nichts beitragen und, wenn schon dem Geschmacke zusagend, doch dem Magen wenig nützlich sind.

CAPITEL LXXIII.
Von der Colik von Poitou.

Von der Colik von Poitou scheint es zwei Arten zu geben; die eine könnte man mit Recht die acute, die andre die chronische nennen. Bei der ersten tritt Schmerz im Magen und in den Eingeweiden plötzlich ein und ist sehr heftig, bei gänzlicher Stuhlverstopfung und bisweilen bei Betäubung und Sinnlosigkeit; sodann endet sie oft mit Lähmung der Hände oder mit dem Tode. Angst, Unruhe und Schlaflosigkeit plagen die Kranken nicht viel weniger, als der Schmerz selbst. Im Bette haben sie nie Ruhe und gehn beständig umher, wenn sie das Bette verlassen können. Dazu gesellen sich oft Schmerzen aller Muskeln, besonders um die Schulterblätter, die höchste Mattigkeit, Schlucksen, Ekel, Erbrechen und Eingezogensein des Nabels nach innen gegen die Gedärme. Leichtes Delirium und Geschwätzigkeit bleiben bei Manchen auf einige Zeit zurück, nachdem der Anfall der Krankheit vorübergegangen ist.

Bei der chronischen Form ist die Oeffnung nicht immer hart; dann beginnt die Krankheit mit einem stumpfen Schmerze der Eingeweide, der bald gering oder gar nicht vorhanden ist, bald den höchsten Grad erreicht, welchen ein Mensch zu erleiden vermag. Diese heftigen Anfälle dauerten entweder einige Tage oder einen Monat; ferner kehrten sie alle drei oder vier Monate zurück, bald ein Jahr, bald zehn Jahre hindurch, bevor Lähmung der Hände eintrat. Wenn aber die Krankheit zunimmt und die Körperkräfte gesunken sind, so werden die Schmerzanfälle häufiger und auch während der Zwischenzeiten bleibt eine nicht geringe Schwäche zurück. Im Anfalle dieser Colik ist der Puls weniger, als man meinen sollte, beschleuniget. Nach Abführmitteln fühlt sich der Kranke zwar etwas, aber nicht viel erleichtert. Manche schienen an dieser Krankheit schon sterben zu wollen, und dennoch waren sie in Zeit von drei Tagen so weit hergestellt, dass sie ausgehn konnten. Es ereignete sich bisweilen, dass die an der Colik von Poitou Leidenden plötzlichen Todes verstarben, wie wenn jene giftige, den Nerven so feindliche Kraft des Bleies, welche Hände und Arme fast immer lähmt, bisweilen das Herz selbst ergriffe und dessen Bewegung und zugleich das Leben plötzlich vernichtete.

Nachdem die Hände gelähmt worden waren, erhob sich gewöhnlich sowohl bei der acuten als bei der chronischen Form, auf dem Rücken der einen Hand oder beider Hände am Anfange des Mittelhandknochens des Mittelfingers eine Geschwulst von der Grösse einer kleinen Nuss, ohne Schmerz oder Farbenveränderung. Dies ist indessen nicht beständig der Fall. Wenn die heftigeren Schmerzen aufgehört haben und Lähmung eingetreten ist, bleibt ein dumpfer Schmerz im Magen zurück, mit herumziehenden Schmerzen im ganzen Körper; zugleich mangelt die Esslust und nicht selten findet Ekel oder Erbrechen statt. Körperumfang und Kräfte nehmen allmählig ab, besonders aber schwindet der Musc. adductor pollicis. Kurz vor dem Tode deliriren die Kranken und werden blind. Die Beine werden bisweilen auf kurze Zeit gelähmt, und bei Einigen, aber sehr Wenigen, sah ich die Beine nicht minder, als die Hände, mit andauernder Lähmung behaftet. Bei der Leichenöffnung eines an dieser Colik gestorbenen Mannes fand man im Innern des Körpers keinen Fehler, der zu dieser Krankheit gehören und den Tod herbeiführen konnte.

Gepülvertes oder in irgend einer Flüssigkeit aufgelöstes Blei kann ohne Zweifel diese Krankheit hervorbringen. Die acute Form entsteht vielleicht, wo viel Blei in kurzer Zeit genommen worden ist; hingegen wenn Jemand wenig genommen und dies längere Zeit zu thun fortgefahren hat, wird die Krankheit chronisch. Die Erfahrung hat vor zweitausend Jahren die Menschen diese giftige Eigenschaft des Bleies kennen gelehrt, und wiewohl man argwöhnte, dass auch andre Dinge mit derselben Kraft begabt seien, so haben wir doch durchaus noch keine andre Ursache dieser Krankheit mit Bestimmtheit erkannt und ausgemittelt. Diese Meinung ist, wie ich sehe, auch diejenige des Baronet George Baker, der die Natur dieser Krankheit mit grosser Gelehrsamkeit erläutert hat.[*] Das aber ist bemerkenswerth, dass in demselben Hause, in welchem auch Alle dieselbe Lebensweise haben, die Krankheit oft einen Einzigen ergreift, während sie alle Uebrige verschont. Hieraus kann jedoch nicht gefolgert werden, dass das Blei keine Schuld trage, da derselbe Grund gegen jede äusserliche Ursache gleicherweise gelten würde. Da man aber kaum im Stande ist, zu sagen, welche geringe Menge dieses Metalles hinreichend sei, um die Krankheit hervorzubringen, so entsteht hieraus eine nicht geringe Schwierigkeit, sein Eindringen in den Magen

---

[*] Medical Transactions.

nachzuweisen. Drei Gran Bleizucker, täglich genommen, bewirkten nach vier Tagen die höchste Stuhlverstopfung, Ekel und Leibgrimmen. Eine endlich zwar geheilte, aber lange beschwerlich gewesene Colik von Poitou war durch das einen Monat hindurch fortgesetzte tägliche Einnehmen von dreissig Tropfen Tinct. saturnina entstanden; das in diesen dreissig Tropfen enthaltne Blei beträgt aber, wie ich glaube, kaum mehr als ein Gran, was jedoch genau zu bestimmen schwer ist. Kupferne Gefässe werden kaum je so verzinnt, das nicht zugleich etwas Blei hinzugemischt wäre; wenn daher Jemand öfter, als seine Tischgenossen, Speisen, die in solchen Gefässen gekocht sind, geniesst, besonders wenn es etwas Saures ist: so wird die Folge davon sein, dass er entweder allein oder doch vorzugsweise von der Colik befallen wird. Auch Essige und mit Essig eingemachte Speisen, die in Thongefässen mit Bleiglasur aufbewahrt werden, sind immer mit Blei verunreinigt; da nun dergleichen Eingemachtes Manchen sehr angenehm ist, Andern aber nicht zusagt, so werden demnach in demselben Hause jene mit Leibgrimmen heimgesucht werden, während diese gänzlich frei davon sind. Dasselbe Gift kann auch in einer Art von Getränk verborgen sein, nicht aber in den übrigen, die auf denselben Tisch gesetzt werden; und das Schicksal der Tischgenossen wird auch verschieden sein, insoferne sie nicht alle dasselbe Mass der vergifteten Flüssigkeit geniessen; zu geschweigen, dass alle Gifte, welche den Nerven schaden, bei verschiednen Menschen sehr verschiedne Wirkungen hervorbringen. Der weisse Wein, sagt man, sei öfter mit Blei verfälscht, als der rothe, und demnach seien Diejenigen, die ersteren trinken, dieser Colik mehr ausgesetzt, — was ich selbst bei einigen Kranken vermuthete; wenigstens wurde einer von diesen erst alsdann von seiner Krankheit frei, als er aufhörte, weissen Lissaboner Wein zu trinken.

Die acute Form dieser Colik hatte ich nur bei Malern

und Bleiarbeitern und bei andren Gewerbsmännern, die dem Blei oder dessen Dämpfen ausgesetzt waren, zu sehen Gelegenheit.

Bei der chronischen Form schleicht sich das Blei auf verborgenem Wege in den Magen, und dies ist sehr nachtheilig und ein sehr grosses und oft unbesiegbares Hinderniss für die Heilung dieser Kranken. Denn wer nicht weiss noch vermuthet, auf welche Weise diese Schädlichkeit in die Eingeweide gelangt, und sich demnach nicht davor hüten kann, dem wird, wenn nicht irgend ein Zwischenfall eintritt, der die beständige Erneuerung der Ursache des Uebels verhindert, keine Kunst und kein Arzt wieder zu seiner vorigen Gesundheit verhelfen können. Es ist daher nicht zu verwundern, dass die Menschen in diesem Falle gemeiniglich sterben. Unter andren Darmkrankheiten, mit denen die Kinder zu kämpfen haben, nimmt die Colik von Poitou vielleicht nicht die letzte Stelle ein; sie ziehen sich nämlich dieselbe zu, indem sie ihre mit Mennig oder Bleiweiss angestrichnen Spielsachen, wie es zu geschehen pflegt, oft zum Munde führen und belecken. Die Verfertiger dieser Spielsachen habe ich bisweilen an derselben Krankheit behandelt.

Der erste Anfall der acuten Colik endet nicht immer mit Lähmung. Diejenigen, welche, durch diese Warnung belehrt, in der Folge vor deren Veranlassung sich sorgfältig hüten, können daher, wenn sie noch so gefährlich erkrankt waren, doch später von diesem Uebel befreit bleiben.

Im Anfalle des Colikschmerzes muss man ein Abführmittel geben, das sich durch die krampfhaft zusammengezogenen und verengten Gedärme einen Weg bahnt, und zugleich Opium, wenn der Schmerz ungewöhnlich wüthet. Von Nutzen sind auch ein Bad und ein auf den Bauch gelegtes Cantharidenpflaster. Nachdem der Anfall der Krankheit vorüber ist, passen gewürzhafte und bittere Mittel, theils um die Verdauung zu befördern und den Magen zu stärken, theils um die Ursache der paralytischen Schwäche abzuschneiden oder auch die schon entstandne Lähmung zu heilen. Das Bather Wasser ist den schwachen Mägen heilsam und verspricht diesen Kranken eine nicht zu verachtende Hülfe; und wenn es auch Einigen nicht viel genützt hat, so sind doch Andre zu Bath genesen und vielleicht desshalb schneller, weil sie dieses Wasser innerlich und äusserlich gebraucht hatten. Ja, noch einen andren Nutzen werden die Kranken durch die Reise nach Bath erlangen, indem sie nicht nur den Ort, sondern auch das Getränk verändern und die Speise in andren Gefässen gekocht und andre Würze hinzugethan wird; so dass zu hoffen ist, dass dem Blei alle Zugänge versperrt sein werden, gegen welche, da sie ihnen unbekannt waren, die Kranken sich nicht schützen konnten, während sie zu Hause blieben.

CAPITEL LXXIV.
Vom Schleime.

Schleim, der die Rachenhöhle anfüllt und beinahe Erstickung herbeiführt, belästiget Viele, besonders des Morgens, und vornehmlich Jene, deren Kräfte und Gesundheit entweder durch zunehmendes Alter oder durch Krankheiten erschüttert sind.

Erbrechen nützte Verschleimten bedeutend, indem es die Menge des Schleimes vermindert; dann aber wird der Ursache des Uebels begegnet, indem man täglich einen halben Scrupel Columbowurzelpulver mit ein paar Gran langem Pfeffer oder Ingwerwurzel giebt; auch wird zugleich ein Gran Aloë mit Vortheil angewendet, wo der Leib verstopft ist; denn diese Beschaffenheit der Oeffnung ist bei diesem Leiden höchst nachtheilig.

CAPITEL LXXV.
Vom Skirrhus der Prostata.

Der Skirrhus der Prostata ist eine Krankheit des mittlern oder vielmehr des höheren Lebensalters. Die Zeichen sind: Stuhlzwang, Schmerz bei der Ausleerung harter Kothmassen, und häufiger Drang zur Entleerung des Urins, der unter einem vom Ende der Harnröhre bis zu den Nieren sich erstreckenden Schmerze gelassen wird. Wenn der Skirrhus in Eiterung übergeht, so folgt auf die Urinentleerung auch Abgang eines blutigen Schleimes und die Hoden schwellen. Bisweilen drang ein Geschwür dieses Theiles in den Mastdarm, wodurch es geschah, dass Luft durch die Harnröhre austrat.

Die von diesem Leiden ausgehenden üblen Zufälle haben eine grosse Aehnlichkeit mit jenen, die vom Blasensteine herrühren, und es ist nicht immer leicht, die eine Krankheit von der andren zu unterscheiden. Zu diesem Behufe ist es nützlich, zu wissen, dass der von der Prostata ausgehende Schmerz am Anfange des Harnlassens gefühlt wird, der beim Steine aber erst gegen das Ende; sodann wird durch Fahren und Reiten der blutige Schleim bei Krankheit der Prostata nicht vermehrt noch der Schmerz gesteigert werden; während in beiden Beziehungen beim Blasensteine das Gegentheil stattfindet.

Wenn Verdacht dieser Krankheit entstanden ist, so muss man einen Chirurgen zu Hülfe rufen, der gemeiniglich den Skirrhus der Prostata durch das Gefühl entdecken wird, wenn Geschwulst und Härte einigermassen bedeutend sind. Wenn aber zu Anfange der Krankheit diese Zeichen dunkel und zweideutig sind, so kann es leicht geschehen, dass nach Veranstaltung einer Untersuchung die

Meinung verschiedner Chirurgen über die Natur des Uebels nicht dieselbe ist. *)

Die Heilkunst kann zur Zertheilung des Skirrhus der Prostata wenig thun. Die Quecksilbermittel schaden. Ein Absud der Chinarinde mit so viel Schierlingskraut, als ohne Schwindel zu bekommen vertragen wird, ist wenigstens ein unschädliches Mittel. Am nützlichsten aber ist ein Clystir aus sechs Unzen Wasser mit dreissig oder mehr Tropfen Opiumtinctur. Dieses zuverlässigste Mittel gegen den Schmerz muss allnächtlich angewendet werden, wodurch die Nacht ruhig und gemeiniglich Schlaf herbeigeführt werden wird. Dasselbe wird auch am Tage mit Vortheil wiederholt, wenn die Qual es erfordert. Ausser diesen Hülfeleistungen kann die Heilkunst kaum etwas weiter thun. Und es ist auch nicht nöthig, die Kranken erst zu erinnern, dass die höchste Mässigkeit hinsichtlich der Ernährung zu beobachten sei und dass sie sich aller erhitzenden Speisen und Getränke zu entschlagen haben, und, soviel es sein kann, auch der Gemüthsbewegungen.

CAPITEL LXXVI.
Vom Hautjucken.

Die Genitalien der Frauen und der Hodensack der Männer werden oft von einem höchst lästigen Jucken befallen, das bisweilen mehrere Jahre anhält. Bei Frauen gesellt sich dies Uebel oft zum weissen Flusse und entsteht vielleicht bisweilen aus demselben, wenn nämlich die scharfe Feuchtigkeit nicht gehörig abgespült wird, vertrocknet und der Haut anklebt.

---

*) Vom Harnsteine ist oben im 16. Capitel gesprochen worden.

Es ereignete sich auch, dass die Schulterblattgegenden oder die ganze Haut von Jucken befallen wurden, obschon weder Gelbsucht noch irgend ein wahrnehmbares Hautleiden vorhanden war. Dieses Uebel peinigt vornehmlich Greise und Jene, deren Gesundheit und Kräfte durch Krankheiten gebrochen sind; diese nimmt es am Tage übel mit und hindert sie des Nachts am Schlafe.

Die Erfahrung hat gelehrt, dass diesen Kranken ein Bad wenig hilft. Ein mit Weingeist benetzter Schwamm, an die Haut gebracht, beseitigte bisweilen das Jucken auf eine Stunde. Ein Absud von weisser Nieswurzel, wie im Capitel von den Hautkrankheiten angegeben wurde, beseitigte bei Einigen diese Krankheit ganz. Auch nützte es, die leidenden Theile mit See- oder Theerwasser oder einer Alaunauflösung zu waschen. Bisweilen war ein künstliches Geschwür, am untern und innern Theile des Oberschenkels angelegt, von Nutzen. Innere Arzeneien sind kaum anwendbar.

CAPITEL LXXVII.
Vom Kindbette.

Es ist allbekannt, dass eine schwere Geburt gewöhnlich die höchste Schwäche und Fieber und Unwohlsein herbeiführt. Die Pusteln von der Grösse des Hirsesamens, die bei den Fiebern der Wöchnerinnen bisweilen entstehn, sind, wie Viele glauben, einzig der allzugrossen Hitze zuzuschreiben, welche die Geschäftigkeit der Wärterinnen, die Kost, die Kleidung und die eingeschlossne Luft diesen Weibern verursacht. Solche Pusteln entstehn bisweilen und dauern etliche Tage, wiewohl Fieber und alles Unwohlsein fehlt. Nachdem ein Monat oder anderthalb Monate nach der Entbindung verflossen waren, fieng bei Einigen der eine Oberschenkel an, zu schmerzen, und bildete sodann eine grosse und harte Geschwulst, so dass das Bein nicht ausgestreckt werden konnte. Eine solche Geschwulst war kaum nach einem ganzen Monate so weit verschwunden, dass die Beweglichkeit des Schenkels wiederkehrte.

Die Lähmung und die Geistesverwirrung, welcher die Frauen kurz nach der Entbindung unterworfen sind, verschwinden schneller und kehren seltner wieder, als wenn dieselben Krankheiten aus irgend einer andern Ursache entstanden sind. Die Fieber der Wöchnerinnen sind andren Fiebern ähnlich und fordern eine ähnliche Heilart. Im Anfange ist es oft passend, eine Ader zu öffnen.

CAPITEL LXXVIII.
Von den Purpurflecken.

Die Haut der Kinder erscheint bisweilen überall mit purpurfarbigen Flecken besetzt, ähnlich jenen, die in manchen Fiebern entstehn. Doch findet dabei kein Unwohlsein statt, noch geht solches voraus oder folgt nach. Manche Pusteln sind kaum grösser, als Hirsesamen; andre sind drei Zoll gross. Nach wenigen Tagen verschwinden sie gemeiniglich alle ohne Hülfe von Arzeneimitteln von selbst. Bei einem damit behafteten Knaben ergoss sich, wenn man nur mit dem Finger leicht auf die Haut drückte, sofort Blut aus den benachbarten Gefässen und es entstand Sugillation, wie bei Quetschungen.

Zugleich mit diesen Flecken sah ich Geschwülste an den unteren Gliedmassen entstehn, von derselben Farbe, wie die übrige Haut, und ohne Schmerz, ausser wenn das Glied bewegt wurde. Diese Geschwülste verschwanden nach zehn Tagen; aber die Purpurflecken blieben noch einige Tage darüber.

Einen fünfjährigen Knaben nahmen dergleichen Geschwülste und Schmerzen sehr hart mit. Der Penis war so angeschwollen, dass der Urin kaum gelassen werden konnte. Ausserdem fand bisweilen Leibgrimmen mit Erbrechen statt, und zugleich war der Koth mit blutigen Streifen gezeichnet; auch der Urin war blutgefärbt. Während der Schmerz die Beine befiel, konnte der Kranke nicht gehn, und kurz nach dem Anfalle des Schmerzes waren die Beine voll blutiger Punkte. Nach Zwischenräumen von einigen Tagen pflegten die Geschwülste und die Blutflecken wiederzukehren. Diese Uebel peinigten den Knaben lange. Gelinde Abführmittel schienen einige Erleichterung zu bringen. Chinadecoct leistete geringe oder gar keine Hülfe.

Bei einem Sechziger wurden die Ober- und bald darauf die Unterschenkel hin und wieder roth und zugleich die Haut härter und dicker, mit grossem Schmerze, wenn er zu stehn versuchte. Nach anderthalb Monaten verminderte sich Esslust und Schlaf, der Puls wurde beschleunigt, es trat Athembeschwerde hinzu und der Kranke starb nach wenigen Tagen. Andre sah ich fast an demselben, nur weit acuteren Uebel leiden, so dass sie nur noch wenige Tage lebten.

CAPITEL LXXIX.
Vom Rheumatismus.

Viele Schmerzen, denen man noch keine eigenen Namen beigelegt hat, werden, wiewohl sie von einander abweichen und aus sehr verschiednen Ursachen entstehn, dennoch in gleicher Weise zum Rheumatismus gerechnet. Diese Krankheit ist auch nicht immer leicht zu unterscheiden von gewissen andren, die man bestimmt benannt und classificirt hat. Denn nicht selten kann man zweifeln, ob die Schmerzen der Kranken zur Gicht oder zur Lustseuche gehören oder zu denen zu rechnen sind, die sich bisweilen auch zu den Scrofeln gesellen.

Es giebt zwei Formen von Rheumatismus, eine acute und eine langwierige oder chronische. Bei der acuten ist die Unruhe bedeutend und das ergriffne Glied schwillt in kurzem und leidet, so oft es bewegt wird, an unerträglichem Schmerze. Sodann schimmert meist einige Röthe durch; bisweilen ändert sich die Hautfarbe kaum. Die Bedeutendheit des rheumatischen Fiebers, insoferne sie nämlich nach dem Pulse abzuschätzen ist, schadet allen geistigen und körperlichen Fähigkeiten weniger, als ein ebenso bedeutendes, von irgend einer andren Krankheit herrührendes Fieber. Denn jene Bewegungen der Arterien, die Andre zum Irrereden oder Rasen treiben, schaden dem Rheumatischen so wenig, dass sie weder eine bedeutende Ermattung herbeiführen, noch auch jedesmal die Esslust aufheben. Die Schmerzen und Anschwellungen — im Gegensatze mit der Gicht — ergreifen gleich beim ersten Anfalle sämmtliche Theile des Körpers nach einander, indem sie nie lange Zeit an einer Stelle verweilen, und auf diese Art ziehen sie bisweilen länger, als zwei Monate, herum. Bei diesen Kranken bricht gewöhnlich bedeutender Schweiss aus, ohne die Krankheit zu erleichtern. Es kommt vor, dass die Bettwärme die rheumatischen Schmerzen bedeutend vermehrt; aber dies ist nicht beständig der Fall; denn anderwärts, besonders aber bei der chronischen Form, thut dieselbe sanfte Wärme den schmerzenden Gliedmassen wohl und erleichtert.

Der acute Rheumatismus (wofür ich die Krankheit hielt) kehrte bei Einem und dem Andern ein- oder zweimal im Jahre mehrere Jahre hindurch wieder. Einige werden vielleicht, eben um dieses Umstandes willen, behaupten, diese Krankheit sei die Gicht gewesen, und ich gestehe, dass dieses bestimmte Wiederkehren sich sehr selten ereignet und es weit öfter der Fall ist, dass, wer einen Anfall überstanden hat, nie mehr einen zweiten erleidet. Der Rheumatismus ist allerdings nah verwandt mit der Gicht und pflegt besonders Kinder arthritischer Aeltern zu befallen, gleich als ob er die kleinen Mysterien des Podagra vorstellte. Nicht weniger ist seine chronische Form mit der Lähmung verwandt; denn es folgt auf sie meistens eine langwierige Schwäche mit Zittern und Erstarrung des befallnen Gliedes, bis die Gliedmassen bisweilen gelähmt und gänzlich unbrauchbar werden. Ein rheumatischer Schmerz befiel die Schulter eines Weibes und schwächte die benachbarten Muskeln allmählig so, dass sie kaum Kraft behielten, den Arm zu bewegen; nach sieben Monaten fieng der Arm an, etwas beweglich zu werden und wurde endlich durch den Gebrauch des Bades von Buxton gänzlich hergestellt.

Die scrofulöse Körperconstitution macht die Menschen nicht selten zu Anschwellungen und Schmerzen geneigt, welche entweder rheumatisch sind, oder doch alle Erscheinungen des Rheumatismus nachahmen. Solche Geschwülste und Schmerzen giengen bald scrofulösen Abscessen voraus, bald entstanden sie zu gleicher Zeit mit diesen. Auch scrofulöse Augenentzündungen wechselten bisweilen mit rheumatischen Gliederschmerzen. Geschwulst und Schmerz, welche in einem Theile des Körpers festsitzen und sich nie nach einem andren ziehen, sind selten für rheumatisch zu erklären, sondern vielmehr einem Krampfe oder einer Verstauchung oder den Scrofeln zuzurechnen. Die Ischias jedoch ist, obgleich sie immer denselben bestimmten Sitz einnimmt, wirklich rheumatisch. Das Lendenweh gehört mehr zum Krampfe oder zur Verstauchung.

Der chronische Rheumatismus geht, wie der acute, leicht von einem Gelenke auf das andre über. Aber bei diesem findet nur geringes oder gar kein Fieber, meistens dumpfer Schmerz, keine Röthe statt; die Anschwellungen aber verbleiben lange und die Krankheit hält Manche mehrere Jahre hindurch gefesselt; öfter kehren die Anfälle nach unbestimmten Zwischenzeiten wieder, bis sie endlich die traurigste Schwäche herbeigeführt oder die Gesundheit gänzlich zerrüttet haben. Durch diese Merkmale unterscheidet sich die chronische Form von der acuten. Beide Arten der Krankheit befallen sowohl Frauen als Männer, sowohl Arme als Reiche.

Es ist nicht ungewöhnlich, dass Kinder um das neunte Lebensjahr in Rheumatismus verfallen, und ich erinnere mich, ein vierjähriges behandelt zu haben, das mit dieser Krankheit kämpfte, — ein Umstand, wodurch letztere sich von der Gicht sehr weit unterscheidet. Denn von dieser habe ich Niemanden vor der Mannbarkeit befallen gesehen.

Es ist gewöhnlich der Fall, dass, während die Gliedmassen der Rheumatischen von den höchsten Martern gepeiniget werden, die Eingeweide inzwischen gänzlich schmerzlos sind. Doch habe ich Einige behandelt, bei denen der Rheumatismus, die gewohnten Gränzen überspringend, sich auf den Magen oder das Hirn geworfen hatte. Da aber unter so vielen Rheumatischen dies so selten sich ereignete, so kann es sein, dass ich mich hinsichtlich der Natur der Krankheit getäuscht habe und dass diese in der That eine scrofulöse oder gichtische war oder vielmehr zum chronischen als zum acuten Rheumatismus gehörte. Anhaltendes Erbrechen, bedeutende Unruhe und der höchste Widerwille gegen Speisen, mit endlich erfolgendem Tode, befielen einen Mann, dessen Krankheit in vielen Rücksichten vielmehr eine rheumatische, als eine gichtische genannt zu werden verdiente.

Weder die Erfahrung hat sichre Heilmittel gegen den Rheumatismus kennen gelehrt, noch hat das Nachdenken auf solche geführt; und hierin nicht weniger, als in seiner Erscheinung, ist derselbe der Gicht nur allzuähnlich. Insoferne kann man einigermassen Jenen nachgeben, welche diesen verschiednen Leiden denselben Namen ertheilt haben. In der acuten Form haben die meisten Aerzte zum Aderlasse gerathen, das sie in dem verwandten Gichtleiden so sehr scheuen. Und ohne Zweifel ist es bei Jenen anzuordnen, die in blühendem Alter und von starkem Körperbaue sind und ihre Krankheit auf dieselbe Weise, wie andre entzündliche Krankheiten, sich zugezogen haben, hauptsächlich wenn der von Arbeit erhitzte Körper längere Zeit der kalten Luft ausgesetzt war. Jedoch hat die Erfahrung mir dargethan, dass reichliche und wiederholte Blutentziehungen den Meisten in diesem Falle mit nichten zusagen. Ich erinnere mich, dass ein sehr schwerer Rheumatismus Einen befiel, kurz nach einem sehr bedeutenden Blutergusse aus der Nase, der den Menschen fast erschöpft und sein Leben in die höchste Gefahr gebracht hatte. Beinahe dasselbe ist, wie ich weiss, auch einem Andren begegnet.

Der Purgirlein und andre heftige Abführmittel waren vom Volke unter die Mittel gegen den Rheumatismus gezählt worden, haben jedoch so wenig ausgerichtet, dass sie schon längst in Vergessenheit gerathen sind. Auch schweisstreibende Mittel sind sowohl im acuten als im chronischen Rheumatismus angewendet worden und schienen bisweilen zu nützen; aber Jedermann weiss, dass diese Kranken von selbst zu übermässigen Schweissen geneigt sind und dadurch nicht erleichtert werden. Ein Bad schien Vielen zu schaden; nicht Einem, so viel ich beurtheilen konnte, hat es geholfen. Kalte Waschungen brachten bald keine Hülfe, bald erleichterten sie um ein Ziemliches. Ein Cantharidenpflaster milderte die veralteten Schmerzen des chronischen Rheumatismus; gegen diesen nützten auch flüchtige und seifenhaltige Linimente, in die leidenden Theile eingerieben. Die Erschütterung beim Fahren vermehrt diese Schmerzen so wenig, dass ich oft schwer leidende Kranke kennen gelernt habe, die sich besser befanden, wenn sie fuhren, als wenn sie zu Hause auf dem Sessel ruhten.

Quecksilbermittel, mit Abführmitteln oder mit Opium gemischt, wurden Rheumatischen oft gereicht; ich will diese Heilart nicht tadeln, weil ich sehe, dass erfahrne Aerzte sie billigen; doch kann ich sie nicht loben, weil Quecksilbermittel, oft versucht, bisweilen bei Manchen einen Rheumatismus erregt haben; woher es auch kommt, dass auf die Lustseuche bei gewissen Körperconstitutionen immer Rheumatismus folgt, welchen nämlich das um jener Ursache willen angewendete Quecksilber herbeiführt.

Die Chinarinde, das Guajakgummi, das Portlandspulver, die Spiessglanzmittel, der Salpeter mit flüchtigem Laugensalze, das Pulver oder der Aufguss des Trifolium paludosum, ingleichen andre bittere Kräuter sollen durch eigenthümliche Kraft gegen den Rheumatismus wirksam sein. Aber alle diese Dinge sind für erst noch zu prüfende Mittel zu halten, nicht zu den schon anerkannt wirksamen zu zählen. Sydenham verbietet den Gebrauch des Opiums in diesem Leiden; doch mit Erlaubniss des grossen Arztes möchte ich sagen, dass die Schmerzen dadurch ohne Nachtheil gelindert werden und der Schlaf ohne Schaden herbeigeführt wird. Ausserdem ist nach meinem Urtheile das Opium nicht nur bloss ein Schutzmittel gegen den Ungestüm des Uebels, sondern trägt auch zur eigentlichen Heilung der Krankheit Vieles bei. Seine antirrheumatischen Kräfte werden aber, da sie nicht im Schweisserregen zu beruhen scheinen, ebenso wirksam sein, wenn das Arzeneimittel einfach gegeben, als wenn es im Dover'schen Pulver oder in Verbindung mit Spiessglanzmitteln angewendet wird.

Die Hüftschmerzen entstehn oft von Entzündung oder Verschwärung des benachbarten Gelenkes — ein Uebel, das vom Rheumatismus ganz verschieden ist.*)

CAPITEL LXXX.
Vom männlichen Samen.

Wer den Freuden der Liebe übermässig ergeben ist, wird für diese Unmässigkeit durch eine nicht geringe Erschlaffung des darunter leidenden Körpers und Geistes bestraft. Solchen pflegt der Samen allzuschnell zu entgehn, bisweilen auch ohne Empfindung davon, sowohl bei Nacht als bei Tage. Kalte Waschungen nützen einigermassen. Das vornehmste Verwahrungsmittel gegen diesen Zustand ist aber ein keusches Leben, das alle Gelegenheiten zur Entzündung der sinnlichen Begierde von weitem flieht; wer auf dieses Mittel baut, wird sich sehr selten in seiner Hoffnung täuschen. Ich erinnre mich, dass zwei Männer mir erzählt haben, ihr Samen sei von brauner Farbe gewesen; was vielleicht durch das Bersten eines Gefässchens entstanden war. Welches übrigens auch die Ursache sein mochte, so blieb diese Farbe längere Zeit, ohne Nachtheil für die Gesundheit dieser Männer.

---

*) S. oben Cap. 21.

CAPITEL LXXXI.
Vom Schlucksen.

Schlucksen gesellt sich manchmal sowohl zu chronischen als zu acuten Krankheiten. Bisweilen gieng er epileptischen Anfällen voraus und entstand zugleich mit Lähmung; selten fehlt er auch bei Skirrhus der Leber und bisweilen findet man ihn bei einfacher Gelbsucht, wobei die Gallengänge verstopft sind, wiewohl die Leber selbst gesund ist. Auch Krankheiten des Magens und der Eingeweide pflegen dieses Uebel zu erregen, mögen sie nun von Hernien, Skirrhen und Geschwüren, oder von scharfen und ätzenden Arzeneimitteln, oder von Giften herrühren. Schlucksen entstand bisweilen aus allen diesen Ursachen und dauerte nicht allein mehrere Monate, sondern selbst einige Jahre, bald ununterbrochen, bald mit unbestimmten Zwischenzeiten, fort. Einer und der Andre wurde von dieser Beschwerde viele Monate lang belästigt, ohne irgend andre Zeichen gestörter Gesundheit.

Bei acuten Krankheiten zeigt der Schlucksen oft an, dass das Fieber nicht leicht, noch ganz gefahrlos sei. Er trat gleich am ersten Tage der Krankheit hinzu und dauerte im Ganzen sieben Tage, so lange nämlich der Kranke noch lebte, indem er allen gewöhnlichen Heilmitteln trotzte. Ein Andrer, der weniger heftig fieberte, jedoch der Krankheit endlich unterlag, hatte ganze zwanzig Tage fortwährend den Schlucksen.

Die Heilung dieses Uebels ist oft nicht eher zu erwarten, als bis die Krankheit geheilt ist, wovon es abhängt. Die Mixtura moschata soll vor andren Mitteln zur Bezwingung dieses Leidens wirksam sein; das Opium ist aber ein weit kräftigeres Mittel.

CAPITEL LXXXII.
Vom Durste.

Unstillbarer Durst ist, nicht weniger, als Wassersucht und Diabetes, zu denen er sich oft gesellt, kaum selbst für eine Krankheit zu erklären, fehlt jedoch selten unter den Zeichen gefährlicher oder unheilbarer Krankheiten, an welchen die Unterleibseingeweide leiden. Die Krankheit aber, die auch den Menschen endlich tödet, wächst manchmal so langsam, dass der Kranke erst nach drei Jahren unterliegt, und in dieser ganzen Zeit ist er ärger mit dem Durste gestraft, als mit dem Fieber, oder der Athembeschwerde, oder der Abzehrung oder der Schwäche, die bei den Meisten zugleich eintreten.

Dieses Uebel ist also zu füchten, jedoch nicht immer tödlich. Denn die Krankheit, wovon es abhängt, wird, wiewohl sie am häufigsten allen Mitteln trotzt, manchmal dennoch gehoben und der Kranke geneset. Wenn sie aber ein unheilbares Leiden ist, so kann auch dieses Uebel, sowie andre von derselben Quelle ausgehende, zwar vermindert und gemildert, aber kaum gänzlich gehoben werden. Der Durst schien bei Jenen, die gerne trinken, vermehrt und durch etwas auf die Zunge gebrachten Salpeter einigermassen erleichtert zu werden.

CAPITEL LXXXIII.

Vom Krampfe oder den Zuckungen.

Zuckungen oder Convulsionen und Krämpfe finden statt, wenn die Gliedmassen unfreiwillig bewegt und umhergeschleudert werden und die Muskeln, die dem Gebote des Willens unterworfen sein sollen, von selbst sich zusammenziehen. Wir sehen, dass alle äussere Muskeln Zuckungen unterworfen sind, und es ist wahrscheinlich, dass in den inneren Muskeln dasselbe stattfinde. Diese krankhaften Thätigkeiten der Muskeln zerreissen bisweilen eine kleine Vene oder Arterie, so dass Blut hervorgepresst wird und der Haut eine livide Färbung verleiht, wie man sie bei Quetschungen beobachtet.

Zuckungen und unwillkürliche Bewegungen der Glieder sind bei der Gicht und beim hysterischen Leiden gewöhnlich; oft gehn sie auch der Lähmung voraus oder entstehn mit ihr zugleich, und bilden einen grossen Theil der Uebel, welche die Epilepsie und der Sct. Veitstanz mit sich führen. Die Ursachen dieser ungeregelten Bewegungen scheinen bald in den Nerven des leidenden Theiles, bald im Hirne oder Rückenmarke zu liegen. Jener Krampf, welcher Chorda genannt wird, entsteht vornehmlich, wenn das scharfe Gift der Lustseuche die Nerven des Penis reizt; doch können auch andre Beleidigungen dieser Nerven dasselbe Uebel herbeiführen; denn ich habe zwei mit Chorda behaftete Männer behandelt, die von allem venerischen Leiden frei waren. Ein anhaltendes Umherwerfen des linken Armes und Beines entstand von einer Vereiterung der rechten Hirnhälfte. Solche Beispiele giebt es viele, wo bald der Theil selbst, bald der Ursprung der Nerven im Hirne oder Rückenmarke durch Krankheit oder auf gewaltsame Weise beschädiget war.

Einer, der von einem gefährlichen Fieber mit Mühe

genesen war, pflegte von Zeit zu Zeit durch heftige Krämpfe in den Beinen aus dem Schlafe geweckt zu werden. Aber zwei oder drei Tage, bevor dieselben eintraten, erhob sich um die Mitte des Schienbeines eine kleine, weiche Geschwulst von der Grösse einer Erbse, welche jederzeit das sicherste Anzeichen war, dass der Krampf bald eintreten werde.

Nach der Entfernung eines skirrhösen Hoden trat am sechsten Tage eine gewisse Schwierigkeit, zu schlingen, oder vielmehr ein Gefühl von Erstickung ein; zwei Tage nachher wurde der Kiefer unbeweglich und der Kranke starb in kurzem. Fast dasselbe Uebel habe ich bei einer hysterischen Frau gesehen, wiewohl keine Verschwärung und keine Verletzung bestand. Diese Kranke starb am zehnten Tage der Krankheit, nachdem Opium und ein Bad vergebens versucht worden waren.

Im Kindesalter bewirken nicht nur anhaltende, sondern oft auch aussetzende Fieber, dass der Kopf sich nach der einen Schulter hinneigt. Wiewohl mir eine solche schiefe Richtung des Kopfes nicht selten vorgekommen ist, so habe ich doch nie bemerkt, dass sie nach dem Aufhören des Fiebers fortdauerte. Bei einigen Matronen, die sich übrigens wohl befanden, hatte sich der Kopf von selbst also gedreht, dass das Gesicht nach der Schulter hinsah. Dies geschieht bei manchen nach der linken, bei andren nach der rechten Schulter und hält gemeiniglich lange an. Die Gewalt aber, welche das Gesicht verzieht, ist so schwach, dass sie ganz leicht zu überwinden ist. Wenn daher der Kopf auf einem Kissen ruht, so richtet er sich gerade.

Die Fieber auf den americanischen Inseln stören, wie das Gerücht sagt, auf eine merkwürdige Weise die Functionen des Hirnes und erregen jene schrecklich anzusehenden Krämpfe, die man Emprosthotonus und Opisthotonus nennt. Diese sind in England sehr selten, und ich möchte nicht behaupten, dass die Fieber, welche ich selbst beobachtet habe, viel beitrugen, Krämpfe entweder zu erzeugen oder zu vermehren. Denn wenn Manche nach gefährlichen Fiebern von Krämpfen befallen wurden, so waren doch Andre zu eben dieser Zeit gegen ihre Gewohnheit frei von denselben.

Der Schlaf begünstiget die Krämpfe, wie auch alle Uebel, die von Nervenleiden ausgehn. Daher sind auch diese des Nachts vorzüglich lästig. Andre befallen sie beim Einschlafen, Andre beim Aufwachen, Viele wecken sie auch aus dem Schlafe. Saure Getränke schienen Einigen Krämpfe zu erregen.

Leichte Krämpfe werden durch veränderte Lage des Gliedes gehoben. Einige schätzte das Einreiben des stärksten Weingeistes in die Waden. Ingleichen beseitigten fünf Tropfen Opiumtinctur mit vierzig Tropfen Asafoetidatinctur, zur Zeit des Schlafengehns genommen, Krämpfe, die seit längerer Zeit allnächtlich wiederzukehren pflegten. Bisweilen schienen nach dem Eintritte des Podagra die Krämpfe einigermassen nachzulassen; weit öfter erlangten sie dadurch neue Kräfte. Die Hand eines Weibes, die viele Monate lang krampfhaft geschlossen war und durch keine Gewalt geöffnet werden konnte, indem die Finger so stark zusammengedrückt waren, dass die Nägel in die flache Hand eindrangen, öffnete sich im Bade augenblicklich. Auch der Körper desselben Weibes, der auf ähnliche Weise gekrümmt war, wurde durch dasselbe Hülfsmittel wieder gerade gerichtet. Die Bäder zu Bath nützen vielleicht nur durch die Wärme den Kranken, welche sie gebrauchen; denn es scheint nichts daran zu liegen, ob sie in diesem Wasser oder in irgend andrem gleich warmem baden. Das kalte Bad war bei diesen Krankheiten unnütz.

CAPITEL LXXXIV.
Vom Blutspucken.

Blutspucken, wobei das Blut aus der Lunge kommt und unter Husten ausgeworfen wird, schreckt nicht mit Unrecht. Aber man muss es sorgfältig von jener Krankheit unterscheiden, wobei Blut ohne Husten aus dem Magen ausgebrochen wird, oder aus der Nase in die Rachenhöhle hinabfliesst. Kinder werden selten von diesem Uebel befallen. Auch Solche, die von schwindsüchtigen Aeltern abstammen und selbst noch vor dem zwanzigsten Lebensjahre an Schwindsucht sterben, sind oft von diesem und jedem andren Zeichen der Lungensucht bis zur Mannbarkeit frei. Vom Eintritte der Mannbarkeit an bis zum Greisenalter ist aber kein Jahr, in welchem Blutspucken nicht eingetreten wäre.

Die Gefahr wird um so grösser sein, je mehr und je schwerere Zeichen der Schwindsucht hinzutreten und je weniger in Jahren vorgerückt der Kranke ist. Blutspucken kommt bisweilen allein vor, ohne irgend andre Zeichen von Krankheit, und verursacht keine grössere Anstrengung, als der Schleim, der ganz leicht ausgeräuspert wird. Es geschieht auch bisweilen, dass etwas Blut aus der Luftröhre oder den Lungen kommt, wobei diese Theile ziemlich gesund sind, und demnach die Gefahr nicht grösser ist, als wenn es aus der Nase käme, besonders bei älteren Personen. Ich habe einen Siebenziger von guter Gesundheit gekannt, der fünfzig Jahre hindurch selten zwei Jahre lang von Blutspucken frei war. Auch Andre litten fast während des gleichen Zeitraumes bisweilen an dieser Krankheit. Peripneumonische werfen, bei schon abnehmender Krankheit, gewöhnlich blutigen Schleim aus und genesen dennoch, ohne eine Spur von Husten oder irgend einer Verletzung. Einige von diesen, deren

Krankheit sich länger hinzog und die mit Husten und Athembeschwerden und Abmagerung kämpften, genasen dennoch und verlebten viele Jahre gesund. Schwere Wunden wären den Lungen gesunder Menschen beigebracht worden, ohne dass Tod oder Abzehrung darauf folgte, wiewohl der zarte Bau der Lungen und die bedeutende Menge von Blutgefässen, sodann ihre beständige Bewegung und ihre den Heilmitteln unzugängliche Lage Furcht einflössten, es möchte der ziemlich reichliche Bluterguss durch keine Kunst heilbar sein. Dennoch ist es glaublich, dass solche Wunden geheilt seien*), weil in vierzig Jahren die Blutung nicht wiederkehrte. Auch das ist merkwürdig, dass unter so Vielen, die ich habe Blut ausspucken sehen, nur Einer war, der erschöpft von dem bedeutenden und wiederholten Ergusse, zu Grunde gegangen zu sein scheint. Einer lebte noch zwei Jahre und vielleicht länger, nachdem er einen ganzen Monat hindurch täglich ein Pfund Blut ausgehustet hatte. Nicht nur die natürliche Bewegung der Lungen wird ertragen, ohne merkliche Vermehrung der Blutung, sondern auch ein anderthalb Monate hindurch anhaltendes Erbrechen auf einer Seereise steigerte dieses Uebel durchaus nicht.

Das bisher Bemerkte lässt nicht alle Kranke dieser Art an ihrer Rettung verzweifeln. Doch ist nicht zu verschweigen, dass das Blutspucken gemeiniglich in eine schnell tödende Abzehrung übergehe, oder wenigstens Husten und Athembeschwerden herbeiführe, die sich alle Winter verschlimmern.

So viel ich aus dem entnehme, was ich mir über diese Krankheit angemerkt habe, so ist mir nichts Beson-

---

*) S. Transactions of a Society for the improvement of medical and chirurgical knowledge, V. II. p. 168. Eine Leiche wurde geöffnet, in welcher eine Lungenwunde verheilt war. (Anm. Heberden's d. J.)

dres vorgekommen, das zur Bestätigung oder Erschütterung des Ansehens der gewöhnlichen Heilart diente. Es ist gewiss, dass man sich aller heftigeren Bewegung und Erhitzung zu enthalten und desshalb den Wein, üppige Gerichte, ein heisses Zimmer, zu feste Oeffnung und jede Art Anstrengung der Stimme oder der Kräfte zu meiden habe. Nützlich ist es, von Zeit zu Zeit einen Rosenaufguss zu nehmen, und manchmal wird es der Opiumtinctur bedürfen. Wenn ich auch der Volksmeinung insoweit nachgeben will, dass ich nichts dawider habe, zwei- oder dreimal etwas Blut zu lassen, wenn die Krankheit nicht bedeutend ist, so glaube ich doch, dass man sich vor reichlicher und häufiger Blutentziehung sehr zu hüten habe, indem diese mit der Krankheit zur Erschöpfung des Kranken sich verbünden wird.

CAPITEL LXXXV.
Vom Steatome.

Steatomatöse Geschwülste, die durch ihre Grösse Entstellung und Unbequemlichkeit verursachen, werden ohne Gefahr ausgeschnitten und lassen kaum eine andre Behandlung zu. Bisweilen verschwinden sie durch freiwillig entstandne Eiterung.

Zwei Knaben, einer von vier, der andre von acht Jahren, hatten allenthalben am ganzen Körper Geschwülste, theils von der Grösse einer kleinen Nuss, theils einer Muscatnuss, die zu den Steatomen zu gehören schienen. Bei dem einen dieser Knaben war die Esslust unnatürlich stark; beide waren von schwacher Gesundheit oder vielmehr gar nicht gesund, und nachdem sie von Tag zu Tage schwächer geworden waren, starben sie in kurzem.

Weiche Geschwülste von der Grösse einer Erbse

oder etwas grösser und ohne Schmerz kamen bald an den Armen, bald an den Knöcheln, den Ellenbogen und den Knieen vor, nicht ohne Verdacht einer venerischen Leidens. Ich sah solche Geschwülste an den Armen, die nach sechs Jahren verschwanden; bei Andern aber bestanden sie zehn Jahre lang.

CAPITEL LXXXVI.
Von der Strangurie.

Die Strangurie oder ein häufiger und dringender Trieb zum Urinlassen, verbunden mit sehr grossem Schmerze, entsteht bisweilen in Folge der Schwangerschaft, oft von Krankheiten des Uterus, der Prostata oder der Blase; auch rührt sie wohl von hartem Kothe her, der den Mastdarm anfüllt, und von Verbildungen der Harnröhre durch frische oder häufige oder schlecht behandelte Tripper.

Ja selbst einige Speisen verursachten dieses Uebel, sowie einige Arzeneimittel; von dieser Art sind der Pfeffer, der Senfsamen, die Meerrettigwurzel und andre scharfe Gewächse, ingleichen scharfe Weine. Sechs Drachmen essigsaures Kali erregten diesen Schmerz, und fast immer that dies eine Drachme rectificirtes Terpenthinöl. Allbekannt ist es, dass die Canthariden diese Eigenschaft besitzen, nicht allein innerlich genommen, sondern auch, wenn sie äusserlich aufgelegt werden. Dieser Umstand, sowie nicht wenige andre, dient zum Beweise, wie wenig wir die Natur des animalischen Körpers kennen; denn wir wissen durchaus nicht, wie es kommt, dass die Canthariden sich einen Weg zur Blase bahnen, durch so viele und zwar so enge Canäle, ohne den geringsten Nachtheil für diese, während die Blase selbst so jämmerlich gequält und gepeiniget wird, wie wir dies in Folge eines Cantharidenpflasters nur allzu oft eintreten sehen. Und nicht weniger wunderbar scheint es, dass durch ein Pflaster eine heftige Strangurie erregt wurde, nachher aber bei demselben Menschen und in derselben Krankheit fünf zugleich angebracht werden konnten, ohne Nachtheil. Ja sogar nachdem eine Verschwärung der Haut durch Cantharides sieben Jahre lang unterhalten worden war, ohne Urinbeschwerde, entstand plötzlich eine solche Strangurie, dass sie nur durch Heilung des Geschwüres gemildert werden konnte.

Mancher Menschen Körper ist von der Beschaffenheit, dass sie durch die geringste Ursache in Strangurie verfallen. Ein Cantharidenpflaster, ein paar Tage hindurch auf die Haut gelegt, verursachte eine Strangurie, die viele Monate lang beschwerlich blieb. Andre waren während ihres ganzen Lebens von Kindheit an oft mit diesem Uebel gepeinigt, und besonders so oft sie krank waren, wiewohl weder Cantharides noch irgend eine andre erkennbare Ursache diesen Schmerz erregten. Dieses Leiden ist beiden Geschlechtern im Alter gewöhnlich und ist vielleicht nicht unverdienterweise zu den Gichtbeschwerden gerechnet worden.

Gegen die Strangurie sind, wie mir scheint, innere Mittel von geringem Nutzen. Ich möchte nicht eben läugnen, dass Oel und arabisches Gummi Einiges nützen; aber der Campher, ebenso wie andre harzige Stoffe, ist geeigneter, sie zu erzeugen, als zu heben. Die Wirksamkeit der Bärentraube gegen dieses Leiden ist ungewiss; doch ist nicht zu läugnen, dass dieses Kraut gewissermassen auf jene Theile des Körpers einzuwirken im Stande sei, welche den Urin aussondern; denn als es einem Steinkranken oft gereicht wurde, färbte es dessen Harn immer grün. Das von venerischen Leiden ausgehende Schwerharnen wird durch in die Harnröhre gebrachte Kerzen nicht sowohl beseitigt als bedeutend erleichtert. Einspritzung von Oel in die Harnröhre, Dampfbäder der Genitalien, warme Bähungen und erweichende Mittel, auf den Damm und die Schamgegend angebracht, waren zur Besänftigung dieses Schmerzes oft nützlich. Das beste Mittel aber ist ein Clystir aus sechs Unzen lauem Wasser mit zwanzig oder, wo nöthig, sechzig Tropfen Opiumtinetur; dies gewährt die erwünschteste Milderung bei Leiden, die, obgleich unheilbar, doch für Linderung auf eine kurze Zeit nicht unempfänglich sind.

CAPITEL LXXXVII.
Von den Scrofeln.

Jene Körperbeschaffenheit wird die scrofulöse genannt, bei welcher die Lymphdrüsen geschwollen sind, bei geringem und gar keinem Schmerzgefühle. Dies geschieht am öftesten am Halse, bisweilen in den Achselhöhlen, seltner in der Weiche. Auch die Drüsen des Gekröses sind demselben Leiden unterworfen, und vielleicht alle andre Drüsen dieser Art, welche im Innern des Körpers gelagert sind. Bei diesen Kranken pflegen auch die Lippen und die Nase zu schwellen, und die Augenlider leiden oft an Entzündung und Verschwärung. Zu diesen Uebeln gesellen sich bisweilen Hautleiden und Eiterfluss aus den Ohren. Hieher möchten auch jene anhaltenden, mit gewisser Schlingbeschwerde verbundnen Anschwellungen oder wiederholt auf kurze Zeit, nicht ohne Fieber, eintretenden Entzündungen der Mandeln zu rechnen sein.

Kinder sind den scrofulösen Leiden mehr ausgesetzt, besonders schwächliche und solche, die eine sehr weisse und schöne Hautfarbe haben. Nach Entwicklung der Mannbarkeit beginnen die Drüsengeschwülste und Augenliderentzündungen, sich zu vermindern, und in den mittleren Lebensjahren verschwinden sie oft ganz. Bei Einigen aber wenden sich diese Uebel, die äusseren Theile verlassend, nach innen und geben, indem sie die Lunge befallen, Anlass zu unheilbarer Schwindsucht. Die äusseren Drüsengeschwülste und Entzündungen herrschen zwar vornehmlich bei Kindern, doch nicht bei diesen allein; denn ich habe ungefähr zehn Menschen von, wie es schien, guter Gesundheit gesehen, bei denen die Lymphdrüsen erst nach dem dreissigsten Lebensjahre zu schwellen anfiengen; auch wurde bei Einem und dem Andren fast erst im sechzigsten Jahre eine Anschwellung bemerkt. Die Entstehung dieses Uebels bei Denen, die einen guten Theil ihres Lebens gesund verbracht haben, scheint der Vertauschung ihrer Lebensweise mit einer weniger zuträglichen zugeschrieben werden zu müssen. Wenigstens bei einem von diesen Erwachsenen wurde mit Recht unreines und mit Seife nicht schäumendes Wasser beschuldigt, ihm die Drüsenkrankheit verursacht zu haben. Denn dieser hatte mehr als dreissig Jahre frei von allem scrofulösen Leiden gelebt, dessen Erscheinungen erst dann sich bemerklich machten, als er einige Jahre lang solches Wasser getrunken hatte. Die Lymphdrüsen am Halse und in der Achselgrube fuhren aber fort, geschwollen zu sein, und eiterten bisweilen, so lang er dieses Wasser genoss; aber nachdem er reineres zu trinken begonnen hatte, nahmen die Geschwülste nach und nach ab, verschwanden endlich alle und waren nach dreissig Jahren noch nicht wiedergekehrt.*) Eine Anschwellung der Schilddrüse ist

---

*) Die Bewohner einer französischen Stadt (Rheims) waren, so lange sie Brunnenwasser gebrauchten, so mit scrofulösen Uebeln behaftet, dass sie ein eigens für solche Kranke bestimmtes Krankenhaus hatten; nachdem aber Wasser aus dem nahen Flusse zum Gebrauche der Einwohner in die Stadt

in manchen Gegenden Englands häufig, die ich meinerseits dem ungesunden Wasser zuschreiben möchte. Die Alpen sind durch solche Geschwülste berüchtigt. Aber Diejenigen irren, wenigstens nach meiner Meinung, sehr, welche die Kröpfe in den Alpen dem Schnee zuschreiben; denn es könnte kaum irgend ein wirksameres Schutzmittel gegen dieses Uebel erdacht werden, als das Trinken von Schneewasser, das ja von so vorzüglicher Reinheit ist.

Ausser jener Art der Scrofeln, die in den obenerwähnten Drüsengeschwülsten besteht, giebt es eine andre, die an den Gliedmassen mit einer geringen Anschwellung beginnt, welche bisweilen zwei Jahre lang bestand, bevor sie in Verschwärung übergieng. Die Jauche dieses Geschwüres ist aber bei einigen Kranken so scharf und ätzend, dass nach Anfressung der Knorpel und durch cariöse Verderbniss der Knochen die Glieder unbrauchbar werden oder auch, nach aufgehobenen Gelenkverbindungen, Zehen und Finger abfallen. Zu dieser Art der Scrofeln scheint jenes Uebel der Kinder zu gehören, das im oberen Gelenke des Schenkels seinen Sitz hat und endlich nach Entstehung eines unheilbaren Geschwüres durch langsame Abzehrung den Kranken aufreibt. Auch das untre Gelenk des Schenkels, wo derselbe sich mit dem Schienbeine verbindet, leidet bisweilen an einem nicht unähnlichen Uebel, das sich gewöhnlich weit länger hinzieht und nicht selten bis ins Alter fortbesteht; der Kranke hinkt inzwischen etwas, bei angeschwollnem und bisweilen schmerzenden Knie, und befindet sich mitunter schlecht, wiewohl nicht wenige Zwischenzeiten stattfinden, während deren er sich ziemlich wohl befindet. Zu beiderlei Leiden treten oft die gewöhnlichen Erscheinungen des scrofulösen Habitus.

---

geleitet worden war, fieng die Zahl dieser Kranken an, abzunehmen, und war nach dreissig Jahren um die Hälfte kleiner geworden. Soc. Reg. Med. Paris. V. II, Hist. p. 280.

Es ereignet sich bisweilen, dass scrofulöse Uebel auf Masern und Pocken folgen, — was Einige auf die Vermuthung gebracht hat, dass diese Krankheiten dem Körper, ich weiss nicht, welchen Nachtheil zufügen, der, wenn man ihn vernachlässigt, endlich zur Scrofelkrankheit sich ausbildet. Hinsichtlich dieser Meinung hat die Erfahrung mich sehr in Zweifel gelassen; die Kranken jedoch und ihre Angehörigen ergreifen dieselbe um so begieriger, weil sie dies Uebel lieber für zufällig entstanden, als für angeboren und ererbt halten mögen.

Scrofeln und Lustseuche befallen bisweilen denselben Menschen gleichzeitig; wo dies geschieht, vermehrt die eine Krankheit den nachtheiligen Einfluss der andern ungemein.

Anschwellungen der Lymphdrüsen am Halse und in den Achselhöhlen bestanden zwanzig Jahre lang unverändert, ausser dass sie etwas grösser wurden, so oft Erkältung eingetreten war. Dies ist jedoch selten der Fall. Oefter nehmen sie allmählig ab und verschwinden bald nach einigen Monaten, bald nach einigen Jahren, oder sie entzünden sich und vereitern. Grössere Geschwülste zerfallen gleichsam, bevor sie verschwinden, und lösen sich in mehrere kleine Knoten auf, unter leichtem Jucken. Kleinere Geschwülste werden zuerst weich, dann nehmen sie ab und kehren zum natürlichen Zustande zurück. Beispiele von allem diesem kommen täglich vor. Wenn aber die angeschwollnen Drüsen anfangen, sich zu röthen und zu entzünden, so fehlt viel, dass sie schnell in eine gutartige Eiterung übergehn; sie vereitern nämlich ganz langsam und unvollkommen, und indem sie auf diese Art abnehmen, heilen sie endlich. Diese Drüsengeschwüre habe ich im Kindesalter nie und bei Erwachsenen nur zwei- oder dreimal in Carcinome übergehn sehen.

Nicht am Orte sind, wie mir scheint, Breiumschläge, Pflaster oder wärmere Bekleidung, wenn die scrofulösen

Drüsen noch nicht aufgebrochen sind. Denn der Schmerz ist weit gelinder, als dass er solche Hülfeleistung forderte; und wenig gewiss ist es, ob sie irgend eine Kraft besitze, die Geschwülste zu zertheilen. Wenn aber Jemand Wärme und äussere Heilmittel in der Absicht anwendete, um Eiterung zu erregen, so sucht er in der That zu bewirken, was er aus allen Kräften zu verbüten suchen sollte; denn nicht leicht wird man einen ungünstigern Ausgang dieser Krankheit finden. Es geschieht jedoch bisweilen, dass die kranken Drüsen von selbst sich zur Eiterung hinneigen, die man auf keine Weise zu vermeiden vermag; in diesem Falle ist die ganze Sache der Natur zu überlassen, die ohne Messer oder Causticum das Geschwür gehörig eröffnen und, wenn man es nur mit irgend einem sehr milden Pflaster bedeckt, zur Heilung bringen wird.

Scrofulöse Entzündungen der Augenlider und der Augen fordern bisweilen Blutentziehung, die am angemessensten durch Blutegel bewirkt wird; vier oder mehr sind jeden vierten oder siebenten Tag an die Schläfe zu setzen und es ist damit einen vollen Monat oder länger fortzufahren. In den Schriften sowohl alter als neuer Aerzte werden sehr viele Augenmittel gerühmt, welche sämmtlich meiner Erwartung meistens nicht entsprochen haben. Das beste Mittel aber, wie mir scheint, um den Schmerz zu mildern und die Entzündung zu mässigen, ist ein Breiumschlag aus Brodkrume oder Leinsamenpulver, in doppelt zusammengelegte Leinwand eingeschlagen und auf die Augen gelegt. Niemanden hat es gereut, die Ränder der eiternden Augenlider mit erweichtem Schweinfette allnächtlich zu bestreichen; wenn dies nicht geschieht, so werden die Augenlider in der Nacht mit einander verkleben und des Morgens mit einer gewissen Gewalt auseinandergezogen werden müssen, unter Vermehrung des Schmerzes und der Verschwärung.

Quecksilbermittel sind bei scrofulösen Krankheiten

unpassend, und ich weiss nicht, ob diese nicht vielleicht vorzüglich durch die Lustseuche gesteigert werden, wegen der zur Heilung der letzteren nöthigen Mittel. Das Seebad, das Trinken von Seewasser, der eingedickte Schierlingssaft, die Chinarinde, für sich oder mit abführenden Wassern gereicht, der gebrannte Schwamm, das Sodasalz, Fontanelle und andre lang unterhaltne Eiterungen sind die vornehmsten Mittel bei scrofulösem Habitus; und die Erfahrung hat gelehrt, dass sie alle unschädlich und bisweilen nützlich sind. Wenn aber Jemandem jene Standhaftigkeit mangeln sollte, deren es bedarf, um bei dem Gebrauche dieser Mittel möglichst lange zu beharren, so wird er nicht übel thun, sein Vertrauen einzig auf die höchste Mässigkeit hinsichtlich der Speisen zu setzen und kein andres Getränk zu geniessen, ausser das reinste Wasser, wie jenes, das die Quellen des Malverneyer Hügels liefern.

CAPITEL LXXXVIII.
Vom Stuhlzwange.

Stuhlzwang oder häufiger Trieb, zu Stuhle zu gehn, während doch wenig oder nichts entleert wird, entsteht aus verschiednen Ursachen; denn erstlich erregt ihn harter Koth, der den Mastdarm anfüllt und nur durch fremde Hülfe auszutreiben ist; sodann Skirrhus des Uterus oder des Mastdarmes oder der Prostata; ferner die Strangurie, mag sie nun vom Blasensteine oder von Canthariden herrühren; endlich Schwäche der Muskeln des Afters oder allzugrosse Erregbarkeit derselben, die sich bisweilen zur Bleicolik oder zum Darmvorfalle gesellt und nicht selten auf Apoplexie, schwere Geburt und Ruhr folgt.

Der Stuhlzwang wird durch Stehn oder Gehn erhöht

und durch Sitzen gemildert. Ein Clystir mit Opiumtinctur ist gemeiniglich ein sehr wirksames Heil- oder doch Erleichterungsmittel dieses Uebels; denn wo dies von einem andern Uebel abhängt, kann es nicht eher beseitiget werden, als bis letzteres geheilt ist.

CAPITEL LXXXIX.
Von den Fehlern der Hoden.

Die Hoden schwellen nicht allein in Folge von Verletzung und venerischen Uebeln, sondern bisweilen auch bei einem Wechselfieber, in welchem Falle die Geschwulst mit dem Fieber zugleich erscheint und verschwindet, und nach der Heilung desselben sofort aufhört. Dies hat sich wie ich mich erinnere, mehr als einmal zugetragen. Dasselbe bewirkte bei Einigen ein Schnupfen in Folge von Erkältung. Skirrhus der Prostata, auch Steine und andre Nierenleiden bewirkten Anschwellung der Hoden. Bisweilen befiel die Geschwulst den Hoden ohne irgend eine erkennbare Ursache und verschwand nach einigen Monaten von selbst; bei Andern fuhr sie fort, einige Jahre hindurch zu wachsen, und gieng endlich in Skirrhus über, der bald nach zwanzig Jahren, bald viel schneller, zum Krebse geworden, den Menschen tödete. In einem skirrhösen Hoden bildete sich bisweilen ein fistulöses Geschwür, das den Kranken lange peinigte.

Gelinde Abführmittel können bisweilen am Orte sein; stärkere sind unpassend. Wenn der Schmerz sehr heftig ist, muss man Breiumschläge anwenden. Wo immer Schmerz oder Anschwellung stattfindet, muss der Hodensack durch einen passenden Tragbeutel unterstützt werden. Das einzige Heilmittel ist, den skirrhösen Hoden zu entfernen, woferne der Samenstrang unversehrt ist; wenn aber auch dieser an demselben Uebel leidet, so ist keine Heilung möglich. Die Hydrocele, wenn sie auch etwas beschwerlich ist, hat doch keine Gefahr; aber so oft es nöthig ist, kann man ohne Nachtheil und fast ohne Schmerz den Troicar anwenden. Die Chirurgen bedienen sich bisweilen eines Heilverfahrens, welches die Wiedererzeugung des Wassers verhindert und worüber ihre Schriften zu Rathe zu ziehen sind.

CAPITEL XC.
Vom Torpor.

Vom Torpor sprechen wir, wenn das Gefühl stumpf und undeutlich ist. Es ist zwar kein Theil des menschlichen Körpers, der nicht bisweilen taub wäre; am meisten aber sind die Gliedmassen diesem Zufalle ausgesetzt. Wiewohl es unzählige Grade des Torpors giebt, so geschieht es doch selten, dass das Gefühl gänzlich verloren geht und völlig vernichtet wird, — sogar bei aufgegebenen Gelähmten.

Torpor entsteht oft aus ganz geringen Ursachen, wie z. B. aus unbequemer Lage des Gliedes, und wird bald gehoben, ohne Gefahr zu drohen; bisweilen rührt er von jenen Nervenleiden her, welche die Gesundheit untergraben, und gieng den Krämpfen der Lähmung und dem Schlagflusse voraus. Das Alter scheint diesem Leiden mehr unterworfen zu sein, sowohl bei Männern als beim schwächeren Geschlechte; in der Jugend haben Frauen öfter damit zu kämpfen, als Männer. Bei Nacht pflegen die Glieder vorzugsweise zu erstarren, theils weil sie während des Schlafes länger in derselben Lage bleiben, theils weil der Schlaf alle jene Uebel begünstiget, welche sich auf die Nerven beziehen.

Torpor ist etwas Gewöhnliches bei zerrütteter Gesundheit und bei Jenen, die von paralytischen Aeltern herstammen. Bald gieng er Lähmungen und Schlaganfällen voraus, bald folgte er darauf; bisweilen trat er auch zugleich mit ihnen ein, und wird mit Recht zu den Zeichen dieser Krankheiten gerechnet. Zu der Menge von Uebeln der Hypochondristen und der Hysterischen gesellt sich häufig Erstarrung der Gliedmassen, die sowohl bei Diesen als bei Andern nicht allein viele Monate, sondern sogar nicht wenige Jahre bestand und endlich, ohne einen Nachtheil für die Gesundheit zu hinterlassen, aufhörte. Die linke Körperhälfte war bei Einem fünf und zwanzig Jahre lang im Zustande des Torpors.

Welches das Wesen und der zu erwartende Ausgang des Torpors sei, ergiebt sich am besten aus den begleitenden Erscheinungen. Wenn er nämlich mit andren paralytischen Uebeln eintritt und einen nicht geringen Theil des Körpers erstarren macht, namentlich bei Solchen, die von paralytischen Aeltern herstammen, so ist ohne Zweifel Gefahr vorhanden und man muss ohne Verzug zu den Mitteln gegen die Lähmung seine Zuflucht nehmen. Wo aber bloss irgend ein sehr kleiner Theil leidet und entweder keine andern Uebel stattfinden oder nur solche, wie sie den Hypochondristen und Hysterischen eigenthümlich sind, wird es besser sein, dieses Leiden zu vernachlässigen, als Arzenei anzuwenden. Wenn jedoch Jemand, ich weiss nicht, von welcher Furcht beängstiget, sich der Arzenei nicht enthalten kann, so mag er wissen, dass ätzende Pflaster und Bäder einigemale genützt haben; dass kalte Waschungen und Blutentziehung unpassend erschienen; dass die Gicht nichts nützt; dass endlich die Wirksamkeit der Electricität auf dem Wege der Erfahrung noch nicht hinreichend nachgewiesen ist.

CAPITEL XCL
Vom Zittern.

Kopf und Hände zittern bisweilen und es findet einiger Anschein der Paralyse statt; die Erfahrung aber hat uns gelehrt, dass solches Zittern den grösseren Theil des Lebens hindurch bestanden habe, ohne dass irgend eine andre Krankheit darauf folgte. Demnach, wenn es vielleicht einigermassen zur Paralyse sich hinneigt, so ist es doch noch weit davon verschieden, und in der That ist dabei die Unbequemlichkeit grösser, als die Gefahr. Hypochondristen leiden oft an diesem Uebel; Trinker sind selten frei davon; auch kommt dasselbe unter den Beschwerden des Alters sehr häufig vor.

Dieses Leiden, wie andre Nervenleiden, ist gewöhnlich früh nach dem Schlafe am beschwerlichsten und wird durch jede Gemüthsbewegung vermehrt. Thee und Kaffee bewirken bei Einigen ein Zittern der Hände; aber dies ist keineswegs immer der Fall. Ich habe einen Mann gekannt, der vierzig Jahre hindurch fast täglich Kaffee getrunken hatte und dessen Hände selbst im höchsten Greisenalter nicht im geringsten zitterten. Sehr viele andre Menschen trinken diese Getränke ohne Nachtheil; wäre dies nicht so, so müssten alle Chinesen und Türken an diesem Uebel leiden. Aber die Geschichte dieser Völker sagt nicht, dass zitternde Glieder eine jenen Gegenden eigenthümliche Krankheit seien.

Was paralytische und hypochondrische Leiden heilt, wird, wenn etwas gefordert werden sollte, auch gegen das Zittern passen.

CAPITEL XCII.
Vom Husten.

Der Husten entstand bald von zu vieler oder zu scharfer Feuchtigkeit, die sich in die Luftröhre ergoss, ohne einen Fehler der Lungen; bald von Krankheiten des Magens oder der Gedärme, wie z. B. von Würmern und von Anschwellungen der Gekrösdrüsen, was Leichenöffnungen uns gelehrt haben. Nicht selten ensteht er jedoch von Entzündung, Skirrhus oder Verschwärung der Lunge, und die Beschaffenheit der Lunge ist bisweilen von der Art, dass die Krankheit dieselbe in kurzer Zeit ganz ergreift und der Körper an unheilbarer Abzehrung schnell zu Grunde geht; bei Andren scheinen Lungenfehler fast in demselben Zustande zwanzig oder dreissig oder auch vierzig Jahre zu verbleiben; der Körper nimmt inzwischen zu und der Kranke ist bei ziemlich guter Gesundheit, indem er kaum über ein andres Uebel klagt, ausser dem Husten. Bei Andren schreitet die Krankheit der Lunge zwar fort, aber sehr langsam, und wiewohl der Husten von Jugend an alle Winter etwas lästiger wird, so leidet die Lunge doch nicht so sehr, dass bedeutende Athembeschwerde früher einträte, als im höhern Alter. Aber auch ein Lungengeschwür — wie man aus dem Aushusten von eitriger Flüssigkeit und von Blut schliessen konnte — blieb viele Jahre lang in seinen alten Gränzen, oder überschritt sie ganz langsam. Bisweilen war das Geschwür in eine Haut eingeschlossen, die der Kranke endlich, nicht ohne grosse Anstrengung und Erstickungsgefahr, aushustete, worauf die Lunge geheilt zu sein scheint.

Krämpfe und hysterische Leiden wirken, wie auf alle übrige Muskeln des Körpers, so auch auf die Athmungsmuskeln, woher ein durch seine Heftigkeit höchst lästiger

Husten entsteht; die Lunge leidet inzwischen dabei nicht mehr, als andre Theile des Körpers, welche, nachdem sie die heftigsten Convulsionen erlitten haben, entweder sogleich oder in kurzem zu ihrem vorigen Zustande zurückkehren. Solcher Art Husten, wie auch jene, die von Catarrh entstehn, sind heftiger und lauter, als die von beginnender oder vollendeter Schwindsucht herrührenden. Dasselbe kann man von jenem Husten sagen, der von irgend einem etwas harten, in die Luftröhre gerathnen Körper herrührt. Ich erinnre mich, dass ein wüthender und unbezwinglicher Husten einige Monate lang einen Menschen peinigte, in dessen Luftröhre ein Knochenstückchen gerathen war; als er dies endlich ausgehustet hatte, hörte derselbe sofort auf.

Einige behaftet der Husten fortwährend, so lange sie von Augenentzündung, Podagra, Grind und andren Hautleiden frei sind. Man muss immer im Gedächtnisse behalten, dass langwierige Husten und drohende Abzehrung nicht weit von einander entfernt seien und desshalb jene eine kühlende Diät fordern, damit nicht etwa der gesunde Theil der Lunge von der Verderbniss des kranken ergriffen werde. Es hat nicht an Beispielen von Solchen gefehlt, die der Husten zwanzig Jahre lang geplagt hatte und die vielleicht noch andre zwanzig Jahre bei ziemlichem Wohlbefinden hätten ausdauern können, wenn nicht irgend ein bedeutender Fehler in der Lebensweise oder eine Erkältung ihnen die Schwindsucht zugezogen und einen schnellen Tod herbeigeführt hätte. Es ist oft schwer zu sagen, ob der Husten ein Schwindsuchtshusten oder unbedeutend und von keinem Belange ist. Fast alle Husten neigen sich gewissermassen zur Schwindsucht hin, und einige gehn in der That so raschen Schrittes in dieselbe über, dass der Ausgang Niemandem zweifelhaft sein kann; andre aber, und nicht wenige, giebt es, über die kein Arzt ein unzweifelhaftes Urtheil fällen kann, wenn er nicht vorher weiss, dass der Kranke immer eine ihm heilsame Lebensweise befolgen und jederzeit vor Erkältung und Lungenentzündung sicher sein werde.

Eine Ader zu öffnen und das Opium anzuwenden — je nach Beschaffenheit der Krankheit, ferner ein mässiges Leben zu führen und eine Ortsveränderung vorzunehmen, dies sind die besten Mittel, einen lästigen Husten zu mildern, oder zu verhindern, dass er gefährlich werde.

CAPITEL XCIII.
Vom Keuchhusten.

Der Keuchhusten kommt vornehmlich im Kindesalter vor und ist ohne Zweifel ansteckend. Diese Krankheit zieht sich lange hin und dauert oft nicht wenige Monate, und während sie bisweilen unbedeutend und ganz gefahrlos ist, so ist sie doch bisweilen tödlich. Die Menge von Schleim, oder das Erbrechen und die Heftigkeit der Anfälle und die vollständigen Intermissionen unterscheiden gemeiniglich schon zu Anfang diesen Husten von andren hinreichend; nachher aber kann ein Irrthum nicht stattfinden, da der Husten anhält, bis die Kranken beinahe ohnmächtig werden, bevor sie wieder einzuathmen vermögen, was mit einem gewissen ungewöhnlichen Laute geschieht, dem eigenthümlichen Kennzeichen dieses Hustens, woher er auch bei einigen Völkern seinen Namen erhalten hat. Bei einem gewissen Knaben bestand der Husten drei Monate lang, bevor dieser Laut eintrat. Vor lauter Heftigkeit des Hustens dringt oft Blut aus der Nase hervor, das Gesicht wird blau und die Augen erleiden bisweilen solche Gewalt, dass sie für immer geschwächt bleiben. Dieses Leiden befällt selten denselben Menschen mehr als einmal; jedoch habe ich Einige behandelt, die mich versicherten, sie seien zweimal damit behaftet gewesen.

Das Alter ist zwar dieser Krankheit weniger unterworfen, doch nicht ganz sicher davor. Ich habe eine siebenzigjährige Frau und einen achtzigjährigen Greis mit diesem Husten behaftet gesehen. Ein Kind fühlt die Annäherung desselben voraus und läuft zur Mutter oder Wärterinn; aber die Erwachsenen stürzen, vom Anfalle überwältigt, in einem Augenblicke wie vom Blitze getroffen zusammen, kommen aber sofort wieder zur Besinnung, und dies ist das eigenthümliche Merkmal dieses Leidens bei Erwachsenen. Denn wenn Jemand, nachdem er kürzlich mit am Keuchhusten Leidenden umgegangen ist, ungewöhnlich hustet und in Folge der Krankheit zusammenstürzt, so bleibt kein Zweifel hinsichtlich der Natur des Leidens übrig. Die Kranken, von denen die Rede ist, klagen besonders über Blähungsbeschwerden.

Durch Erfahrung haben wir gelernt, dass eine Luftveränderung sehr geeignet sei, die Gewalt der Krankheit zu mindern und ihr Ende zu beschleunigen. Der Magen leidet so sehr an Verschleimung und Aufblähung, dass die Rhabarber zur Reinigung und die bittren Mittel zur Stärkung nothwendigerweise von Nutzen sind. Der Keuchhusten ist mit andren Krämpfen verwandt, und demnach ist es wahrscheinlich, dass Opium, in Verbindung mit Moschus, Ammoniakmilch und Spiessglanzwein, gegen denselben helfen werde. Doch habe ich noch nicht solche Wirkungen von diesen Arzeneimitteln gesehen, dass ich von ihnen gewisse Hülfe erwarten möchte. Zwar werden allenthalben viele Heilmittel dieser Krankheit gerühmt, wie dies bei solchen Krankheiten zu gehn pflegt, gegen die keine sichren Heilmittel entdeckt sind. Von solchen Hülfsmitteln ist jenes alte: ὦ Φίλοι, οὐδεὶς Φίλος nur allzuwahr.

———

CAPITEL XCIV.
Von der zerrütteten Gesundheit.

Schwere Krankheiten und viele andre Ursachen schwächen die Lebenskräfte und fügen der Gesundheit einen nie zu verbessernden Schaden zu, so dass sie sich von da an täglich verschlimmert. Die Zeichen der also angegriffnen und zerrütteten Gesundheit sind ungefähr diese: Blässe, ein bald gedunsenes, bald eingefallnes Gesicht, Durst, Athembeschwerde, Herzklopfen, Aufblähung, Ekel, Uebelkeit, häufiger Drang zum Harnlassen, unwillkürlicher Abgang von Koth und Urin, Anschwellung der Beine, herumziehende Schmerzen, Krämpfe und Verlust der Kräfte, Ermüdung, Hautjucken, Zittern, Erstarrung, leichtes Fieber, Mattigkeit, Ohnmachten, Schlafsucht bei Tage, Schlaflosigkeit bei Nacht, zunehmende Vergesslichkeit.

CAPITEL XCV.
Von den Pocken.

Hinsichtlich des so grossen Nutzens der Einimpfung der Pocken, sodann hinsichtlich der Behandlung der Geimpften sind jetzt alle Aerzte von England einig, und ich habe zu dem, was neuerlich über diese Gegenstände in den Schriften vieler Aerzte, die in Aller Händen sind, gesagt worden ist, nichts hinzuzufügen. Aber einiger Zweifel bleibt mir übrig hinsichtlich der Sicherheit Derjenigen, bei denen entweder keine Pusteln ausgebrochen oder dieselben nie gehörig reif geworden sind, wiewohl am Impforte ein die Haut zerstörendes und erst nach vielen Tagen geheiltes Geschwür entstand. Denn ich habe eine Frau gesehen, die mit zahlreichen Pocken behaftet war, welche nach gewohnter Weise eiterten und abtrockneten, wiewohl sie mich versicherte, dass sie vor zehn Jahren geimpft worden wäre und nach fünf Tagen ein Fieber mit einigem Kopfschmerze bekommen hätte, auf welchen einige Pusteln folgten, die jedoch schnell verschwanden, ohne geeitert zu haben; aber am geimpften Theile hatte zehn Tage lang eine tiefe Verschwärung bestanden und sodann eine breite, entstellende Narbe sich gebildet, die ich selbst gesehen habe.

Was ich von sehr vielen Kranken mir angemerkt hatte, die nicht geimpft worden waren, sondern die Pocken zufällig bekommen hatten, das hatte ich alles nicht zusammen in ein Buch mit den übrigen Krankheiten, sondern auf besondre Papiere geschrieben, welche fast alle, ich weiss nicht, durch welchen Zufall, zu Grunde gegangen sind. Nach deren Verluste bin ich gezwungen, den Vorsatz aufzugeben, zuerst den gewöhnlichsten Verlauf der Pocken zu erzählen, sodann ihre Verschiedenheiten und Abweichungen. Die wenigen übrigen Papiere geben folgende Sätze an die Hand.

Viele Beispiele haben mich gelehrt, dass Diejenigen, welche nie an den Pocken gelitten haben, während der ersten zwei oder drei Tage nach dem Erscheinen der Pusteln mit dem Angesteckten ohne Nachtheil umgehn und sogar zusammenschlafen können. Denn so lange scheint von diesen Kranken keine Gefahr zu befürchten. Ein Weib säugte ihr Kind noch zwei Tage, nachdem die Pocken auf der Haut erschienen waren; alsdann aber wurde das Kind von ihr entfernt und blieb gesund, und doch war es gewiss ansteckungsfähig, da es nach anderthalb Jahren in diese Krankheit verfiel.

Einigen Aeltern schien es gut, wenn eines von ihren Kindern die Pocken bekommen hatte, die übrigen nicht zu entfernen, sondern zu gestatten, dass sie alle in demselben Hause oder auch in demselben Zimmer beisammen blieben. Aber gemeiniglich am sechsten Tage, nachdem die Krankheit ihre Höhe erreicht hatte, fiengen die gesunden Kinder an, zu erkranken; woher es wahrscheinlich wird, dass vorzugsweise zu dieser Zeit die Pocken ansteckend werden und dass bis zum Ausbruche der Krankheit dieselbe Zeit vergehe, als, wie wir wissen, bei den meisten Geimpften. Jedoch ist der Anfang der Krankheit bei Andren weit ungewisser, als bei den Geimpften; denn nicht Alle, die in demselben Zimmer sind, sind auf gleiche Weise den Ausdünstungen der Pockenkranken oder der Berührung der Kleider oder der Wäsche derselben ausgesetzt. Ich erinnre mich zweier Knaben, von denen jeder mit einem andern an Pocken leidenden beisammen gewohnt hatte und doch nicht eher, als nach einem Monate, von der Krankheit ergriffen wurde. Es ist etwas Alltägliches, dass Diejenigen, welche, wie es scheint, zu derselben Zeit der Ansteckung ausgesetzt waren, zu sehr verschiednen Zeiten erkranken.

Auf heftigen Lendenschmerz folgen fast immer gefährliche Pocken, und je ärger der Schmerz war, um so gefährlicher ist auch die Krankheit. Viel weniger gefährlich ist Schmerz zwischen den Schulterblättern; am besten aber ist es, wenn den ganzen Rücken entlang kein Schmerz gefühlt wird.

Heftigeres Erbrechen gleich vom Eintritte der Krankheit an bis zum Ausbruche der Pusteln verkündet keinesweges gelinde Pocken; und wenn nach dem Ausbruche sämmtlicher Pusteln das Erbrechen fortdauert, so wird der Ausgang der Krankheit zweifelhaft sein, wenn auch die Pocken nicht zusammenfliessen, — was ich bei mehr als einem Kranken beobachtet habe.

Krämpfe, während die Pusteln sich zum Ausbrechen anschicken, gehn nicht selten bei Kindern und bisweilen, doch seltner, bei Erwachsenen vor sehr gelinden Pocken voraus, und schrecken daher nur Unerfahrne.

Die Pocken äussern einen gewissen Einfluss auf die Blutgefässe, aus denen der Monatsfluss sich ergiesst, und wenn die Krankheit sehr gefährlich war, so trat zur unrechten Zeit ein unmässiger Mutterblutfluss ein — zwei Tage vor dem Ausbruche der Pusteln — und dauerte längere Zeit fort. Bei Einigen trat der Blutfluss aus den Genitalien gleich am ersten Tage des Ausschlages ein. Dies sind jedoch seltnere Fälle. Am gewöhnlichsten ist es bei fast allen Frauen, dass der Mutterblutfluss anfängt, wenn alle Pusteln ausgebrochen sind, und dass er bald einen, bald fünf Tage lang dauert. Dieser Blutfluss scheint, wenn er auch reichlicher war, als gewöhnlich, dem Reifen der Pusteln nicht im Wege gestanden, noch den Kranken die Kräfte geraubt zu haben; und desshalb ist es nicht nothwendig, zur Stillung des Blutflusses etwas zu thun, wenn wir auch Mittel hätten, die sicher und ohne Gefahr dies zu bewirken vermöchten.

Blutiger Urin, der mit Recht zu den schlimmsten Zeichen der Pocken gezählt wird, trat am fünften Tage nach dem Anfange der Krankheit ein; die Pusteln ragten inzwischen nur unbedeutend und an sehr wenigen Stellen über die übrige Haut hervor; an den meisten andren Körpertheilen war die Haut nur mit purpurfarbigen Flecken oder Striemen besetzt. Bei diesen Kranken erfolgten auch blutige Stühle, und sogar die Thränen waren bisweilen blutgefärbt. Und wenn die Haut irgendwo zufällig excoriirt war, so floss Blut aus der Wunde viele Tage lang ab und konnte nur mit Mühe gestillt werden. Solche aufgegebene Kranke starben, so viele ich ihrer sah, am dritten oder vierten Tage des Ausschlages alle. Aber wo alle andre ungünstige Zeichen fehlten, da wurde bisweilen brauner oder schwarzer Urin gelassen, ohne Nachtheil — auch von Solchen, die von Gries oder Stein frei waren. Bei Pocken, die zwischen gutartigen und bösartigen die Mitte hielten, war am fünften Tage des Ausschlages der

Urin schwarz und kehrte erst nach vier Tagen zu seiner natürlichen Färbung zurück. Bei einem Andren war am zweiten Tage vom Eintritte der Krankheit an der Urin schwarz, und der Niederschlag in demselben stellte eine schwarze, pulverförmige Masse dar. Diese beiden Kranken erholten sich von ihrer Krankheit, ohne dass irgend ein unglücklicher oder ungewöhnlicher Zufall eintrat. Die Pusteln waren bisweilen kaum verschieden von jenen, die man bei ziemlich gutartigen Pocken zu beobachten pflegt; aber dennoch waren ihre Zwischenräume mit runden purpurfarbigen Flecken besetzt, und die Kranken starben am dritten Tage nach dem Ausbruche der Pusteln.

Es ist oben erwähnt worden, dass das Pockengift eine eigne Kraft besitze, die Menstruation anzuregen; daher kann es auch kommen, dass Schwangere, die von den Pocken ergriffen worden sind, gemeiniglich am siebenten oder achten Tage nach dem Ausbruche der Pusteln fehlgebären und in Zeit von zwei oder drei Tagen sterben. Die auf diese Art gebornen Früchte habe ich oft sehr aufmerksam betrachtet; ihre Haut war viel verändert, hier dunkelroth, dort purpurfarbig; an einigen Stellen war sie auch fast natürlich gefärbt; aber nie konnte ich auch nur die geringste Spur von Pockenpusteln entdecken. Ich habe auch einige Schwangere behandelt, die an den Pocken litten und nicht abortirten, sondern zur rechten Zeit gebaren; aber auch an diesen Kindern habe ich keine Pockennarben gesehen, ja ich habe von glaubwürdigen Zeugen erfahren, dass einige von ihnen nachher von den Pocken befallen wurden. Bei der Oeffnung der Leiche eines Mädchens, das an zusammenfliessenden Pocken gestorben war, betrachtete ich die Eingeweide und innern Theile des Körpers mit aufmerksamem Blicke; nirgends aber waren auch nur die geringsten Spuren von Pocken zu sehen, wiewohl der Körper aussen überall damit bedeckt war. In der That aber ist die Frucht im Uterus der Mutter kaum verschieden von andern inneren Theilen, und wenn nun diese nie der Sitz von Pocken werden, so ist es nicht wahrscheinlich, dass man solche an der Frucht entdecken könne. Andre sind jedoch über diesen Punkt andrer Ansicht.

Athembeschwerde, die um den fünften Tag des Ausschlages eintritt, lässt nicht viel zu hoffen übrig; denn solche Kranke unterliegen gemeiniglich der Krankheit. Diese ist bisweilen so schwer, dass die Kranken nicht liegen können und kaum einige Worte zu reden im Stande sind, bevor ihnen der Athem ausgeht.

Plötzlich einsinkende Gesichtsgeschwulst, so dass die Augen geöffnet werden können; Unterdrückung des Speichelflusses; häufiger Drang zum Harnlassen, wiewohl wenig entleert wird; Verschwinden fast alles üblen Geruches, und häufiger Schauer sind allerdings Zeichen nicht geringer Gefahr, wenn auch nicht immer tödlich. Bläschen voll gelben Wassers oder Serums, wie sie gewöhnlich von einem Cantharidenpflaster hervorgebracht werden, kommen bisweilen zwischen den Pusteln hervor und bezeichnen einen von jenem der regelmässigen, gutartigen Pocken etwas abweichenden und vielleicht dem Gefährlichen sich annähernden Krankheitsverlauf; doch kommen diese Kranken davon.

Bei schon abnehmender Krankheit, wenn die meisten Pusteln vertrocknet und abgefallen waren, sah ich zweimal an den Handtellern und Fusssohlen noch einige mit Wasser gefüllte Pusteln ohne Entzündung oder Röthe hervorbrechen, die nach der gewöhnlichen Weise der Pocken zur Reife gelangten. Ferner waren bei einem Knaben vier Tage lang die Pusteln ziemlich gross und wenige, sodann kamen zahlreiche und kleine hervor, und mit Mühe genas der Knabe von der Krankheit. Bei einem andren Knaben entstanden anfangs wenige Pusteln; aber die Unruhe dauerte fort und der Kranke befand sich schlecht; sodann, als die ersten abgetrocknet waren, kamen andre hervor und reiften; nach diesen brach noch eine und die andre aus. Dieser Knabe starb, wiewohl alle Pusteln, wenn sie auch zu gleicher Zeit den Körper bedeckt hätten, so wenige waren, dass ich mich keines andern an den Pocken Gestorbenen erinnre, der nicht mehr gehabt hätte. Dies sind die einzigen von mir beobachteten Beispiele einer sogenannten zweiten Pockenerndte.

Drei Pockenkranke habe ich gesehen, die, als die Krankheit schon so weit abgenommen hatte, dass ich nach zwei Tagen zu ihrer Kost Fleisch zulegen und ein Abführmittel geben wollte, plötzlich traurig und ängstlich wurden und nach kaum zwei Tagen ganz wahnsinnig und rasend starben.

Ein sehr reichlicher Speichelfluss, der bei zusammenfliessenden Pocken einzutreten pflegt und sehr nützlich ist, dauerte bei Einigen nach dem Aufhören der Krankheit mehrere Tage lang ohne Nachtheil fort.

Die Milch eines Weibes, das ein Kind säugte, fieng etwas früher, als die Krankheit ihren Höhepunkt erreichte, sich zu vermindern an und verschwand dann ganz; nach einigen Tagen aber floss sie wieder reichlich.

Bei jeder Krankheit scheint die Hoffnung auf einen günstigen Ausgang mit Recht grösser zu sein, wenn der Kranke von allen Krankheiten frei und von dauerhafter Körperbeschaffenheit ist; denn alsdann werden die Kräfte sich am stärksten äussern und durch nichts verhindert sein, ganz auf die Abwehr dieses einzigen Leidens hinzuwirken. Die Pocken jedoch, wenn sie auch zu andren schweren Leiden hinzutraten, schienen desswegen nicht bösartiger noch mit grösserer Kraft zu schaden begabt zu sein, noch kämpfte der Kranke weniger kräftig oder weniger glücklich dagegen an. Oft gesellten sich die Pocken zur Lustseuche und waren nichtsdestoweniger gelind, und in der That, wo sie auch bösartig waren, schien der Kranke doch nicht schwerer, als gewöhlich, zu leiden oder in grösserer Gefahr zu schweben. Ich sah einige von den

Pocken befallen werden, als sie schon im Begriffe waren, an scrofulöser Schwindsucht zu sterben, und doch war die Krankheit gelind und sie überstanden dieselbe glücklich, ohne desshalb, so viel ich es zu beurtheilen vermochte, ihrem alten Uebel schneller zu unterliegen.

In eine Stadt, wo gerade die Wechselfieber sehr häufig waren, wurden zufällig die Pocken eingeschleppt und ergriffen Viele, die am Wechselfieber litten. Bei allen diesen hörte das Fieber von selbst auf, sobald die Pocken eintraten; aber nach deren Verschwinden kehrte es wieder zurück. Die eine Krankheit schien auf die andre keinen Einfluss zu üben.

Bis jetzt sind nur sehr wenige sichre Mittel gegen die Krankheiten dem Menschengeschlechte verliehen. Unter so vielen andren, gegen die man ein eigenthümliches Heilmittel vermisst, entbehren auch die Pocken bis jetzt eines Arzeneimittels, dass gegen diese Krankheit eigenthümliche Kräfte besässe; und wenn es also ein solches giebt, wird man seine Entdeckung dem Glücke oder dem Scharfsinne der Nachkommen verdanken müssen. Manche haben sich von der China, dem Spiessglanze oder dem Quecksilber viel versprochen. Aber die Erfahrung hat gelehrt, dass diese Hoffnungen trügerisch und eitel waren. Demnach wird die Lebensweise und Heilart bei den Pocken nicht verschieden sein von jener, die allen Fieberkrankheiten gemeinschaftlich ist. Einige Uebel und Beschwerden, die mitunter eintreten, sind durch dieselben Hülfsmittel zu erleichtern und die Kräfte eben so zu stärken, wie bei andren hitzigen Fiebern. Das aber muss erinnert werden, dass Verstopfung bei dem Pockenfieber nicht weniger schädlich sei, als bei jedem andren, wiewohl eine entgegengesetzte Meinung einst die Oberhand hatte und kaum jetzt gehörig beseitigt ist.

CAPITEL XCVI.
Von den kleinen Pocken, den sogenannten Chicken-Pox.

Die kleinen Pocken entstehn bei Einigen ohne Fieber oder irgend ein Vorzeichen; bei Andern entstehn leichter Schauder, Mattigkeit, Schlaflosigkeit, herumziehende Schmerzen, Widerwille gegen Speissen und einiges Fieber; seltener Schmerz im Rücken oder in den Lenden, oder Erbrechen. Die ersten Pusteln sieht man gewöhnlich am Rücken.

Bei demselben Kranken sind sie von verschiedner Grösse; die meisten haben dieselbe, wie die wahren Pocken, denen sie anfangs ganz ähnlich sind; einige sind kleiner, als diese. Nie habe ich sie sehr zahlreich gesehen, geschweige denn zusammenfliessend. Kaum einmal habe ich mehr als zwölf im Gesichte oder mehr als zweihundert am ganzen Körper gezählt.

Anfangs sind sie roth; am folgenden Tage ist an der Spitze der meisten ein kleines Bläschen, von der Grösse eines Hirsekornes, gefüllt mit einer bald dem Wasser ähnlichen, bald gelben Flüssigkeit, die zwischen der Oberhaut und der eigentlichen Haut befindlich ist. In einigen Pusteln ist mehr Flüssigkeit enthalten, die bisweilen gelb wird und dem Eiter gleicht, so dass am zweiten oder doch am dritten Tage vom Ausbruche der Pusteln an diese Pocken zur Reife gelangt zu sein scheinen, und die von der gelben Flüssigkeit am meisten strotzen, sind ganz so beschaffen, wie die wahren Pocken am fünften oder sechsten Tage. Es geschieht oft, dass an demselben Tage, an welchem dieses Bläschen entstanden ist, oder am Tage darauf seine dünne Oberhaut theils durch die Reibung der Kleider, theils durch Kratzen (denn gewöhnlich findet Jucken statt) zerrissen wird und eine leichte Borke sich bildet; der übrige Theil der Pustel aber sinkt ein und geht nie, wie dies bei den wahren Pocken der Fall ist, in Eiterung über. Demnach bedeckt am fünften Tage des Ausschlages eine dünne Borke die meisten von diesen Pusteln. Bei einigen wenigen nicht aufgebrochnen kann die Flüssigkeit sich verdichten und vertrocknen. Da aber diese Flüssigkeit nicht, wie bei den wahren Pocken, durch eine Vereiterung der Lederhaut selbst entsteht, sondern, wie man annehmen kann, aus den serösen Gefässen der Haut zwischen die Oberhaut und die Lederhaut ergossen wird, so ist es demnach kein Wunder, wenn sie schon am zweiten Tage erscheint oder nach dem Aufbruche der Oberhaut so schnell in eine Borke übergeht. Es können aber dann keine Narben übrigbleiben, da die Haut selbst nicht ergriffen wird, ausser etwa bei einer oder der andren Pustel, wo die schärfer gewordne Flüssigkeit ein Geschwürchen verursacht hat.

Während der ganzen Zeit des Krankseins leiden bisweilen die Kranken kaum an irgend einer Beschwerde, wenn man eine gewisse Erschlaffung der Kräfte und des Geistes, Vermindrung der Esslust und einen weniger festen Schlaf ausnimmt; was alles grossentheils dem Aufenthalte im Zimmer zuzurechnen ist.

Diese Krankheit scheint mir von den wahren Pocken ganz verschieden zu sein. Wer an den Pocken gelitten hat, ist doch jener ausgesetzt; wer aber einmal an dieser Krankheit gelitten hat, ist vor ihrer Ansteckung in der Folge sicher, wiewohl Solche, die nicht daran gelitten haben, sich sehr leicht dieselbe zuziehen. Ein leinener Faden, mit reifer Flüssigkeit der kleinen Pocken befeuchtet, wurde in eine am Arme eines Menschen, der einst an dieser Krankheit gelitten hatte, gemachte kleine Wunde gelegt; und es heilte desswegen weder die Wunde später, noch folgten überhaupt irgend welche Zeichen einer vergifteten Wunde darauf.

Die Mutter zweier Kinder, die an den kleinen Pocken litten, erkrankte am achten oder neunten Tage nach der Reife der Pusteln an demselben Uebel. Geht also wohl immer dieselbe Zeit zwischen der Ansteckung und dem Ausbruche der Krankheit hin?

Diese Krankheit wird durch Ruhe des Geistes und Körpers und Enthaltung von Fleisch und Wein geheilt.

Die wahren Pocken, wenn ihrer wenig und dieselben scharf begränzt sind, wie mir die kleinen Pocken immer vorkamen, können von diesen hauptsächlich durch drei Merkmale unterschieden werden. Nämlich erstens brechen die wahren niemals vor dem vierten Tage aus; sodann ist in den Spitzen derselben am zweiten oder dritten Tage keine Feuchtigkeit enthalten, noch finden sich endlich Borken am fünften.

CAPITEL XCVII.
Von den Krankheiten des Magens, und zunächst vom Brennen und der Säurebildung.

Kein Theil des Körpers leidet öfter, als der Magen. Eine von seinen Krankheiten, und zwar nicht die geringste, ist Säure, die gegen den Mund aufsteigt und wozu sich gewöhnlich Ekel und Erbrechen, Schmerz, oder vielmehr Angst, Gefühl von Schwere, bald ungewöhnlich verstärkte, bald fehlende Esslust, Aufblähung, Kopfschmerz, Verschleimung gesellen; endlich schrecken die mit diesem Uebel Behafteten oft aus dem Schlafe auf.

Wenn wir die Chemiker hören, so scheint nichts leichter, als die Säure zu verbessern und zu vertilgen, da der Zugang zu derselben frei ist, so dass man zu ihr, was man will, hinzubringen kann. Aber der lebendige Magen und ein lebloses Gefäss sind so sehr von einander verschieden, dass die Aerzte bisweilen gänzlich unmöglich finden, was die Chemiker für so leicht halten. Daher ist es gekommen, dass Manche zwanzig Jahre lang mit Magensäure behaftet waren, die keinem Heilmittel wich. Kalkwasser, Magnesia, Fischgrätenpulver und alcalische Salze haben oft den Wünschen der Kranken wenig entsprochen.

Milch, Gemüse, Fische, alles Fette und Ueberladung des Magens mit Speisen, besonders wenn der Mensch sogleich nach der vollen Mahlzeit tüchtig arbeitet, sagen dem zur Säurebildung geneigten Magen wenig zu und vermehren die Säure. Saure Getränke sind, gegen die Erwartung, diesen Kranken nicht immer schädlich, bisweilen sogar hülfreich. Erbrechen und das Bather Wasser nützten Einigen, bei Andren waren sie nutzlos. Fischgrätenpulver und Rhabarber nützen gemeiniglich. Verstopfung ist immer nachtheilig. Eine Frau, deren Magen an unbezwinglicher Säurebildung litt, war, nachdem sie allerlei Mittel versucht hatte, endlich mit diesen zweien zufrieden: alle Morgen nahm sie vom feinsten Austerschalenpulver eine Unze, und alle Abende machte sie sich Erbrechen durch laues Wasser, wovon sie eine Mass auf einige Züge austrank. Durch dieses Verfahren, dessen sie sich viele Jahre lang bediente, wurde die Säurebildung etwas gemindert und die Gesundheit war übrigens nicht schlecht. Auch einige Grane Rhabarber wurden ausserdem genommen, so oft die Oeffnung träger werden wollte.

Ein unangenehmes Gefühl von Brennen pflegt mit der Magensäure zugleich vorhanden zu sein, und fällt bisweilen lästig, wenn auch keine Säurebildung stattfindet. Die Heilmittel gegen dieses Uebel sind fast dieselben, wie die gegen das vorige. Oft ist es auch nicht weniger schwer zu heilen. Zugleich entstehn bisweilen Schlucksen, Aufstossen und ungewöhnlicher Speichelfluss. Das Magenbrennen belästigt oft die Schwangern und gesellt sich nicht selten zur Gicht; auch die Gelbsucht ist nicht immer frei davon. Diese Beschwerde behaftete Manche fast das ganze Leben hindurch. Derselbe Mensch litt abwechselnd bald an Hautübeln, bald an Magenbrennen. Eine Frau hatte, während sie schwanger war, auf das heftigste mit diesem Uebel zu kämpfen; da die gewöhnlichen Mittel nichts dagegen ausgerichtet hatten, so wurde die Schwefelsäure versucht und heilte dasselbe in kurzem.

§. 2. *Vom Magenschmerze.*

Entzündungen, Skirrhen und Krebse der Leber, der Milz und des Pancreas, endlich alle Schmerzen, die zwischen der Brust und dem Nabel ihren Sitz haben, werden gleichmässig auf den Magen bezogen, der überdiess, abgesehen von jenen Uebeln, die ihm eigenthümlich sind, oft mit vielen andren Theilen des Körpers zugleich schmerzt. Die Gicht und vielleicht der Rheumatismus, herumziehende Schmerzen der Gliedmassen und bisweilen solche, die längere Zeit an einem Orte verweilten, auch Geschwüre und Hautleiden haben oft entweder, ihren früheren Sitz verlassend, sich auf den Magen geworfen oder ihre Uebel dem Magen mitgetheilt. Schwindel und Kopfschmerzen waren zwar oft die Ursachen, doch vielleicht öfter die Wirkungen der Magenkrankheit. Fast alle Leiden der Gebärmutter schaden dem Magen, der demnach selten von Schmerz oder Ekel frei bleibt, wenn die Menstruation in Unordnung ist. Hysterische und hypochondrische Leiden, heftigere Gemüthsbewegungen und Würmer, auch jene, die man bloss in den Dickdärmen findet, ziehen immer den Magen in den Kreis der Uebel.

Wenn aber keine der vorerwähnten Ursachen die Schuld trägt und der Schmerz nicht von Gift ausgeht, noch von unzuträglichen Speisen; wenn er bisweilen fast unerträglich ist, aber viele und kurze Pausen macht; wenn endlich die Gesundheit übrigens gut ist; so kann man den gegründetsten Verdacht hegen, dass in den Gallengängen ein Stein festsitze. Oft habe ich gesehen, dass Magenschmerzen, nachdem sie viele, bisweilen nicht weniger als zwanzig Jahre lästig gewesen waren, bisweilen in Gelbsucht übergiengen oder nach Ausleerung eines Gallensteines aufhörten; so dass aller Zweifel hinsichtlich ihrer Ursache gehoben war. Bei Andern aber, die in Gelbsucht verfallen waren, welcher ein wüthender und nie zu vergessender Schmerz vorangegangen war, kehrte dasselbe Schmerzgefühl unregelmässig, bald mit Gelbsucht, bald ohne solche, zwölf oder mehr Jahre hindurch wieder. Einige litten den grössten Theil ihres Lebens hindurch wiederholt an einem dumpfen Schmerze im Magen, oder in dessen Umgebung, und nach ihrem Tode fand man einen Stein in der Gallenblase. Dieser hatte vielleicht, indem er in der Blase etwas bewegt wurde oder weniger bequem gelagert war, jenen dumpfen Schmerz erregen, und doch, da er niemals in den Gallengang hineingetrieben wurde, desshalb niemals Gelbsucht und jenen so heftigen Schmerz verursachen können.

Viele Schmerzen, wie wir gesehen haben, werden fälschlich auf den Magen bezogen, und die Ursachen derer, die wirklich von ihm ausgehn, sind sehr verschieden. Daraus wird es also erklärlich, warum die äussere Erscheinung dieser Uebel so verschiedenartig ist und warum dieselbe Heilart so verschiedne Erfolge hat.

Das Bather Wasser, der Wein, erhitzende Mittel, Pflanzenkost, Abführmittel, Erbrechen, Schwangerschaft,

Gicht, Säuren, Wurmmittel und ätzende Pflaster, auf den Magen gelegt, waren bald nützlich, bald schädlich, und bisweilen ohne Einfluss. Wenn man die Natur des Schmerzes aufmerksam untersucht hat; wenn derselbe wirklich vom Magen herrührt, und weder Entzündung noch Skirrhus vorhanden ist: so ist es oft nützlich, erst ein Brechmittel, sodann entweder das Bather Wasser oder ein bittres und gewürzhaftes Pulver zu gebrauchen, oder, wenn es dem Kranken angenehmer ist, einen Aufguss von denselben Kräutern, welchem man, wo nöthig, entweder Rhabarber oder Aloë beifügen kann, so dass die Oeffnung weich erhalten wird. Auch sechzig Tropfen irgend einer gewürzhaften Tinctur, oder noch einmal soviel, mit einem Löffel Wasser gleich nach dem Frühmahle genommen, halfen dem kranken Magen sehr oft auf.

Es ist sehr gut, dass eine nicht geringe Menge solcher Mittel in allen Arzeneimittellehren zu finden ist; denn aus einer so grossen Zahl kann es nicht schwer sein, auszuwählen, was den meisten Mägen zusagt und entweder ziemlich angenehm oder doch erträglich ist. Die Magenmittel sind in der Heilkunst vorzüglich nützlich, und es müssen immer mehrere Zusammensetzungen derselben bei der Hand sein, nicht nur, weil Krankheiten dieses Eingeweides täglich entstehn, sondern auch, weil in schwierigen Krankheiten oder in solchen, wo Ausleerungen keine Stelle finden und gegen welche keine sichren Heilmittel bekannt sind, nichts zu thun übrig bleibt, als dass wir die Körperkräfte unterstützen, namentlich durch solche Dinge, welche die Kraft besitzen, den Magen wiederherzustellen.

§. 3. *Von den Krankheiten der Milz.*

Ein fünfzigjähriger Mann begann, an Körperumfang und Kräften abzunehmen, nicht ohne einiges Fieber. Die ganze Krankheit hindurch trat bald leichter, bald heftiger

Schauer ein; die Frostanfälle hielten aber keinen bestimmten Typus. Die Esslust war verloren. Erbrechen fand nicht statt. Der Stuhl war natürlich, ausser während der zwei letzten Monate des Lebens. Der Urin war weder hinsichtlich der Farbe nach der Menge fehlerhaft. Der Puls war sehr beschleuniget. Der Bauch war nicht gespannt. Im zweiten Monate der Krankheit wurde der Magen von Schmerz gequält. Es pflegten Schmerzen in den Lenden, den Hüften und im Rücken plötzlich einzutreten, die kaum eine halbe Stunde dauerten. Die rechte Hand war einige Tage lang geschwollen und schmerzhaft. Die linke Wade schmerzte zwei Tage lang so sehr, dass sie keine Berührung ertrug; doch war weder Hitze noch Röthe, noch Geschwulst vorhanden. Die rechte Hälfte des Bauches schmerzte. Während der zwei letzten Lebensmonate bestand unmässiger Durchfall, der durch kein Mittel zu unterdrücken war. Der Tod machte diesen Leiden im sechsten Monate der Krankheit ein Ende. Die Milz war weithin vereitert und der übrige Theil derselben in eine schwarze Jauche verwandelt; ingleichen war sie widernatürlich mit dem Bauchfelle verwachsen. Kein andrer Theil des Körpers schien fehlerhaft zu sein.

Ein Mann von zweiundvierzig Jahren war viele Monate lang mit Ekel, Aufblähung, bald weissen, bald blutigen Stühlen, braunem Urine, Stuhlzwang, Uebelkeit, Drang zum Erbrechen, besonders bei nüchternem Magen, mit höchster Unruhe, Schlaflosigkeit, Nasenbluten, Durst und Delirium, wiewohl das Fieber nicht bedeutend war, behaftet. Endlich trat Blutbrechen ein, das kaum fünf Stunden lang aufgehört hatte, als es wieder kam und dem Leben ein Ende machte. Die Milz war von ungewöhnlicher Grösse, ohne Härte. Das Innere derselben war gänzlich zu einer blutigen Jauche verzehrt. Die Gekrösdrüsen waren von derselben Jauche aufgetrieben. Die Leber war gesund. Der Magen war da, wo er die Milz berührt, entzündet, und es fanden sich Spuren von Entzündung auch in den übrigen Eingeweiden.

Eine Frau war sechs Monate lang krank gewesen. Die Esslust war vermindert und die linke Hälfte des Bauches aufgeschwollen. Hiezu gesellte sich Ekel, Magenschmerz, Widerwille gegen Speisen, schmerzhafter Durchfall, der nicht gestillt werden konnte, und grosse Unruhe, und diese Uebel hielten sechs andre Monate hindurch an. Die Milz wog zweiundfünfzig Unzen; doch war sie nicht vereitert noch skirrhös.

§. 4. *Von den Krankheiten der Bauchspeicheldrüse.*

Ein Weib hatte lange über Magenschmerz geklagt, der während des letzten Lebensjahres heftiger wüthete. Es fehlte die Esslust, und was irgend genossen worden war, wurde sogleich ausgebrochen. Es bestand fast ununterbrochne Schlaflosigkeit. Das Pancreas war skirrhös.

Das Pancreas wurde auch skirrhös gefunden bei einer Frau, die sieben Jahre lang mit Schmerzen im Magen, in den Gedärmen und den Hüften zu thun gehabt hatte. Auch hatte Taubheit der Ober- und Unterschenkel mit Kältegefühl stattgefunden, die Esslust war verloren gegangen und es wurde oft Säure ausgebrochen. *)

---

*) Ein vierundzwanzigjähriger Mann litt fünf Monate lang an Leibschmerzen, und als diese aufhörten, schwoll der Unterleib, es trat Verdauungsbeschwerde ein, der Urin war sparsam und die Schwäche nahm allmählig zu; endlich entstand Durchfall, der nicht gestillt werden konnte. Im dritten Monate nach der Anschwellung des Unterleibes starb der Kranke. Die Bauchspeicheldrüse war zu einem ungeheuren Umfange vergrössert und vereitert. (Anm. Heberden's d. J.)

CAPITEL XCVIII.
Vom Schwindel.

Der Schwindel befällt beide Geschlechter. Dem höhern Alter ist er zwar besonders eigen, doch auch jüngeren Personen, vornehmlich Frauen, nicht unbekannt.

Diese Krankheit schien mir von der Art an sein, dass ich glauben möchte, sie entstehe oft von irgend einer Beleidigung des Magens, öfter von einem Kopfleiden, am öftesten aber von schwankender und mangelhafter Gesundheit des ganzen Körpers. Soviel ich aus dem Alter und der Constitution der Kranken und aus den Dingen, welche theils schadeten, theils nützten, entnommen habe, so giebt es sehr wenige Fälle von Schwindel, die von Ueberfluss an Blut und von vollsaftiger Körperbeschaffenheit ausgehn. Desshalb ist bei Solchen, die an Blut Ueberfluss zu haben scheinen, vorsichtig zu Werke zu gehn und es sind anfangs nur gelinde ausleerende Mittel zu versuchen, um daraus zu entnehmen, wie starke Mittel man anwenden dürfe und wie oft sie zu wiederholen seien.

Ekel, mangelhafte Verdauung, Aufblähung, Schmerz und Gefühl von Schwere im Magen, Uebelkeit, Erbrechen, Stuhlverstopfung und Wurmbeschwerden gehn bald dem Schwindel voraus, bald traten sie zugleich mit ihm ein. Wo diese Uebel entweder die einzigen oder doch die hauptsächlichsten, ausser dem Schwindel, sind, da wird man annehmen dürfen, dass die Krankheit des Magens die ursprüngliche gewesen sei und der Schwindel die zweite Stelle einnehme.

Heftige Kopfschmerzen, Taubheit, Ohrenklingen, Doppeltsehen aller Gegenstände, kurze Anfälle von Blindheit, Gesichtstrübungen, schwarze Flecken oder Flämmchen vor den Augen, Nasenbluten, hypochondrische und hysterische

Uebel, Verboten oder Anfälle von Lähmung, Krämpfe und Zuckungen sind offenbare Zeichen eines Kopfleidens, und wenn einige von ihnen, wie dies oft geschieht, mit dem Schwindel auftreten, so wird es kaum zweifelhaft sein, dass die Krankheit im Hirne ihren Sitz habe. Der Schwindel trat bald mit Ermattung, Zittern, Ohnmachten und Herzklopfen auf, bald gesellte er sich zur veralteten Gicht, zu langwierigen Wechselfiebern, zum veralteten Asthma, zu Blut- oder Bauchflüssen und andren langwierigen Krankheiten; oft fand er sich auch unter jenem grossen Zusammenflusse von Uebeln, welche sich einstellen, wenn die Gesundheit entweder durch Unterdrückung der Menstruation oder der Haemorrhoiden, oder durch eine nach innen getriebene Secretion von Geschwüren und Hautleiden gestört oder endlich durch Unmässigkeit, Krankheiten oder Alter gänzlich erschüttert worden ist. Ja, es tritt bisweilen der Schwindel allein auf, ohne irgend andre Zeichen gestörter Gesundheit.

Wofern es eine ausgemachte Sache ist, dass der Schwindel von einer andren Krankheit abhängt, so wird ohne Zweifel die ganze Behandlung auf diese zu richten sein. Es ist jedoch nicht zu verschweigen, dass die krankhaften Erscheinungen beim Schwindel bisweilen so sehr verworren sind, dass es schwer zu entscheiden ist, auf welche Ursache sich der Schwindel zunächst beziehe, oder Rechenschaft zu geben, warum dieselben Mittel in ähnlichen Fällen nicht Allen helfen.

Aus dem, was ich mir über dieses Leiden angemerkt habe, sehe ich, dass freiwillig entstandnes Erbrechen und Abweichen immer hülfreich waren, folgende Dinge aber jederzeit geschadet haben, nämlich: das Tabakschnupfen, allzugrosse Anstrengung, Abmattung, Menschengedränge, Schlaf, gebückte Körperstellung, langes Stehn, Gehn, Veränderung der Lage des Körpers im Bette, langes Fasten und die meisten ausleerenden Mittel.

Zu den Mitteln gegen diese Krankheit zählt man: blutige Schröpfköpfe, Haemorrhoidalfluss, Blutentziehung durch Blutegel oder Aderlass, Cantharidenpflaster, Hautübel, Erbrechen, Geschwüre, kaltes Bad und Gicht. Aber unangenehm ist es, dass die meisten von diesen Dingen oft die Hoffnung der Kranken getäuscht haben, besonders die Gicht und die Cantharidenpflaster. Aderlass und heftigere Abführmittel waren öfter schädlich als nützlich, oder nützten doch wenig. Ich möchte kaum behaupten, dass das Bather Wasser nicht unangemessen sei; wenigstens aber schien es mir nie zu nützen. Schröpfköpfe richteten oft gegen vorhandnen Schwindel nichts aus; aber Vielen dienten sie als ausgezeichnetes Schutzmittel, indem sie die Anfälle entweder verhüteten oder milderten, wenn sie alle zwei Monate so angewendet wurden, dass sechs Unzen Blut flossen.

Die Gefahr, welche der Schwindel droht, und die Schwierigkeit, ihn zu heilen, sind nach der Art und Zahl der hinzutretenden Uebel abzuschätzen. Woferne letzterer wenige sind und sie nur vom Magen ausgehn, so wird es viel leichter sein, der Krankheit beizukommen, als wenn Erscheinungen eines schweren Kopfleidens vorhanden sind, dessen Heilung misslich und ungewiss ist. Bei hypochondrischen Leiden hat der Schwindel keine Gefahr, wenn er auch nicht schnell zu beseitigen ist. Wenn er aber nur eines der so vielen Uebel ist, welche den von Krankheiten und Alter gebrochnen Körper dem Grabe zuführen, so wird weder die Heilkunst noch die Natur etwas zu hoffen übrig lassen.

Wenn der Schwindel für sich allein entsteht, scheint er oft von ganz geringen Ursachen auszugehn, welche die Gesundheit des Körpers nicht viel stören, geschweige denn in Gefahr bringen. Ich habe Jünglinge gekannt, die so heftig daran litten, dass sie fast zusammenstürzten, und bei denen doch die Krankheit von selbst verschwand und sie nicht hinderte, das höchste Alter zu erreichen; auch Andern war er dreissig Jahre lang von Zeit zu Zeit lästig, die in den übrigen Stücken einer ganz guten Gesundheit genossen.

CAPITEL XCIX.
Vom Erbrechen.*)

Das Vermögen, sich zu erbrechen, ist bei verschiednen Menschen sehr verschieden. Bei Manchen ist auf keine Weise Erbrechen zu erregen; bei Andern wird es schwer und nicht ohne grossen Schmerz bewirkt; während noch Andre sehr geneigt sind, sich auf die geringste Veranlassung hin und mit ganz geringer Anstrengung zu erbrechen. Ich habe Einen gesehen, bei welchem eine Art vom Wiederkäuen stattfand, ähnlich jenem, das beim Viehe vorkommt, und wenn die Speise einmal allzu lang im Magen verblieb, bevor sie in den Mund heraufstieg, so pflegte sie sauer zu werden und Ekel zu erregen und wurde endlich ausgebrochen.

Das Erbrechen scheint der Natur so sehr zuwider zu sein, dass, wenn wir nicht durch vielfache Erfahrung belehrt wären, es kaum glaublich sein würde, dass es ohne Schaden viele Jahre hindurch täglich zwei- oder dreimal eintreten könne, wie ich es beobachtet habe. Eine Frau schien dreissig Jahre lang alles, was sie genossen hatte, auszubrechen. Ja, bisweilen befand sich, wenn schon jede Speise ausgebrochen zu werden schien, der Mensch doch ziemlich wohl oder nahm sogar zu. Nicht wenigen Schwangeren schien das, was sie erbrachen,

---

*) S. was oben vom Ekel gelehrt ist.

das Mass der Speisen und Getränke zu überschreiten, und zwar längere Zeit hindurch, — ohne Nachtheil für das Wohl der Mutter und der Frucht.

Trinker und Schwangere werden Morgens vornehmlich von Ekel befallen. Dasselbe Uebel peiniget bisweilen die Nüchternen; aber bei diesen ist es häufiger der Fall, dass entweder sogleich oder wenige Stunden nach dem Essen Ekel entsteht, welcher dann in kurzem in Erbrechen übergeht.

Der Magen leidet oft an Uebeln, die nicht die seinigen sind, indem er mit andren Theilen des Körpers zugleich schmerzt. Er ist auch vielen ihm eigenthümlichen Fehlern unterworfen, die das Geniessen oder Zurückbehalten von Speise hindern. Einige von diesen entdeckt man in den Leichen, wie z. B. Skirrhen, welche die Cardia oder den Pylorus unwegsam machen. Andre Krankheiten dieses Eingeweides hängen von noch nicht bekannten Kräften desselben ab und hinterlassen keine sinnlich wahrnehmbare Spur nach dem Tode, wie denn eine solche auch nicht zurückbleiben würde nach jenem Ekel, den eine traurige Nachricht oder der Anblick oder die erneuerte Vorstellung einer hässlichen Sache erregt. Ich erinnre mich eines Mannes, der einige Jahre lang durch Erbrechen fast alles von sich gab, was er verschluckt hatte, und ausserdem viel Blut; und dennoch konnten nach seinem Tode zwei sehr erfahrne und scharfsichtige Anatomen keine Spur von Krankheit an seinem Magen und seinen Gedärmen entdecken.

Der Magen giebt bald die unverdaute Speise von sich, bald eine salzige oder saure Flüssigkeit; bisweilen Schleim, und nach grossen Anstrengungen wird auch die in den Magen getriebene Galle ausgebrochen. Eine Art feuerfangender Fettigkeit steigt bisweilen nach dem Essen eine kurze Zeit hindurch fortwährend aus dem Magen in den Mund hinauf. Endlich wurde Blut oder etwas Aehnliches von Einigen viele Tage hindurch täglich ausgebrochen, worauf grosse Schwäche folgte. Dasselbe Uebel kehrte bei Andern alljährlich ein- und das andremal wieder, und obgleich es den Magenschmerz etwas erleichterte, so war es doch immer ein Zeichen eines nicht geringfügigen noch gefahrlosen Fehlers. Die Menge des scheinbaren Blutes würde mehr schrecken, wenn es durchaus reines Blut wäre, das aber vielleicht nur einen kleinen Theil des Ausgebrochnen ausmacht. Diese Art Erbrechen, das Manche lange fort alljährlich von Zeit zu Zeit bekamen, tödete Andre in Zeit von drei Tagen. Der Koth dieser Kranken ist entweder blutig oder schwarz.

Ich kenne keine andre Behandlung dieses Zufalles, als die von mir in einem andren Buche auseinandergesetzte.*) Wie hülfreich aber die Ruhe und die Stille des Gemüthes und kühlende Mittel seien, habe ich sehr deutlich an einer Kranken gesehen, bei welcher die geringste Menge von Wein oder das Aufgiessen lauwarmen Wassers auf die Hände oder Annäherung zum Feuer oder ein warmes Bett oder ein Cantharidenpflaster oder Durchfall und jede Art von Gemüthsbewegung immer einen Bluterguss herbeiführten.

Bei langwierigem Erbrechen ohne Bluterguss sind Abführmittel, das Reiten und alles Fette nachtheilig; die freiwillige Entleerung des Magens nützte nichts und Erregung des Erbrechens durch Arzeneien war bald nutzlos, bald vielleicht schädlich. Einer von diesen Kranken erzählte mir, er sei standhaft genug gewesen, ungefähr vierzigmal nach einander zu brechen, ohne die geringste Hülfe. Doch glaube ich desswegen nicht, dass man sich in solchen Fällen dieses Mittels immer zu enthalten habe; vielmehr

---

*) Medical Transactions, Vol. II. Q. 4.

wird man damit allenthalben den Anfang zu machen haben. Bei frisch entstandnem Ekel ist das wirksamste Mittel — die Erzeugung von Erbrechen, und wir können kaum bestimmen, zu welcher Zeit die Krankheit schon zu sehr veraltet ist, als dass sie auf diese Weise erleichtert werden könnte. Alsdann aber glaube ich, dass der Schaden des künstlich erregten Erbrechens, wenn ja ein solcher stattfindet, immer sehr geringfügig sein möchte. Das Bather Wasser ist durch eigenthümliche Kraft gegen das Morgen-Erbrechen der Trinker wirksam; gegen den Ekel Andrer hat es oft nichts genützt. Eine Arzenei aus drei Theilen Seifenliniment und einem Theil Opiumtinctur, in den Unterleib eingerieben, war Vielen sehr nützlich. Auch ein in die Nähe des Magens gelegtes Cantharidenpflaster half diesen Kranken. Andren gewährten Säuren, Andren Laugensalze und Fischgrätenpulver oder Kreide Hülfe. Die Enthaltung vom Brode war Einem nützlich; einem Andren half Wasser, durch Eis abgekühlt. Es ist nur zu bedauern, dass der Magen und die benachbarten Eingeweide oft an unheilbaren Uebeln leiden, wodurch ein Erbrechen von solcher Art entsteht, dass Arzeneien keine Stelle finden.

CAPITEL C.
Von der Stimme.

Die Stimme wird ohne allen Schmerz oder eine Krankheit bisweilen so leise, dass sie kaum zu hören ist. Wenn dieses krankhafte Flüstern unbedeutend ist, so wird beim Lachen der natürliche Ton ausgestossen; bei schwererem Leiden ist der Ton beim Lachen ebensowohl als beim Sprechen unterdrückt. Wer dies einmal an sich erfahren hat, ist einem neuen Anfalle desselben Uebels mehr unterworfen. Bei Einigen geht die Stimme plötzlich verloren, ohne irgend ein vorausgehendes Zeichen, und ist nicht weniger schnell wiederhergestellt, ohne irgend erkennbare Ursache. Ich habe zehn solche Kranke gesehen, von denen neun weiblichen Geschlechtes und meistens hysterisch oder schwächlich waren.

Das Unvermögen, deutlich zu reden, dauerte bald mehrere Monate, bald einige Jahre; sodann war es bei Einigen immer dasselbe, bei Andren war es nur Morgens, bei noch Andern Abends beschwerlich; endlich kehrte es alljährlich wieder und hielt einige Monate lang an.

Kaltes Baden und Geschwüre schienen Einigen zu nützen. Reizende Mittel und Abführungen und mit einem Worte alles Andre war meines Erachtens nutzlos.

Diese plötzliche Veränderung der Stimme in ein Zischen, wovon hier die Rede ist, ist gänzlich verschieden von der Heiserkeit, welche Athembeschwerden und Catarrhe mit sich führen.

CAPITEL CI.
Vom Urine. *)

Ungewohnter Drang zum Harnlassen entsteht von verschiednen Ursachen, von denen einige oben auseinandergesetzt worden sind. Dasselbe Uebel entsteht bisweilen von Skirrhus der Milz und von hysterischen und paralytischen Krankheiten und wird mit Recht zu den Uebeln des Greisenalters gezählt. Manche belästigte es nur bei Nacht, indem es den Schlaf auf höchst unangenehme Art unter-

---

*) Man vergleiche die Capitel vom Steine, von der Schwangerschaft, der Harnverhaltung und Strangurie.

brach; Andre plagte es mehr bei Tage und hörte des Nachts fast auf.

Urinbeschwerde entsteht nicht nur von den vorher aufgezählten Ursachen, sondern auch von Lähmung der Muskeln, die den Urin austreiben sollen. Einer konnte den Urin ohne Hülfe des Catheters zwei Jahre lang nicht entleeren; nach Verfluss dieser Zeit stellten sich die Kräfte der gelähmten Theile wieder her und die Krankheit hörte auf.

Der Urin war milchfarbig bei Krankheiten der Prostata und auch in andren Fällen, — wie es scheint, durch Beimischung von Eiter.

Viele reden Vieles von einer dem Körper verliehenen Kraft, den Eiter aus entfernten Geschwüren aufzusaugen und nach den Nieren hinzuschaffen. Nur einmal ist es mir geglückt, etwas der Art zu sehen, — bei einem Jünglinge, dessen eine Mandel sich entzündet und dann geeitert hatte. Nämlich drei Tage lang hatte der Harn einen eiterähnlichen Bodensatz; aber nach dem Aufbrechen des Abscesses und dem Ausflusse des Eiters wurde diese eiterähnliche Flüssigkeit im Urine nicht weiter bemerkt.

Einige, deren Gesundheit erschüttert und zu Grunde gerichtet war, konnten den Urin niemals entleeren, ohne dass sofort eine nicht geringe Schwäche, mit Ekel verbunden, eintrat.

Ein Geschwür des Uterus bahnt sich oft einen Weg in die Blase und in den Darm, so dass Blähungen und Koth zugleich mit dem Harne abgehn. Ebendies widerfährt Männern in Folge eines Geschwüres der Prostata. Einmal vermuthete ich, dass eine hartnäckige Stuhlverstopfung bewirkt habe, dass die Wand zwischen dem Darme und der Blase einen Riss bekam und ein ähnliches Ungemach herbeiführte.

Blasensteine, Krankheit der Prostata, weisser Fluss, häufige Abortus und scharfes und reizendes Getränk erregten ein heftiges Harnbrennen, wo man keinen Verdacht venerischer Krankheit hegen konnte.

Die Natur hat, um zu verhüten, dass der Harn die Blase verletze, ihre ganze innere Fläche mit Schleim überzogen, der durch Reizungen, von welcher Ursache sie immer ausgehn mögen, so vermehrt wird, dass er zugleich mit dem Harne in sehr grosse Menge abgeht und bisweilen am Boden des Uringefässes anhängt, wie mit Wasser vermischtes Stärkmehl; derselbe ist aber sehr verschieden vom Eiter, der im Harne zu Boden sinkt, wie Milchrahm. Jedoch bezeichnet weder jener Schleim noch eine eiterartige Flüssigkeit immer eine Vereiterung in den Harnwegen; denn beides kann entstehn von einem heftigen Reize oder einer leichten Entzündung ohne Eiterung, wie dies oft bei Jenen vorkommt, welche oft von venerischen Leiden heimgesucht worden sind oder am Griese oder Steine leiden. Die Niere und die Prostata sind gemeiniglich der Sitz der Geschwüre, deren Vorhandensein man alsdann vermuthet, wenn viel eitrige, übelriechende und mit blutigen Streifen gezeichnete Flüssigkeit abgesondert wird. Wenn dann die Prostata dem untersuchenden Chirurgen keine Spur von Krankheit darbietet, so wird die Schuld an der Niere liegen. Ein Urtheil über diese Sache ist jedoch nur vorsichtig abzugeben, da dieselbe immer zweifelhaft und dunkel bleibt.

Unvermögen, den Harn an sich zu halten, ist zwar gefahrlos, aber sehr unbequem und beschwerlich. Das Kindes- und Greisenalter sind hiezu am meisten geneigt. Einigen schwächlichen Knaben hieng es von der frühsten Kindheit bis zur Mannbarkeit an. Mädchen leiden aber theils öfter theils länger an dieser Schwäche, und zwar manche, die sich übrigens wohl befinden. Bei allen Frauen scheint unwillkürlicher Harnfluss leichter einzutreten, als bei Männern. Lachen und Husten erregen bei ihnen öfter Harnabgang wider Willen, und ich habe einige gesehen, die, wenn auch übrigens gesund, ihr ganzes Leben lang nie den Harn an sich halten konnten. Desshalb darf bei bedenklichen Krankheiten der Frauen dieses Zeichen weniger schrecken, als wenn es bei gleich kranken Männern einträte. Zu den Ursachen dieses Uebels zählt man alle Krankheiten, welche die Harnwege befallen, so wie die Ausziehung des Steines, mag sie durch den Blasenschnitt oder durch Erweiterung der Harnröhre geschehen; ingleichen schwere Geburt, Scheidenvorfall, venerische Krankheiten, Epilepsie, Lähmung, und endlich alles, was entweder den ganzen Körper oder nur diese Theile schwächt.

Chinadecoct und kalte Waschungen können, indem sie den Körper stärken, etwas beitragen, diese Beschwerde zu beseitigen. Auch ein auf die Lendengegend gelegtes Cantharidenpflaster wird dem leidenden Theile zu Hülfe kommen. Wenn durch diese Mittel nichts auszurichten ist, so möchte vielleicht von der Natur noch etwas zu hoffen sein, aber kaum von Arzeneien. Indessen ist zur Erleichterung der also Leidenden eine Art Schnalle erdacht worden, welche die Harnröhre so zusammendrücken soll, dass sie den Abfluss des Urins verhindert. Keinem von Denen, die ich gesehen habe, behagte diese Erfindung; vielmehr schien sie ihnen nach kurzem Gebrauche lästiger, als die Krankheit selbst. Sie zogen es daher vor, bei Tage den Penis in eine Blase zu stecken, worein der Harn abtröpfeln konnte; dieselbe ist zwar bequemer, aber weniger reinlich, als ein zinnenes Gefäss, welches demnach Andren mehr zusagte. Bei Nacht aber war es bei weitem am bequemsten, ein kleines Uringefäss im Bette bei sich zu haben, um darein den Penis und den Hodensack beim Einschlafen zu bringen und dadurch die Bettwäsche zu sichern. Nachdem sie sich hieran etwas gewöhnt hatten, hielten sich Alle dadurch von dem grössten Theile ihres Ungemaches befreit.

Schwarzer oder offenbar blutiger Urin hatte, soviel

ich einsah, selten eine andre Ursache, als einen irgendwo in den Harnwegen festsitzenden Stein. Wenn daher Blut mit dem Urine abgeht, so richte ich sofort mein Augenmerk auf diese Ursache, und wenn zugleich die gewöhnlichen Zeichen des Steines eintreten, so bleibt mir kein Zweifel übrig.

Die wenn auch noch so quälende Strangurie, die von innerlich gereichten oder äusserlich aufgelegten Cantharaiden ausgeht, färbt den Urin nur blassroth oder zeichnet seinen Schleim mit einigen blutigen Streifen.

Die sogenannte Vorsteherdrüse macht, wenn sie skirrhös und geschwürig wird, bisweilen den Urin blutig; aber das von ihr auströpfelnde Blut ist sehr wenig und wird durch Reiten oder Gehn nicht vermehrt. Sodann verrathen diese Ursache des Blutharnens vollends die Grösse und Härte der Prostata, die dem Finger des Untersuchenden hinreichend wahrnehmbar sind. Auch andre Carcinome, die mit den Harnwegen zusammenhängen, können den Harn etwas blutig färben; aber die Natur derselben wird nicht undeutlich erhellen — eben aus diesem wenigen Blute; aus der Beständigkeit des Schmerzes; daraus, dass weder Schmerz noch Blutfluss durch Bewegung vermehrt wird; aus dem übelriechenden Schleime oder der Jauche, die mit dem Urine abfliesst; endlich daraus, dass alle Zufälle, welche vom Steine zu entstehn pflegen, fehlen.

Nach heftiger Erschüttrung der Lenden fliesst bisweilen Blut aus den Nieren, und man kann wohl annehmen, dass eine Arterie oder Vene in den Nieren oder der Blase durch eine nicht viel grössere Gewalt zerrissen werden könne, als es oft in der Nasenhöhle geschieht; wiewohl ich kein Beispiel hievon gesehen habe. Doch erinnre ich mich, dass es sich zweimal ereignete, dass Venen oder Arterien in der Harnröhre, freiwillig berstend, ohne dass eine Krankheit oder Verletzung vorausgieng, Blut ergossen, das anhaltend fort floss, ohne irgend einen Drang zum Harnen.

Bei dem einen von diesen Kranken kehrte der Blutfluss zwei Jahre hindurch oft wieder; sein Uebelbefinden nahm indess von Tag zu Tage zu und am Ende des zweiten Jahres trat der Tod ein. Geronnenes Blut füllte oft die Harnröhre an und wurde mit Mühe ausgetrieben.

Bei den schlimmsten Pocken fliesst, wie Alle wissen, oft reichlich Blut, sowohl aus andren Theilen des Körpers, als aus den Harnwegen.

In den Schriften der Aerzte werden viele andre Ursachen des Blutharnens aufgezählt; ob solche wirklich stattfinden oder nicht, mögen Andre entscheiden. Bei den Kranken, die ich selbst gesehen habe, kamen dergleichen wenigstens nie vor.

Ruhe und Kälte und flüssiger Stuhlgang sind die vornehmsten Hülfsmittel gegen dieses Uebel.

CAPITEL CII.

Von den Krankheiten des Uterus.

Wenn die Scheide oder der Uterus vorfällt, so kann dies nur durch ein Pessarium geheilt werden. Zu diesem Uebel gesellt sich meistens Unvermögen den Harn zu halten.

Bei einigen Frauen trat bisweilen ein plötzlicher und nicht geringer Abfluss von Wasser aus der Gebärmutter ein, der auch bei einer und derselben öfters wiederkehrte. Dies geschieht gemeiniglich gleich nach der Zeit des Monatsflusses und wenn dieser fast zu Ende ist. Die Kräfte leiden dadurch sehr.

Bisweilen entsteht in der Gebärmutter oder der Scheide ein birnförmiger Fleischauswuchs, dessen dünnerer Theil mit der Gebärmutter zusammenhängt. Derselbe nimmt endlich so sehr zu, dass, während die Stuhlausleerung unter einiger Anstrengung erfolgt, ein Theil von jenem ausserhalb der Geschlechtstheile herabsteigt. Indem die Scheide und die Gebärmutter also ausgedehnt werden, entsteht ein anhaltender Abfluss von Blut, der nicht eher zu stillen ist, als nach Entfernung dieses Fleischauswuchses. Ein in der Geburtshülfe sehr erfahrner Mann versicherte mich, er habe zwanzig Frauen von diesem Uebel befreit — durch Umschlingung des dünnen Theiles, zunächst an der Gebärmutter, womit er zusammenhieng, mit einem Faden. Auf dies hin fiel nach wenigen Tagen der Fleischauswuchs ab und seine Ueberreste in der Gebärmutter wurden brandig und vereiterten, und es war kein andres Mittel erforderlich, als öftere Einspritzung von Chamillenabsud. Dass diese Heilart, die, wie er sagte, gefahrlos ist, wirksam war, habe ich selbst gesehen.

Die Mutterwuth entsteht nicht immer von einem Fehler des Uterus, sondern unterscheidet sich bisweilen in nichts von dem gewöhnlichen Wahnsinne, wobei, da der Geist seiner selbst nicht mehr mächtig ist, Gedanken vorkommen, die bald die Wollust, bald den Ehrgeiz oder den Zorn oder andre Leidenschaften erregen; alsdann kann bei jedem Wahnsinne die Zunge Worte hervorbringen, deren der Geist sich nicht bewusst ist. Wenigstens weiss ich, dass die sogenannte Mutterwuth nicht nur Jüngere befiel, sondern auch eine sterbende Alte, die lange schwächlich oder krank gewesen war und deren keusche Sitten und hohes Alter die Gluth der Begierden, wie man glauben darf, schon lang erstickt und die Freuden der Liebe in Vergessenheit begraben hatten. Ausserdem sehen wir, dass wahnsinnige Menschen von wollüstiger Begierde nicht weniger gestachelt werden, als von Furcht, Rachsucht und andren Gemüthsbewegungen.

Die Gebärmutter wird, nicht weniger als die Brüste der Frauen, bisweilen von skirrhösen Anschwellungen behaftet, die in Krebs übergehn. Diese Uebel befallen sowohl den Uterus als die Brüste ungefäht in demselben Lebensalter, nämlich nach dem vierzigsten Jahre. Das erste Zeichen dieser Verderbniss ist die Wiederkehr des Mutterblutflusses, nachdem derselbe längere Zeit ausgeblieben war; doch ist dies kein sichres Anzeichen. Denn die nach langer Zeit wiederkehrende Menstruation geht nicht immer von Skirrhus des Uterus aus, sondern auch von andern Ursachen.*) Anfangs leiden einige Weiber an einem Abflusse von zähem Schleime oder einer dünneren Flüssigkeit aus den Geschlechtstheilen, ähnlich dem weissen Flusse; derselbe hält bald ein Jahr, bald zwei Jahre an, bevor irgend welche bedeutendere Uebel eintreten. Letztere bestehn aber in hectischem Fieber, in erfolglosem Drange zur Stuhlausleerung, in Schmerzen der Gebärmutter, der Weichen, der Lenden, einer oder beider Hüften und der Schenkel; sodann wird weder Koth noch Harn entleert, ohne Schmerz, und der Leib ist oft aufgetrieben, mit dem Gefühle von Leere. Der Abfluss aus der Gebärmutter wird später gelblich, grün oder schwarz und übelriechend. Endlich entstehn unerträgliche Schmerzen, die nur durch Opium besänftigt werden können; doch vermehren sie sich kaum im Fahren. Bisweilen, aber seltner, bahnt sich das Geschwür des Uterus einen Weg sowohl in den Mastdarm als in die Blase. Aber diese Zeichen kommen nicht immer alle bei derselben Kranken vor; wo indessen nur einige von ihnen stattfinden, werden sie doch die Natur der Krankheit hinlänglich bezeichnen, wenn auch die Hebamme den Uterus noch nicht untersucht und alle Veranlassung zum Zweifel beseitiget hat.

Das Pulver von getrocknetem Schierlingskraute oder der eingedickte Saft desselben können, in Verbindung mit Chinadecoct, unbedenklich gereicht werden; aber diese und alle andre Arzeneimittel haben, soviel mich die Er-

---

*) Von diesen ist oben im 62. Cap. gehandelt worden.

fahrung gelehrt hat, wenig oder nichts zur Heilung des Krebses oder zur Bezähmung seiner Heftigkeit geleistet. Eine Kranke jedoch habe ich behandelt, die bedeutende Erleichterung zu finden schien, indem sie den Schierling nahm und zugleich einen Absud desselben zum Einspritzen in die Scheide verwendete; die Schmerzen hörten nämlich beinahe auf und die Gebärmutter war einige Jahre hindurch so frei von Beschwerden, dass dieses Weib weder unfähig war, die Geschäfte des Lebens zu besorgen, noch die gewohnten Vergnügungen zu geniessen. Den meisten andren gewährte das Opium die einzige Erleichterung.

———

Dies ist ungefähr, was ich durch Erfahrung hinsichtlich der Natur der Krankheiten und der Heilmittel gelernt habe. Ich gestehe zwar, dass es nur rohe und unvollständige Anfänge sind; aber die Schuld hievon wird, wenn sie auch grösstentheils auf mich zurückfallen mag, doch theilweise dem Zustande der Kunst selber beizumessen sein. Keinem Naturforscher ist es unbekannt, in welchen Dunkelheiten sogar die Wissenschaft von dieser unsrer leblosen Erde liegt und wie wenig wir bis jetzt in der Kenntniss der unbelebten Dinge vorgeschritten sind. Aber vollends in der Wissenschaft vom menschlichen Körper ist uns sowohl alles dies, als ausserdem noch vieles, was den belebten Wesen eigenthümlich ist, unbekannt. Denn die Gesetze des Organismus sind viel mehr und ganz andre, als diejenigen, denen die leblosen Dinge unterworfen sind, und die Eigenschaften und Verhältnisse dieser letzteren reichen nicht zu, um die Lebensthätigkeiten zu erklären, noch können sie mit Fug auf die belebten Wesen übertragen werden. Desshalb ist die Heilkunst bis jetzt fast allein der Erfahrung, einer in der That langsamen Führerinn gefolgt*) und hat einen glänzenden Fortschritt mit Hülfe der Speculation weder gethan, noch wird sie einen solchen thun, bis dem menschlichen Geschlechte von der ewigen Gottheit einen Mann geschenkt werden wird, der, die belebten Wesen, wie Newton die unbelebten, beschauend, jenes Lebensprincip entdeckt, wovon alle natürliche Thätigkeiten abhängen und regirt werden.

Es wäre der Mühe werth gewesen, eine Vergleichung zwischen diesen Bemerkungen und dem, was in den Schriften andrer Aerzte enthalten ist, anzustellen und, wenn sich irgendwo eine Meinungsverschiedenheit gefunden hätte, irgend ein Urtheil darüber abzugeben. Auch wäre es eine nicht unnütze Arbeit, anzufügen, was wir aus Leichenöffnungen über die Ursachen und Sitze der Krankheiten gelernt haben. Aber die schon fast abgelaufne Lebenszeit mahnt mich, von einem solchen Unternehmen abzustehn.

Geschrieben den 15. August 1782.

---

*) Εὐρυφῶν, ὁ ἰατρος, ἐρωτηθεὶς τον διδασκαλον, παρ' ᾧ ἐπαιδεύθη; παρα τῳ χρονῳ, ἔφη. Stobaei Eclog. Phys. L. I. C. 9.

Vorrede

zu den

Medical Transactions

von 1767.

Wie viel in der Heilkunde das Ansehen der Alten und blosse Vernunftschlüsse werth seien, ist bereits Allen hinlänglich bekannt. Indem sie daher diese beiden Wege verliessen und die Natur selbst genauer beobachteten, sind die Menschen in dem letztverflossnen Jahrhunderte weiter fortgeschritten, als von der Zeit des Aristoteles an bis zu diesem Tage möglich war.

Schon durch den Weg und die Art der Mittheilung dieser Beobachtungen der Natur scheinen jene Vortheile nicht wenig vermehrt worden zu sein. Es haben nämlich den verschiednen Gesellschaften gelehrter Männer, die in Europa zusammengetreten sind, um aus allen Zweigen der Wissenschaften gleichsam ein unermessliches gemeinsames Magazin des Wissens zu bilden, sehr viele Männer merkwürdige, durch den Zufall ihnen dargebotne Dinge mitgetheilt, die sie ausserdem mit Stillschweigen übergangen haben würden. Zugleich verhinderten jene gelehrten Gesellschaften, dass solche Schriftsteller die engen Gränzen ihres Wissens durch Plünderung der Schriften Andrer oder durch Hinzufügung thörichter Speculationen ihres eigenen Geistes überschritten, wie wir dies von Jenen gethan sehen, die es für den höchsten Ruhm halten, ein Buch zusammengeschrieben und herausgegeben zu haben. Auf diese Weise ermunterten sie Einige, Alles, was sie wussten, zum Gemeingute zu machen, indem sie zugleich die Anmassung Andrer, mehr zu sagen, als sie erfahren hatten, weislich in Schranken hielten.

Wir bedauern, dass nicht alle Gesellschaften von Aerzten nach diesem Plane gehandelt haben, der gewiss das Studium sowohl einer jeden Naturwissenschaft, als besonders der Heilkunde fördert. Und es weist schon die Zeit eben diesen Weg den Aerzten an, nachdem sie nämlich, sich gleichsam im Kreise drehend, bereits genug theils über die Schriften der Alten gehandelt, theils von ihrer Schule nachgesprochne sogenannte Theorien ersonnen haben.

Jenes Vertrauen, welches man der Stimme der Alten schenkt, wird vielleicht Manche veranlassen, zu vermuthen, dass die in der Heilkunde gemachten Fortschritte jenen nicht entsprechen mögen, wodurch sich die übrigen Naturwissenschaften ausgezeichnet haben. Nachdem die Philosophen das Joch des Aristoteles schon lange abgeschüttelt haben, wollen die Aerzte doch lieber an den Aussprüchen der Alten kleben, als die Natur selbst befragen. In der That scheuen sie sich gleichsam, mit Hintansetzung des Hippocrates und Galenus sich an diese selbst zu wenden, gleich als ob den Dienern der Natur eine grössere Achtung gebührte, als der Natur selbst, — eine Ansicht, deren Irrigkeit Baco, Harvey, Newton und Andre vortrefflich bewiesen haben. Von solchen Werken, deren Ausgezeichnetes allein auf dem Gedanken beruht, sind uns gewiss von den Alten die glänzendsten Muster hinterlassen worden; aber in einer Wissenschaft, welche ganz von der Erfahrung abhängt, nehmen die neuesten Schriftsteller ein grösseres Gewicht in Anspruch. Jedoch wir müssen schon von einer Sache absehen, die so voll des Ekelhaften und Gehässigen ist, theils weil es jeden Gelehrten verdriesst, irgend eine Anschuldigung der Alten zu sagen oder zu hören, theils weil in der That die Schriften der Alten kaum oder gar nicht von den Aerzten gelesen werden, wiewohl die Sitte, sie zu loben und anzuführen, unsren Schriftstellern mit nichten fremd ist.

Schon lange ist von den Aerzten darüber gestritten worden, ob bei der Behandlung der Krankheiten auf die

Erfahrung oder auf die Vernunft mehr zu geben sei. Wenn wir das Erfahrung nennen, was sich auf Thatsachen gründet, die uns durch Andre erzählt oder durch eigene Beobachtung dargeboten worden sind, so können wir nicht läugnen, dass die practische Medicin durch Hülfe jener begründet worden ist. Denn nur durch wiederholte Erfahrung haben wir gelernt, dass durch die Jalapenwurzel Oeffnung bewirkt, durch die Ipecacuanha Erbrechen verursacht, durch den Mohn Schlaf herbeigeführt, durch die Chinarinde das Fieber geheilt und durch das Quecksilber Speichelfluss erregt werde. Die Arzeneimittellehre wird uns nicht ein Heilmittel einer Krankheit noch die Therapie eine Heilformel darbieten, wovon wir die Wirksamkeit auf andrem Wege entdeckt oder erforscht hätten.

In denjenigen Dingen, welche sich auf die Wissenschaft von der Lenkung des Staates und der Verbesserung der Sitten beziehen, wird die Erfahrung für die Führerinn und Lehrerinn der Thoren gehalten; aber unter keiner andren Leitung sind wir zur Erkenntniss der Natur gelangt; und daher verdankt die practische Medicin ihre Fortschritte mehr den zufälligen Versuchen roher Völker oder der Verwegenheit der Quacksalber, als den Schlussfolgerungen der berühmtesten Professoren, die von den Lehrstühlen der Hochschulen herab Weisheit feilbieten. Denn nur wenige von ihnen haben uns neue Arzeneimittel dargeboten oder den Gebrauch der bereits bekannten erweitert oder überhaupt die Heilkunst verbessert. Daher ist das Lob, womit bei ihren Lebzeiten der Schwarm ihrer Schüler sie überhäufte, von den durch keine Parteisucht aufgeregten Nachkommen vernichtet worden und die Professoren selbst haben das Schicksal ihrer berühmten Vorgänger gehabt, dass nämlich ihre Namen der Vergessenheit übergeben und ihre Schriften nicht mehr gelesen wurden.

Wir müssen uns jedoch hüten, dass wir nicht von

der Erfahrung selbst betrogen werden, indem sie die Gestalt eines sogenannten Systems annimmt, dessen Begriff ja schon anzuzeigen scheint, dass die Beobachtungen und Thatsachen nicht einfach auseinandergesetzt, sondern irgend einer Ursache oder einem Principe, welchem der Schriftsteller den ersten Rang eingeräumt hat, angepasst und nach Massgabe dessen in eine gewisse Ordnung gebracht seien. Auf diese Art werden nämlich die Dinge leicht eine ganz andre Gestalt und Beschaffenheit annehmen um nur dem von den Schriftstellern ihnen angewiesenen Orte angemessen zu erscheinen. Wie den Juden befohlen war, ihren Altar aus rohen und von keinem Werkzeuge berührten Steinen aufzubauen, so braucht auch die Naturkunde hauptsächlich solchen Stoff, welcher aus reinen Thatsachen besteht. Wer immer diese zu verändern und auszuschmücken gedenkt, damit sie seinem Systeme oder der von ihm ausgedachten Lehre entsprechen, der hat sie in der That verunstaltet und ungeschickt gemacht, um daraus den Altar der Wahrheit zu errichten.

Desswegen ist jedoch nicht zu fürchten, dass das Studium der Medicin, abhängig gemacht von reiner Erfahrung, allzu leicht gemacht werden und die Kunst selbst, unbeschützt vom Walle der Theorien, jedem rohen und ungelehrten Angreifer offenstehn werde. Die Schwere dieses Tadels fällt gerade auf jene aus Theorien und Hypothesen zusammengesetzte Medicin, wie sie auf die Ausbildung der Aerzte gemeiniglich den grössten Einfluss äussert. Durch eine ausschweifende Phantasie erlangen wir eine Art von Gelehrsamkeit, doch eine weit verschiedne von jener, die durch Erfahrung und Fleiss erworben wird. Der Weg der Erfahrung wird für sehr beschwerlich gehalten, und wer ihn betreten will, bedarf sowohl einer nicht geringen Beurtheilungsgabe, als der Geduld. Gemeiniglich herrscht jedoch die entgegengesetzte Ansicht, indem Jeder sich selbst für einen würdigen Richter in Sachen ärztlicher Erfahrung hält oder Jenen vertraut, die erklären, dass sie derselben theilhaftig geworden seien. Aber um ein richtiges Urtheil in diesen Dingen zu fällen, ist es nothwendig, dass man durch eine wissenschaftliche Erziehung herangebildet und zur Uebung seines Scharfsinnes schon vom Anfang an hingeführt worden sei und nicht nur die Beschaffenheit des Arzeneimittelschatzes kennen gelernt habe, sondern auch die verschiedenen Meinungen, falschen Philosophien, thörichten Benennungen und andren Quellen, aus welchen irrigerweise die Kräfte der Arzeneimittel entweder hergeleitet worden sind oder noch hergeleitet werden. Ausserdem ist es schwer, über die verworrnen und sich widersprechenden sinnlichen Erscheinungen zu urtheilen, welche für die wahre Wirkung der Arzeneimittel gehalten werden.

Die Chinarinde war wenigstens vierzig Jahre lang den Europäern bekannt und von ihnen angewendet worden, bevor man ihre Kräfte und Gabengrössen genauer erkannte. Die Wirkung jener Heilmittel, welche man Lithothryptica nennt, scheint den Sinnen unmittelbarer vorzuliegen, als jene der übrigen Arzeneimittel; und doch — wie schwer war es neuerlich, das Stephens'sche Mittel gegen den Stein, wiewohl es oft angewandt und von den besten Richtern gebilligt worden war, zu erklären! Daher erscheint es nicht wunderbar, dass von unzähligen allgemeinen oder Universal-Mitteln, denen von den frühsten Zeiten an fast alle Jahrhunderte und alle Völker ihr Vertrauen schenkten, heutzutage gar keines in Gebrauch ist; denn von jener erstaunlichen Menge specifischer oder den einzelnen Krankheiten entsprechender Arzeneimittel, welche des Lobes ihrer Gönner nicht ermangelten [*]), sind die Chinarinde und das Quecksilber fast die einzigen, die am

---

[*]) Communi enim fit vitio naturae, ut invisis, latitantibus et intentatis atque incognitis rebus magis confidamus. Caesar de bello civ. L. II. c. 4.

Prüfsteine der Zeit und der Erfahrung Probe gehalten haben.

Da es nun sich also verhält, dass die Heilkunst fast nichts der Speculation, sondern alles der Erfahrung verdankt, so hat das Collegium der Londoner Aerzte beschlossen, die Erfahrungen seiner Mitglieder zu sammeln und dem Beispiele der Königlichen Gesellschaft und andrer wissenschaftlicher Vereine zu folgen, und wird demnach von den ihm zugekommnen Abhandlungen die besten öffentlich bekannt machen. Oft hat es sich ereignet, dass in Ermanglung solcher Gelegenheit sehr tüchtige Aerzte eine in vierzig Jahren gesammelte Erfahrung mit sich aus der Welt hinwegnahmen und gleichsam begruben, während sie dieselbe auf den eben vorgeschlagenen Wegen hätten erhalten und sowohl ihren Zeitgenossen als der Nachwelt nützlich machen können.

Man liest zwar ärztliche Abhandlungen in den Philosophical Transactions und in den Denkschriften andrer gelehrten Gesellschaften; doch ist zu glauben, dass, wenn die Aerzte selbst dieses Geschäft sich angelegen sein lassen, sie eine grössere Menge von Abhandlungen zu Tage fördern werden und diese werden, sorgfältiger ausgewählt und nicht unter die Arbeiten andrer Schriftsteller versteckt, auch sicherer in die Hände ärztlicher Leser kommen.

Wenn demnach der Plan unsres Collegiums gebilligt wird, (und dass er werde gebilligt werden, lässt uns Alles hoffen) so wird gewiss so viel bewirkt werden, dass der Geist eines jeden mit uns verbundnen Arztes besonders angeregt und geübt werde, alles Bemerkenswerthe zu beobachten und daraus Schlüsse zu ziehen, und auf diese Weise wird sehr Vieles aufbewahrt werden, was ausserdem sowohl allen Gelehrten, als dem Beobachter selbst entgangen sein würde.

Wiewohl unser Collegium hauptsächlich wünscht, es

möchten Krankheitsgeschichten geliefert und die Kräfte der Arzeneimittel erforscht werden: so werden doch auch andre Abhandlungen, die sich irgend auf die Heilkunst beziehen, bei uns ihre Stelle finden.

Einige von denen, die ihre aufgeschriebenen Beobachtungen herausgegeben haben, scheinen mit besondrem Fleisse sich mit Dingen abzugeben, die, als selten und ungewöhnlich, vorher nicht vorgekommen sind, noch in der Folge vorkommen werden. Wiewohl nun solche Dinge bemerkenswerth sind und Einiges zu lehren vermögen, so sind sie doch nicht desshalb vorzuziehen, ausser wir streben bloss, dass der Leser aus unsren Schriften durch Befriedigung seiner Neugierde Vergnügen schöpfen möge. Wenn es demnach von der Willkür des Schriftstellers abhängt, entweder ungewöhnliche Krankheitsfälle und Heilungen zu veröffentlichen, oder häufiger beobachtete und täglich vorkommende zu erzählen, wird er durch Beschreibung der letzteren für den Nutzen seiner Leser und für seinen eignen Ruf besser sorgen und, wie das Sprichwort sagt, $\vartheta\alpha\upsilon\mu\alpha\tau\alpha$ $\mu\omega\rho\omicron\iota\varsigma$ überlassen.

Es ist auch wünschenswerth, dass die Schriftsteller nicht allein ihre glücklichen Erfolge beschreiben, sondern auch ihre wirkungslosen und unglücklichen Bemühungen. Denn bisweilen ist es eben so nützlich, die Dinge zu kennen, welche der Gesundheit schaden und ihr hinderlich zu sein pflegen, wenn sie nicht sorgfältig vermieden werden, als jene, welche ihr förderlich sind; daher kann jeder erfahrne Arzt eine sehr nützliche Abhandlung schreiben über jene Heilmittel und Heilarten, die er unnütz oder unangemessen befunden hat.

Einzelne Beispiele von Starrsucht, Wasserscheu oder andren seltneren Krankheiten sind der Beschreibung würdig; Erzählungen von gewöhnlich vorkommenden werden jedoch dem Leser mehr Ekel verursachen, als irgend einen Nutzen verschaffen. Leicht wird es jedem gewandten

Schriftsteller sein, nur die Ergänzungen oder Ausnahmen zu veröffentlichen und sich der widrigen Auseinandersetzung höchst bekannter Zeichen oder Zufälle zu enthalten.

Wenn vielleicht einige unter dem Namen unsres Collegiums herausgegebene Abhandlungen die Erwartung des Lesers täuschen sollten, so möge er sie seiner Humanität gemäss für entschuldigt halten; wir hoffen jedoch, dass sich selten Veranlassung zu solcher nachsichtigen Beurtheilung finden werde. In einer so kleinen Gesellschaft, deren sämmtliche Mitglieder sich gegenseitig kennen, muss man der Höflichkeit Einiges einräumen, da es nämlich bisweilen vorkommt, dass der Schriftsteller sein Werk, wovon er selbst kein gültiger Richter zu sein pflegt, mit grösserer Liebe, als billig ist, umfasst; in welchem Falle daher das Collegium die Abhandlung nicht sowohl der Arbeit, als des Schriftstellers wegen nachsichtig aufnehmen mag. Dies wird jedoch sehr selten geschehen und nie bei wichtigeren Sachen; Dinge von geringerem Belange, die aus jener Ursache herrühren, wird der billige Leser entschuldigen; denn wenn wir nicht eine gewisse Nachsicht beobachten, so wird es nicht möglich sein, unsern Plan auszuführen, und ohne die bisweilen nothwendige Anwendung von Milde würden wahrhaft nützliche und bedeutende Abhandlungen verloren gehn.

Vom chronischen Rheumatismus.

Der chronische Rheumatismus, eine Krankheit, die oft Rheumatismus genannt und bisweilen für die Gicht selbst gehalten wird, weicht in der That von der Gicht und vom acuten Rheumatismus ab und ist von beiden Uebeln zu unterscheiden.

Fieber und Schmerz, welche den acuten Rheumatismus begleiten, fehlen hier gewöhnlich. Gemeiniglich bestehn bedeutende Anschwellungen, aber meist ohne Röthe; wenn sie an den Füssen anfangen, was selten geschieht, so verlassen sie dieselben bald und gehn auf andre Theile der Gliedmassen über, die alle der Reihe nach den Sitz der Krankheit schon beim ersten Anfalle darstellen. Die Gichtschmerzen aber zeigen, wenigstens mit Ausnahme der Anschwellung, sich von ganz andrer Natur. Eine genaue Beobachtung dieser Umstände schon von den ersten Tagen an wird uns fähig machen, ein Urtheil über die Natur des Uebels zu fällen, die noch deutlicher erhellen wird aus der grossen Schwäche der Glieder und der bedeutenden Störung der Gesundheit, indem nämlich die Kranken oft durch einen einzigen Anfall des chronischen Rheumatismus einen bedeutenderen Schaden an ihrer Gesundheit erleiden, als durch die alljährliche Wiederkehr der Gicht.

Die mit der Gicht Behafteten scheinen der Lähmung und dem Schlagflusse sehr ausgesetzt zu sein; ausserdem wird der Gebrauch der Glieder durch die häufige Entzündung der Gelenke oder die Zusammenziehungen der Muskeln aufgehoben. Doch alle diese Uebel treten im

Verlaufe der Zeit ein und verschonen die Kranken bisweilen oder berühren sie nur leicht. Aber schon der erste Anfall des chronischen Rheumatismus, der sich bisweilen durch mehrere Monate hinzieht, bringt den Gliedern einen unverbesserlichen Schaden. Er bewirkt nämlich eine Schwäche der Glieder, die von wahrer Lähmung nicht sehr verschieden ist und den Gebrauch derselben während des ganzen übrigen Lebens bedeutend beeinträchtiget. Die häufig wiederkehrende Krankheit hob in einem Zeitraume von sechs Jahren den Gebrauch aller Glieder gänzlich auf, und man hat die Erfahrung gemacht, dass dies durch die Heftigkeit der Krankheit schon im ersten Jahre des Uebels eingetreten sei.

Es zeichnet sich diese Art Rheumatismus auch durch die Länge der Zeit aus, welche der erste Anfall einnimmt, indem die Meisten drei oder vier Monate hindurch krank sind, während der erste Anfall der wahren Gicht sich kaum über den zwanzigsten Tag hinauszieht. Auch kehrt der chronische leichter wieder, als der acute, von welchem Viele nur einmal und nachher nie mehr befallen werden sind. Wiewohl aber die Anfälle des chronischen Rheumatismus häufig eintreten, so sind sie doch durch ungleichere Zwischenräume von einander getrennt, als bei der Gicht. Denn bisweilen erscheint die Krankheit während mehrerer Jahre alljährlich einmal; in andren Fällen tritt sie zwei- oder dreimal ein; es giebt auch Kranke, welche sie mehrere Jahre hindurch kaum verliess, und andre, bei denen sie fünf, sechs oder zwanzig Jahre hindurch fast erloschen war.

Convulsionen begleiten diese Krankheit ebenso, wie die Gicht. Die von ihr erregten Geschwülste sind bisweilen ziemlich gross und ihre Spuren bleiben Jahre lang oder während des ganzen Lebens des Kranken zurück, besonders an den Handwurzeln, bisweilen auch an den Fingern und den Fersen. Die Schmerzen werden durch die Bettwärme nicht vermehrt, wie beim acuten Rheumatismus, sondern vielmehr vermindert; das Gegentheil habe ich für meine Person wenigstens sehr selten eintreten sehen. Der Magen und die Gedärme werden von dieser Krankheit öfter und schneller ergriffen, als von der wahren Gicht; denn Schmerz, Ekel und Schwäche jener Theile fehlen fast nie. Wir haben gesehen, dass durch ein auf die ergriffnen Theile angebrachtes heisses Pflaster oder Liniment die Krankheit sogleich nach den Gedärmen getrieben wurde und dass bisweilen der Magen und die Glieder abwechselnd von Schmerzen befallen wurden. Das Erkranken der Unterleibseingeweide und die Schwäche der Glieder machen diese Krankheit nicht selten der Colik von Poitou ähnlich; beide Uebel bewirken ein schnelles Verfallen der Gesundheit.

Er ist weder einem Geschlechte noch einem Lebensalter eigenthümlich; Reiche und Arme sind ihm gleichmässig unterworfen. Doch habe ich mehr Weiber, als Männer daran leiden zu sehen Gelegenheit gehabt. Bei Einigen begann er mit dem zwölften Lebensjahre. Andre befiel er nach dem sechzigsten. Es ist die Frage, ob er nicht gewissermassen erblich ist.

Anfangs scheint der chronische Rheumatismus unter einer milderen Gestalt aufzutreten, als der acute oder als die Gicht; aber durch seine dem Körper feindseligen Einfluss, nämlich durch die höchste Schwäche, ja beinahe Lähmung der Glieder und die Störung der ganzen Gesundheit, die er hervorbringt, wird er gemeiniglich furchtbarer, als beide Uebel. Es wäre angemessen, diese Krankheit wegen der Verschiedenheit der Erscheinungen und Folgen mit einem besondren Namen zu bezeichnen und sie unechte oder herumziehende Gicht oder chronischen Rheumatismus zu benennen, damit sie nicht mit andren Krankheiten verwechselt werde.

Das Bather und Buxtoner Wasser, Spiessglanz- und

Quecksilbermittel, warme, kalte und Seebäder, Blasenpflaster und lauwarme Einreibungen nützten bisweilen den Kranken; Andren, bei denen es ausserdem von Nutzen war, eine Ader zu öffnen, Stuhlgang zu erregen, Schweiss zu treiben und die Electricität anzuwenden, brachten sie gar keinen Vortheil, Andren sogar Schaden. Ein langwieriger Gebrauch der Quecksilbermittel schien eine der unsrigen ähnliche Krankheit zu bewirken; denn er brachte sie bei demselben Menschen fünf- oder sechsmal hervor, nämlich so oft der Kranke Quecksilbermittel gebrauchte.

Gewiss wird sich Niemand wundern, dass bis jetzt keine sichre Heilart einer Krankheit aufgefunden worden ist, deren Natur und Beschaffenheit sogar noch wenig aufgeklärt ist. Da dies sich also verhält, so hat der Arzt seiner Pflicht schon Genüge gethan, wenn er unter Berücksichtigung der schwersten Zufälle irgend eine Erleichterung dem Kranken zu verschaffen und die Natur selbst so anzuregen vermochte, dass diese das gestörte Leben auf irgend eine Weise in den Zustand der Gesundheit zurückzuführen vermag. Hiezu wird der vorsichtige Gebrauch des Opiums beitragen; auch nützt es, die Esslust und Verdauung durch Chinarinde, durch bittre Mittel und andre Magenmittel zu stärken, welche sämmtlich nicht allein gegen diese Krankheit, sondern auch gegen die Gicht zu nützen scheinen.

Beobachtungen

über

den Puls.

Den Meisten, die sich dem Studium der Medicin widmen, wird sehr Vieles, was zu der von Bellinus und Andern vorgetragenen Pulslehre gehört, schwer begreiflich scheinen; jeder Kunsterfahrnere wird aber leicht einsehen, dass die Lehre selbst von ihren Urhebern kaum oder gar nicht verstanden worden ist. Denn auf jene mancherlei und vielfältigen Verschiedenheiten der Pulse wird, wenn sie nicht ganz und gar Schöpfungen der Phantasie sind, bei der Erkenntniss und Heilung der Krankheiten wenig Rücksicht genommen. Und heutzutage sind sie so sehr veraltet, dass die meisten Namen der Pulse fast unerhört sind, gleich als ob sie nie bestanden hätten, ja dass man zweifeln kann, ob einige von denen, die noch jetzt gang und gäbe sind, von Allen in gleichem Sinne gebraucht und verstanden werden. Ich wenigstens habe oftmals Aerzte, durch Alter und Kunsterfahrenheit hervorragend, Urtheile über harten, vollen, schwachen und kleinen Puls fällen hören, die so sehr von einander abwichen, dass ich mich überzeugt hielt, sie hätten dieselbe Sache nicht mit demselben Namen belegt.

Dies ist die Ursache, warum wir wünschen, dass die Aerzte in der Lehre von den Pulsarten und in Krankengeschichten hauptsächlich auf jene Umstände ihr Augenmerk gerichtet haben möchten, hinsichtlich deren weder sie selbst getäuscht werden, noch Andre in Irrthum gerathen konnten. Ein Punkt ist es, der theils in dieser Beziehung, theils wegen seiner Wichtigkeit besonders in

Erwägung zu ziehen ist, nämlich die Häufigkeit oder Schnelligkeit des Pulses, — Ausdrücke, welche zwar von einigen Schriftstellern unterschieden, jedoch von mir als synonym werden gebraucht werden. Diese wird nämlich fast in allen Theilen des Körpers gleich gefunden und durch Steifheit oder Schlaffheit, Grösse oder Kleinheit, tiefe oder mehr oberflächliche Lage der Arterie nicht verändert; auch kann sie gezählt und eben desshalb beschrieben und Andren mitgetheilt werden.

Nur wenige Schriftsteller haben auf die Schnelligkeit des Pulses, insoferne sie vom Lebensalter und von Krankheiten abhängt, Rücksicht genommen. Da es zur Begründung dieser Lehre sehr vieler Beobachtungen bedarf, so werden die von mir gemachten vielleicht dazu dienen, die Erfahrungen Andrer zu bekräftigen, zu berichtigen, oder zu erweitern. Uebrigens darf man nicht vergessen, dass die Zahl der Pulsschläge, so oft ihrer bei uns Erwähnung geschieht, sich auf den Zeitraum einer Minute beziehe.

Bei Kindern, die das zweite Jahr noch nicht zurückgelegt haben, ist der Puls nur während des Schlafes zu untersuchen, da nämlich derselbe durch alle Sinneseindrücke, welche sie während des Wachens fast beständig in Bewegung erhalten, sehr beschleunigt wird. Bei einem gesunden und schlafenden Kinde werden an dem Tage, an welchem es geboren worden ist, hundert und dreissig oder vierzig Pulsschläge gezählt; während des ersten Monats ungefähr hundert und zwanzig doch öfter findet dieselbe Zahl statt, wie am ersten Tage, und eine geringere, als hundert und acht, habe ich meinerseits nicht beobachtet. Im ersten Lebensjahre fühlt man hundert und acht bis zwanzig Schläge, im zweiten neunzig bis hundert und acht, im dritten achtzig bis hundert, im vierten, fünften und sechsten Jahre fast ebenso viel. Im siebenten Lebensjahre kann man bisweilen kaum zwei und siebenzig

Pulsschläge zählen, doch gemeiniglich mehr, und im zwölften Jahre schlagen die Arterien gesunder Kinder oft kaum siebenzigmal, so dass, wenn der Puls nicht durch Krankheit oder eine andre Ursache beschleunigt wird, eben so viele Schläge, als bei Erwachsenen, stattzufinden pflegen, bei denen die Zahl derselben zwischen sechzig und achtzig die Mitte hält. Es ist auch ausgemacht, dass nach einer reichlichen Mahlzeit die gewöhnliche Zahl der Pulsschläge sich um zehn oder zwölf vermehrt.

Wenn bei einem Kinde oder einem erwachsenen Menschen der Puls in der Art beschleunigt wird, dass in jeder Minute die grösste Zahl, die bei gesunden Menschen vorkommt, um zehn Schläge überschritten wird: so ist zu fürchten, es möchte irgend eine Krankheit schon vorhanden sein. Jedoch sind die Kinder so reizbar, dass schon ein leichtes Fieber bei ihnen hundert und vierzig Schläge hervorbringt, ja dass hundert und sechzig ohne Nachtheil ertragen werden. Da aber bei so grosser Beschleunigung das Zählen nur mit Mühe geschehen kann, so giebt uns einen festeren Anhaltspunkt zur Beurtheilung der Gewalt des Fiebers, als der Puls selbst, schon der Durst, das ängstliche und beschleunigte Athemholen, der Widerwille gegen Speisen und besonders der Mangel an Schlaf.

Ein zweijähriges Kind kann durch ein entzündliches Fieber getödet werden, wenn auch sein Puls nur hundert und vierzig Schläge thut; dagegen habe ich einen vierjährigen Knaben und einen andern im neunten Lebensjahre stehenden von einem Fieber hergestellt gesehen, welches bei jenem hundert und sechsundfünfzig, bei diesem hundert und zweiundfünfzig Pulsschläge hervorgebracht hatte.

Wenn die Arterien eines Kindes fünfzehn oder zwanzig Schläge weniger thun, als der Fall sein sollte, und zugleich Zeichen eines nicht geringen Unwohlseins bemerkt werden, so mag man wissen, dass das Hirn ergriffen ist, wesshalb jener ruhige Puls nicht nur keine gute Hoffnung gewährt, sondern vielmehr Furcht vor drohender Gefahr erregen wird.

Bei erwachsenen Menschen, die von einem entzündlichen Fieber ergriffen sind, ist kaum irgend eine Gefahr zu fürchten, wenn kaum hundert Pulsschläge gezählt werden; hundert und zwanzig deuten auf nahe Gefahr; eine grössere Anzahl zeigt gemeiniglich eine Krankheit an, die nicht ohne Delirium ist und an den Tod gränzt. Zwei Umstände thun jedoch dieser Beobachtung einigermassen Eintrag: erstens, dass, bevor in Fieberkrankheiten eine critische Anschwellung oder Ablagerung irgend einer Materie erscheint, die Pulsschläge gemeiniglich so sehr beschleunigt oder verworren werden, dass sie nicht zu bestimmen sind; zweitens sieht man beim acuten Rheumatismus oft hundert und zwanzig Pulsschläge vorkommen, ohne irgend eine Gefahr für den Kranken. Durch beiderlei krankhafte Zustände wird aber, wie der Beobachter leicht bemerkt, die Esslust, die Thätigkeit der Sinne, der Schlaf und die Körperkraft viel weniger beeinträchtigt, als durch andre Uebel, die mit drohender Lebensgefahr begleitet sind.

Wiewohl es schwer ist, in einer Minute mehr als hundert und vierzig Pulsschläge zu zählen, besonders wenn sie in Bezug auf Zeitdauer und Kraft ungleich sind, so ist es mir doch gelungen, von solchen, die zu unterscheiden waren, hundert und achtzig zu zählen.

Die am Asthma Leidenden erfahren oft einen heftigen Anfall des Uebels, der wahrscheinlich durch eine bedeutende Entzündung der Lungen hervorgebracht wird. Wenn alsdann mehr, als hundert und zwanzig Pulsschläge gezählt werden, so erlangen die Kranken selten ihre Gesundheit wieder.

Wenn die so eben durch das Fieber beschleunigten

Pulsschläge plötzlich langsam und träge werden, bei Zunahme der übrigen Zeichen des Uebels, so kann man vermuthen, dass die Krankheit nicht abnehme, sondern die Reisbarkeit des Kranken nachlasse, in Folge von Uebergang des Uebels auf das Hirn; so dass offenbar Lähmung, Schlagfluss oder Tod nahe ist.

Bei Kranken, die von einem mässigen Fieber ergriffen sind, oder bei geschwächten Greisen pulsiren die Arterien oft kaum hundert - und nicht einmal neunzigmal, und doch endet die mit Schlaflosigkeit, Delirien, unruhigem Umherwerfen und Trockenheit der Zunge begleitete Krankheit mit dem Tode, ohne irgend ein Zeichen von Betäubung oder Schlafsucht.

Skirrhöses Leiden irgend eines entzündeten Eingeweides, Carcinome und grosse brandige oder sonst übelbeschaffne Geschwüre bewirken gewöhnlich nach und nach Abnahme der Körperkräfte, Hitze, Durst und eine Zahl der Pulsschläge zwischen neunzig und hundert und zwanzig, während eines Zeitraumes von mehreren Monaten. Dieses Leiden des Körpers nennt man hectisches Fieber, und man kann seine Bedeutsamkeit und Gefahr nach der Häufigkeit der Pulsschläge beurtheilen. Aber der beschleunigte Puls bezeichnet mit grösserer Gewissheit Gefahr, als der natürliche Gefahrlosigkeit, wo Geschwüre bestehn oder man Eingeweideübel vermuthet. Ich meinerseits habe an Krebsgeschwüren des Afters, der Hoden, der Prostata und fast aller Eingeweide Kranke sterben sehen, die gleichwohl eine ungewöhnliche Schnelligkeit des Pulses keinesweges darboten. Am hectischen Fieber und auch am Rheumatismus Leidende pflegen eine Zeit lang Esslust zu spüren und die Speisen vortrefflich zu verdauen oder kleine Geschäfte zu verrichten, bei einer Schnelligkeit des Pulses, die in hitzigen Fiebern nicht ohne Widerwillen gegen Speisen bestehn und den Kranken an das Bett fesseln würde. Aus diesem allem schliessen wir, dass der Puls, wiewohl er oft den gegenwärtigen Zustand der Gesundheit deutlich anzeigt, doch nicht immer ein sichrer Führer sei, indem er, wenn man unterlässt, die übrigen Zeichen in Rechnung zu bringen, Täuschungen verursachen kann. Ein guter Puls, wie ich ihn bei soporösen Fiebern beobachtet habe, wobei aber der Kranke delirirt, die Esslust, die Körperkraft, und den Schlaf verliert, schwer Athem holt und von Durst gequält wird, gewährt eine sehr geringe Hoffnung auf Wiedererlangung der Gesundheit; ein schlimmer hingegen, ohne jene Zeichen, ist fast als unschädlich anzusehen.

Ich erinnre mich, zwei Weiber gesehen zu haben, die zugleich mit andern in demselben Hause von demselben ansteckenden Fieber ergriffen worden waren und von denen die eine nie mehr, als vier und achtzig Pulsschläge zeigte; bei der andern aber war, indem sie mir schon im Sterben zu liegen schien, der Puls höchst beschleunigt und ich zählte hundert und achtzig Schläge. Beide genasen, die letztere jedoch wieder alle meine Erwartung; denn ich erinnre mich kaum, dass Jemand von einem Fieber genesen sei, bei welchem mehr als hundert und zwanzig Pulsschläge gezählt wurden. Die erste aber befand sich im Zustande der Betäubung, so dass bei ihr unwissentliche Stuhl- und Harnausleerung erfolgte; es ist demnach wohl am wahrscheinlichsten, dass das Ergriffensein ihres Hirnes vom Sopor vielleicht die Verzögerung der Pulsschläge bewirkt haben möchte.

Bei Frauen überschreitet bisweilen die Zahl der Pulsschläge die Gränzen des gesunden Zustandes, was bei Männern selten vorkommt, deren Pulsschläge öfter nicht einmal die Zahl erreichen, die man gewöhnlich als die kleinste annimmt. Man findet wenige Männer, die einer guten Gesundheit geniessen und bei denen mehr als neunzig Pulsschläge gezählt werden. Bei einem Manne, dessen grösste Krankheit in seinem Alter von achtzig Jahren bestand, fühlte ich einmal nur zweiundvierzig Pulsschläge, doch selten waren es mehr als dreissig; bisweilen wurden nur sechsundzwanzig gezählt. Wiewohl dieser Greis lass und erstorben zu sein schien, konnte er doch fahren, im Garten spaziren gehn, mit seinen Freunden sich unterhalten und die genossnen Speisen ziemlich gut verdauen.

Ich sah einen Andern, der, wie man mir erzählte, zu Anfange der Krankheit nur zwölf oder sechzehn Pulsschläge zeigte; und doch schien bei diesem und bei den Uebrigen, die sich durch eine kaum vierzig erreichende Zahl der Pulsschläge auszeichneten, die Pulsader öfter zu schlagen, als dass man es fühlen konnte. Denn solche langsame Pulse sind gemeiniglich in Bezug auf ihre Stärke ungleich, und zum Theil so schwach, dass man sie kaum fühlt, und andre, noch schwächere, als diese, sind so ganz kraftlos, dass sie an den hinfühlenden Finger kaum anschlagen.

In einigen Büchern ist vom aussetzenden Pulse als von einem ungünstigen Zeichen die Rede, aber, wie ich glauben möchte, mit Unrecht. Denn derselbe hängt bisweilen von so geringfügigen Ursachen ab, dass es in Krankheiten, wenn er nicht mit schlimmeren Zeichen sich verbindet, kaum nöthig ist, auf ihn Rücksicht zu nehmen. Doch steht er nicht ausser aller Beziehung zur Gesundheit, da gesunden Menschen jedes Aussetzen des Pulses ein gewisses unangenehmes Gefühl im Herzen zu erregen pflegt. Ein Weib, das nach zurückgelegtem fünfzigsten Lebensjahre am Mutterkrebse starb, hatte von Jugend auf diesen aussetzenden Puls gehabt, und um die Ursache hievon zu erforschen, wurde die Leichenöffnung vorgenommen, wie sie dies noch bei Lebzeiten befohlen hatte. Das Geschäft der Section übernahm ein in der Zergliederungskunst sehr erfahrner Mann; er gab sich aber umsonst Mühe, im Herzbeutel oder im Herzen oder in dessen grossen Gefässen etwas Ungewöhnliches oder Krankhaftes zu entdecken. Es ist daher glaublich, dass die Frau, bei allen

Klagen über jene Beschwerde, das höchste Alter hätte erreichen können.

Man findet nicht selten Menschen, bei denen ohne irgend ein Zeichen von Krankheit der Puls ungleich geht. Es sind mir zwei vorgekommen, die, während sie der besten Gesundheit genossen, doch einen hinsichtlich der Stärke und der Zwischenzeit zwischen den einzelnen Schlägen höchst ungleichen Puls darboten; wenn diesen irgend eine Krankheit bevorstand, trat vollkommne Gleichheit des Pulses ein, und das sicherste Zeichen der wiederkehrenden Gesundheit war jedesmal, wenn die Arterien auf gewohnte Weise ungleich zu schlagen anfiengen.

Viele glauben, dass durch einen heftigen Schmerz der Puls beschleunigt werde; ich bin aber weit entfernt, dieser Meinung beizutreten, und glaube vielmehr, dass durch den blossen Schmerz dies niemals geschehe. Auf jenen so heftigen Schmerz, der durch die Wandrung eines Steines aus den Nieren in die Harnblase erregt wird, folgt gemeiniglich keine Beschleunigung des Pulses; jene fürchterlichen und fast unerträglichen Qualen, die vom Durchgange eines Gallensteines durch die Gallengänge abhängen, beschleunigen, soviel ich weiss, den Puls kaum, wiewohl dieses Uebel sehr häufig beobachtet wird; vielmehr wird die natürliche Gleichheit des Pulses, verbunden mit jenem heftigen Schmerze in der Gegend des Magengrundes, für das sicherste Zeichen dieses Leidens gehalten. Ich habe einen durch Geduld und Stärke ausgezeichneten Mann sich auf dem Boden wälzen und ein lautes Geschrei ob der Heftigkeit des Schmerzes erheben sehen, den ich mit neun Gran Opium, in vierundzwanzig Stunden dargereicht, (ohne dass der Kranke jemals an den Gebrauch des Opiums gewöhnt gewesen wäre) kaum besänftigen und erträglich machen konnte, während der Puls mit derselben Ruhe und Ordnung schlug, wie dies im sanftesten Schlafe gesunder Menschen stattzufinden pflegt.

Vom
Aderlassen
bei
Blutflüssen.

Die Aerzte sind schon seit langer Zeit gewohnt, eine Ader am Arme oder Fusse zu öffnen, um einen Blutfluss aus entfernten und tiefliegenden Theilen zu stillen, denen man mit Heilmitteln unmittelbar nicht beikommen kann.

Wenn sie durch diese Heilart das zu erreichen suchen, dass die Kraft des Herzens geschwächt werde, oder dass die Mündungen des zerrissnen Blutgefässes zusammensinken oder bei langsamerem Blutlaufe sich verstopfen: warum tritt dies nicht ein bei einem Kranken, der, nachdem er aus dem zerrissnen Gefässe dieselbe Menge Blutes verloren hat, schon aufs höchste geschwächt ist? Und doch könnte es inzwischen geschehen, dass der Blutfluss freiwillig aufhörte, bevor jene grosse Schwäche einträte.

Durch lange Erfahrung belehrt, halte ich für gewiss, dass ein Blutfluss aus einer zerrissnen grossen Vene oder Arterie durch Blutlassen nicht aufgehalten werden kann, während dies bei einem kleinen Gefässe ohne Hülfe der Lanzette geschieht. Bei dem einen Blutflusse nützt die Aderlässe nichts; bei dem andren schadet sie offenbar, indem sie dem Kranken unnützerweise Kräfte raubt. Wenn aber die Aderlässe in der Absicht unternommen wird, um den Bluterguss durch eine Art Ausleerung oder Ableitung, wie die Aerzte sagen, zu unterdrücken: kann man nicht mit Recht zweifeln, ob diese Lehre schon so fest begründet sei, dass wir ohne Nachtheil und ohne alles Bedenken eine Heilart anwenden können, wobei das

Blut eines Kranken vergossen wird, der durch einen grossen Verlust dieses Lebenssaftes schon erschöpft ist?

Die wirksamsten Heilmittel bei Blutflüssen scheinen mir diese zu sein: kühle Luft, magere, milde, in kleinen Mengen zu bestimmten Zeiten gereichte Kost; säuerliches Getränke; kleine Gaben opiumhaltiger Arzeneien (denn jede bedeutende Gemüthsbewegung kann den Blutfluss wieder hervorrufen), und endlich mässige Stuhlausleerungen. Ein sehr erfahrner Arzt erzählte mir, dass er mit salzigen Arzeneimitteln, die gelinde Oeffnung bewirkten, einen unmässigen Blutfluss aus der Nase glücklicher behandelt habe, als mit irgend einem andren Heilmittel. Den sogenannten zusammenziehenden Arzeneien, innerlich angewendet, traue ich keinen grossen Nutzen zu; ihrem Gebrauche widerstreitet schon die Vernunft; auch haben sie, so viel mich die Erfahrung gelehrt hat, sich mir nicht nützlich bewiesen, ausser vielleicht bei Blutflüssen der ersten Wege. Doch schienen sie bisweilen einen heilsamen Einfluss ausgeübt zu haben, weil die meisten Blutflüsse durch äussere gewaltsame Einwirkung entstehn und einen traurigen Ausgang haben würden, wenn nicht zur Stillung derselben etwas gethan würde. Daher ist es gekommen, dass eine grosse Menge äusserer und innerer Arzeneimittel unverdienterweise den Ruf specifischer Heilmittel, wie die Arzte sie nennen, gegen dieses Uebel erlangt haben. Mit diesem Namen verdient nach meiner Meinung der innerlich gereichte Bleizucker benannt zu werden; aber der Gebrauch desselben so wie der übrigen Bleimittel ist nicht frei von sehr bedeutendem Nachtheile. Denn so oft ich diese habe anwenden sehen, konnte ihre heilsame Wirkung, die sie als Styptica ausüben, kaum jemals jene sehr vielen und höchst gewissen Nachtheile aufwiegen, die auf ihren innerlichen Gebrauch folgen.